Principum   amicitias!

윌리엄 셰익스피어(1564~1616)

엘리자베스 1세 여왕의 순행 이 여행으로 67세 전후의 여왕은 중신들에게 위광을 보여주었다.

《말(斗)은 말로 되는 되로》 클라우디오와 이사벨라   윌리엄 홀먼 헌트. 1850.

《말은 말로 되는 되로》 안젤로에게 오빠 클라우디오를 살려달라고 호소하는 이사벨라　윌리엄 해밀턴. 1793.

연극 〈트로일로스와 크레시다〉 헥토르에게 결정타를 날리는 아킬레우스　런던 상연. 2008.

연극 〈트로일로스와 크레시다〉 그리스 병사들과 헬레네(마리안네 올딤) 런던 상연. 2008.

연극 〈트로일로스와 크레시다〉 페터 슈타인이 연출한 경사진 무대 전투 장면   2006.

〈트로일로스와 크레시다〉 판다로스의 정원에서 트로일로스와 크레시다   에드워드 헨리 코보울드. 1873.

인형극 〈베누스와 아도니스〉 그레고리 도란 감독. 로열셰익스피어 극단 상연. 2004(2007년 재연).

인형극 〈베누스와 아도니스〉 그레고리 도란 감독. 스트랫퍼드 백조극장. 2017.

《베누스와 아도니스》 사냥을 떠나려는 아도니스, 이를 막는 베누스 　장 밥티스트 레뇨. 1787.

《베누스와 아도니스》 베누스와 아도니스 상　안토니오 카노바. 1820.

《루크레티아의 능욕》타르퀴니우스와 루크레티아 티치아노. 1571.

《루크레티아의 능욕》 루크레티아의 자살   루카스 크라나흐. 1538.

《루크레티아의 능욕》루크레티아 상　다미안 컴퍼니. 1834.
셰익스피어의 여주인공은 죽기 전에 타르퀴니우스의 행위에 고뇌하면서 규탄한다.

프랑스 루르드 성지 로사리오 바실리카 성당의 19세기 모자이크화　셰익스피어의 시 《불사조와 산비둘기》에서 '산비둘기'는 성모마리아, 그리스도교 교회를 상징할 가능성이 있다.

엘리자베스 1세 여왕 '불사조의 초상' 니콜라스 힐리어드. 1575. 여왕의 가슴에 불사조 펜던트(목걸이 장식)가 있다.

▲《칸초니에레》권
두화(시인 페트라
르카 초상)와 속
표지 15세기.
이 책은 이탈리아
인 페트라르카가
평생의 연인 라우
라에게 보낸 300
여 편의 사랑의
소네트집이다.

◀라우라와 페트
라르카

《소네트》장미꽃 사이의 젊은이　궁정화가 니콜라스 힐리어드. 1588.

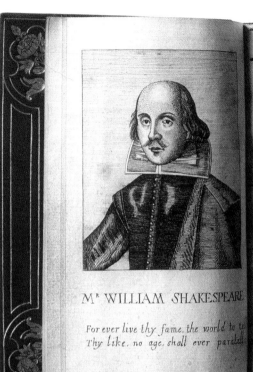

Mᴿ WILLIAM SHAKE-SPEARE

For ever live thy fame, the world to t...
Thy like, no age, shall ever parallel...

POEMS:
VVRITTEN
BY
WIL. SHAKE-SPEARE.
Gent.

Printed at London by Tho. Cotes, and are
to be fold by Iohn Benfon, dwelling in
St. Dunstans Church-yard. 1640.

▲존 벤슨이 편집한 《셰익스피어 시집》(1640)
이 시집에는 셰익스피어의 거의 모든 소네트와 함께 《정열의 순례자》에 나오는 시 몇 편이 포함되어 있다. 또한 벤 존슨·크리스토퍼 말로·월터 롤리 경 등의 작품이 다수 수록되어 있다.

◀소네트 25
크리스핀 반 데 파스가 돌을새김한 금잔화 상징 조지 위더가 펴낸 우의화집인 《상징 모음》(1635)에 실린 그림. 라틴어 좌우명은 '더 이상 해를 쫓아가지 않았다.'

《셰익스피어의 노래와 소네트》에서 〈연인의 한탄〉 '분노한 나머지 편지를 찢고'(55행)에서의 장면　찰스 로빈슨의 수채화.
1915. 버림받은 여인은 연인의 편지를 찢어 강으로 내던지고 있다.

《소네트》 에코와 나르키소스   존 윌리엄 워터하우스. 1903.

《소네트》 아프로디테와 아도니스 존 윌리엄 워터하우스. 1899.

The Chariott drawne by foure Horses vpon which Charret
stood the Coffin couered wth purple Veluett and vpon
that the representation. The Canopy borne by six Knight.

Robert Treswell Somersett &
John Rauen Richmond Heralds
of Armes.

of Armes.

The grcat
Eavle of

Embrodthered Bainier of England borne by y
Pembroke affisted by the Lo Howard of Effingh

《소네트》 1603년에 행해진 엘리자베스 1세 여왕 장례식   소네트 107번에서 여왕의 죽음을 다루었다.

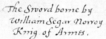
Gentlemen Pentioners

Gentlemen Pentioners

The Targett borne by
[Charl]es Thomas Chester
[He]rald of Armes.

The Sword borne by
William Segar Norroy
King of Armes.

A Gentleman
Usher with a
white Rodd

The Coate borne by
William Camden
Clarenceux King
of Armes.

A Gentleman
Usher with a
white rodd

▲《소네트》 안톤 클라이젠스 작품 〈악덕과 미덕의 우의〉 이 주제는 1600년대 셰익스피어의 독자들에게는 꽤 친숙했다.

◀《소네트》 오비디우스의 〈나르키소스의 신화〉에서 웅덩이에 비치는 자신의 모습에 사랑을 느끼는 청년 폼페이의 프레스코화

《소네트》영화 〈사랑에 빠진 셰익스피어〉　조셉 파인즈(셰익스피어 역)·기네스 펠트로(바이올라 역) 출연. 1998.
셰익스피어는 소네트에 '당신을 여름날에 비유할 수 있을까'라고 쓴다.

《소네트》영화 〈비너스〉　로저 미첼 감독, 피터 오툴·조디 휘테커 출연. 2006.
피터 오툴은 어린 연인에게 소네트 18번을 낭독한다.

셰익스피어 장례조형물 홀리 트리니티 교회, 스트랫퍼드

헨리 월리스가 1857년에 그린 상상화   제라드 존슨이 셰익스피어의 조형물을 조각하고 있을 때, 벤 존슨(시인)이 셰익스피어의 데스마스크를 제라드 존슨에게 보여주는 장면이다.

스트랫퍼드 홀리 트리니티 교회   셰익스피어는 이곳에서 세례받고 매장되었지만, 그의 작품은 세계 곳곳에 널리 퍼져 살아 숨 쉬고 있다.

World Book 289
셰익스피어전집8 [희비극·시]
William Shakespeare
MEASURE FOR MEASURE/TROILUS AND CRESSIDA
VENUS AND ADONIS/THE RAPE OF LUCRECE/THE SONNETS
말은 말로 되는 되로/트로일로스와 크레시다
베누스와 아도니스/루크레티아의 능욕/소네트
연인의 탄식/열정의 순례자/불사조와 산비둘기
셰익스피어/신상웅 옮김

동서문화사

디자인 : 동서랑 미술팀

셰익스피어전집 8 [희비극·시]
말은 말로 되는 되로/트로일로스와 크레시다
베누스와 아도니스/루크레티아의 능욕/소네트
연인의 탄식/열정의 순례자/불사조와 산비둘기
차례

[컬러화보]

Measure for Measure

말은 말로 되는 되로

말은 말로 되는 되로

〔제1막 제1장〕

공작 저택의 한 방.
빈센티오 공작과 에스칼루스, 귀족과 시종들을 거느리고 등장.

공작 에스칼루스 경.

에스칼루스 예, 공작님.

공작 정치에 대해서 내가 이러쿵저러쿵 늘어놓아 봐야, 괜스레 말하기나 좋아해서 그러는 것처럼 보일 것이오. 이 방면에서는 그대의 지식이 내 힘으로 할 수 있는 모든 충고들을 뛰어넘을 테니 말이오. 그러니 그저 될 수 있는 한 그대의 능력을 충분히 발휘해 달라는 말밖에 할 수가 없소. 백성들의 성향이라든지, 우리 도시의 제도라든지, 일반 재판의 절차라든지, 이 모든 것을 이끌어 가는 기술과 실천 능력에서 아마 경을 따라갈 만한 이는 없을 거요. 자, 여기 위임장이오. (에스칼루스에게 문서를 준다) 이것에 어긋나지 않게 잘 해주길 바라오. (시종에게) 보아라, 안젤로를 이리로 불러오너라. (시종한 사람 퇴장) 그 사람이 어떤 식으로 내 대리 노릇을 할 거라고 그대는 생각하오? 사실은 내가 그 사람을 특별히 생각해서, 나 없는 동안 내 대리 역할을 하도록 선임했소. 나의 위엄도 빌려주고, 나의 은덕도 베풀 수 있게 내 권력의 모든 기관을 대행하도록 했소. 그대는 이를 어떻게 생각하오?

에스칼루스 이 비엔나에서 그런 무한한 혜택과 영광을 이어받을 만한 사람이 있다면, 그것은 바로 안젤로 경이겠지요.

안젤로 등장.

공작　아, 저기 오는군요.

안젤로　언제든지 각하의 뜻에 따르겠습니다. 그 분부를 받들어 이렇게 달려왔습니다.

공작　안젤로 경, 그대의 일상생활에는 하나의 기호(記號) 같은 게 나타나 있어서, 그걸 보면 그대가 어떤 삶을 살아왔는지 세상 사람들도 알 수 있을 거요. 그대의 미덕은 그대 자신의 것이지만, 그렇다고 해서 그대 자신만을 위해 쓰거나 그 미덕만을 위해서 자신을 써도 좋을 만큼 그대 혼자만의 소유는 될 수 없소. 우리가 횃불을 사용하듯 하늘은 우리를 사용하시지요. 횃불은 횃불 자신을 위해서 불을 밝히는 게 아니듯, 만일 우리의 미덕이 다른 사람에게까지 미치지 못한다면 우리가 아무리 많은 덕을 갖추고 있더라도 이는 없는 거나 다름없소. 사람의 영혼이 아름답게 만들어진 까닭은, 바로 아름다운 결과를 낳게 하기 위함이지요. 자연이 그 뛰어난 능력의 아주 작은 부분이라도 인간에게 빌려줄 때는, 그 여신은 몹시도 인색하게 채권자의 명예를 지키기 위해서 그 대가는 물론 이자까지 돌려받으려고 한다오. 아, 이제 그만, 내가 하는 일을 사람들에게 널리 알려주어야 할 그대에게 연설하는 모양새가 되고 말았군. 그러니 자, 안젤로, 이것을 받으오. 내가 없는 동안 나를 대신해 많은 일들을 해주오. 비엔나 사람들이 죽고 사는 것은 이제 그대의 말 한마디, 생각 하나에 달려 있소. 가장 원로이신 에스칼루스를 먼저 고려했으나 그대의 보좌관으로 두었소. 자, 이 위임장을 받으오. (안젤로에게 문서를 준다)

안젤로　각하, 그토록 귀하고 위대한 자리에 임명하시기 전에 저의 역량을 좀 더 검토해 주시기 바랍니다.

공작　회피하지 마오. 충분히 생각하고 고심한 끝에 그대를 선택하게 된 것이니 이 영광을 받아들이도록 하오. 나는 급히 서둘러야 해서 아직 해결하지 못한 중요한 일들도 그대로 두고 출발할 수밖에 없게 되었소. 그때그때 형편에 따라 꼭 필요한 일은 편지로 연락하겠으니, 그대도 이곳에서 일어난 일들을 알려주길 바라오. 그럼, 잘 있소. 위임받은 일을 충실히 이행해 주길 바라오.

안젤로　각하, 가는 길까지만이라도 전송해 드리도록 허락해 주십시오.

공작　갈 길이 급해서 허락할 수 없소. 그리고 나의 명예를 생각해서라도 더

비엔나 미술사 박물관 앞 카를 대공 동상

는 사양도 주저도 하지 마오. 그대의 권력은 나와 동등한 것이니, 그대의 소신대로 법을 잘 집행하고 처리하도록 하오. 자, 악수를 합시다. 나는 조용히 떠나려 하오. 나는 백성들을 사랑하지만 그들 눈앞에 나를 드러내고 싶진 않소. 크게 환호성을 올리며 열광적으로 손뼉을 쳐주는 것도 좋은 일이긴 하나, 내 성미에는 맞지 않는 일이오. 신중하게 안전을 살필 줄 아는 사람이라면 아마 그런 것에 마음이 끌리지는 않을 것이오. 그럼 다시 한 번 작별 인사를 하오. 잘 있으시오.

안젤로 하늘에 계신 신들이여, 각하를 안전하게 지켜주소서!

에스칼루스 순조로이 여행을 마치시고 행복한 모습으로 돌아오소서!

공작 고맙소. 잘들 있으시오. (퇴장)

에스칼루스 (안젤로에게) 경에게 솔직하게 의논드리고 싶은 일이 있습니다. 다름이 아니라 제 위치가 어디쯤에 해당하는 것인지 알고 싶습니다. 저에게 권한이 주어졌지만 그 범위와 성격에 대해서는 아직 잘 모르겠군요.

안젤로 나도 마찬가지입니다. 그럼 함께 안으로 들어가, 그 점을 충분히 의논해 봅시다.

에스칼루스 그럼, 들어가시지요. (모두 퇴장)

〔제1막 제2장〕

어느 거리.
루치오와 두 명의 신사 등장.

루치오 만일 우리 공작과 다른 나라의 공작들이 헝가리 왕과 화해를 이루지 못하게 되면, 그때는 모든 나라 공작들이 함께 힘을 합쳐서 헝가리로 쳐들어가게 될 거야.

신사 1 하늘이여, 우리에게 평화를 내려주소서! 헝가리 왕만 제외하시고요.

신사 2 아멘!

루치오 자네의 그 끝말은 십계명 가운데 하나만 지우고 다녔다는 어느 신앙심 깊은 해적을 떠오르게 하는군.

신사 2 "도둑질하지 말라"인가?

루치오 그래, 그자는 그 계명 하나를 지워 버렸다지.

신사 1 그야 당연하지. 그 계명을 지키려고 했다가는 그 두목이나, 나머지 해적들이나 어디 옴짝달싹이나 할 수 있었겠나. 그들이 배를 타는 까닭은 순전히 도둑질을 하기 위해서가 아닌가. 그러나 우리 기사들 가운데 식사 전에 "평화를 내려주소서!" 하고 기도하는 것을 싫어할 사람은 없지.

신사 2 그것을 싫어할 기사란 없고말고.

루치오 맞아, 자네는 그런 기도를 올리는 자리에조차 있었을 리가 없으니 말이야.

신사 2 없다고? 적어도 열두 번쯤은 그런 기도를 했을걸.

신사 1 그래? 장단을 맞추어서 했나?

루치오 적당히 어름어름해서 넘겼거나, 아무 나라 말이고 갖다 붙였겠지.

신사 1 또는 아무 종교의 기도나 갖다 붙였든가.

루치오 그야 물론이지. 그러면 안 될 이유라도 있나? 종교적 논쟁이야 있든

말든, 기도는 기도니까. 예를 들어 어떤 종교의 기도를 올리더라도 자네는 악당이 틀림없으니 말야.

신사 1 그건 그러네만, 우리는 같은 가위로 마름질한 사이 아닌가.

루치오 그 말이 맞아. 우단과 우단 자투리 같은 사이라고나 할까. 자네가 바로 그 자투리란 말이지.

신사 1 그러니 자네는 우단이지. 아주 훌륭한 우단이고말고. 세 겹짜리 특제 우단이라고. 나는 차라리 두툼한 잉글랜드산 모직의 자투리 천이 되겠네. 매독에 걸려서 털 빠진 대머리처럼 돼버린 프랑스 우단이 될 바에는 말야. 내 말을 들으니 기분이 어떤가? 어디, 아픈 데를 찔렸나?

루치오 그래, 아프겠군, 그럴 만도 하지. 자네 고백을 들으니 자네가 가장 아프게 찔렸다는 걸 알겠네. 그러니 이제부터 자네와 축배를 들 때에는 내가 먼저 마셔야겠군. 이 목숨이 붙어 있는 한 자네가 마신 술잔에는 입을 대지 않기로 했네.

신사 1 이거, 아무래도 내가 한 방 먹은 것 같은데. 그렇지 않은가?

신사 2 그래, 자네가 졌어. 자네가 그 병에 걸렸든 아니든 말야.

오베르도네 부인 등장.

루치오 저길 보게, 저기를. 성병 치료 마담께서 오시는군. 저 집 지붕 아래서 온갖 병균들을 다 사들이는 바람에, 내가 쓴 돈이 자그마치……

신사 2 그래, 얼마나 들었나?

루치오 알아맞혀 보게.

신사 2 일 년 열두 달에, 3천 달러 오입을 했단 말이군.

신사 1 아, 그 이상이지.

루치오 그 이상이라면 프랑스 금화[1]겠지.

신사 1 자네는 언제나 내가 나쁜 병을 가지고 있는 듯이 말하지만, 그건 크게 잘못된 생각이네. 내 몸은 온전(sound)하다네.

루치오 그건 건강하다는 게 아니라 속이 비어서 소리(sound)가 난다는 뜻이겠지. 자네는 뼛속이 텅 비어버린 거야. 너무 재미를 보다 보면 다 그렇게

---

[1] 성병 때문에 대머리가 되었다는 의미.

잡아먹히는 거라고.

신사 1 (오베르도네에게) 아니, 이게 어찌 된 일인가? 어느 쪽 엉덩이에 좌골 신경통이 있기에 그렇게 걷나?

오베르도네 어휴, 그건 그렇고, 지금 저쪽에서 붙잡혀서 감옥으로 끌려가는 사람 말이에요, 그 사람은 당신들 5천 명하고 맞먹을 만큼 돈을 잘 쓰는 사람이랍니다.

신사 2 그게 누군데?

오베르도네 누군가 하면, 클라우디오 나리, 클라우디오 선생이죠.

신사 1 클라우디오가 감옥으로 끌려가고 있다고! 그럴 리가 없어.

오베르도네 아니, 정말이라니까요. 그분이 붙잡혀서 끌려가는 것을 이 눈으로 똑똑히 봤습니다. 그런데 더 큰일은 앞으로 사흘 안에 그분 목이 싹둑 달아나게 생겼다는 거예요.

루치오 농담 말게. 어찌 그런 일이 생긴다는 거지? 그러면 그게 정말이라는 건가?

오베르도네 정말이고말고요! 줄리엣 아가씨에게 아이를 갖게 했대요.

루치오 아니, 그럴 수가! 그렇다면 사실인가 보군. 그가 나와 만나기로 약속한 시간이 두 시간 전인데, 그는 무슨 일이 있어도 시간 약속을 아주 정확하게 지키는 사람이지.

신사 2 게다가 아까 우리가 이야기하던 그 일과도 무슨 관계가 있는 것 같군.

신사 1 아냐, 무엇보다도 그 포고령에 딱 들어맞는다네.

루치오 가세! 가서, 사실인지 아닌지 알아보세. (두 신사와 함께 퇴장)

오베르도네 이렇게 무슨 전쟁이니, 무슨 훈증 요법이니, 교수형이니, 가난이니 해서 단골손님들이 자꾸 줄어들기만 하는구나.

폼페이 등장.

오베르도네 다들 왜 그래? 무슨 일이라도 생겼어?

폼페이 저쪽에서 한 남자가 감옥으로 끌려가고 있대요.

오베르도네 아니, 그 남자가 무엇을 잘못했길래?

1막 2장, 루치오와 두 신사   존 길버트 그림, 단치엘 형제 판화. 1867.

폼페이   여자 때문이라던데요.

오베르도네   무슨 죄를 지었는데?

폼페이   주인이 있는 개울에서, 송어를 몰래 잡았다나요.

오베르도네   그럼, 어떤 처녀가 그의 아이를 갖게 된 거로군?

폼페이   그게 아니라, 어떤 부인이 그 사람의 계집애를 낳았다네요. 그런데 저, 그 포고령 이야기는 못 들으셨나요?

오베르도네 무슨 포고령?

폼페이 비엔나성 밖에 있는 영업집들은 몽땅 헐어버린대요.

오베르도네 그럼, 성안에 있는 유곽들은 어떻게 되는 거지?

폼페이 그건 씨를 받으려고 그냥 남겨두려나 보죠. 사실 그것도 없어질 뻔했
는데, 어떤 똑똑한 시민이 건의해서 그대로 두게 했나 봐요.

오베르도네 그럼, 성 밖에 있는 영업집들은 모두 문을 닫게 되는 건가?

폼페이 모조리요.

오베르도네 아, 이 나라도 참 많이 변했구나! 그럼, 나는 어떻게 되는 거지?

폼페이 그야, 겁낼 것 없죠. 훌륭한 상담자들한테는 손님이 없을 수가 없으
니까요. 장소만 바꾸고, 장사는 그대로 하면 되는 거죠. 제가 사환 일을 계
속해 드릴 테니, 용기를 내시라고요! 윗분들께서도 무슨 생각이 있으시겠
죠. 사실이 그렇잖아요, 이 일에 봉사하느라 눈이 거의 안 보이게 된 주인마
님 사정을 모른 척한대서야, 어디 말이 되겠어요?

오베르도네 토마스, 여기 더 있어봐야 무슨 소용이 있겠느냐? 어서 가자.

검찰관이 경찰 몇 사람과 함께, 클라우디오와 줄리엣을 데리고 등장.

폼페이 저기 클라우디오 나리가 오시는군요. 감옥 우두머리가 감옥으로 데
리고 가나 보죠? 그리고 줄리엣도요. (오베르도네와 함께 퇴장)

클라우디오 이보시오, 왜 나를 세상 사람들의 구경거리로 만드는 거요? 판결
이 났으니 어서 감옥으로 데려다주시오.

검찰관 당신을 괴롭힐 작정으로 이러는 게 아닙니다. 나는 안젤로 각하의 특
별한 지시에 따를 뿐이오.

클라우디오 이렇게 해서 신과도 같은 권력자는 조금도 에누리 없이, 우리의
죗값을 바로 치르게 할 수가 있구나. 하늘은 자비를 베풀고 싶은 사람에게
베풀고, 그렇지 않은 자에게는 베풀지 않는다고 했지. 그러나 신은 언제나
공정하시다.

루치오와 두 신사 다시 등장.

루치오   아니, 이게 어떻게 된 일인가! 클라우디오, 무슨 일로 이렇게 구속이 되었어?

클라우디오   내가 너무 방탕했기 때문이야, 루치오. 과식이 흔히 단식의 원인 이 되듯, 무절제한 자유가 구속을 가져온 거라고. 쥐들이 쥐약 뿌린 음식을 게걸스레 탐하듯, 우리 인간도 목이 타들어 가도록 죄악을 좇다가 마침내 죽음에 이르게 되지.

루치오   갇히고 난 뒤에 그토록 현명한 말을 할 수 있다니, 나라면 채권자들 을 불러다 놓고 그 소리를 들려주고 싶군. 그래도 감옥에서 도덕군자가 되 느니, 차라리 자유로운 바보로 살고 싶네. 클라우디오, 도대체 무슨 죄를 지 은 건가?

클라우디오   그 말을 입 밖에 내기만 해도, 또다시 죄가 될 거야.

루치오   그럼, 살인죄인가?

클라우디오   아니.

루치오   음란죄?

클라우디오   그렇게 부르게.

검찰관   자, 비키시오! 이제 가야 합니다.

클라우디오   이보게, 한마디만. 루치오, 한마디만 들어주게. (루치오를 한쪽으로 데리고 간다)

루치오   자네한테 도움이 된다면 백 마디라도 들어주겠네. 음란죄가 그렇게 도 엄격하게 다루어지는가?

클라우디오   내 경우는 이러하네. 줄리엣과 나는 정당한 계약을 맺은 뒤에 함 께 잠자리를 하게 되었네. 자네도 잘 알다시피, 줄리엣은 틀림없는 나의 아 내야. 다만 공식적으로 혼인식을 올리지 않았을 뿐이지. 그렇게 사람들에게 알리지 못한 것은, 오직 줄리엣의 지참금을 늘이기 위해서였어. 그 돈을 친 척들이 쥐고 있어서, 어떤 이익이 돌아올 때까지는 우리 두 사람의 사랑을 그들에게 알리지 않는 게 좋겠다고 생각했을 뿐이지. 하지만 둘이 몰래 만 나 서로 사랑을 하다가, 그만 너무 커다란 글자를 줄리엣 몸에 써 붙이고 말았어.

루치오   아이를 가졌단 말인가?

클라우디오   불행히도 그렇다네. 그러자 이번에 새로 임명된 공작 대행직이

서슬이 시퍼래져서는—새로 자리에 오른 지배자들이 으레 그렇듯—백성들이란 말(馬)과 같다고 생각하여, 자신이 지배자라는 걸 알리자마자 그 말에 박차를 가하려는 것인지, 그 자리에 오르면 누구나 그렇게 폭군이 되는 것인지, 아니면 갑자기 너무 높은 자리에 올라서 그렇게 된 것인지 나로서는 알 수가 없네. 그는 쓰지 않고 두었던 잠자는 형벌의 법규를, 다시 말해 열두 별자리를 열아홉 번 도는 동안 누구도 입어보지 않은, 벽에 걸어 둔 케케묵은 갑옷 같은 법률을 끄집어내서는 새삼스레 나한테 적용하는 것이네. 순전히 자기 명성을 세상에 알리기 위해서 말이야.

루치오 틀림없이 그래. 그러니 지금 자네 머리는 그 어깨 위에 간당간당 달려 있어서, 우유 짜는 처녀가 연애를 했더라면 탄식의 입김만으로 그 목이 날아갔을지도 모를 일이지. 사람을 시켜서 공작님 뒤를 쫓아가 탄원해 보게나.

클라우디오 실은 그렇게도 해보려 했으나, 그분을 찾을 길이 없네. 루치오, 제발 나를 위해서 이런 일을 꼭 좀 해주길 바라네. 오늘 내 누이동생이 수도원에 들어가 수습을 받게 돼 있는데, 그 아이한테 나에게 닥쳐온 위험을 알려주고 그 엄격한 공작 대행에게 탄원해 달라고—나를 대신해서 그 애한테 부탁해 주게. 꼭 그렇게 해보라고 전해 주게. 그렇게만 되면 큰 희망이 보이는 것이, 그 아이는 젊으니까 침묵 속에서도 남자를 움직일 수 있는 매력이 있을 거야. 게다가 그 애는 이런저런 이유를 들어가며 사람들과 담판하는 데에는 아주 특별한 재주가 있으니, 틀림없이 잘 설득할 수가 있을 거네.

루치오 부디 그렇게 되길 비네. 그렇지 않으면 앞으로 이 같은 일이 금기가 되어 누구도 감히 시도하지 못할 뿐 아니라, 시간놀이를 하며 사랑에 빠져 있던 자네 목숨도 어이없이 날아가 버릴 테니 말이야. 그럼, 자네 누이에게 어서 가봐야겠네.

클라우디오 정말 고맙네, 좋은 친구 루치오.

루치오 그럼, 두 시간 안에 돌아오겠네.

클라우디오 자, 검찰관 나리, 갑시다! (모두 퇴장)

1막 3장, 수사 토마스와 공작   존 길버트 그림, 단치엘 형제 판화. 1867.

〔제1막 제3장〕

수도원.
공작과 수사 토마스 등장.

공작 수사님, 그런 생각은 제발 떨쳐 버리시오. 힘없이 쏘아 날린 애정의 화
    살로는, 이 단단한 가슴을 꿰뚫어 맞힐 수가 없습니다. 내가 은밀히 피신할
    곳을 부탁하는 것은, 혈기 넘치는 젊은 사람들보다 더 진지하고 훌륭한 목
    표가 있기 때문입니다.
토마스 좀더 자세히 말씀해 주십시오.
공작 수사님, 누구보다도 잘 알겠지만 여느 때에 나는 숨어 지내는 생활을
    좋아했소. 젊은 사람들과 어울려 다니며 흥청망청 돈을 쓰고 사치스럽게

생활하는 것을 무가치하게 여겨왔던 것이오. 그래서 나는 엄격하고 확고한 금욕주의자인 안젤로 경에게 당분간 나 대신 이 비엔나를 다스릴 수 있도록 통치권과 지위를 맡겼소. 그 사람에게도 내가 폴란드로 여행을 하는 것처럼 믿게 해놓았고, 백성들 귀에도 그렇게 들어가도록 소문을 퍼뜨려 놓았소. 수사님은 무엇 때문에 이런 일을 하느냐고 나에게 묻고 싶겠지요?

토마스 네, 알고 싶습니다, 각하.

공작 우리에게는 엄격한 법령들과 준엄한 법이 있소. 이것들은 고집 세고 사나운 말을 제어하는 데 필요한 재갈도 되고, 고삐도 되는 것이지요. 그러나 이 법을 19년 동안이나 잠자게 내버려 두어서, 이제는 너무 배불리 먹은 사자가 동굴 안에만 파묻혀 먹이를 구하러 나가지 않는 꼴이 되고 말았소. 아버지가 자식을 사랑한다 하여, 자작나무로 묶어 만든 회초리를 쓰지 않고 단지 겁을 주기 위해 한쪽에 세워 두기만 두면, 그때는 그 회초리가 무섭기는커녕 우스워 보이게 되지요. 우리 법령도 집행하지 않고 오래 내버려 두면, 방종한 자들은 마치 이 법이 사라져 버린 것처럼 코웃음을 치게 되오. 그러면 어린아이가 유모를 때리는 일이 일어나고, 예의도 질서도 모두 엉망이 되고 맙니다.

토마스 꽁꽁 묶은 법률을 풀어놓고 싶으시다면, 얼마든지 마음대로 그렇게 하실 수 있지 않습니까. 그 집행도 각하께서 스스로 하시는 편이, 안젤로 경의 손을 빌려 하시는 것보다는 더 위엄 있어 보일 텐데요.

공작 그 위엄이 너무 지나칠까 걱정돼서 그러오. 백성들에게 그런 여유와 자유를 준 것은 나의 잘못이오. 내가 그렇게 하게 내버려 두고는 이제 와서 그것을 바로잡겠다고 엄벌을 내리게 되면, 폭군이란 소리를 면치 못할 것이오. 악행을 저질렀다며 새삼스레 백성들 앞에 나아가 벌을 줄 수는 없지 않소. 사실은 그래서 안젤로 경에게 이 임무를 떠맡긴 것이오. 그 사람은 내 이름 뒤에 숨어서 거리낌 없이 모든 잘못들을 바로잡을 테고, 나는 뒤쪽으로 물러나 있으니 비방의 화살도 맞지 않을 것이오. 그동안 나는 잠시 그가 통치하는 모습을 지켜보며, 그대 수도회의 수사가 되어 귀족과 평민들을 방문하려는 것이지요. 그러니 사제복도 빌려주고, 진짜 수사처럼 행동하는 방법도 가르쳐 주어야겠소. 이 일에 대해서는 나중에 한가로울 때 좀더 자세히 설명하리다. 다만 꼭 한 가지 일러줄 게 있소. 안젤로 경은 매우 고지식하고 더할 나위 없이 철저한 사람이라, 피 한 방울 흐르지 않을 것처럼 보인다오. 그 표정을 보면 빵보다는 차라리 돌멩이를 씹어 먹을 것만 같소. 그래서 만일 권력이 사람의 마음을 변하게 하는 것이라면 그 모습이 도대체 어느 정도까지 바뀌는지를 꼭 보겠다는 거지요. (모두 퇴장)

〔제1막 제4장〕

수녀원.
클라우디오의 누이동생 이사벨라와 수녀 프란치스카 등장.

이사벨라 그리고 수녀들에게는 또 다른 특권은 없나요?

프란치스카 그 정도면 충분하지 않나요?

이사벨라 물론, 그렇습니다. 사실 제가 말씀드리려는 것도 더 많은 특권보다는, 성녀 클라라를 따르는 수녀들에게는 오히려 좀더 엄격한 제한이 필요하다는 거지요.

루치오 (문밖에서) 실례합니다! 이곳에 평화가 깃들기를!

이사벨라 누가 왔는데요.

프란치스카 남자 목소리군요. 이사벨라, 열쇠를 돌려서 그가 무슨 일로 왔는지 알아봐요. 당신은 할 수 있지만 나는 할 수 없는 일이지요. 당신은 아직 서약을 하지 않았으니까요. 서약을 하고 나면 부원장 수녀님이 계시지 않은 곳에서는 절대로 남자와 이야기를 해서는 안 됩니다. 혹시 그 앞에서 말을 하게 되더라도 얼굴을 보여서는 안 되고, 얼굴을 보이게 되더라도 절대로 말을 해서는 안 되죠. 또 부르는군요. 어서 대답을 해요. (퇴장)

이사벨라 평화와 번영을 주시옵소서! (문을 열면서) 누구시죠?

루치오 등장.

루치오 아, 아가씨. 그렇죠, 당신은 아가씨가 틀림없군요? 그 장밋빛 두 뺨이 당신은 아가씨라고 말해 주니까요! 이곳 수련 수녀인 이사벨라를 좀 만날 수 있을까요? 그녀는 클라우디오란 불행한 사람의 누이동생입니다.

이사벨라 아니, '불행한 사람'이라고요? 왜 그렇게 말씀하시는 거죠? 제가 바로 이사벨라이고, 그의 누이동생이에요.

루치오 친절하고 어여쁜 아가씨, 오빠의 간절한 안부 인사를 전하러 왔습니다. 지금 그는 감옥에 있습니다.

이사벨라 어머나! 왜요?

루치오 그게, 이를테면—내가 재판관이라면 벌은커녕, 오히려 그가 감사를 받아야 할 일 때문이죠. 연인에게 아이를 갖게 했다는군요.

이사벨라 오빠가 그럴 리가 없어요.

루치오 사실입니다. 나는 말이죠, 댕기물떼새처럼, 아가씨들에게 장난도 치고 입에 발린 말도 잘하는 죄를 자주 짓지만, 누구한테나 그러는 건 아니랍니다. 당신은 이미 하늘에 오른 성스러운 천사입니다. 세속적인 삶을 버리고 불멸의 영혼이 된 당신에게 성자에게 하듯 거짓 없이 말하는 겁니다.

이사벨라 그건 신을 모독하는 말씀이에요. 지금 저를 놀리시는 거죠?

루치오 그렇지 않습니다. 간단히 사실을 말하면 이렇게 된 겁니다—당신의 오빠와 연인이 서로 끌어안고 뒹굴었다는 거지요. 음식을 먹으면 배가 부르듯, 벌거벗은 밭에 씨를 뿌리면 꽃이 피고 열매가 맺듯, 그렇게 그 여자의 배가 오빠의 부지런한 밭갈이와 농사일로 열매를 맺게 된 거랍니다.

이사벨라 오빠의 아이를 가진 여자가 누구죠? 사촌 줄리엣인가요?

루치오 아가씨의 사촌인가 보죠?

이사벨라 그렇지는 않아요. 학창 시절에 가깝게 지내며, 서로 자연스럽게 그렇게 부르게 됐어요.

루치오 맞아요, 바로 그 여자예요.

이사벨라 오, 그럼, 결혼하게 해야죠.

루치오 그게 바로 문제랍니다. 사실은 공작께서 무슨 일인지, 어디론가 가버리셨죠. 많은 신사들한테는—물론 나도 그 가운데 한 사람입니다만—전쟁이 일어날 거라는 부질없는 생각을 갖게 해놓고는 이곳을 떠나셨어요. 그런데 공작을 대신해서 전권을 위임받고 나라를 다스리게 된 안젤로 경은 눈처럼 차가운 사람이죠. 감정의 동요라든지 음욕으로 인한 충동 같은 건 아예 느껴본 적도 없고, 학문과 단식으로 마음을 단련시켜 본능적인 말초신경이란 게 무딜 대로 무뎌진 사람이라는 겁니다. 바로 이 사람이—사자 옆

1막 4장, 이사벨라와 수녀 프란치스카 존 길버트 그림, 단치엘 형제 판화. 1867.

을 뛰어다니는 생쥐처럼 무서운 법률 옆에서 오랫동안 날뛰며 놀아나던 탕
아들을 겁주기 위해 케케묵은 법률 하나를 끄집어냈답니다. 그 법의 엄격한
조항에 따라, 바로 당신 오빠가 목숨을 잃게 되는 거죠. 그 법 조항을 내세
워 그를 체포해서 세상에 본보기를 보이려는 것이지요. 지금으로서는 아무
런 희망도 없습니다. 어여쁜 누이동생이 아리따운 탄원으로 안젤로 경의 마
음을 누그러뜨리지 않는다면, 그에게는 오직 절망밖에는 없습니다. 이것이
바로 당신과 당신 오빠 사이에서 내가 해야 할 일입니다.

이사벨라 그분은 제 오빠의 목숨을 꼭 빼앗아야만 하나요?

루치오 이미 선고가 내려졌지요. 들리는 소문에 따르면, 검찰관이 사형 집행
영장까지 가지고 있답니다.

이사벨라 아, 저한테는 오빠를 도울 만한 능력이 없는데 어떡하죠?

루치오 있는 힘을 다해서 해봐야죠.

이사벨라 제 힘으로요? 저는 못할 거예요…….

루치오 그렇게 겁부터 먹고 자신의 능력을 의심하는 것은 스스로를 저버리
는 거랍니다. 그렇게 되면 얻을 수 있는 이익도 놓칠 수가 있으니까요. 안젤
로 경에게 가요. 처녀가 애원을 하면, 남자란 신과도 같이 그 소원을 들어주

게 된다는 것을 그가 깨닫게 해줘요. 처녀들이 무릎 꿇고 울면서 애원하면 무엇이든 안 될 게 없으니까요.

이사벨라 할 수 있는 데까지 해보겠어요.

루치오 그러나 서둘러야 합니다.

이사벨라 지금 바로 떠나겠어요. 원장 수녀님께 이 사실을 말씀드리기만 하면 됩니다. 여러 가지로 정말 감사드립니다. 오빠에게 안부 전해 주세요. 오늘 밤에 꼭 기쁜 소식을 전해 드리겠어요.

루치오 그럼 나는 가겠습니다.

이사벨라 안녕히 가세요. (모두 퇴장)

〔제2막 제1장〕

안젤로 저택의 홀.
안젤로, 에스칼루스, 재판관, 검찰관, 관리들, 그리고 시종들 등장.

안젤로 법을 허수아비로 만들어선 안 되오. 곡식을 쪼지 못하게 새들을 겁주려고 세워 둔 허수아비도 언제까지나 같은 모습으로 내버려 두면, 나중에는 무서워하기는커녕 새들이 날아와 노는 횃대가 되고 말죠.

에스칼루스 그렇긴 합니다만, 단칼에 쓰러뜨려 없애기보다는 날카로운 칼로 살짝 베어 겁만 주는 게 오히려 낫지 않을까 합니다. 아, 제가 그 신사를 살려주고 싶어하는 것은 그의 아버지가 아주 훌륭한 분이었기 때문입니다. 각하는 물론 품행이 가장 단정한 분임을 믿어 의심치 않습니다만—그렇다 해도 한번 감정이 일어나게 되면, 마침 때와 장소가 또는 장소와 욕망이 그런 분위기로 몰고 가서, 피 끓는 열정을 억누르지 못하여 그 욕망을 취했을 때는, 각하라 하더라도 오늘 그 사람에게 선고하신 그런 죄목으로 법망에 걸리지 않으리라고, 과연 누가 장담할 수 있겠는지요.

안젤로 에스칼루스, 유혹당하는 것과 죄악에 빠지는 것은 엄연히 다른 일이오. 죄수에게 사형 선고를 내리는 배심원 12명 가운데에서도 심판을 받는 죄수보다 더 무거운 죄를 진 도둑이 한두 명쯤 있을지도 모르지요. 나는 이

것을 부정하지는 않소. 그러나 법은 법에 걸린 자만을 심판하는 것이오. 도둑이 도둑에게 선고를 한다 해서, 그것을 법이 어떻게 알겠소? 이건 명백한 것이오. 우리가 보석을 발견하고는 허리 굽혀 줍는 것은, 오직 그것을 보았기 때문이오. 그러나 보지 못했더라면 아무 생각 없이 그 보석을 그냥 밟고 지나갔을 것이오. 나에게 그런 허물이 있다 해도, 그 때문에 그의 죄를 가볍게 해주도록 허락할 수는 없소. 그러나 그 죄를 선고하는 내가 만일 똑같이 그런 죄를 범한다면, 그때는 나 자신의 재판관으로서 가차 없이 나를 사형에 처해 본보기를 보여주오. 그러니 경, 그 사람은 사형에 처할 수밖에 없소.

에스칼루스 그럼, 각하의 지혜대로 하십시오.

안젤로 검찰관은 어디 있는가?

검찰관 네, 여기 있습니다.

안젤로 내일 아침 9시에 클라우디오의 사형을 집행하라. 먼저 고해 신부를 불러서, 그가 마지막 순례 길을 떠날 마음의 준비를 하게 해주게. (검찰관 퇴장)

에스칼루스 (혼잣말로) 오, 하늘이여, 그를 용서해 주소서! 그리고 저희도 모두 용서해 주소서! 죄악으로 입신출세하는 자도 있고, 미덕으로 멸망하는 자도 있으니, 어떤 자는 준엄한 법망을 뚫고 달아나 아무런 죄의식도 없이 살아가고, 어떤 자는 단 한 번의 과실로 사형에 처해지는구나.

엘보우와 경찰관들이 프로스와 폼페이를 데리고 등장.

엘보우 자, 어서 그자들을 끌고 오너라. 매춘굴에서 나쁜 짓이나 하는 이자들이 선량한 백성이라면 이 나라에 법은 없는 거나 다름없다. 어서 끌고 와.

안젤로 무슨 일이지! 자네의 이름은? 대체 어찌 된 일인가?

엘보우 황송합니다만, 저는 미천한*² 공작 각하의 경찰관이며, 이름은 엘보우라고 합니다. 재판을 좀 해주셔야겠습니다. 각하가 계신 곳 앞으로 악명 높은 선행자 두 놈을 잡아왔습니다.

---

*2 형용사를 잘못 말한 것으로, 이와 같이 엘보우는 단어를 잘못 쓰거나 틀린 말을 하여 웃음을 자아낸다.

안젤로 선행자라니! 무슨 선행을 했단 말인가? 악행자들이 아닌가?

엘보우 죄송합니다만, 그런 건 잘 모릅니다. 하지만 이자들은 철저한 악한들
이죠. 그렇죠, 틀림없습니다. 기독교인이라면 반드시 가져야 할 신성모독이
없는 자들이니까요.

에스칼루스 말 한번 잘하는군. 지혜로운 경찰관이구나.

안젤로 좋다. 그래, 저 사람들의 직업은 뭐지? 엘보우(팔꿈치)가 자네 이름이
라고? 엘보우, 어째서 말이 없느냐?

폼페이 저 사람은 말 못할 사정이 있습니다. 팔꿈치(엘보우)에 구멍이 나서요.

안젤로 (폼페이에게) 자네의 직업은 무엇이냐?

엘보우 그놈은 말입니다! 술집 사환인데 매음굴 포주와 단짝이죠. 뿌리뽑아
버렸다는 저 성 밖 매음굴에서, 여자 포주의 일을 봐주고 있습니다. 그 여자
도 나쁜 여자죠. 그 여자는 지금 목욕탕 간판을 내걸고 있습니다만, 그것도
매음굴이라 생각됩니다.

에스칼루스 그걸 어떻게 알지?

엘보우 나리, 제 아내가 말입니다, 저는 하늘과 각하께 맹세하고 그녀를 증오
(증언)합니다만……

에스칼루스 뭐라고? 자네 아내를?

엘보우 그렇습니다. 제 아내는 하늘께 감사하게도, 정숙한 여자인데…….

에스칼루스 그래서 그녀를 '증오'하는가?

엘보우 저는 말입니다, 제 아내뿐만 아니라 저 자신도 증오(증언)하는데요,
그 집이 만약에 매음굴이 아니라면 제 아내가 곤란해집니다. 왜냐하면 그
집은 틀림없는 나쁜 집이니까요.

에스칼루스 자네는 어떻게 그 사실을 알고 있지?

엘보우 그건 말입니다, 제 아내한테서 들었죠. 제 아내가 만약에 말입니다,
'육체적' 결함이 있다면 간음이니 간통이니, 불결하다느니, 온갖 욕지거리들
을 그 영업집에서 했을 테니까요.

에스칼루스 그 집 안주인이란 여자가 말인가?

엘보우 그렇죠. 그 오베르도네가 말이고. 하지만 그 여자는 (프로스를 가리키
면서) 저 남자한테 침을 뱉었고, 그렇게 저 사람한테 싸움을 걸었습니다.

폼페이 죄송합니다만, 각하, 그런 게 아닙니다.

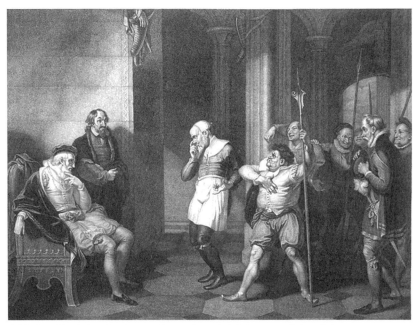

〈말은 말로 되는 되로〉 2막 1장 R. 스머크 그림, T. 라이더와 C.G. 플레이트 판화. 1798.

엘보우 뭐라고? 그럼 증거를 대라, 이놈들 앞에서 나리가 증거를 대라!

에스칼루스 (안젤로에게) 말을 제자리에 못 쓰는 걸 들으셨나요?

폼페이 나리, 이 사람 아내가 애를 가져서 배가 불룩해졌습니다. 그래서—각
　　하들 앞에서 죄송합니다만—말린 자두가 꼭 필요하다는군요. 하지만 그것
　　이 제 집에 꼭 두 개밖에는 남아 있질 않았습니다. 그것은 아주 오래전부터
　　놓아두었던 접시에 담겨 있었죠. 그 접시로 말하면, 서푼짜리로 보잘것없는
　　것이기는 하지만, 아마 각하들께서도 그런 접시를 보셨으리라 생각합니다.
　　도자기는 아니지만, 그래도 꽤 좋은 것인데…….

에스칼루스 됐다, 됐어. 이제 그 이야기는 그만해.

폼페이 네, 그렇게 하지요. 그건 접시와는 아무 관계도 없으니까요. 나리 말
　　씀이 옳습니다. 그런데 요점은 이렇습니다. 실은 엘보우의 아내가 말입니다,
　　어린애를 가져서 불룩한 배를 해 가지고는, 지금 말씀드린 대로 말린 자두
　　가 꼭 필요하다는 겁니다. 그렇지만 이미 말씀드린 대로 접시에는 말린 자
　　두가 두 개밖에 남지 않아서요. 여기 있는 프로스 씨, 바로 이분이 말입니

다, 앞서 말씀드린 대로 말린 자두를 두 개만 남겨놓고 몽땅 먹어 치웠죠. 그래서 말입니다, 그 값은 깨끗이 다 받았습니다. 그렇죠, 프로스 씨? 제가 어디 서푼이라도 돌려드렸던가요?

프로스 안 돌려줬지, 정말로.

폼페이 그럼 됐어요. 그때 당신이 말입니다, 아직 기억하고 있다면요, 앞서 말한 그 열매를 돌을 씹어 삼키듯 오드득오드득 깨물어 먹었죠.

프로스 그래, 내가 정말 그랬지.

폼페이 그럼 됐어요. 제가 그때 말했죠, 당신이 아직 기억하고 있다면요, 이러이러한 사람과 이러이러한 사람은 그 치료법으로는 당신이 알고 있는 그런 병을 도저히 치료할 가망이 없으니, 제가 이야기한 대로 철저하게 식이요법이나 하라고 말이에요.

프로스 그래, 정말 그랬어.

폼페이 그럼, 됐어요. 그래서 말이죠…….

에스칼루스 이봐, 참으로 지루한 바보로구나. 요점을 말해라. 엘보우 부인이 도대체 무슨 일을 당했기에, 이렇게 고발까지 하게 되었느냐? 그녀한테 무슨 짓을 했는지 말해라.

폼페이 그런데 나리는 아직 거기까지 못 가셨어요.

에스칼루스 물론이지, 게다가 그런 뜻으로 말한 게 아니다.

폼페이 그런데 말입니다, 허락만 해주신다면, 거기에 가실 수도 있습니다. 자, 간청드리는데, 여기 있는 이 프로스의 얼굴을 똑똑히 봐주십시오. 이 사람은 1년 수입이 80파운드인데, 그 아버지는 만성절에 돌아가시고, 그렇죠, 프로스 씨, 만성절이었죠?

프로스 만성절 전날 밤이지.

폼페이 그럼, 됐어요. 바로 여기, 진실이 있다고 보는 거죠. 그래서 말인데요, 이 나리가 낮은 안락의자에 앉아 있었는데 말입니다, 그게 바로 '포도송이'라는 이름의 방이었죠, 프로스 씨? 당신은 그곳에 앉아 있기를 정말 좋아했죠? 정말 그렇죠?

프로스 그래, 그 방은 탁 트여서, 겨울에 장작불을 때기에는 그만이지.

폼페이 그럼 됐어요. 그래서 여기에 진실이 있다고 보는 거죠.

안젤로 (에스칼루스에게) 이러다가는 밤이 가장 길다는 러시아의 밤도 꼴딱 지새우고 말겠소. 미안하지만, 이 사건의 신문은 경에게 맡기겠습니다. 세 놈 다 곤장을 치게 하시는 게 좋을 거요.

에스칼루스 저도 그렇게 생각하고 있습니다. 안녕히 가십시오. (안젤로 퇴장) 자, 그럼, 어서 계속해 봐. 엘보우 부인에게 무슨 일이 있었는지, 어디 다시 한 번.

폼페이 다시 한 번이라고요? 그 여자는 아직 한 번도 당한 일이 없는 걸요.

엘보우 (에스칼루스에게) 간청드립니다, 나리. 이 사람이 제 아내한테 어떻게 했는지 물어봐 주십시오.

폼페이 (에스칼루스에게) 제발 저한테 물어봐 주십시오.

에스칼루스 그래, (프로스를 가리키며) 이 사람이 그 부인한테 무슨 짓을 했지?

폼페이 나리, 제발 이 사람 얼굴을 좀 들여다봐 주십쇼. 프로스 씨, 어서 각하께 얼굴을 들어 보이세요. 모두 당신을 위해서 하는 일이에요. 나리, 이 사람 얼굴 좀 잘 봐주십시오.

에스칼루스 그래, 잘 보고 있다.

폼페이 아니, 잘 좀 보시라니까요.

에스칼루스 그래, 잘 보고 있어.

폼페이 이 사람 얼굴에 무슨 나쁜 거라도 보이시나요?

에스칼루스 아니, 별로.

폼페이 저는 성경책에 맹세합니다. 이 사람의 몸 가운데 가장 흉한 곳이, 바로 얼굴입니다. 이 얼굴이 몸에서 가장 흉한 곳이라면, 어떻게 이 프로스 씨가 저 경찰관의 아내를 건드릴 수가 있겠습니까? 저는 그 사실을 각하께 여쭙고 싶습니다.

에스칼루스 그 말이 옳아. 경찰관, 그대는 이 말에 대해 어떻게 대답할 텐가?

엘보우 저, 먼저 알아두셔야 할 게 있습니다. 그 집안은 고상한 집안이라는 것입니다. 그다음에는 그도 고상한 남자이고, 그 안주인도 고상한 여자라는 것입니다.

폼페이 이 손에 맹세코, 저 사람의 마누라는 저희들 가운데 누구보다도 고상하죠.

엘보우 이런 나쁜 놈! 거짓말쟁이가 거짓말만 늘어놓는군! 이 사악한 악당

아! 내 마누라는 남자든 여자든, 어린애든 이날까지 한 번도 고상한 관계를 한 적이 없었다.

폼페이 (에스칼루스에게) 하지만 저 사람의 마누라는 결혼하기 전에, 저 사람과 고상한 관계를 했었죠.

에스칼루스 아니, 이거 누구 말이 더 맞는 거지? 누가 피고고, 누가 원고란 말이냐? (엘보우에게) 지금 이 말이 사실인가?

엘보우 (폼페이에게) 오, 비열한 놈! 이 나쁜 놈! 오, 너는 흉악한 한니발*³이야! 내가 결혼하기 전에, 내 마누라와 고상한 관계가 있었다고? 정말이지 그런 '고상한 관계'는 없었다. 각하, 만약에 제가 제 아내한테, 또는 제 아내가 저한테 결혼 전에 고상한 관계가 있었다면, 저를 공작님의 불쌍한 경찰관이라고 생각하지도 마십시오.—증거를 대라, 이 흉악한 한니발아, 그렇지 못하면 구타 죄로 고발할 테다.

에스칼루스 (웃으며) 그럼, 저 사람이 자네 따귀라도 갈기면, 명예 훼손죄로 고발할 텐가?

엘보우 그렇게 말씀해 주시니 정말 고맙습니다. 저 흉악한 놈을 어떻게 하면 좋겠습니까?

에스칼루스 정말 그렇군. 경찰관, 저자는 자네가 말한 범죄의 가능성이 있으니, 자네가 그것을 발견할 때까지는 지금처럼 현상 유지로 해두지.

엘보우 그 말씀 감사합니다. (폼페이에게) 알겠나, 이 흉악한 놈, 너에게 무슨 벌이 내려졌는지 알겠어? 너는 이젠 현상 유지라는 거야, 이 흉악한 놈아, 너는 현상 유지란 벌을 받았어.

에스칼루스 (프로스에게) 그대는 어디 출신이지?

프로스 이곳 비엔나 출신입니다.

에스칼루스 그대 수입이 연간 80파운드라고?

프로스 네, 그렇습니다.

에스칼루스 그렇군. (폼페이에게) 직업은 뭔가?

폼페이 술집 고용원입니다. 불쌍한 과부댁의 더부살이죠.

에스칼루스 그래, 그 안주인 이름은?

---

*3 식인종이라는 뜻의 cannibal을 Hannibal이라고 잘못 말했다. 한니발은 카르타고의 명장이다.

폼페이 오베르도네 부인입니다.

에스칼루스 그 여자는 남편을 한 번만 얻었나?

폼페이 그럴리가요, 아홉 번이나 됩니다. 마지막 아홉 번째 남편이 바로 오베르도네였죠.

에스칼루스 아홉 번? 프로스 씨, 이리 가까이 오게. 프로스 씨, 술집 더부살이들과는 가까이 지내지 않는 게 좋네. 그 사람들은 당신을 유혹하다가, 끝내 교수형을 당하게 할 걸세. 어서 가게. 앞으로 두 번 다시 이곳에 오지 않도록 하라.

프로스 감사합니다, 각하. 저로서는 그런 술집에는 절대로 안 들어가려고 합니다만, 어찌나 유혹을 해오는지 그만……

에스칼루스 그래, 이제 다시는 들어가지 않도록 하라. 프로스 씨, 잘 가게. (프로스 퇴장) 술집 고용원, 이리 가까이 오라. 이름이 뭐라고 했지?

폼페이 폼페이입니다.

에스칼루스 또 다른 이름은?

폼페이 '범(Bum)'이라고도 합니다.

에스칼루스 그건 엉덩이란 뜻 아닌가? 그러고 보니, 자네 엉덩이는 참으로 대단한걸. 그런 야수적인 감각으로 따진다면, 자네는 그냥 폼페이가 아니라 '대폼페이'*⁴라고 불러줘야 할 것 같군. 폼페이, 자네도 사실은 매춘굴 뚜쟁이 노릇을 하고 있겠지. 겉으로야 술집 고용원이라고 하지만 말이야. 그렇지? 자, 사실대로 말해. 그러는 편이 자네를 위해 좋을 테니까.

폼페이 실은 말입니다, 나리, 저는 이런 가련한 놈입니다만, 아직은 살고 싶습니다.

에스칼루스 어떻게 살고 싶다는 말을 하지? 매춘굴 뚜쟁이 노릇을 하고도 말이야? 자네는 그 짓을 어떻게 생각하나? 정당한 직업이라고 생각해?

폼페이 네, 법이 허락해 준다면 말입니다.

에스칼루스 법은 그런 짓을 용서 못해. 이 비엔나에서 그 짓이 용서받을 리가 없지 않은가.

폼페이 그럼, 각하, 이 비엔나 시의 젊은이들을 모두 말처럼 거세시켜 버릴

---

*4 고대 로마의 장군 폼페이우스를 말한다.

작정이십니까?

에스칼루스 그렇지 않다, 폼페이.

폼페이 사실 나리, 미천한 소견이오나, 그래도 남자들은 안 하고는 못 배기는 겁니다. 매춘부와 깡패만 단속하시면, 포주나 뚜쟁이 걱정은 아예 하실 필요가 없게 되죠.

에스칼루스 지금 막 기가 막힌 단속이 시작됐으니, 잘 알아두게. 그건 바로 참수와 교수형이란 거다, 알겠느냐?

폼페이 그런 죄를 저지른 사람을 10년 동안 목을 베고 매달아 죽이신다면, 나중에는 모가지가 필요하다는 포고령을 기꺼이 내리게 되실 겁니다. 그때는 이곳 비엔나 시에서 가장 좋은 집을 제가 한 구획에 3펜스만 받고 빌려주게 될 겁니다. 그때까지 살아 계셔서 그런 광경을 보게 되시거든 "과연 폼페이가 말한 대로군!" 이렇게 말씀하세요.

에스칼루스 고맙네, 폼페이. 그 예언에 대한 감사로 충고해 주는 것이니, 잘 들어둬. 어떤 소식에 대한 것이든, 내 앞에 두 번 다시 나타나지 말란 말이다. 아니, 지금 있는 그 집에 더는 머무르지 않도록 해, 만약에 내 눈에 다시 띄는 날이면, 폼페이, 자네의 진지까지 쳐들어가 카이사르의 능숙한 솜씨를 보여줄 테니까. 쉽게 말하면 폼페이, 다음에는 곤장이다. 특별히 이번만은 봐주지, 어서 가라!

폼페이 훌륭한 충고의 말씀, 매우 감사합니다. (혼잣말로) 하지만 그 충고에 따르고 안 따르고는 이 몸의 사정에 따라, 운명에 따라 결정될 일이지. 곤장을 치겠다고? 절대로 안될 말! 마부꾼더러, 비루먹은 말의 엉덩이나 치라지. 대장부가 그까짓 엉덩이 하나 때문에 직업을 바꿀까 보냐. (퇴장)

에스칼루스 엘보우 씨, 이리 가까이 오게. 자, 이리 오게, 경찰관. 자네는 그 경찰관 직에 몇 해 동안이나 있었는가?

엘보우 7년 반입니다.

에스칼루스 그 직무를 노련하게 수행하는 것으로 보아 오랫동안 일해 왔으리라고 생각은 했네. 7년이라 했지?

엘보우 7년하고도 또 반년입죠.

에스칼루스 저런. 그동안 수고가 많았네. 그렇게 오랫동안 근무하게 하는 건 잘못된 것이지. 자네 구역에는 그 일을 할 만한 사람이 그렇게도 없는가?

엘보우 사실 그 일을 할 만한 사람이 참으로 없습죠. 새 사람이 뽑혔는데도 꼭 저더러 그 일을 대신해 달라며, 다시 뽑아주니까요. 그럼, 저는 돈을 얼마간 받고 또 모든 일을 맡게 되죠.

에스칼루스 자네 구역에서, 그 일에 가장 알맞은 자들을 예닐곱 명 골라, 그 이름을 적어 나한테 보내주게.

엘보우 각하의 저택으로 말입니까?

에스칼루스 그렇네, 내 집으로. 잘 가게. (엘보우 퇴장) 몇 시나 됐을까요?

재판관 11시입니다.

에스칼루스 내 집에 가서 함께 식사합시다.

재판관 감사합니다.

에스칼루스 클라우디오를 처형하게 된 것은 가엾기 짝이 없으나 어찌할 도리가 없군요.

재판관 안젤로 경께서는 너무도 엄격하십니다.

에스칼루스 엄격할 수밖에요. 자비처럼 보이는 자비는 자비가 될 수 없으니까요. 죄를 사면해 주어 봤댔자, 또 다른 재난을 낳는 온상이 될 테니 말입니다. 그렇기는 하지만 아, 가엾은 클라우디오! 어쩔 도리가 없으니! 자, 갑시다. (모두 퇴장)

〔제2막 제2장〕

같은 곳의 다른 방.
검찰관과 하인 등장.

하인 각하께서는 지금 소송 사건을 다루고 계십니다. 이제 곧 나오실 겁니다. 말씀을 전해드리지요.

검찰관 부탁하네. (하인 퇴장) 각하의 속마음을 알아봐야겠어. 마음이 좀 누그러지실지도 모르니까. 아, 그 사람은 꼭 꿈속에서 죄를 저지른 것처럼 느끼고 있을 거야! 이런 잘못은 나이나 지위를 떠나서, 누구나 저지를 수 있는 일인데, 그 사람만 죽어야 하다니!

안젤로 등장.

안젤로 검찰관, 무슨 일인가?

검찰관 내일 클라우디오의 사형을 집행하실 겁니까?

안젤로 내가 그렇게 말하지 않던가? 그대는 영장을 받지 않았나? 그건 왜 새삼스레 묻는 거지?

검찰관 혹시라도 성급하게 행동해서는 안 되겠기에 그렇습니다. 저는 사형을 집행하고 나서 재판관이 자신의 판결을 후회하는 경우를 본 적이 있습니다.

안젤로 뭐라고! 그렇다 해도 그건 내 책임이니, 그대는 그대의 임무나 잘 수행하게. 그렇지 않으면 그 일을 그만두든지. 그 일을 맡아하겠다는 사람들이 그대 말고도 얼마든지 있네.

검찰관 제가 잘못했습니다, 용서해 주십시오. 그런데 저 신음하는 줄리엣은 어떻게 하면 좋을까요? 아이를 낳을 때가 된 것 같습니다.

안젤로 좀더 편안한 장소로 옮겨주게. 어서 서두르게나.

하인 다시 등장.

하인 사형 선고를 받은 남자의 누이동생이 와서, 각하를 꼭 뵙겠다고 합니다.

안젤로 그 사람에게 누이가 있었는가?

검찰관 그렇습니다, 각하. 아주 정숙한 처녀인데, 곧 수녀가 될 거라고 합니다. 어쩌면 이미 수녀가 되었는지도 모릅니다.

안젤로 그럼 들어오라고 하게. (하인 퇴장) 이보게, 그 사통한 여자를 다른 곳으로 옮긴 뒤에, 필요한 것들을 넣어주게. 그러나 너무 후하게는 말고, 정도껏 하게나. 그에 대한 지시를 곧 내리겠네.

이사벨라와 루치오 등장.

검찰관 그럼 저는 물러가겠습니다!

안젤로 잠깐, 기다리게. (이사벨라에게) 어서 오시오. 무슨 일이지요?

이사벨라　각하께 슬픈 소청이 있으니, 부디 저의 말을 들어주십시오.

안젤로　음, 그게 무엇이오?

이사벨라　제가 가장 혐오하여, 엄중한 법의 처벌을 받아야 한다고 생각한 그런 죄악이 있습니다. 이를 변호하고 싶지는 않습니다만, 변호하지 않으면 안 될 상황에 처해 버리고 말았습니다. 그리하여 변호를 해야 할까 말아야 할까, 제 마음속에서 끊임없이 싸우고 있습니다.

안젤로　음, 그게 무엇이오?

이사벨라　저의 오빠가 사형 선고를 받았습니다. 그래서 각하께 탄원하오니, 그 죄는 처벌하시되 오빠는 용서해 주시기를 바랍니다.

검찰관　(혼잣말로) 하늘이 그대에게 사람의 마음을 움직이는 힘을 주시기를!

안젤로　죄는 미워하되, 사람은 미워하지 말라는 뜻인가? 모든 죄란 저지르기 전에 이미 처벌하게 되어 있지. 그런데도 그 죄를 저지른 자는 그대로 내버려 두고, 이미 처벌하게 되어 있는 죄만 다시 벌한다는 것은 있을 수 없는 일이오.

이사벨라　오, 정당하지만 너무나 가혹한 법입니다! 그렇다면 오빠는 이미 죽은 사람이나 다름없겠군요. 하늘이여, 각하를 잘 지켜주소서!

루치오　(이사벨라에게만 들리게) 그렇게 포기해선 안 되오. 다시 한 번 해봐요. 그 앞에 무릎을 꿇고, 윗옷에 매달린 채 애원해 봐요. 너무 냉담해요. 그렇게 서먹서먹하게 말을 걸어서야, 바늘 한 개를 얻을래도 얻지 못하겠소. 어서 다시 말해요.

이사벨라　(안젤로에게) 오빠가 꼭 죽어야만 하나요?

안젤로　어쩔 수가 없소, 아가씨.

이사벨라　방법이 있습니다. 각하만 용서해 주시면 되지 않나요? 하늘도 사람도 그런 자비를 나쁘게 생각하지는 않을 테니까요.

안젤로　나는 그렇게 하고 싶지 않소.

이사벨라　하지만 구해 주겠다고 생각하시면 얼마든지 하실 수 있습니다.

안젤로　나는 하고 싶지 않은 것은, 절대로 할 수 없소.

이사벨라　그래도 하실 수 있습니다. 만일 각하께서 제 오빠를 불쌍히 여기시기만 한다면요. 그렇게 한다고 해서 세상에 해가 되지는 않습니다.

안젤로　그는 이미 사형을 선고받았소. 이젠 너무 늦었소.

루치오 (이사벨라에게만 들리게) 아직 너무 냉랭하오.

이사벨라 너무 늦었다고요? 절대로 그렇지 않습니다. 선고를 내릴 수 있다면, 취소도 할 수 있는 게 아닌가요? 하실 수 있고말고요. 높은 분들이 몸에 지니는 그 어떤 장식도, 군주의 왕관도, 공작 대행직의 칼도, 대장군의 지휘봉도, 재판관의 법복도 자비만큼 우아하지는 못할 겁니다. 만약에 제 오빠가 각하이고, 각하께서 제 오빠였다면, 각하께서 오빠와 같은 실수를 저지르셨다 해도, 오빠는 각하께서 그에게 하듯이 냉정하고 엄격하진 않았을 겁니다.

안젤로 제발, 이제 그만 돌아가 주오.

이사벨라 만약 저에게 각하의 권력이 있다면, 그리고 각하께서 이 이사벨라라면! 그렇다 해도 이 일이 이렇게 되었을까요? 아닐 거예요. 틀림없이 저는 재판관이란 어떠한 마음을 가져야 하며, 죄수란 또 어떻게 해야 하는지를 일러주었을 겁니다.

루치오 (이사벨라에게만 들리게) 그렇지, 그의 마음을 움직여야 해요.

안젤로 그대의 오빠는 법을 어겼으니, 아무리 말해 봐도 소용없소.

이사벨라 아, 무정도 하시지! 인간으로 태어난 이상, 누구나 한 번쯤은 법을 어기게 되지 않나요? 그런데 신께서는 얼마든지 벌을 주실 수 있었음에도, 오히려 인간을 구원해 주시지 않았나요? 만약에 최고 재판관이신 신께서, 각하에 대해 있는 그대로 심판만 하신다면 각하는 어떻게 되실 거 같나요? 오, 그것을 생각해 보세요! 그러시다면 각하의 입술에서는 새로 태어난 사람처럼 자비로운 말씀이 새어나올 겁니다.

안젤로 진정해요, 아리따운 아가씨. 오빠를 사형에 처하는 것은 법이지, 내가 아니라오. 그 사람이 나의 친척이라도, 아니 내 형제, 내 아들이라 해도 똑같이 사형에 처할 수밖에 없소. 그러니 내일은 사형을 집행해야 하오.

이사벨라 내일이라고요! 오, 그건 너무 빨라요! 제발 늦춰 주세요! 오, 제발요! 오빠는 아직 죽음에 대한 준비가 되어 있지 않습니다. 요리에 재료로 쓰일 새라도, 제철이 아니면 죽이지 않습니다. 신께 바치는 것을 어리석은 인간에게 바치는 음식보다 더 천대를 해서야 되겠습니까? 너그러우신 각하, 좀더 생각해 주세요. 이런 죄로 사형당한 사람이 이제까지 단 한 사람이라도 있었나요? 이런 죄를 지은 사람은 얼마든지 있을 텐데요.

2막 2장, 안젤로와 이사벨라   존 길버트 그림, 단치엘 형제 판화. 1867.

루치오   (이사벨라에게만 들리게) 바로 그거요. 잘했소.

안젤로   그 법은 잠들어 있었으나 죽은 것은 아니오. 그 법을 어긴 최초의 사람이 그에 마땅한 처벌을 받았더라면, 그 뒤로는 대부분의 사람들이 이런 죄악을 저지르지는 않았을 것이오. 어쨌든 이제는 그 법이 눈을 떠서, 어떤 범죄가 일어나는지 주의 깊게 살펴보면서 마치 거울 속을 들여다보고 있는 예언자처럼 미래의 죄악에 대해 이렇게 말하오. 새로 탄생한 죄악이든, 이미 잉태된 죄악이든 지금 바로 잘라버린다면, 세상에 태어나 끊임없이 부화를 꿈꾸기 전에 이미 사라지게 되리라고.

이사벨라 그렇지만 조금이라도 자비를 베풀어 주소서.

안젤로 나로서는 공정하게 처벌하는 것이 무엇보다도 가장 큰 자비라고 생각하오. 이런 죄를 용서해 주면, 뒷날 이로 하여 내가 알지도 못하는 사람들이 고통을 겪게 될 테니 말이오. 그래서 다시는 이런 불행한 사람이 생기지 않도록 최초의 범법자를 처벌하기 위해 그대의 오빠를 엄격히 다루는 것이오. 어쩔 수 없는 일이니, 이제 그만 단념하오. 그는 내일 사형될 것이오.

이사벨라 그럼 각하께서는 최초로 이런 선고를 내리시는 분이고, 오빠는 최초로 이런 선고를 받는 사람이란 말씀인가요? 오, 참으로 훌륭하신 분이군요, 거인처럼 대단한 힘을 가지고 계시니까요. 그러나 그 힘을 거인처럼 함부로 사용하신다면, 그것은 폭군입니다.

루치오 (이사벨라에게만 들리게) 말 참 잘했소.

이사벨라 높은 자리에 계신 분들이 모두 유피테르 신처럼 천둥을 내리신다면, 유피테르 신은 가만있지 않으실 겁니다. 하찮은 말단 경찰관들까지도 하늘의 천둥을, 오로지 천둥만을 쓰려 들 테니까요. 아, 관대하신 유피테르 신이시여, 당신께서는 날카롭고 무서운 번갯불로, 쐐기도 안 들어가는 그 억센 떡갈나무도 쪼개어 놓으시지만, 연약한 떨기나무는 그대로 남겨두십니다. 그런데 교만한 인간은 잠시 조그만 권력을 쥐고 있기만 해도, 인간이란 유리알처럼 부서지기 쉬운 하찮은 존재라는 사실도 모른 채, 성난 원숭이처럼 드높은 하늘을 향해 온갖 이상한 농간을 다 부려 천사들을 울려 놓고야 마는군요. 분노하는 인간을 보면 죽어라 배꼽을 잡고 웃는다는 그 천사들을요.

루치오 (이사벨라에게만 들리게) 오, 좀더 달려들어요. 저 사람 마음이 흔들리고 있소. 틀림없이 누그러질 거요.

검찰관 (혼잣말로) 하늘이시여, 저 아가씨가 성공을 거두게 해주소서!

이사벨라 우리는 우리 형제들을 자신만의 잣대로 다루어서는 안 됩니다. 높은 지위에 계신 분이 성자를 조롱하면 재치 있는 농담으로 들리지만, 신분이 낮은 사람들이 하면 신성모독죄가 되니까요.

루치오 (이사벨라에게만 들리게) 맞았소. 좀더 해봐요.

이사벨라 장교들이라면 홧김에 나온 말이니, 아무것도 아닌 것이 되고 말지만, 병사들이 하면 엄연한 불경죄가 되니까요.

루치오 (이사벨라에게만 들리게) 그런 것도 충고를 할 줄 아오? 조금만 더 해 봐요.

안젤로 왜 나한테 그런 말을 하는 거요?

이사벨라 높은 자리에 계신 분들은 일반 백성들과 같은 잘못이 있더라도—그것이 아무리 큰 잘못이라도—껍질을 살짝 뒤집어씌워 감추어 버리는 교묘한 치료법이 있으니까요. 당신 가슴의 문을 두드려 제 오빠가 저지른 잘못과 같은 것을 생각한 적도 없었는지 물어보세요. 만약에 그와 같은 본능적인 나쁜 마음이 조금이라도 있었다면, 그의 목숨을 빼앗겠다는 말씀은 아예 입 밖에도 내지 마세요.

안젤로 (혼잣말로) 그녀의 말을 들으니, 그런 마음이 눈을 뜨는 것 같구나. (이사벨라에게) 나는 이제 그만 가봐야겠소.

이사벨라 각하, 잠깐만 기다려 주세요.

안젤로 나도 잘 생각해 보리다. 내일 다시 오오.

이사벨라 저 좀 보세요, 뇌물을 드리겠어요. 잠깐만 기다려 주십시오.

안젤로 뭐라고? 뇌물을 준다고?

이사벨라 네, 신께서도 기뻐하실 만한 그런 선물을 드리겠어요.

루치오 (이사벨라에게만 들리게) 모든 것을 망칠 뻔했소.

이사벨라 제가 드리려는 것은 사람들이 그토록 좋아하는 순금의 재물도, 변덕스런 호기심으로 가격이 올랐다 내렸다 하는 보석도 아닙니다. 다만 참된 마음으로 기도를 올리려는 것입니다. 해가 뜨기 전에 하늘에까지 이르게 될 영혼의 기도를, 이 세상의 어떤 것에도 마음을 바치지 않고 하늘만을 섬기는 처녀의 기도를 올리려는 것입니다.

안젤로 음, 내일 나한테 오시오.

루치오 (이사벨라에게만 들리게) 됐어, 이제 갑시다!

이사벨라 하늘이시여, 각하를 지켜주소서!

안젤로 (혼잣말로) 아멘. 기도와는 다른 유혹의 길로 끌려 들어가는 것만 같구나.

이사벨라 내일 몇 시에 찾아뵈면 될까요?

안젤로 오전 중이면 언제든지 좋소.

이사벨라 신의 가호가 있으시기를! (루치오, 검찰관과 함께 퇴장)

안젤로 안젤로! 너를 위해서, 너의 도덕적 신념을 지키기 위해서 절대로 유혹에 빠져선 안 돼. 내가 왜 이렇게 된 거지? 그 여자의 잘못인가, 나의 잘못인가? 유혹하는 자와 유혹당하는 자, 누구의 죄가 더 무거운가? 그녀에게는 죄가 없어. 그 여자가 유혹한 게 아니야. 나쁜 건 나야. 나는 이 아름다운 봄 햇살 아래 피어난 제비꽃 옆에서, 썩어 가는 송장처럼 숨을 헐떡이고 있어. 여인의 정숙함이 음탕함보다 더 우리의 정욕을 자극하는 것일까? 손길이 닿지 않은 황무지가 얼마든지 있는데도, 하필이면 신전을 무너뜨려 그곳에 죄악의 터전을 세우려 하느냐! 오, 말도 안 돼! 네가 지금 무슨 짓을 하려는 거지? 안젤로, 너는 도대체 어떤 인간이란 말인가? 그녀가 훌륭한 숙녀이기 때문에 그녀를 더럽히려는 것인가? 오, 그 오빠를 살려주어라! 재판관 자신이 도둑질을 한다면, 남의 것을 훔치고 빼앗는 도둑도 도둑질할 충분한 권리가 있으리라. 아, 내가 그녀를 사랑한단 말인가? 다시 한 번 그녀의 말을 듣고 싶고 그녀의 눈을 바라보고 싶구나. 내가 꿈을 꾸고 있는 것인가? 오, 교활한 악마! 성자를 낚아 낚싯밥으로 삼다니! 가장 위험한 것은 사랑의 미덕을 죄악의 함정에 빠뜨리기 위해, 우리를 꾀어넘기는 유혹이지. 음탕한 여자들이 한층 더한 정력과 타고난 미모로 달려들어도 끄떡하지 않던 이 마음이, 그 정숙한 처녀에게 굴복하고 말다니. 이제까지는 정욕에 사로잡히는 자들을 줄곧 비웃어 주며 이상하다고 여겨왔는데! (퇴장)

〔제2막 제3장〕

감옥의 한 방.
수사로 변장한 공작, 검찰관 따로따로 등장.

공작 안녕하십니까, 검찰관! 검찰관이죠?

검찰관 그렇습니다만, 수사님, 무슨 일이십니까?

공작 나의 본분이며 우리 거룩한 수도회의 정신인 자비를 베풀기 위해, 이 감옥에서 고통받는 죄수들을 방문하러 왔습니다. 그 사람들을 면회하고,

2막 3장, 수사로 변장한 공작과 검찰관   존 길버트 그림, 단치엘 형제 판화. 1867.

그들의 죄가 무엇인지 알아내어, 이에 알맞은 위안을 주려 하니, 허락해 주시오.

검찰관 그러시다면야 그 이상이라도 해드려야죠.

줄리엣 등장.

검찰관 저기를 보십시오. 저기 오는 사람은 제가 맡고 있는 얌전한 부인입니다. 하지만 그 젊음에 흠집을 내는 실수를 해서, 자신의 이름을 더럽히고 말았습니다. 어린애를 가지게 되었지요. 저 부인을 저렇게 만든 남자는 사형 선고를 받았고요. 그 남자로 말하면 이 죄 하나로 단번에 죽이기보다는, 오히려 살려주어서 다시 죄를 짓게 하고픈 훌륭한 젊은이입니다.

공작 사형은 언제 집행되나요?

검찰관 내일 집행될 겁니다. (줄리엣에게) 다른 방을 준비해 놨으니, 잠깐만 기다려요. 곧 데려다주겠소.

공작 (줄리엣에게) 아름다운 부인, 죄를 지은 것을 후회합니까?

줄리엣 네, 그래서 이런 부끄러움을 견디며 참회하고 있습니다.

공작 그 참회가 올바른 것인지 겉치레에 불과한 것인지 알기 위해서, 자기 양심에게 물어보는 방법을 내가 가르쳐 드리리다.

줄리엣 부디 가르쳐 주십시오.

공작 그대를 그릇된 길로 이끈 그 남자를 사랑하오?

줄리엣 네, 사랑합니다. 그 남자를 그릇된 길로 이끈 제 자신을 사랑하듯이, 그를 사랑합니다.

공작 그렇다면 그대들은 공범이로군요.

줄리엣 서로 간에 그랬습니다.

공작 그렇다면 그대의 죄가 그 남자의 죄보다 더 무겁소.

줄리엣 저도 그것을 인정합니다. 그래서 지금은 몹시 후회하고 있습니다, 수사님.

공작 그게 마땅하오. 그 죄로 하여 그대가 이런 수치를 당했다 해서, 하늘을 원망해서는 안 되오. 이런 슬픔은 언제나 우리 인간의 잘못으로 오는 것이지, 신과는 아무 관계가 없소. 우리가 하늘의 노여움을 사지 않으려는 건 하늘을 사랑해서가 아니라, 하늘을 두려워하기 때문이오.

줄리엣 저는 죄를 지었으므로 참회하는 것입니다. 그러니 이러한 수치도 달게 받겠습니다.

공작 부디 그 마음을 그대로 간직하길 바라오. 그 남자는 내일 사형이 집행된다고 들었소. 내가 그에게 가서, 참회를 하도록 이끌어 주리다. 그대에게 하늘의 은총이! 행운이 함께하기를! (퇴장)

줄리엣 내일 사형이 집행된다고? 오, 몹쓸 법이로구나! 내 목숨을 질질 끌어 가며 위안을 준다는 것이 기껏해야 죽음과 같은 공포뿐이구나!

검찰관 아, 가엾은 사람. (모두 퇴장)

안젤로 저택의 한 방.
안젤로 등장.

안젤로 기도하면서 생각하고, 생각하면서 기도를 하니, 생각은 생각대로 기도는 기도대로, 서로 따로따로 가고 있구나. 공허한 기도 소리만 하늘로 올라가고, 내 혀가 말하는 소리도 듣지 못하고 오직 이사벨라만을 떠올리고 있다. 입속에서는 신의 이름을 몇 번이고 불러도, 가슴속에서는 강렬한 죄악이 부풀대로 부풀어, 가득 차오른다. 그토록 귀하게 여기던 나의 지위도, 이제는 낡은 격언처럼 따분하게만 느껴진다. 그렇다! 내가 이제까지 자부해 오던 모든 위엄과 지위도—다른 사람들에게는 말할 수 없다 해도—쓸데없이 바람에 나부끼는 시시한 깃털 장식하고라도 바꾸고 싶은 심정이군. 덤을 붙여줘서라도 말이야. 오, 지위여, 명예여, 그대는 어리석은 인간들을 허울뿐인 격식과 복장으로 얽어매어 두려움을 강요하고, 지혜로운 인간들마저도 그대가 꾸며낸 거짓과 허위로 묶어 속여 왔지! 인간이여, 그대는 어쨌든 피와 살로 만들어졌다. 그러니 악마의 뿔에다가 천사라고 쓰면 천사가 되고 마는 세상이지.

하인 등장.

안젤로 무슨 일인가! 누가 왔느냐?
하인 이사벨라라는 수녀가 뵙기를 청하고 있습니다.
안젤로 이곳으로 안내해라. (하인 퇴장) 오, 어찌 된 일이지? 내 모든 피가 심장으로 몰려드니, 심장도 멈추고 온몸에 힘이 빠지는 것 같구나. 어리석은 군중이 쓰러진 사람을 구하겠다고 한꺼번에 모여들어, 그를 깨어나게 할 신선한 공기를 모두 막아버리는 것처럼 말이다. 또는 왕을 사랑하는 백성들이 왕에게 존경을 표시하고자 왕 앞에 몰려들어, 오히려 무례한 사람처럼 실례를 범하게 되듯이 말이다.

이사벨라 등장.

안젤로 오늘은 무슨 일이오?

이사벨라 각하의 생각을 여쭙고자 이렇게 왔습니다.

안젤로 그런 것은 나에게 묻지 않고도, 스스로 알 수 있는 일이 아니오? 그대의 오빠는 사형을 면할 수가 없소.

이사벨라 그렇군요! 그럼 안녕히 계십시오.

안젤로 그러나 얼마간은 살 수 있을지도 모르오. 아마도 그대와 내가, 어떻게 하느냐에 따라서…… 하지만 언젠간 죽어야 할 목숨이오.

이사벨라 선고를 내리셨나요?

안젤로 그렇소.

이사벨라 언제 집행하죠? 집행 날까지 시간이 얼마가 남았건, 그동안에 오빠의 영혼이 병들지 않게 마지막 마음의 준비를 단단히 시켜줘야겠습니다.

안젤로 아니, 무슨 소리요! 그런 더러운 죄인을! 금지된 도장을 찍어 어린아이를 만들어 내는 그런 음탕한 죄악을 용서한다면, 이미 만들어진 인간을 이 세상에서 도둑질해 없애는 자 또한 용서해야 할 것이오. 정당하게 만들어진 인간을 부정하게 없애버리는 것이나, 금지된 방법으로 부정한 인간을 만들어 내는 것이나 다 같이 쉬운 일이 될 것이오.

이사벨라 하늘에서야 물론 그렇게 정해져 있겠지만, 땅에서는 그렇지 않을 겁니다.

안젤로 그대가 그런 식으로 말을 한다면 내가 곧 그대에게 어려운 문제를 던질 테니, 자, 대답해 보오. 그대는 어느 쪽을 택할 것이오? 즉 가장 정당한 법을 지키기 위해서 그대 오빠의 목숨이 사라져도 좋다고 생각하오? 아니면 오빠를 살려내기 위해서라면 오빠가 더럽힌 그 여자처럼 그대 또한 자신의 몸을 그런 더러운 향락에 내던져도 좋다고 생각하오?

이사벨라 각하, 믿어주세요. 제 영혼을 버릴 바에는 차라리 이 몸을 버리겠습니다.

안젤로 아니, 나는 그대의 영혼을 말하는 게 아니오. 강요된 죄는, 죄로서 인정은 되나 처벌 대상은 아니오.

이사벨라 무슨 말씀이신요?

안젤로　아니, 나는 이 말에 대해 보증은 하지 않겠소. 내가 무슨 말을 하든 지 그것을 뒤집을 수가 있도록 말이오. 자, 나의 물음에 대답해 보오. 국가 법률의 대변자로서 그대 오빠에게 사형 선고를 내린 내가 지금 그의 목숨 을 구해 준다면, 죄악도 되지만 자비도 될 수 있지 않겠소?

이사벨라　부디 그렇게만 해주신다면, 제 영혼을 걸고 이렇게 말하겠습니다. 자비는 될지언정, 결코 죄는 될 수 없다고요.

안젤로　그대 영혼을 걸고 모험을 하겠다는 생각이야말로 죄와 자비의 무게 를 같게 하는 것이오.

이사벨라　오빠의 목숨을 구해 달라고 청하는 게 죄가 된다면, 하느님, 그 죄 는 제가 모두 지게 해주소서. 저의 소원을 들어주시는 게 각하께 죄가 된다 면, 아침 기도를 올릴 때마다 그 죄를 저에게 넘겨주시고, 각하께는 조금도 책임이 돌아가지 않게 해달라고 기도를 올리겠습니다.

안젤로　아니, 내 말을 잘 들어봐요. 그대는 내가 무슨 말을 하는지 모르는 것 같구려. 그대가 정말 몰라서 그러는지, 아니면 일부러 모르는 체하는 것 인지, 어쨌든 그건 좋지 않소.

이사벨라　저는 본디 아무것도 모르고 또 아무 데도 쓸모없는 사람처럼 되어 버렸습니다만, 신의 보살핌으로 그 사실을 제가 잘 알고 있다는 것만이 저 의 좋은 점이라고 할 수 있겠죠.

안젤로　인간의 총명함이란, 그렇게 자기 자신을 탓할 때에 가장 밝게 빛나는 거라오. 마치 검은 천으로 얼굴을 가린 미인이 얼굴을 그대로 드러낸 미인 보다 몇십 배나 더 아름다워 보이듯이 말이오. 그러나 분명히 알리기 위해, 좀더 털어놓고 말하자면, 그대 오빠는 죽어야 할 목숨이라오.

이사벨라　그렇군요.

안젤로　그의 죄가 그런 걸 어쩌겠소. 법에서 밝힌 대로라면, 그는 마땅히 사 형감이오.

이사벨라　옳으신 말씀입니다.

안젤로　그의 목숨을 구할 수 있는 방법이란 절대 있을 수 없소. 그 어떠한 방법이라도 내가 허락하지 않을 테니 말이오. 그러나 문제를 이런 식으로 한번 던져봅시다. 그대가, 그의 누이동생인 그대가 말이오, 예를 들어 이런 사람을 찾으러 다닌다고 해봅시다. 이런 사람이란, 재판관에게 두터운 신임을 받거나 또는 자기 자신의 지위가 높거나 해서, 어떠한 법의 구속이라도 물리치고 그대의 오빠를 구해 낼 수 있는 그런 사람이라고 합시다. 그리고 이 세상에서는 이 사람 말고는 그를 구해 줄 수 있는 사람이 없다고 합시다. 하지만 그렇게 하기 위해서는 이 가상의 인물에게 그대의 소중한 육체를 내맡기든지, 그렇지 않으면 오빠가 사형을 당하게 내버려 두든지, 이 가운데 하나를 고를 수밖에 없다면 그대는 어떻게 하겠소?

이사벨라 불쌍한 오빠는 저 자신과 같습니다. 다시 말해 제가 사형 선고를 받았다면 무서운 매질로 핏방울이 맺힌 상처의 흔적도 루비 보석을 두른 듯 죽음으로 이 몸을 내던지는 것을, 마치 간절히 바라던 침대로 달려가듯 할 수도 있겠지요. 물론 저의 몸을 내주어 더럽힘을 당하는 그런 수치는 결코 당하지 않겠습니다.

안젤로 그러면 그대의 오빠는 목숨을 잃게 될 것이오.

이사벨라 차라리 그게 낫습니다. 그럴 바에야 오빠는 당장 죽는 편이 나을 거예요. 그를 살리기 위해 그 누이동생이 영원히 죽는 것보다는요.

안젤로 그렇다면 그대가 비난한 그 사형 선고처럼, 그대 또한 너무나 잔인하지 않소?

이사벨라 수치로 몸값을 치르는 것과 공정한 사면은 그 근본부터 완전히 다릅니다. 정당한 자비와 더러운 몸값은 서로 사돈의 팔촌도 되지 않으니까요.

안젤로 요전에는 법률을 폭군이니 폭정이니 부르며 오빠의 잘못은 죄악이라기보다 오히려 환락에 지나지 않은 것처럼 변호를 하지 않았소.

이사벨라 오, 용서해 주십시오, 각하. 저희는 갖고 싶은 것을 손에 넣기 위해서 때로는 마음에도 없는 말을 하는 실수를 저지르기도 합니다. 제가 가장 미워하는 것을 변호한 것도 제가 너무나 사랑하는 오빠를 위해서였으니까요.

안젤로 우리는 모두 약한 인간이오.

이사벨라 그러니 그 약점을 가진 남자가 오빠뿐이며, 오빠만 그런 잘못을 저질렀다면 그에게 사형을 내려주세요.

안젤로 아니지, 여자 또한 약한 존재라오.

이사벨라 네, 저희들은 저희 자신의 모습을 비추어 주는 거울과도 같이 부서

이사벨라　셰익스피어 갤러리 폴리오(1896)

지기가 쉽습니다. 저희 자신을 만들거나 부서지게 하는 것도 마치 거울과도
같이 쉬운 일입니다. 아, 불쌍한 여자들! 오, 신이여, 구원해 주소서! 남자들
은 자기 마음대로 여자들을 다루어서 조물주의 창조물인 여자들을 망쳐
놓고 맙니다. 아니, 여자들은 그 열 배나 더 약하답니다. 저희들은 이 피부

와 같이 연약해서 남자들을 너무 쉽게 믿은 나머지, 지나치게 쉽게 속아 넘어가니까요.

안젤로 그럴 거라고 나도 생각하오. 여자인 그대가 그렇게 증언하는 대로, 우리 인간들은 신체 구조 자체가 그런 잘못에 흔들리지 않을 만큼 강하게 만들어져 있지는 않다고 나도 감히 말할 수 있소. 그러니 그대는 그 모습 그대로 평범한 한 여인으로서 살아야 하오. 그 이상이 된다면 여자라고 할 수 없으니까. 만일 그대가 참된 여자라면, 겉으로는 틀림없이 그렇게 보이지만, 이제는 숙명적으로 정해진 그 옷—여인의 연약함—을 입으시오.

이사벨라 저는 한 입으로 두 말을 할 수는 없습니다. 각하, 좀더 뚜렷하게 말씀해 주십시오.

안젤로 그럼, 분명히 말하지, 나는 그대를 사랑하오.

이사벨라 각하께서는 저의 오빠가 줄리엣을 사랑했기 때문에 사형을 당해야 한다고 말씀하시지 않았나요?

안젤로 이사벨라, 그대가 나를 사랑해 준다면 그를 죽게 내버려 두지는 않겠소.

이사벨라 각하의 덕망에는 특허가 내려져 있으니, 다른 사람을 유혹해도 그 명예가 조금도 더럽혀지지 않나 보군요.

안젤로 나를 믿어주오, 내 명예를 걸고 내 진심을 분명히 말하는 것이니.

이사벨라 아니, 뭐라고요! 가장 해로운 욕망을 채우기 위해 명예를 헌신짝처럼 내버리시겠다니요! 그건 위선이에요, 위선! 두고 보세요, 저는 이 사실을 퍼뜨리겠어요. 안젤로 경, 어서 오빠를 사면하겠다는 영장을 써서 서명해 주세요. 그렇지 않으면 저는 당신이 어떤 사람인지 세상에 크게 외치고 다니겠어요.

안젤로 이사벨라, 그 말을 누가 믿겠소? 이제까지 더럽혀진 적 없는 내 이름과 나의 엄격한 생활, 그리고 나의 지위 그 어느 것으로 보나, 내가 그대의 말을 반박해 버리면, 그런 비난쯤은 얼마든지 막아낼 수 있지. 그러니 그대야말로 자기가 한 말에 스스로 말문이 막혀서, 아마도 중상모략으로 몰리게 될 것이오. 내가 이렇게 걸음을 내딛기 시작한 이상, 이 감각적인 경주에서 절대로 고삐를 늦추지는 않겠소. 나의 이 날카로운 욕망을 받아들일 수밖에 없을 거요. 속으로는 간절히 바라면서도 체면을 차리느라 괜스레 수줍어할 필요는 없소. 그대의 오빠를 구하는 길이니, 그 몸을 내게 맡겨요. 그렇지 않으면 그는 죽게 될 뿐만 아니라, 그대의 무정함으로 해서 아주 오래도록 고통받다가 죽게 될 것이오. 내일까지 답을 주오. 대답이 없으면 오늘 나를 휘어잡고 있는 이 감정으로, 그대 오빠를 난폭하게 대할 것이오. 그대가 무슨 말을 퍼뜨리고 다녀도 나는 상관없소. 나의 거짓말로 그대의 진실을 눌러버릴 테니. (퇴장)

이사벨라 나는 누구한테 호소해야 하지? 내가 진실을 말한다고 해서 누가 믿어줄까? 오, 사악한 입이구나! 그 입은 하나밖에 없는 혀로 사형을 선고하기도, 사면하기도 하는구나. 그 혓바닥 하나로 정당하든 부당하든, 법을 마음대로 자기 아래 복종시켜 정욕의 미끼로 삼다니! 오빠한테 가봐야겠어. 오빠는 한순간 열정을 이기지 못하여 그런 죄는 지었어도 고결한 마음을 가졌지. 목숨이 스무 개가 있어 스무 번 사형을 당하더라도 자기 누이가 그런 끔찍한 치욕에 몸을 굽히기를 바라지 않을 거야. 이사벨라, 너는 정조를 지켜 깨끗이 살고 오빠는 죽게 하자. 형제보다 정조가 더 소중한단다. 어쨌든 안젤로의 요구를 오빠한테 전해 주고, 오빠의 넋이 편히 잠들도록 마음의 준비를 시켜야겠어. (퇴장)

〔제3막 제1장〕

감옥의 한 방.
수사로 변장한 공작을 앞세우고, 클라우디오와 검찰관 등장.

공작 그럼, 그대는 안젤로 경으로부터 사면받을 수 있으리라는 희망을 품고 있소?

클라우디오 희망을 품는 것 말고 불행에 별다른 약이 있겠습니까. 저는 희망을 품으면서도 다가올지도 모를 죽음에 대비해 마음의 준비를 하고 있습니다.

공작 반드시 죽을 거라는 각오를 단단히 하시오. 그러면 죽든 살든 마음이 한결 편안해질 테니. 생명에게 이렇게 말하시오. "내가 비록 그대를 잃게 되더라도, 바보들이나 간직하려고 발버둥 치는, 아무것도 아닌 것을 잃을 따름이다. 그대는 하나의 숨결에 지나지 않으므로 하늘의 섭리에 따른 이 일시적인 거처에 얽매여, 시시각각으로 괴로움에 빠져들게 되지. 그대는 참으로 죽음의 신에게 농락당하고 마는 어릿광대에 지나지 않아. 죽음을 피해 도망치려 아무리 애를 써도, 그대는 여전히 죽음으로 쉴 새 없이 줄달음치고 있으니. 그대가 추구하는 즐거움이란 모두 천한 것에서 자라난 것들뿐이니, 그대는 고상하지도 못해. 그대는 결코 용감하지도 못해서 가련한 벌레의 연약한 바늘을 겁내고 있지. 그대의 가장 좋은 안식이란 그저 잠자는 것이므로, 때로는 억지로라도 잠들려 애를 쓰면서도, 한갓 잠에 불과한 죽음을 굉장히 겁내고 있지. 그대의 몸은 흙에서 나오는 수천 알 곡식에 기대고 있으니 그대의 것이 아니야. 그대는 행복하지도 못하면서 가지고 있지 않을 것을 얻기 위해 언제나 발버둥 치고, 갖게 되면 그만 그것을 잊고 말지. 그대 모습은 달이 차고 기움에 따라 언제나 이상하게 변하여, 언제 어떻게 될지 알 수 없는 존재지. 그대는 부자라 할지라도 가난해. 왜냐하면 그대는 금덩어리로 등뼈가 휜 당나귀처럼 무거운 재물을 등에 지고 삶의 여정을 터벅터벅 걸어가다가, 죽고 나서야 비로소 그 짐을 내려놓게 되기 때문이지. 그대는 친한 사람도 없어. 그대를 아비라 부르는 그대의 피붙이까지, 그대가 빨리 죽어 사라지지 않는다고 통풍이나, 옴이나, 감기를 원망하고 저주하니 말이야. 그대는 젊음도 늙음도 없는데, 말하자면 식사한 뒤의 낮잠처럼 모든 게 한갓 꿈일 뿐이야. 왜 그런 줄 알아? 곧 늙게 될, 한순간의 축복받은 듯한 젊은 시절에는 늙은 부모에게 기대어 살아야 하고, 늙어서 부유해지면 이미 열의도, 애정도, 아름다움도 모두 사라져 버리며 팔다리도 못 쓰게 되니, 그 재물조차 즐길 수 없게 되거든." 자, 이러고도 아직 살아갈 명분이 남아 있소? 이 밖에도 수천 가지 죽을 고생이 우리 삶 가운데 감춰져 있거늘, 그런데도 사람들은 죽음을 겁내오. 죽음이 모두에게 똑같이 평온한 안식을 주는데도 말이오.

클라우디오 감사합니다. 살려고 바둥거리는 것은 죽음으로 다가가는 것이며, 죽으려고 하는 것이 오히려 살 수 있는 길임을 깨달았습니다. 이제 마음의 준비가 됐습니다.

이사벨라 (안에서) 여보세요? 이곳에 평화가 깃들게 하소서! 천사들이여, 임하

3막 1장, 클라우디오, 수사로 변장한 공작, 그리고 검찰관 존 길버트 그림, 단치엘 형제 판화. 1867.

소서!

검찰관 누구시지요? 어서 들어오시오. 그 선한 기도를 환영하오.

공작 곧 또 찾아오겠소.

클라우디오 고맙습니다.

이사벨라 등장.

이사벨라 클라우디오를 만나 몇 마디 말을 전하려고 왔습니다.

검찰관 잘 오셨소. 이보오, 클라우디오 씨, 누이동생이 찾아왔소.

공작 검찰관, 잠깐 한마디만 하겠소.

검찰관 얼마든지 말씀하십시오.

공작 저 두 사람이 무슨 이야기를 하는지, 몰래 숨어서 들을 수 있는 곳으

로 데려다주시오. (검찰관과 함께 퇴장)

클라우디오 그래, 이사벨라, 무슨 좋은 소식이라도 있느냐?

이사벨라 그래요, 위안이 될 만한 좋은 소식이지요. 참으로 아주 대단한 소식이에요. 안젤로 각하께서는, 하늘에 맹세코 오빠를 서둘러 그곳으로 보내시겠답니다. 그러면 거기에서 오빠는 영원히 머무르게 될 거예요. 그러니 어서 마음의 준비를 하세요. 내일 떠나야 하니까요.

클라우디오 그래, 달리 방법이 없겠느냐?

이사벨라 없습니다. 있다면 머리를 살리기 위해 심장을 둘로 쪼개야 하는 그런 방법밖에는 없죠.

클라우디오 그래도 무슨 방법이 없겠느냐?

이사벨라 살 수 있는 길이 있긴 하죠. 재판관 마음속에도 악마 같은 자비심은 있으니, 간청하면 목숨이야 건지겠지만 죽을 때까지 속박당해야 해요.

클라우디오 종신형 말이냐?

이사벨라 정말로 종신형이죠. 이 넓은 세계가 모두 오빠의 영토라 해도, 꼼짝 못하게 될 테니까요.

클라우디오 어떤 식으로 말이냐?

이사벨라 그것을 허락하면 오빠의 명예는 나무줄기에서 껍질을 벗겨내듯 모두 벌거벗겨져서, 헐벗은 나무처럼 되고 말 거예요.

클라우디오 무슨 말이지? 요점만 말해라.

이사벨라 오, 두려워요. 혹시 오빠는 열병처럼 고통스러운 목숨이라도 이어가고 싶은 게 아닌가 해서요. 오빠는 영원한 명예보다도 몇 년 더 사는 것을 훨씬 소중하게 여기는 건 아닌가요? 그렇게도 죽을 용기가 없나요? 죽음의 느낌이란, 상상할 때가 가장 두렵기 마련이죠. 우리가 짓밟아 뭉개버리는 벌레가 느끼게 될 그 엄청난 육체적 고통이나, 거인이 죽을 때 느끼는 고통이나 다를 게 없을 거예요.

클라우디오 너는 왜 그토록 내게 수치심을 주느냐? 연약한 여자의 설교를 듣고 내가 죽을 결심이라도 할 줄 알았느냐? 내가 꼭 죽어야만 한다면, 나는 신부를 맞이하듯 두 팔로 죽음을 끌어안고 그 어둠 속으로 뛰어들겠다.

이사벨라 그렇게 하셔야 나의 오빠죠. 그리고 무덤 아래 아버지의 말씀이고요! 그래요, 오빠는 죽어야 해요. 오빠는 고결한 분이니, 그런 비열한 방법으로 목숨을 이어가려 하지는 않겠죠. 겉으로만 거룩해 보이는 공작 대행께서는 냉정한 얼굴을 하고 점잖은 말로 젊은 사람들을 고개도 들지 못하게 호되게 꾸짖으며, 매 같은 눈초리로 방탕한 행실을 쫓아버리지만, 사실 그는 악마예요. 그의 뱃속에 있는 더러운 오물을 토해 내게 하면, 지옥처럼 깊고 깊은 연못이 될 거예요.

클라우디오 그 엄숙한 안젤로가?

이사벨라 오, 그건 사람들을 속이려는 악마의 가면일 따름이에요. 지옥에 떨어질 몸뚱이를 덮어 감추려는 거죠! 상상이나 할 수 있는 일인가요? 나의 처녀성을 자기한테 바치면, 오빠를 살려주겠다니 말이죠.

클라우디오 오, 신이여! 그럴 순 없습니다.

이사벨라 오빠 말이 맞아요. 그 사람이 그런 더러운 죄를 저지르도록 내가 허락만 하면, 그것으로 오빠의 잘못도 용서가 된다는 거죠. 오늘 밤이 바로 그 입에 담기도 더러운 그 짓을 나에게 하라는 날이에요. 그렇지 않으면 내일 오빠는 죽게 돼요.

클라우디오 네가 그런 일을 당하게 할 순 없지.

이사벨라 오, 그저 이 목숨 하나 버려서 가능한 일이라면, 바늘 한 개를 던지듯, 오빠를 구하기 위해 이 몸을 아낌없이 던져버리련만.

클라우디오 고맙구나, 이사벨라.

이사벨라 오빠, 마음의 준비를 하세요. 내일 사형이 집행될 테니까요.

클라우디오 알았다, 그런 사람에게도 그런 감정이 있단 말이지? 하지만 그 일을 감행하려면, 법을 무시해 버려야 할 텐데. 실은 그건 죄가 아냐. 죄가 된다 해도 가장 무거운 7대 죄악들 가운데 가장 가벼운 거라 말할 수 있지.

이사벨라 가장 가벼운 죄라고요?

클라우디오 그것이 비난받을 일이라 하더라도, 현명하신 신께서 일시적인 장난을 가지고 영원히 헤어나지 못할 벌이야 주시겠느냐? 오, 이사벨라!

이사벨라 오빠, 뭐라고요?

클라우디오 죽는다는 건 정말 두려운 일이야.

이사벨라 수치스러운 삶을 살아야 한다고 생각하면, 너무나 증오스럽기만 합니다.

클라우디오 그러나 죽어서 어딘지도 모르는 곳으로 가야 한다는 것, 차디차게 식은 채로 꼼짝 않고 누워서 썩어간다는 것, 이렇게 살아서 따뜻하게 움직이는 육체가 짓이겨 놓은 진흙처럼 되어 기쁨으로 넘치던 영혼이 불바다 속에 잠긴다는 것, 또는 몸서리나도록 차가운 두꺼운 얼음 지옥 속에 파묻히게 된다는 것, 세차게 불어대는 형체 없는 바람 속에 갇혀서 우주 속에 매달려 있는 지구 둘레를 쉴 새 없이 돌게 된다는 것, 또 갈피를 잡지 못하는 덧없는 생각들로 말미암아 상상도 할 수 없는 고통을 당하게 된다는 것은 너무나 두려운 일이야! 늙음이라든가, 병고라든가, 감옥에 갇힌다든가 하는, 이런 가장 끔찍하고 생각도 하기 싫은 이승의 삶조차도, 죽음의 공포에 비하면 그래도 낙원이라고 할 수 있지 않겠느냐!

이사벨라 아!

클라우디오 착한 이사벨라! 제발 나를 살려줘. 이 오라비의 생명을 구하기 위해 한 일이라면, 그 어떤 죄라도 자연은 그 행위를 용서하여 미덕이 되게 해줄 거다.

이사벨라 오, 오빠는 짐승만도 못하군요! 오, 신앙심이라곤 없는 겁쟁이! 오, 염치도 모르는 비열한 인간! 오빠는 내게 그런 수치스러운 일을 시키고도, 사내대장부라고 말할 수 있나요? 자기 누이동생을 욕보이고 살겠다니, 그 또한 근친상간과 다를 게 뭐가 있나요? 나는 어떻게 생각해야 하나요? 어머니가 아버지에게 정숙한 부인이 되도록 하늘이 보호해 주시지 않았단 말인가요? 아버지 혈통에서는, 그런 비뚤어진 마음을 가진 철부지는 태어날 수가 없을 텐데요. 오빠, 나는 거절하겠어요. 그렇게 알고 있어요. 그냥 죽어버리라고요! 나의 굴욕으로 오빠를 그 운명에서 일시적으로 구할 수 있다고 해도, 나는 그렇게 할 수 없어요. 오빠의 죽음에 대해서는 천만 번이라도 기도를 올리겠지만 오빠를 구하겠다는 기도는 한마디도 하지 않겠어요.

클라우디오 아니, 이사벨라, 제발 내 말 좀 들어봐.

이사벨라 오, 싫어요, 싫어, 싫다고요! 오빠는 한순간의 실수로 죄를 저지른 게 아니에요. 그런 죄악이 속속들이 몸에 밴 거죠. 오빠한테 자비를 베푼다면, 그 자체가 뚜쟁이 갈보나 하는 짓이 될 거예요. 오빠는 차라리 어서 죽어버리는 게 낫겠어요. (나가려 한다)

클라우디오 오, 이사벨라! 제발 부탁이야, 내 말 좀 들어줘!

연극 〈말은 말로 되는 되로〉 3막 1장 유타 셰익스피어 페스티벌. 2003.

수사 차림의 공작 다시 등장.

공작 젊은 수녀님, 한마디만 하게 허락해 주겠소? 간단히 이야기할 테니.

이사벨라 무슨 말씀이시죠?

공작 시간을 낼 수 있다면 함께 이야기를 좀 하고 싶소. 내가 알고자 하는
일은 수녀님에게도 이익이 되는 일이니까요.

이사벨라 저에게는 시간이라는 여유가 없습니다. 말씀을 듣기 위해 시간을
내려면 다른 일을 희생해야 하죠. 하지만 아주 잠깐이라면 괜찮습니다.

공작 (클라우디오를 한쪽 구석으로 데리고 가서) 이봐요, 나는 그대와 누이동생이
나눈 이야기를 숨어서 다 들었소. 안젤로 경은 절대로 그녀를 타락시킬 의
도가 없었소. 그는 그녀의 미덕을 시험해 보고자, 인간의 품성에 대한 자신
의 판단을 실제로 알아본 것뿐이오. 그녀는 참된 절개를 지니고 있는 터라
훌륭하게 거절을 했으니, 그 사람도 너무나 기쁘게 생각하고 있을 겁니다.
나는 안젤로 경의 고해 신부요. 그래서 그가 틀림없이 그러리라는 것을 잘
알고 있소. 그러니 죽음에 대한 준비를 단단히 하고 있어야 할 거요. 괜스

레 덧없는 희망으로 결심이 흔들려서는 아니 되오. 당신은 내일 죽어야 할 몸, 어서 가서 무릎 꿇고 기도하며 죽을 준비나 하시오.

클라우디오 누이동생에게 용서를 빌어야겠습니다. 저는 이 세상이 싫어졌습니다. 어서 빨리 이승을 떠나게 되기를 바랄 뿐입니다.

공작 그래야죠. 잘 가오.

클라우디오 퇴장하며 검찰관 등장.

공작 검찰관, 잠깐 한마디만 하겠습니다.

검찰관 무슨 말씀이신데요?

공작 지금 막 들어왔지만, 곧 나가줘야겠습니다. 잠시 동안 나와 저 아가씨 단둘이만 이곳에 있게 해주시오. 둘만 있어도 아무 일 없으리라는 것은 내 마음과 이 수도복이 약속해 줄 겁니다.

검찰관 좋습니다. (퇴장)

공작 그대를 아름답게 만드신 창조주의 손이 그대를 착하게도 만드셨군요. 아무리 아름다워도 선함이 모자라면, 그 아름다움은 오래가지 못하지요. 그러나 미덕이 그대 자신의 천성이라 그대의 육체 또한 영원히 아름다울 것이오. 안젤로 경이 그대에게 무례한 말을 했다는 사실을 나도 우연히 알게 되었으나, 그의 실수라는 것이 인간들이 흔히 저지르기 쉬운 약점이라고 생각한다면 그다지 놀랄 것도 없소. 그대는 그 공작 대행에게 어떻게 대답을 해서 오빠를 구할 생각이오?

이사벨라 지금 그 대답을 하러 가려던 참입니다. 제가 법을 어기고 태어난 자손을 갖느니, 차라리 법에 따라 오빠를 죽게 하는 편이 낫겠습니다. 하지만 오, 그럴 수가, 마음이 어지신 공작님께서는 안젤로 경에게 완전히 속으셨지 뭐예요! 공작님께서 돌아오셔서 제가 만나 뵐 수만 있게 된다면 이 입을 열어 말하는 게 헛수고가 되더라도, 모든 사실을 밝혀서 알려드리겠어요.

공작 그렇게 하는 것도 나쁘지는 않을 겁니다. 그러나 현재 상황으로 보아서는, 그 사람은 그대의 비난을 얼마든지 물리칠 수가 있을 것이오. 그가 다만 그대를 시험해 보려고 했을 뿐이라고 말한다면 그만이지요. 그러니 내가 이제부터 하는 충고를 귀담아들어요. 착한 친구를 위해서 좋은 일을 해야겠다고 생각하니, 좋은 방법이 머릿속에 떠오르는군요. 이것은 그대가 가장 정정당당한 방법으로 할 수 있는 일이라고 나는 확신하오. 가엾게도 잘못된 길로 빠져들던 한 여인을 구할 수 있게 되고, 분노한 법에 걸려든 오빠를 살릴 수도 있으며, 그대 자신의 깨끗한 몸도 더럽히지 않고, 공작께서 돌아와 들으시면 기뻐하시게 될 일이라오.

이사벨라   좀더 상세히 말씀해 주세요. 제 영혼이 더럽혀지는 일이 아니라면, 무슨 일이라도 하겠어요.

공작   미덕은 대담하고, 선함은 두려움이 없소. 그대는 바다에서 죽은 프리드리히라는 위대한 군인의 누이동생인 마리아나에 대해 들어본 적이 있나요?

이사벨라   네, 들어본 적이 있습니다. 그녀는 평판이 아주 좋으셨지요.

공작   그녀는 안젤로와 결혼을 하기로 되어 있었소. 약혼을 하고 결혼식 날짜까지 잡아 놓았지요. 그런데 결혼식을 올리기 전에 프리드리히가 바다에서 조난을 당해, 그녀의 지참금이 배와 함께 바다 밑에 가라앉아 버리고 말았소. 이 때문에 그 가엾은 여인에게 얼마나 지독한 불행이 닥쳤는지, 들어보시오. 그녀는 고결하고 명성이 드높은, 또한 누구보다 자상하게 진심으로 보살펴 주던 오빠를 잃었을 뿐만 아니라, 자기 전 재산인 지참금도 잃고, 부부가 되기로 약속한 안젤로마저 잃게 되었소.

이사벨라   아니, 그럴 수가 있나요? 안젤로 경이 그녀를 그렇게 멀리했나요?

공작   그녀로 하여금 눈물로 세월을 보내게 하고, 위로의 말 한마디 없이 그 여인이 무슨 부정한 일이라도 저지른 듯이 트집을 잡아 파혼해 버리고 말았소. 간단히 말해서 그녀를 그렇게 울려 놓고—그 때문에 아직도 그녀는 눈물을 흘리고 있으나—그 사람은 그 눈물을 보고도 대리석처럼—그 눈물로 온몸을 씻을 만큼 울었건만—그녀를 조금도 가엾게 여기질 않지요.

이사벨라   그런 불쌍한 처녀라면 차라리 죽어서 이 세상과 결별하는 게 나을 거예요! 도대체 이 세상이 얼마나 부패했기에 그런 남자를 그대로 살려두는 거죠! 그런데 어떻게 하면 그녀를 도와줄 수가 있을까요?

공작   그 파열된 상처를, 그대라면 쉽게 치료해 줄 수가 있소. 그리고 그것을 낫게 해줌으로써 클라우디오의 목숨을 구할 수 있음은 물론, 그대의 명예도 소중하게 지킬 수 있소.

이사벨라 어떻게요? 어서 말씀해 주세요.

공작 지금 말한 그 처녀는 아직도 자신의 첫사랑인 안젤로 경을 잊지 못하고 있소. 상대가 안젤로 같은 그런 부당하고 몰인정한 사람이라면 어떠한 이유가 있더라도 그녀의 사랑이 식어야 할 텐데, 마치 막아 놓은 급류가 터지듯 그 사랑이 점점 더 강해져서 걷잡을 수가 없게 되었나 보오. 그러니 그대는 안젤로에게 가서 순종하는 체하며 그의 요구를 받아들이시오. 그러나 이 점만은 그대의 편의를 위해서라고 말하고, 동의를 구해 놓으시오. 먼저 그와 함께 오랫동안 머물러 있을 수가 없고, 만나는 시간은 죽은 듯이 고요한 한밤이라야 하며, 장소는 편리한 곳이어야 한다고 이르시오. 그는 틀림없이 받아들일 테고, 모든 일이 잘 풀리게 될 것이오. 그 불행한 처녀에게 말을 잘해서 그녀를 그곳에 보내어 그대가 한 약속을 그 처녀가 대신하게 하는 것이오. 나중에 이 밀회 사실이 알려지게 되면 그는 어쩔 수 없이 그녀에게 돌아갈 테죠. 그러면 이 일로 그대 오빠도 구할 수 있고 그대의 정조도 더럽혀지지 않을 것이오. 또한 가엾은 마리아나에게도 기쁜 일이 될 터이며, 타락한 공작 대행도 그 위선의 껍질이 벗겨질 것이오. 그 처녀에게는 내가 잘 알려주어 이 계획에 철저한 준비를 하게 하지요. 이렇게 하는 것이 좋겠다고 그대도 생각한다면, 그를 속였다는 비난은 나중에 이중의 이익으로 돌아와 보상될 거요. 어찌 생각하오?

이사벨라 그 상상만 해도 벌써 흐뭇합니다. 틀림없이 일이 멋지게 성공하리라고 믿습니다.

공작 그건 그대가 얼마나 잘해 내느냐에 달려 있소. 어서 안젤로에게 가보시오. 만일 오늘 밤에 잠자리를 요구하거든, 그에게 만족할 만한 약속을 해주오. 나는 곧 성 루크 사원으로 가겠소. 그곳 도랑으로 둘러싸인 시골집에서 낙담한 마리아나가 쓸쓸히 살고 있소. 그곳으로 나를 찾아오시오. 일이 빠르게 진행되도록 안젤로와는 이야기를 빨리 마무리짓도록 해요.

이사벨라 이런 위안을 주시니, 정말 고맙습니다. 그럼, 안녕히 계십시오. (모두 퇴장)

감옥 앞 거리.
한쪽에서 수사로 변장한 공작 등장. 다른 쪽에서는 엘보우와 경찰관들이 폼페이를 끌고 등장.

엘보우 (폼페이에게) 이봐, 남자든 여자든, 짐승처럼 사고파는 게 전부라면, 이 세상은 온통 갈색과 흰색, 두 종류의 사생아로 가득 차게 될 거야.

공작 (혼잣말로) 오, 맙소사! 이건 또 뭣하는 것들이지?

폼페이 이젠 세상이 아주 재미없게 변해 버리고 말았어요. 두 가지 돈놀이 가운데 재미 보는 쪽(매음)은 금지되고, 아주 고약한 쪽(고리대금업)만 법으로 허가가 났으니까요. 돈놀이하는 자들은 여우털과 양가죽 외투로 따뜻하게 휘감고, 보란 듯이 돈 자랑을 하고 다니니 말이오. 아주 재미없게 되었고 말고요.

엘보우 자, 이리로 와. (공작을 보고) 수사님, 안녕하십니까?

공작 안녕하시오? 그 사람은 무슨 죄를 지었나요?

엘보우 사실은 말입니다, 이자는 법률을 어겼습니다. 또 도둑질도 했을 겁니다. 그래서 체포했죠. 왜냐하면 이자가 자물쇠를 따는 괴상한 연장을 갖고 있었으니까요. 그 연장은 이미 공작 대행께 보냈습니다.

공작 (폼페이에게) 에잇, 못된 놈! 뚜쟁이 놈! 포주 놈! 자네는 남에게 죄악을 저지르게 하는 일을 생계 수단으로 하고 있지. 생각해 봐, 그런 더러운 죄악을 저질러서 배 속을 채우고 등에 옷을 걸치고 사는 게 어떤 것인지를. 그리고 말해 봐. 그런 가증스러운 짓을 다른 사람들에게 시켜서 자신은 먹고, 마시고, 입고, 살고 있다고, 어디 말을 해봐. 그렇게 썩어 빠진 진딧물 같은 생활을 자네는 인간적인 삶이라고 말할 수 있겠나? 자네는 마음을 고쳐먹어야 해.

폼페이 그야, 어느 정도 썩은 건 사실이지만, 제가 입증한다면…….

공작 아니, 악마가 주는 죄악의 증거로, 악마의 증인이 되겠다는 건가? 경찰관, 어서 저자를 감옥으로 끌고 가오. 이 짐승 같은 인간을 고쳐 놓으려면 징벌도 훈계도 다 필요하니까.

엘보우 공작 대행께 끌고 가야 합니다. 공작 대행께서는 앞서도 그에게 경고
　　　를 하신 적이 있습니다. 그분은 돈 주고 매춘부를 사는 자들을 몹시 혐오하
　　　시죠. 그러니 그런 오입질을 하고 그분 앞에 나서느니, 차라리 몇십 리 밖으
　　　로 심부름을 가는 편이 훨씬 낫습죠.
공작 진실로 우리 인간들이 모두 죄를 짓지 않는다면 얼마나 좋을까! 겉으
　　　로만 그렇게 보이는 위선의 죄에서도 벗어나기를!
엘보우 저자의 목에는 수사님 허리춤에 매신 띠가 옭아매질 겁니다.

　　　루치오 등장.

폼페이 아, 살았다. 나는 이제 보석이다! 여기 우리 단골손님이 오시니.
루치오 무슨 일인가, 폼페이 장군! 아니, 카이사르의 전차를 타고 어디로 끌
　　　려가는 거지? 어쩌다 이렇게 개선 행렬의 구경거리가 되었나? 그래, 피그말
　　　리온의 걸작 같은 신출내기 아가씨들은 요즘 다 팔려버렸나? 호주머니에
　　　손을 넣어 한 움큼 끄집어내도 다 팔리고 없단 말인가? 왜 대답이 없지?
　　　응, 이런 식, 이런 상태, 이런 방법으로는 이미 틀려버린 건가? 지난번 내린
　　　비에 다 떠내려간 건가, 응? 이봐, 왜 말이 없어? 그럼, 세상이 예전 그대로
　　　란 말인가? 응, 어떻게 되어 가고 있지? 너무나 서글퍼서 할 말을 잃은 건
　　　가? 그래, 어때? 어떻게 돌아가고 있나?
공작 (혼잣말로) 아직도 이 꼴이니. 갈수록 태산이군.
루치오 먹기 좋아하는 그대 안주인은 어떻게 지내지? 여전히 뚜쟁이 노릇은
　　　잘하고 있나, 응?
폼페이 정말이지, 고기란 고기는 혼자 다 먹어 치우시니, 이제는 안주인 자
　　　신이 통 속에 들어갈 차례죠.
루치오 그래, 잘됐군. 마땅히 그래야지. 그렇게 해야 해. 신출내기 아가씨나,
　　　화장으로 덧칠을 한 포주나 다 마찬가지지. 그건 피할 수 없는 결과야. 아
　　　무렴, 그래야 하지. 그래, 감옥으로 가는 건가, 폼페이?
폼페이 네, 그렇습니다.
루치오 그야, 나쁠 것 없네, 폼페이. 잘 가게. 가서, 내가 자네를 감옥으로 보
　　　냈다고 하게. 폼페이, 빚 때문인가? 어떻게 된 거지?

3막 2장, 루치오, 폼페이, 엘보우, 그리고 수사로 변장한 공작 존 길버트 그림, 단치엘 형제 판화.
1867.

엘보우 실은 뚜쟁이 노릇을 했기 때문이죠, 뚜쟁이 노릇을요.

루치오 그렇다면 그를 감옥에 가두시오. 뚜쟁이는 감옥으로 가게 돼 있으니, 그건 바로 그의 권리죠. 저 사람이 뚜쟁이라는 건 의심할 여지도 없소. 아주 오래전부터 그래 왔으니 뼛속 깊이 뚜쟁이라오. 잘 가, 폼페이. 감옥에 들어가거든 사람들에게 내 안부나 전해라. 이제 제 집을 갖게 되었으니 좋은 남편 노릇을 하겠군. 그 집이나 잘 지키게.

폼페이 나리께서 보석으로 내보내 주실 거라고 기대하고 있습니다.

루치오 아니, 나는 해줄 수 없네, 폼페이. 지금은 그런 때와는 다르다네. 폼페이, 나는 기도나 해주지, 복역 기간이 더 길어지라고 말이야. 꾹 참고 견디지 않으면 쇠사슬이 차츰 더 감겨 올 거야. 잘 가, 폼페이. (공작에게) 수사님께 은총이 내리시기를.

공작 그대에게도 은총이 함께하길.

루치오 폼페이, 브리짓은 아직도 얼굴에다 분칠을 잔뜩 하고 있나, 응?

엘보우 (폼페이에게) 자, 어서 가자. 이리 와.

폼페이 (루치오에게) 그러면 내보내 주지 않으실 건가요?

루치오 '그러면'이고 '이러면'이고 아무것도 없어. 수사님, 무슨 소식 없습니까? 새로운 소식이라도?

엘보우 (폼페이에게) 자, 가자니까, 어서.

루치오 어서 가, 폼페이. 개집으로 어서 가게. (엘보우와 경관들, 폼페이를 끌고 퇴장) 수사님, 공작님 소식은 듣지 못하셨나요?

공작 듣지 못했는데요. 당신이 알고 있는 거라도 있거든 좀 말해 주겠습니까?

루치오 러시아 황제와 함께 계시다고 말하는 사람도 있고, 로마에 계시다고 하는 사람도 있죠. 수사님은 그분이 어디에 계신다고 생각하십니까?

공작 어디 계신지는 모르나, 어디든 아무 탈 없이 잘 계시기만을 바랄 뿐입니다.

루치오 그분이 공작 자리에서 살짝 빠져나가, 팔자에 없는 거지 탈을 빼앗아 쓰고 다니신다는 건, 미친 지랄 같은 어리석은 장난이죠. 그분이 계시지 않는 동안, 안젤로 경은 진짜 공작이나 된 듯이 지나치게 권력을 휘두르니 말입니다.

공작 그것은 잘하는 일이죠.

루치오 그러나 남녀 관계 같은 것은, 조금만 더 너그럽게 처리해도 해로울 게 없을 텐데요. 그런데 이 부분이 너무 엄격하거든요.

공작 그건 너무나 흔해 빠진 죄악이 되어버렸으니, 엄격하게 다루어야 고쳐질 수 있죠.

루치오 그렇죠, 사실이 그렇습니다. 그러나 그러한 죄악은 핏줄 관계가 아주 폭넓은 것이죠. 아주 복잡하게 얽히고설켜 있단 말입니다. 그것을 뿌리째 뽑는다는 것은, 차라리 먹고 마시기를 금하는 게 낫지, 도저히 불가능한 일입니다. 듣자 하니, 안젤로 경은 평범한 남녀 관계에서 태어난 사람이 아니라고 하더군요. 그게 사실이라고 생각하시나요?

공작 그럼, 어떻게 해서 태어났단 말입니까?

루치오 인어가 알을 까서 세상에 나왔다고도 하고, 커다란 물고기에게서 태어났다고도 하죠. 그러나 그 사람이 오줌을 누면 그 오줌이 얼어붙어서 고드름이 된다는 것만은 확실합니다. 이건 정말이라니까요. 다시 말해서 그 사람은 생식력이 없는 꼭두각시라는 거죠. 틀림없습니다.

공작 재미있는 분이군요. 농담도 참 잘하십니다.

루치오 아, 참으로 냉혹한 분이시죠, 남자의 아랫도리가 반란을 일으켰다 해서 사람 하나를 죽이시겠다니! 지금 자리를 비우신 공작님이라면, 이렇게 하시겠습니까? 사생아를 1백 명이나 낳았다 해도, 교수형은커녕 오히려 그 자식들을 잘 돌보라고 돈 1천 냥쯤 내주실 텐데요. 공작님은 남자들의 기분을 잘 이해하시고 또 정치를 아시는 분이니, 자비를 베푸실 줄도 아시죠.

공작 나는 그분에 대해 여자 문제로 나쁜 소문이 도는 것을 들은 적이 없어요. 그분은 그런 쪽을 좋아하는 분이 아니죠.

루치오 오, 잘못 알고 계시는군요.

공작 그럴 수 없는 분입니다.

루치오 누가요? 공작님 말씀입니까? 천만에요. 나이가 오십쯤 돼 보이는 거지 여자가 있었어요. 공작님은 그 여자의 움푹한 그릇에 언제든지 땡그랑하고 은전 1더컷씩을 넣어주시죠. 참으로 괴짜시라니까요. 그리고 이건 당신에게만 하는 말인데, 술주정도 곧잘 하신답니다.

공작 그건, 정말 말도 안 되는 이야기요.

루치오 이보세요, 저는 공작님과는 꽤 알고 지내는 사이예요. 그분은 수줍음을 잘 타시죠. 그분이 자취를 감춘 까닭을 저는 알고 있습니다.

공작 그 이유가 뭐죠?

루치오 미안하지만 말할 수 없어요. 이것은 입과 이 사이에 자물쇠를 채워두어야 할 1급 비밀이거든요. 하지만 이것만은 알려드리죠. 대부분의 백성들은 공작님을 현명한 분이라고 생각하고 있답니다.

공작 현명한 분! 그야, 틀림없는 사실이니까요.

루치오 웬걸요, 아주 천박하고, 무식하며, 지각없는 분이죠.

공작 그건 당신이 그분을 시기하거나, 잘 모르거나, 그렇지 않으면 오해하는 겁니다. 그분의 행적이나 나라를 다스린 업적을 살펴보면, 훨씬 더 훌륭한 분임을 충분히 알 수 있을 테니까요. 그의 업적에 비추어 보면, 아무리 악의가 있는 사람이라도 그분이 아주 훌륭한 학자이고 정치가이며 군인임을 알 겁니다. 당신은 잘 알지도 못하면서 너무 성급한 판단을 하는 것 같군요. 당신이 좀더 학식이 있는 사람이라면, 아마도 시기심 때문에 안목이 어두워졌나 봅니다.

루치오 아니요, 저는 그분을 아주 잘 알고 있고, 또 매우 좋아합니다.

공작 그렇게 좋아하는 분이라면 좀더 잘 알아보고 말하고, 또 잘 알고 있다면 좀더 세심하게 살펴드려야죠.

루치오 저도 알 만큼 알고 있습니다.

공작 못 믿겠는데요. 당신은 자기가 무엇을 말하고 있는지도 잘 모르는 것 같군요. 그러나 공작께서 돌아오시면—우리의 바람대로 그분이 돌아오신다면, 그분 앞에서 말해 주기 바랍니다. 그 말이 거짓이 아니라면, 그분 앞에서도 그렇게 말씀드릴 용기가 있겠지요. 그때는 내가 꼭 당신을 부르겠습니다. 그러니 당신의 이름을 알려주시오.

루치오 제 이름은 루치오입니다. 공작께서도 제 이름을 잘 알고 계시죠.

공작 이제 더 잘 아시게 될 겁니다. 내가 당신의 이야기를 말씀드리게 되면요.

루치오 저는 조금도 겁날 게 없습니다.

공작 오, 당신은 공작께서 돌아오시지 않길 바라나요? 그렇지 않으면, 내가 상대를 조금도 해칠 수 없는 사람이라고 생각하나요? 사실 내가 당신에게 해를 끼칠 수 없는 것이, 그때 가서 당신은 맹세코 모든 것을 아니라고 발뺌하겠죠.

루치오 그럼, 제가 가장 먼저 교수대로 올라가지요. 이건 농담입니다, 수사님. 이런 이야기는 이제 그만둡시다. 그런데 내일 정말로 클라우디오가 사형당하게 될까요?

공작 왜 그 사람이 사형당하죠?

루치오 왜냐고요? 깔때기로 술병을 하나 가득 채우게 했기 때문이지요. 그나저나 공작님께서 어서 돌아오셔야 할 텐데요. 생식 기능 없는 공작 대행이 금욕주의로 이 나라의 씨를 온통 말려버리기 전에 말입니다. 참새도 처마 끝에 집을 지으면 안 될 테니까요. 참새들도 그 짓을 꽤나 좋아하거든요. 공작님이라면, 컴컴한 곳에서 일어난 일들은 컴컴한 곳에서 처리해 버리지, 결코 밝은 곳으로 끌어내지는 않으실 겁니다. 오, 부디 어서 돌아오소서! 정말이지, 클라우디오는 아랫도리를 벗은 죄 하나로 사형 선고를 받았으니까요. 그럼 안녕히 계십시오, 훌륭한 수사님. 저를 위해 기도나 해주세요. 그리고 공작님은, 다시 한 번 말씀드리지만, 금요일에 양고기를 드십니다. 아직도 그 버릇을 고치지 못하셨죠. 그리고 그분은 거지 여자와도 키스를 하신

다니까요. 흑빵 냄새와 마늘 냄새가 풀풀 나는, 그 거지 여자한테요. 제가 그러더라고 말씀해 주세요. 안녕히 가십시오. (퇴장)

공작　인간 세상에서는 아무리 위대한 권력을 가졌더라도 비난을 피할 수는 없어. 아무리 결백한 덕이라도, 그 뒤에서 중상과 비방이 도사리지. 어느 강력한 왕후가 이러한 독설을 막아낼 수 있겠는가? 저기 누가 오는군.

에스칼루스, 검찰관, 경찰관들이 오베르도네 부인을 끌고 등장.

에스칼루스　저 여자를 어서 감옥으로 데려가게!

오베르도네　나리, 살려주세요. 나리께서는 자비로운 분이 아니십니까.

에스칼루스　두 번 세 번 경고를 해도 여전히 똑같은 짓을 되풀이하고 있으니! 어디 이래서야, 아무리 자비로운 군주라도 폭군이 되지 않을 수 없겠군.

검찰관　11년 동안이나 포주 노릇을 해왔다고 합니다, 각하.

오베르도네　(에스칼루스에게) 나리, 그건 루치오가 저를 잡느라고 하는 소리입니다. 공작님께서 직접 재판하시던 시절에, 그는 킵다운의 케이트에게 아이를 갖게 해서, 그 여자와 결혼하겠다고 약속한 사람입니다. 그 어린애는 오월 초하루면, 세상에 나온 지 벌써 1년하고 3개월이 됩니다. 제가 그 아이를 길렀죠. 그런데 보세요, 저를 얼마나 헐뜯고 돌아다니는지를요.

에스칼루스　그자는 대단한 바람둥이야. 그자도 불러야겠군. 어서 저 여자를 감옥으로 데려가게! 어서 가, 이제 그만 떠들라고. (경찰관들, 오베르도네를 끌고 퇴장) 검찰관, 나의 동료 안젤로 경은 마음을 바꿀 것 같지가 않소. 클라우디오는 내일 죽을 수밖에 없구려. 고해 신부님을 부르고 모든 자비를 베풀어, 마음의 준비를 하게 하시오. 내 동료에게 나와 같은 동정심만 있다면, 이렇게는 되지 않을 텐데.

검찰관　실은, 이 수사님이 아까 클라우디오를 만나 보시고, 죽음을 달게 받아들이라고 설교를 해주셨습니다.

에스칼루스　안녕하십니까, 수사님.

공작　축복받으시기를!

에스칼루스　어디서 오시는 길입니까?

공작　저는 이 나라 사람은 아니지만, 우연히도 이 직책을 수행할 기회를 얻었습니다. 은혜로운 수도회에 소속된 수사인데, 교황의 특명으로 최근 로마 교황청에서 왔습니다.

에스칼루스 요즘은 세상이 어떻게 돌아가고 있습니까? 무슨 새로운 소식이라도 있는지요?

공작 특별한 건 없습니다만, 미덕에 심한 열병이 생겨서, 파멸 말고는 고칠 도리가 없게 되었지요. 새로운 변화만이 요구되는 실정이어서 약속을 지키는 것이 미덕이라는 생각도, 무슨 일이든 낡도록 묵혀 두는 것도 위험한 일로 여겨지고 있습니다. 요즘은 우정을 보증할 수 있는 신의란 것도 거의 사라지고, 친구를 고발하는 보증만이 성행하고 있지요. 이 수수께끼를 풀려고 세계 석학들이 연구에 골몰하고 있으니까요. 이 소식은 새 소식도 못됩니다. 우리가 날마다 듣는 소식이지요. 그런데 그 공작님은 어떤 분이신가요?

에스칼루스 무엇보다도 그분은 자신을 알려고 끊임없이 노력하시는 분이죠.

공작 그분은 평소에 무슨 일을 즐겨 하시나요?

에스칼루스 당신 자신의 즐거움은 무엇이든 기뻐하지 않으시고, 남이 기뻐하는 것을 보고 즐거워하시는 분이죠. 매우 덕이 넘치는 분이십니다. 그런데 공작님에 대한 이야기는 그분께 앞으로도 많은 번영이 있으시기를 기도하는 것으로 마치기로 하고, 내가 알고 싶은 것은, 클라우디오가 지금 어떤 각오를 하고 있는가 하는 것입니다. 수사님이 그를 만나 보셨다고요.

공작 그 사람은 판결에 대해 조금도 부당하다고 생각지 않고, 그 결정을 겸손하게 받아들이겠다고 했습니다. 그러나 그도 약한 인간인지라, 혹시라도 살 방법이 있지나 않을까 하는 헛된 희망을 마음속에 그려 보기도 하는 것 같았습니다. 그래서 그런 것을 기대하지 말라고 잘 설득했고, 이제는 죽을 각오가 되어 있습니다.

에스칼루스 수사님은 하늘에 대해서나, 수고를 끼친 죄인에 대해서나 할 수 있는 일을 다 하셨습니다. 그 가엾은 젊은이를 구하기 위해 내가 할 수 있는 온갖 노력을 다 해보았습니다만, 나의 동료 재판관이 어찌나 엄격한지, 정의밖에는 모르시는 분이라 어쩔 수가 없었죠.

공작 그분 자신의 삶이 그 준엄한 재판과 일치한다면, 그야 물론 훌륭한 일이겠습니다만, 만일 그분이 실수하는 날에는 자기가 스스로에게 형을 선고

하는 셈이 되겠군요.

에스칼루스   나는 죄수를 만나러 가야겠습니다. 안녕히 계십시오.

공작   안녕히 가십시오! (에스칼루스와 검찰관 퇴장) 하늘을 대신해서 칼을 드는 자는 준엄함과 아울러 신성한 마음가짐을 가져야 해. 자기 스스로 세상의 본보기가 되어야 하지. 굳세게 일어나 용감하게 나아갈 수 있는 미덕과 지조가 있어야 하고, 자기 죄과의 무게보다 더 무거운 형벌을 다른 사람에게 지게 해서는 안 되지. 자기도 같은 죄를 저지르면서, 다른 사람을 사형하려 하다니! 죄악을 뿌리 뽑아야 할 사람이 스스로 죄악의 씨를 뿌리고 가꾸다니, 안젤로야말로 자신이 형을 내린 죄인들보다 몇 배나 더 파렴치한 인간이로다. 오, 겉모습이 아무리 천사처럼 보여도, 그 속에 감추고 있는 것을 어찌 숨기겠는가! 같은 범죄를 저지르고도 세상의 눈을 속여 그 음흉한 거미줄로 가장 소중하고 값진 것을 낚으려 하다니! 이런 악인에 대해서는 꾀를 쓰는 수밖에. 오늘 밤 안젤로가 자신이 모욕을 준 예전 약혼녀와 한자리에 눕게 해야겠다. 이렇게 가면으로 가면을 벗기고, 허위로 허위의 대가를 강요하여, 이전에 안젤로 자신이 맺은 계약을 이행하도록 해야겠어. (퇴장)

〔제4막 제1장〕

도랑으로 둘러싸인 농장 정원.
마리아나와 소년 등장.

소년   (노래한다)

가져가요, 오 그 입술을 가져가요,
달콤한 말로 거짓 맹세했으니.
그 눈빛은 동이 틀 무렵,
아침을 잘못 알리는 빛이오.
하지만 돌려주오 돌려주오, 나의 키스를,
헛되이 포개진, 헛되이 포개진 사랑의 봉인을.

수사로 변장한 공작 등장.

마리아나 노래를 멈추고 어서 들어가. 저길 봐, 저기 그분이 오신다. 상처받
  아 들먹이는 이 가슴을 위로해 주러 가끔씩 오시는 바로 그분이야. (소년 퇴
  장) 죄송해요, 수사님. 이렇게 노래를 듣고 즐거워하는 부끄런 모습을 보여
  드리지 않았더라면 더 좋았을 텐데요. 용서해 주세요. 사실 그렇게 즐겁지
  도 못했습니다만, 아픈 마음이 조금은 위로가 되는군요.

공작 괜찮습니다. 음악이란 악한 것을 선하게도 만들고, 선한 것을 나쁘게
  유혹하기도 하지요. 혹시 오늘 여기에 누가 나를 찾아오지 않았나요? 바로
  이 시간쯤, 이곳에서 만나기로 약속이 되어 있는데.

마리아나 찾아오신 분은 없었는데요. 하루 종일 제가 이곳에 있었습니다.

공작 참, 그렇겠군요. 이제야 바로 그 시각이 되었으니, 잠시만 이 자리를 피
  해 주시오. 곧 다시 부르겠소. 이게 다 그대를 위해서 하는 일이오.

마리아나 네, 언제나 그 말씀에 따르겠습니다. (퇴장)

이사벨라 등장.

공작 때마침 잘 왔소. 그래, 그 공작 대행과 만난 일은 어떻게 되었소?

이사벨라 그 집에는 벽돌로 둘러싸인 정원이 있어요. 그 정원 서쪽에는 포도
  밭이 있고요. 그리고 그 포도밭 입구에는 나무로 된 문이 있지요. 그 문은
  이 큰 열쇠로 열고요. 또 이 작은 열쇠로는 포도밭에서 정원으로 통하는 작
  은 문을 열게 되어 있죠. 그 정원에서 한밤중에 그를 만나기로 약속했어요.

공작 하지만 그 길을 잘 찾아갈 수 있겠소?

이사벨라 아주 주의 깊게 보고 기억해 두었어요. 그가 죄인처럼 속삭이면서
  세심하게 손짓을 해가며, 두 번이나 그 길을 알려주었거든요.

공작 대리 역할을 할 마리아나가 지켜야 할 태도에 대해 별다른 약속은 없
  었나요?

이사벨라 없습니다. 그저 캄캄한 어둠 속으로 들어가기만 하면 됩니다. 그리
  고 저는 잠시 동안만 머무를 수 있다고 말해 두었어요. 하인이 따라올 텐
  데, 그는 제가 여기에 오빠 일 때문에 온 걸로 알고서 기다리고 있을 거라

4막 1장, 노래하는 소년과 마리아나   존 길버트 그림, 단치엘 형제 판화. 1867.

고 했죠.

공작   그것참 잘했소. 마리아나에게는 아직 이야기를 하지 않았어요. 이보시오! 안에 있나요? 나와 보세요!

마리아나 다시 등장.

공작   (마리아나에게) 자, 이 처녀와 인사하시오. 그녀는 당신을 도와주러 왔어요.

이사벨라   (마리아나에게) 부디 그렇게 되기를 바랍니다.

공작   (마리아나에게) 내가 그대를 소중히 생각한다는 것은 알고 있겠죠?

마리아나   알고말고요. 그 증거도 이 두 눈으로 뚜렷이 확인했는걸요.

공작   그럼, 이 친구의 손을 잡으시오. 그녀가 그대에게 말해 줄 게 있어요.

나는 두 사람의 이야기가 끝날 때까지 기다리고 있겠소. 자, 그럼, 어서 서둘러요. 곧 축축한 밤의 장막이 내릴 겁니다.

마리아나 그럼, 저리로 가실까요? (이사벨라와 함께 퇴장)

공작 오, 높은 지위와 권력을 가진 자여, 의혹에 찬 수백만의 눈들이 그대를 지켜보고 있노라! 그대의 언행에 대해 의혹과 모순으로 가득찬 수많은 이야기들이 떠돌고, 사람들은 그대를 공상의 재료로 삼아 무수한 풍자와 경구들로 조롱하며 비웃고 있노라!

마리아나와 이사벨라 다시 등장.

공작 어서 와요! 어떻게 잘 합의가 되었소?

이사벨라 수사님이 지시해 주신다면, 그녀는 맡겨진 일에 그대로 따르겠다고 합니다.

공작 그건 내 지시가 아니라 간청이지요.

이사벨라 (마리아나에게) 그분과 헤어질 때 "오빠 일을 잊지 말아주세요" 이 한 마디만 가만히 속삭이면 돼요.

마리아나 걱정 말아요.

공작 (마리아나에게) 그대도 아무 걱정 말아요. 그는 결혼을 약속한 사람이니, 그대를 이렇게 만나는 것은 죄가 아니오. 정당한 아내라는 그대의 권리가, 이 속임수를 정당한 것이 되게 해줄 테니까요. 자, 갑시다. 이제 겨우 씨를 뿌리는 것이니, 수확을 거두려면 아직도 갈 길이 멀었소. (모두 퇴장)

〔제4막 제2장〕

감옥의 한 방.
검찰관, 폼페이 등장.

검찰관 이리 오게. 자네 같으면, 그 사람의 목을 벨 수 있겠나?

폼페이 독신으로 살아가는 남자라면, 벨 수 있겠죠. 그렇지만 결혼한 남자라면 사정이 다릅니다. 남편은 여자의 머리라고들 하니까요. 여자의 머리야,

어디 벨 수가 있나요?

검찰관 이보게, 그런 말장난은 그만하고, 똑바로 대답 좀 해봐. 내일 아침 클라우디오와 바르나르디네의 사형 집행이 예정돼 있네. 여기 우리 감옥에는 사형집행인이 한 사람밖에 없어서 손이 모자라네. 만약에 자네가 그 사람을 도와서 이 일을 맡아주면 형을 면하게 해주지. 그렇지 않으면 형기를 마칠 때까지 감옥살이를 해야겠지. 그리고 자네는 이름난 뚜쟁이였으니까 풀려나더라도 볼기를 사정없이 맞게 될 거야.

폼페이 저는 법을 어기고, 오랫동안 뚜쟁이 노릇을 해왔습니다. 하지만 이제부터는 마음을 고쳐먹고, 법을 지키는 사형집행인이 되겠습니다. 그럼 어떻게 하는 건지, 같은 일을 하는 동료께서 알려주시죠.

검찰관 (안을 향해서) 이봐, 아브호르손! 아브호르손, 안에 있나?

아브호르손 등장.

아브호르손 부르셨어요?

검찰관 보게, 여기 이 사람이 내일 사형 집행을 할 때, 자네 일을 거들어 주게 됐네. 자네만 괜찮다면, 일 년 계약으로 자네와 함께 이곳에서 일하게 하겠네. 싫으면 이번만 쓰고 파면해도 좋아. 자네 직업에 대해 저 사람이 깔볼 처지도 아니야. 저 사람은 뚜쟁이였으니까.

아브호르손 뚜쟁이라고요! 그건 안 되죠! 제 천직에 불명예를 안겨줄 텐데요!

검찰관 무슨 소리야, 서로 마찬가지지. 깃털 하나로 저울이 뒤집히겠군. (퇴장)

폼페이 보세요, 실례합니다만, 사실은 실례가 되는지 안 되는지도 잘 모르겠습니다만, 보아하니 교수형을 집행하는 사람으로 보이는데요. 그런데 당신은 자기 직업을 천직이라고 부르신다죠?

아브호르손 암, 그렇지, 천직이지.

폼페이 제가 듣기로는, 화가는 그림을 그리는 것을 천직이라 하죠. 그런데 제 직업에 종사하는 매춘부들도 얼굴에다 그리는 걸 업으로 삼고 있으니, 제 직업도 천직이라고 할 수 있죠. 그렇지만 사람을 죽이는 게 어떻게 천직이 될 수 있죠? 제 목을 매달더라도 도무지 그건 모르겠다고 말할 것 같아서요.

아브호르손 틀림없는 천직이지.

폼페이 그 증거는요?

아브호르손 어떤 선량한 사람의 옷이라도, 도둑에게 맞지 않는 것은 없다네. 만일 그것이 도둑한테 너무 작은 거라 하더라도, 선량한 사람들은 알맞은 크기라고 생각할 거야. 또 그것이 도둑한테 지나치게 큰 거라 하더라도, 도둑은 딱 알맞게 작다고 생각할 테니 말이야. 그러니 어떠한 사람의 의복이라도 도둑한테는 맞지 않은 것이 없다네.

검찰관 다시 등장.

검찰관 합의가 됐나?

폼페이 네, 저분의 조수 노릇을 하겠습니다. 사형집행인 일이 뚜쟁이 일보다는 좀더 참회하는 직종인 것 같아서요. 교수형을 당하는 사람한테 "내 직분이니, 용서해 주오" 하고 비는 것만 해도 그렇죠.

검찰관 (아브호르손에게) 이보게, 내일 네 시까지 단두대와 도끼를 준비해 놓게.

아브호르손 (폼페이에게) 자, 이리 오게, 뚜쟁이. 장사하는 법을 가르쳐 주지. 자, 따라와.

폼페이 가르쳐 주세요. 당신 일에 저를 써준다면, 아주 솜씨 있게 처리해 드리죠. 저는 이래 봬도 남의 친절을 잊어버리는 사람은 아니니까요.

검찰관 바르나르디네와 클라우디오를 불러오게. (폼페이와 아브호르손 퇴장) 한 사람은 불쌍하지만 또 한 녀석은 살인범이니, 나의 형제라 해도 조금도 동정할 건 없어.

클라우디오 등장.

검찰관 클라우디오, 이것이 바로 그대를 사형하라는 영장이오. 지금은 죽은 듯이 고요한 한밤중이지만, 내일 아침 여덟 시면 그대는 영원불멸의 존재가 되는 거요. 바르나르디네는?

클라우디오 깊은 잠에 빠져 있습니다. 죄 없는 나그네가 지친 여행길에 죽은 듯이 잠에 곯아떨어진 것처럼 말입니다. 아무리 깨워도 일어나질 않는군요.

검찰관 그 녀석은 어쩔 수 없군! 그럼, 어서 가서 집행 준비나 하오. (안에서 문 두드리는 소리) 누구야, 시끄럽게? 하느님이 그대들의 영혼에 위안을 주시기를! (클라우디오 퇴장. 안에서 문 두드리는 소리) 곧 나갑니다! 저 점잖은 클라우디오를 사면하거나 감형하라는 소식이면 좋겠군.

수사로 변장한 공작 등장.

검찰관 어서 오시지요.

공작 가장 선량하고 건전하신 밤의 정령들이여, 선량한 검찰관을 보호하소서! 조금 전에 누가 찾아오지 않았나요?

검찰관 통행금지 종이 울린 뒤로는 아무도 오지 않았는데요.

공작 이사벨라도 안 왔나요?

검찰관 네, 오지 않았습니다.

공작 그러면 곧 오겠죠.

검찰관 클라우디오에게 무슨 좋은 소식이라도 있나요?

공작 희망이 있으리라고 기대하고 있습니다.

검찰관 공작 대행께서는 너무나 비정하십니다.

공작 그렇지 않아요. 그분의 삶 자체가 재판과 정의라는 준엄한 선(線)과 평행을 이루고 있어요. 그분은 백성들에게 권력을 행사하는 만큼 그 자신에 대해서도 엄격히 적용하고 있지요. 타인의 죄를 벌하고 바로잡아 주어야 할 사람이 똑같은 죄를 저지르는 날에는 어찌 폭군이란 소리를 면할 수 있겠소? 그러나 그분은 그렇지 않으니, 정의로운 사람이죠. (안에서 문 두드리는 소리) 이제들 오는가 보오. (검찰관 퇴장) 마음이 참 따뜻한 사람이야. 냉정해야 할 감옥의 관리에게 남을 생각하는 마음이 남아 있다니. (안에서 문 두드리는 소리)

검찰관 다시 등장.

공작 무슨 일이오? 왜 이렇게 시끄럽죠? 굉장히 다급한가 본데. 잠긴 문을 저렇게 두드리다가 다 부숴 버리겠군요.

검찰관 문지기가 일어나 들여보내 줄 때까지는 기다려야 합니다. 문지기를 막 깨웠으니까요.

공작 클라우디오의 사형을 취소하는 사면장이 아직 오지 않았나요? 그렇다면 그는 내일 사형이 되나요?

검찰관 아무것도 도착한 게 없습니다.

공작 곧 날이 밝아오겠지만, 그때까지는 무슨 소식이 있겠죠.

검찰관 아마도 무언가를 알고 계신 듯합니다만, 취소될 것 같지는 않습니다. 이제까지 한 번도 그런 적이 없었으니까요. 뿐만 아니라 안젤로 경은 재판 석상에서도 사람들에게 그와 반대되는 말을 선언하셨으니까요.

전령 등장.

검찰관 바로 공작 대행께서 보낸 사람입니다.

공작 그렇다면 클라우디오의 사면 통지겠군요.

전령 (검찰관에게 문서를 주면서) 각하께서 보내시는 서면입니다. 이 밖에 제가 맡은 임무는 시간이나 일이나, 다른 모든 것에서 이 서면에 적혀 있는 내용과 조금이라도 어긋나서는 안 된다는 말씀을 드리는 것입니다. 벌써 날이 밝았으니 아침 인사를 드려야겠군요. 안녕히 계십시오.

검찰관 잘 알겠소. 그대로 따르지요. (전령 퇴장)

공작 (혼잣말로) 이것은 사면해 주는 사람이 스스로 같은 죄를 저지름으로써 받게 된 사면이지. 상황이 이러하니 높은 지위에 있는 자가 죄를 저지르면 그 죄는 아주 재빨리 백성들에게 퍼져 나가게 되는 거야. 악인이 자비를 베풀면 그 자비의 범위는 어찌나 커지는지, 그 죄를 미워하지 않고 오히려 죄진 자를 동정하게 되니 말이야. (검찰관에게) 그래, 무슨 소식입니까?

검찰관 제가 말씀드리지 않던가요? 안젤로 경은 제가 직무를 소홀히 한다고 생각하시는지, 독촉을 해 보내셨습니다. 참 이상하군요. 전에는 이런 일이 없었는데요.

공작 궁금해서 못 참겠군요. 뭐라고 썼는지 어서 말해 주시오.

검찰관 (읽는다)

어떤 반대에 부딪치더라도, 클라우디오는 새벽 4시까지는 사형을 집행하고, 오후에는 바르나르디네를 처형하라. 그 실행의 증거로 5시까지는 클라우디오의 목을 내게 보내라. 이것은 공적으로 지시하는 것 이상으로 중대한 이유가 있음을 명심하고, 조금도 어김없이 실행하라. 만일 직무에 실패한다면 그대를 엄히 문책하겠노라.

이를 어찌 생각하시나요?

공작 오후에 처형될 바르나르디네는 어떤 사람입니까?

검찰관 보헤미아에서 태어났지만, 여기서 잔뼈가 굵은 자입니다. 벌써 9년 동안이나 감옥살이를 하고 있으니까요.

공작 그런데 왜, 지금 부재중인 공작께서 방면이나 처형을 하지 않으시고 그대로 내버려 두신 거죠? 언제나 그렇게 처리하신다고 들었는데요.

검찰관 그자의 친구들이 계속 구명 운동을 해왔기 때문입니다. 그래서 안젤로 경이 다스리게 되실 때까지 그의 죄과가 확정되질 않았던 거죠.

공작 그랬던 것이 이제는 확실해진 건가요?

검찰관 아주 명백해졌지요. 본인 자신도 그 사실을 부정하지 않으니까요.

공작 그 사람은 감옥에서 뉘우치는 태도를 보이던가요? 그래, 마음의 변화가 있는 것 같긴 한가요?

검찰관 죽음을 술에 취해서 잠드는 것쯤으로 생각하는 자입니다. 과거도, 현재도, 미래도 걱정하지 않습니다. 후회도 두려움도 모르죠. 죽음에 그토록 무감각하니 자포자기한 삶인 거죠.

공작 그럼, 설교가 필요하군요.

검찰관 설교라면 들을 생각도 하지 않습니다. 감옥에서 늘 제멋대로 해왔죠. 탈옥을 허락해 준대도 나가지 않을 자입니다. 하루에도 여러 번 술에 취해 있거나, 며칠씩 아주 곤드레만드레가 된 채로 곯아떨어져 있어요. 가끔 영장 같은 것을 내보이며 사형 집행을 할 것처럼 흔들어 깨워도, 그자는 그저 천하태평이라니까요.

공작 그 사람 이야기는 나중에 더 듣기로 하죠. 검찰관, 당신은 정직하고 성실한 사람이라고 이마에 써 붙이고 있군요. 내가 틀렸다면 이제까지 쌓아 온 나의 분별력이 헛된 것이 되겠지만, 내가 사람을 잘못 본 것 같지는 않습니다. 그런데 사형 집행 영장을 받은 클라우디오, 그 사람이 죄인이라면, 그에게 사형 선고를 내린 안젤로도 같은 죄인입니다. 이 일에 대해 확실한 사실을 곧 알게 될 때까지 나흘의 유예 기간을 주었으면 합니다. 좀 위험하기는 하지만 친절을 베풀어 주길 바랍니다. 지금 당장이요.

검찰관 아니, 어떻게 하란 말씀입니까?

공작 사형을 연기해 달라는 것입니다.

검찰관 그게 어디 가능한 일입니까? 시간이 정해져 있을뿐더러, 그 목을 안젤로 경께 보여드리지 않으면 처벌을 내리겠다는 특명이 있었는데요? 조금이라도 명령을 어기게 되면 저도 클라우디오처럼 목이 달아날 판입니다.

공작 나의 성직에 맹세코, 내 말대로 해도 아무 문제 없음을 보증합니다. 바르나르디네를 오늘 아침에 사형해서 그 목을 안젤로 경께 보내주시오.

검찰관 안젤로 경은 두 사람의 얼굴을 다 알고 계시니 탄로가 날 겁니다.

공작 죽은 사람의 얼굴은 심하게 변하죠. 좀더 손질을 할 수도 있고요. 머리도 깎고 수염도 깨끗이 밀어 놓으시오. 그리고 본인이 죽기 전에 참회하면서 그렇게 해주기를 빌었다고 말씀드려요. 알다시피 이런 일은 흔히 일어나는 일이기도 하니까요. 이 일로 감사와 행운이 아닌 다른 것이 당신에게 떨어진다면 내 성직에 맹세코 내 목숨을 바쳐서 당신을 변호하겠습니다.

검찰관 죄송하지만 그럴 수는 없습니다. 그것은 저의 서약에 어긋나는 일입니다.

공작 그 서약은 공작님께 한 것인가요, 공작 대행께 한 것인가요?

검찰관 공작님과 공작 대행, 두 분께 다 한 것입니다.

공작 그럼 공작님만 당신의 행동을 정당한 것이라고 인정한다면 당신도 그것을 죄라고는 생각하지 않겠죠?

검찰관 그러나 공작님께서 그러시리라고 어떻게 예측할 수 있죠?

공작 '그러시리라'가 아니라, 틀림없이 그렇습니다. 두려워하는 걸 보니 나의 수도복도, 성실한 권고와 설득도 당신의 마음을 바꾸기는 어렵겠군요. 그렇다면 당신이 불안을 떨쳐버릴 수 있도록 실은 공개할 생각이 없었습니다만, 이걸 보여주겠습니다. 자, 봐요. (편지를 꺼낸다) 여기 공작님께서 직접 쓰신 편지가 있습니다. 물론 당신도 그분의 글씨를 알아보겠지요? 그리고 이 인장도 틀림없이 본 적이 있겠지요?

검찰관 둘 다 잘 알고 있습니다.

공작 이 편지는 공작님의 귀국에 대한 것입니다. 나중에 원할 때 읽어보도록 해요. 이틀 안에 돌아오신다고 씌어 있으니까요. 이 사실은 안젤로 경도 모르는 일입니다. 그는 바로 오늘 이상한 내용의 편지를 받게 될 겁니다. 공작님이 돌아가셨을지도 모른다든가, 또는 어떤 수도원에 은거하실지도 모른다든가 하는 것을요. 그렇지만 여기에 있는 내용은 조금도 씌어 있지 않을 겁니다. 보시오, 샛별이 목동을 불러 깨우고 있습니다. 어떻게 이런 일이 일어나는가 놀랄 건 없습니다. 모든 갈등도 알고 나면 아무것도 아니니까요. 사형집행인을 불러서 바르나르디네의 목을 자르게 하시오. 바르나르디네는 내가 곧 참회를 시켜서 좋은 곳으로 가도록 인도할 테니까요. 아직도 놀라고 있나요? 이 편지를 읽으면 바로 결심이 설 것입니다. 자, 갑시다. 날이 밝아옵니다. (모두 퇴장)

〔제4막 제3장〕

감옥 안 복도.
폼페이 등장.

폼페이 이곳을 보니, 마치 우리 영업집에 온 것 같군. 모두 익숙한 얼굴들뿐이니. 오베르도네 부인 집에 온 건 아닌가, 착각하는 사람도 있을 거야. 이곳에는 온통 그녀의 단골손님들로 꽉 차 있으니까. 먼저 젊은 경솔(Rash) 나리가 있지. 이 사람이 여기 들어온 것은 190 하고도 17파운드 가운데에서 고리대금업자에게 현금은 5마르크밖에 내놓지 않고는 나머지를 몽땅 갈색 포장지와 마른 생강으로 메워 놓았기 때문이라지. 사실 그때는 생강을 좋아하는 노파들이 다 죽어버려서 생강이 잘 안 팔렸거든. 그다음에는 촐랑(Caper) 나리도 이곳에 들어와 있지. 이 사람은 포목 장사 세 뭉치(Three-pile) 나리가 복숭아빛 공단 양복 네 벌에 대해 소송을 걸었기 때문이라지. 그래서 그는 지금 얼굴이 복숭아빛이 됐다, 거지빛이 됐다지. 그리고 젊은 현기증(Dizzy) 나리도 와 있고, 젊은 맹세꾼(Deep-vow) 나리, 구리 박차 (Copper-spur) 나리, 세검(細劍)과 단검을 찬 굶주린 하인(Starve-lackey) 나리, 뚱뚱보 푸딩을 죽인, 저 영락한 젊은 상속자 나리, 검술가인 곧은길 나리, 여행을 좋아하는 용감한 구두끈 나리, 술독을 찔러 죽인 깡통 나리도 들어와 있지. 그 밖에도 40명쯤 더 되는데, 이 모두가 우리 영업점 단골 고객들이었어. 그런데 이제는 모두 감옥살이 신세가 돼버렸구나.

아브호르손 등장.

아브호르손 이보게, 바르나르디네를 이리로 데려오게.

폼페이 (감옥 문 앞에서) 바르나르디네 씨! 어서 일어나요. 교수형을 받아야 해요.

아브호르손 여보게, 바르나르디네!

바르나르디네 (안에서) 매독 걸린 그 목소리, 집어치워! 누구야, 시끄럽게 떠드는 게? 누구야, 너희들은?

폼페이 당신의 친구들입니다, 나리. 우리는 사형집행인들이죠. 어서 얌전히 일어나서 죽어줘요.

바르나르디네 (안에서) 이 악당들아, 어서 꺼져! 시끄러워서 잘 수가 없구나.

아브호르손 (폼페이에게) 억지로라도 깨워, 빨리!

폼페이 바르나르디네 씨, 사형을 집행할 때까지만 잠을 깨줘요. 그다음에는 실컷 잘 수 있게 될 테니 말이오.

아브호르손 어서 들어가서 끌고 나오게.

폼페이 지금 나오는 중입니다. 부스럭대는 지푸라기 소리가 들리는데요.

아브호르손 단두대 위에 도끼를 올려놓았는가?

폼페이 그럼요, 나리.

바르나르디네 등장.

바르나르디네 왜 그래, 아브호르손? 무슨 일이지?

아브호르손 이번에는 진심으로 기도를 올려야 할걸. 자, 이걸 보라고. 여기 영장이 왔네.

바르나르디네 에잇, 나쁜 놈. 나는 밤새도록 술을 마셔서 오늘은 안 돼.

폼페이 그것참 잘됐군요, 나리. 밤새껏 마셨으니, 아침이 되자마자 죽으면 그 다음부터는 아주 푹 잘 수가 있다고요.

수사로 변장한 공작 등장.

아브호르손 (바르나르디네에게) 자, 보게, 저기 수사님이 오시지. 이래도, 우리가 장난하는 줄 알 텐가?

공작 갑자기 세상을 떠나게 되었다고 하니, 자비를 베풀어야 할 의무가 있는 사람으로서 설교도 하고 위로도 해주며 함께 기도하려고 온 것이오.

바르나르디네 수사님, 나는 그런 거 필요 없소. 밤새도록 지독하게 술을 마셔서, 죽을 각오를 하려면 시간이 더 필요할 것 같소. 몽둥이로 내 대갈통을 부순대도 어쩔 수 없소. 오늘은 정말이지 승낙하지 못하겠소.

공작 그렇게는 안 되오. 어서 영원한 나그넷길에 오를 각오를 하시오.

바르나르디네 누가 뭐래도, 맹세코 나는 오늘은 죽지 않겠소.

공작 그럴 수 없소, 이봐요.

바르나르디네 듣기 싫소. 나한테 할 말이 있거든, 내 방으로 오시오. 오늘은 이곳을 떠나지 않을 테니. (퇴장)

공작 살릴 수도 죽일 수도 없는 골칫덩어리로군. 이보게, 뒤따라가서 단두대로 끌고 가게. (아브호르손과 폼페이 퇴장)

감찰관 등장.

검찰관 그 죄수는 어떻게 됐습니까?

공작 아직 죽을 각오가 되어 있지 않은 자를 죽일 수는 없소. 오늘 그 상태로 떠나보내면, 영원히 구원받지 못할 테니까요.

검찰관 오늘 아침 지독한 열병으로 죽은 죄수가 한 명 있습니다. 라고지네라는 아주 이름난 해적인데, 클라우디오와 나이도 비슷하고 머리털도 수염도 꼭 같은 빛깔이지요. 이렇게 하면 어떨까요? 그 망나니는 스스로 죽고 싶어할 때까지 내버려 두고, 클라우디오와 비슷해 보이는 라고지네의 얼굴을 들고 가서 공작 대행님을 기쁘게 해드리는 것은요?

공작 오, 이거야말로 뜻하지 않은 하늘의 선물이로군요! 그렇게 합시다. 안젤로 경이 정해 놓은 사형 집행 시간이 다 되었으니, 그렇게 처리해서 명령대로 그 목을 보내시오. 그동안 나는 그 망나니를 설득해서, 기꺼이 죽음을 맞이하도록 단단히 마음의 준비를 시킬 테니까요.

검찰관 말씀하신 대로 곧 실행시키겠습니다. 하지만 바르나르디네는 오늘 오후에는 사형을 집행해야 합니다. 그리고 클라우디오는 어떻게 할까요? 그가 살아 있다는 게 알려지면 저에게 위험이 닥쳐올 텐데, 어떡하면 좋을까요?

공작 이렇게 합시다. 바르나르디네와 클라우디오 둘 다 잠시 아무도 모르게 밀실에다 넣어둡시다. 해가 이 땅 위의 사람들에게 두 번 아침 인사를 할 때까지 당신의 안전이 보장될 테니까요.

검찰관 그럼 수사님만 믿겠습니다.

공작 빨리 처리해서 목을 안젤로 경에게 보내시오. (검찰관 퇴장) 그래, 나는 안젤로에게 편지를 쓰자. 그리고 검찰관을 시켜 그 편지를 전해야지. 내가 곧 귀국한다는 것도 알리자. 거기에다 엄격한 명령조로 내가 모든 백성들의 환영을 받으며 성안으로 들어갈 것이니, 시에서 3마일쯤 떨어진 곳까지 마중을 나오라고 써야지. 그래서 그곳에서부터 냉정하게 서로의 지위를 되찾아 대열을 정리한 뒤에 안젤로를 데리고 행진해야겠다.

검찰관, 라고지네의 머리를 들고 다시 등장.

검찰관 그의 머리는 여기 있습니다. 제가 직접 가지고 가겠습니다.

공작 잘됐소. 어서 다녀오시오. 당신에게만 알려줄 일들이 꽤 많으니까요.

검찰관 그럼, 서둘러 다녀오겠습니다. (퇴장)

이사벨라 (안에서) 여보세요, 여보세요.

공작 이사벨라의 목소리야. 오빠의 사면장이 왔는지 궁금해서 온 것이로구나. 그러나 좋은 소식은 알려주지 말아야겠어. 기대가 거의 사라졌을 때, 그 절망을 뒤엎고 뜻밖의 기쁨이 찾아오도록 해야지.

연극 〈말은 말로 되는 되로〉 4막 3장   톰 플레밍(수사 차림의 공작)·주디 덴치(이사벨라 역) 출연.
스트렛퍼드 어폰에이번, 1962.

이사벨라 등장.

이사벨라　어머, 수사님, 안녕하세요!

공작　잘 잤나요, 아름답고 고귀한 아가씨?

이사벨라　수사님도 안녕히 주무셨는지요? 공작 대행께서 오빠의 사면장을
　보내셨나요?

공작　이사벨라, 클라우디오는 이 세상의 번뇌로부터 자유로운 몸이 되었습
　니다. 그의 목은 벌써 잘려서 안젤로 경에게 보내졌소.

이사벨라　아닙니다, 그럴 리가 없어요.

공작　틀림없소. 이제부터는 참고 견디는 것만이 현명하오.

이사벨라　오, 저는 그자에게 달려가, 눈알을 빼놓고야 말겠어요!

공작　그 사람이 만나주기나 하겠소? 아마 그림자조차 볼 수 없을 거요.

이사벨라　불행한 클라우디오! 비참한 이사벨라! 불의로 가득한 세상! 오, 가
　증스런 안젤로!

공작　그렇게 탄식해 봐야 그 사람을 혼내줄 수도 없고, 그대 자신에게도 이

롭지 못하오. 그러니 꼭 참고서 모든 것을 하늘에 맡기시오. (이사벨라, 운다) 내 말을 잘 들어요. 이 말 한마디 한마디가 틀림없는 사실임을 알게 될 겁니다. 내일 공작님이 귀국하시오. 자, 이제 그만 울어요. 우리와 같은 종단에 있는 안젤로 경의 고해 신부로부터 갑자기 들은 소식이오. 에스칼루스 경과 안젤로 경에게는 벌써 통지가 갔소. 두 사람은 성문 앞까지 공작을 마중 나가, 이제까지 맡았던 권한을 다시 돌려드리기로 되어 있다 하오. 되도록 마음을 가라앉히고, 내가 지시하는 대로 따르는 것이 좋을 겁니다. 그렇게 하면 억울한 심정을 호소해서 공작님의 은혜도 받을 수 있고, 그 파렴치한 인간도 혼내줄 수 있을 것이오. 또 사람들로부터 존경도 받게 될 것이오.

이사벨라 그 말씀대로 하겠습니다.

공작 그러면 이 편지를 나의 동료인 페테르 수사에게 전해 주오. 공작이 돌아온다는 사실을 나에게 알려준 사람이오. 그에게 이 편지를 보여주며 오늘 밤 마리아나의 집으로 와달라고 말해 줘요. 마리아나의 일도, 그대의 일도 페테르에게 빠짐없이 모두 알리겠소. 그래서 그 사람이 당신들을 공작님 앞으로 데리고 가도록 말이오. 그럼 그대는 안젤로에게 당당히 맞서서 말하시오. 나는 수도회에 소속된 몸이라 그대와 함께 가지는 못하오. 자, 이 편지를 가지고 서둘러 가요. (이사벨라에게 편지를 건넨다) 마음을 괴롭히는 눈물을 거두고, 가벼운 마음으로 가시오. 내가 그대를 잘못된 길로 인도한다면, 우리 신성한 수도회를 거짓 종교 단체라고 비난해도 좋소. 아, 저기 누가 오고 있소.

루치오 등장.

루치오 안녕하십니까, 수사님? 검찰관은 어디 있나요?

공작 그는 이 감옥 안에는 없습니다.

루치오 오, 귀여운 이사벨라, 그대의 눈이 빨갛게 되도록 운 걸 보니, 내 마음은 새파랗게 질려버리는군요. 잘 참아야 합니다. 나도 식사 대신 물 한 모금과 밀기울이나 먹어야겠소. 배 속을 잔뜩 채우는 것은 위험한 일이지요. 배가 부르면 자꾸 그 생각이 나서 견디기 어려우니 말입니다. 그건 그렇고, 공작님이 내일 돌아오신다 하오. 그 어두컴컴한 구석만 찾으시는 괴짜 늙

은이 공작님만 어디를 가시지 않았더라도 클라우디오는 죽지 않았을 텐데. (이사벨라 퇴장)

공작 보시오, 공작께서는 당신 말을 고맙게 생각하지도 않으실 겁니다. 그러나 다행히도 그분은 당신이 말하는 것 같은 그런 분은 아니지요.

루치오 수사님은 공작님에 대해 저만큼은 모르시는 것 같더군요. 공작님은 당신이 생각하시는 것보다 여자를 낚는 데 훨씬 뛰어나신 분입니다.

공작 언제라도 지금 한 말에 대한 책임을 지게 될 날이 올 겁니다. 나는 그만 가봐야겠소.

루치오 아니, 잠깐만, 함께 가시죠. 공작님에 대해 재미있는 이야기를 더 해드릴 테니까요.

공작 사실이라 해도, 그만하면 들을 만큼 들었다고 생각하오. 물론 사실이 아니라면 들을 가치도 없는 거지요.

루치오 실은 제가 여자에게 아이를 갖게 해서 공작님 앞에 끌려 나간 적이 있었지요.

공작 그런 짓을 했단 말이오?

루치오 그렇고말고요, 바로 제가 그랬다니까요. 하지만 저는 모른다고 딱 잡아떼 버렸죠. 하마터면 그 썩어빠진 모과한테 장가들 뻔했다니까요.

공작 당신과 함께 있으면 재미있기는 한데, 어쩐지 체면이 깎일 것 같군요. 잘 있어요.

루치오 맹세코, 저 길 모퉁이까지는 함께 가겠습니다. 음담패설이 싫다고 하시니 아주 조금만 하지요. 아니, 수사님, 저는 진드기라서 붙으면 안 떨어진답니다. (모두 퇴장)

〔제4막 제4장〕

안젤로 저택의 한 방.
안젤로와 에스칼루스 등장.

에스칼루스 편지마다 내용이 다릅니다.

안젤로 아주 혼란스럽고 정신없소. 공작님의 행동이 꼭 미치신 것 같군요.

부디 정신이 이상해지지 않으셨기를! 성문까지 마중을 나가서 권력을 반환하라는 것은 무슨 까닭일까요?

에스칼루스 도무지 알 수가 없군요.

안젤로 성문을 들어서기 한 시간 전에 포고령을 내려서, 억울한 일을 직접 호소할 사람은 길 위에서 탄원서를 내게 하라니, 이건 또 무슨 까닭일까요?

에스칼루스 그 이유는 씌어 있습니다. 소송 사건들을 한꺼번에 처리해서, 나중에 우리에게 시끄러운 일이 일어나지 않도록 하기 위한 것이라고 합니다.

안젤로 그럼, 그 포고령을 내리도록 해주시오. 내일 일찌감치 댁으로 찾아뵙겠습니다. 마중을 나가야 할 분들에게는 통지를 해주시길 바라오.

에스칼루스 그렇게 하겠습니다. 안녕히 계십시오.

안젤로 잘 가시오. (에스칼루스 퇴장) 나쁜 행동을 저질렀으니 마음이 불안하여 어떤 일도 손에 잡히질 않는구나. 처녀를 욕보이다니! 더욱이 그런 짓을 법으로 금지해야 할 가장 높은 위치에 있으면서! 부끄러움 때문에 처녀성을 잃은 것에 대해 떠들어댈 수는 없겠지만 그녀가 나를 얼마나 비난하겠는가! 그러나 이성은 감히 말하면 안 된다고 그 처녀를 위협한다. 나의 권위가 깊은 신뢰를 얻고 있어서, 이 믿을 수 없는 사실을 조금이라도 입 밖에 낸다면 자기 신세를 망치게 되리라는 것을 알고 있을 거야. 그 젊은 신사를 죽이지 말았어야 했는데…… 하지만 그 난폭한 젊은이를 살려두면 위험한 생각을 품고서, 그런 수치를 당한 것에 앙심을 품고 언제 복수해 올지 모르는 일 아닌가. 그래도 살려두는 편이 좋았을 텐데! 아, 한번 길을 잘못 들어서니, 헤어날 길이 없구나. 올바른 길을 가려 해도 안 되는구나! (퇴장)

〔제4막 제5장〕

성 밖 평야.
평상복으로 갈아입은 공작, 수사 페테르 등장.

공작 (페테르에게 편지를 건네며) 알맞은 때에 이 편지를 나에게 전달해 주오. 검찰관이 나의 목적과 계획을 잘 알고 있소. 재판이 시작되면 내 지시대로 따라서, 우리의 특별한 목적이 이루어지도록 힘써야 하오. 때를 보아가며, 다가가기도 물러서기도 하면서 지혜롭게 처리해야 하오. 먼저 플라비우스의 집으로 가서, 내가 있는 곳을 그 사람에게 알려주오. 그리고 같은 동지인 발렌키우스, 롤란드, 크라수스에게도 알려, 성문까지 나팔수를 데리고 나오게 하오. 그러나 그에 앞서 플라비우스를 먼저 보내주오.

피터   곧 그렇게 하겠습니다. (퇴장)

바리우스 등장.

공작   바리우스, 고맙네, 이렇게 빨리 와주어서. 자, 우리 함께 걸으면서 이야기를 나누세. 이제 곧 다른 친구들도 나를 만나러 올 거야. (모두 퇴장)

〔제4막 제6장〕

성문 앞 거리.
이사벨라와 마리아나 등장.

이사벨라   그렇게 돌려서 말하기는 정말 싫어요. 사실대로 말하고 싶어요. 하지만 대놓고 그 사람을 혼내주는 건 바로 당신이 할 일이죠. 그렇게 하라고, 수사님이 말씀하셨거든요. 의도를 살짝 감추기 위한 거죠.

마리아나   그분 말씀대로 따르겠어요.

이사벨라   그리고 수사님 말씀이, 혹시라도 공작님께서 저쪽을 두둔해서 나에게 불리한 말씀을 하시더라도 이상하게 여기지 말라는 거예요. 그건 단지 달콤한 결과를 얻어내기 위한 쓰디쓴 약이라나요.

마리아나   나는 페테르 수사님한테…….

페테르 수사 등장.

이사벨라   오, 마침 수사님이 저기 오시는군요.

페테르   자, 두 분이 서 있기에 딱 알맞은 장소를 찾아냈어요. 그곳에 있으면, 공작님께서 절대로 그냥 지나칠 수는 없으실 겁니다. 나팔 소리가 두 번 들렸죠. 고귀하고 지체 높은 분들이 벌써부터 성문을 둘러싸고 있습니다. 공작님께서 곧 성안으로 들어오실 겁니다. 그러니 어서 서두릅시다. (모두 퇴장)

[제5막 제1장]

성문 근처 광장.
공작, 바리우스, 귀족들, 안젤로, 에스칼루스, 루치오, 검찰관, 경찰관들, 시민들 등장.

공작 친애하는 안젤로 경, 참으로 훌륭한 영접이오. 충직한 에스칼루스 경, 다시 만나게 되어 반갑소.

안젤로 무사히 돌아오심을 축하드립니다.

에스칼루스 무사히 귀국하심을 축하드립니다.

공작 두 분에게 진심으로 무한한 감사를 드리오. (안젤로에게) 듣자 하니 그동안 모든 것을 공정하게 잘 다스렸다고 하던데, 그에 대한 포상은 나중에 하기로 하고, 먼저 공식적으로 경에게 감사의 뜻을 표하는 바요.

안젤로 그렇게 말씀을 하시니, 저의 책임이 한결 더 무겁게 느껴집니다.

공작 오, 경의 공적은 누구나 인정하는 바요. 그것을 내 가슴속의 감옥에 죄수처럼 가두어 둔다는 것은 있을 수 없는 일이지요. 그 공적이야말로 놋쇠에 새겨두어, 시간의 이빨도, 망각의 톱날도 지워 버리지 못할 안전한 곳에 잘 간직해 두어야 할 것이오. 그 손을 이리 주오. 우리가 이렇게 악수로써 보여주는 예절이, 우리 사이의 우정을 널리 공표하는 것임을 백성들에게 알려줍시다. 자, 에스칼루스 경은 나의 한쪽 옆으로 바짝 다가서서 걸어주오. 이렇게 하니 두 사람은 나를 받쳐주는 두 기둥이라는 생각이 드오.

수사 페테르와 이사벨라 등장.

페테르 자, 지금이 바로 그때요. 어서 무릎을 꿇고서 큰 소리로 외쳐요.

이사벨라 (무릎을 꿇으며) 오, 고귀하신 공작님, 재판을 해주세요! 억울하게 몸을 더럽힌 한 처녀에게 자비를 베풀어 주소서! 오, 공작님, 이 진정한 호소를 듣지 않고 다른 일에 눈을 돌리신다면, 그것은 공작님의 눈을 모독하시는 것과 같습니다. 재판을 해주세요, 제발, 재판을요, 재판을, 재판을 해주십시오!

공작 그대의 문제를 이야기해 보라. 그 억울한 일이란 게 대체 무엇이며, 누가 그랬느냐? 어서 말해 보아라. 여기 안젤로 경이 재판해 줄 터이니, 이분께 말해라.

이사벨라 오, 공작님, 그 말씀은 마치 악마에게 구원을 빌라는 말씀과도 같습니다. 부디 공작님께서 들어주십시오. 제가 먼저 말씀드리고 싶은 것은, 만일 공작님께서 이 사실을 믿어주지 않으시면 이야기를 꺼낸 제가 오히려 처벌을 받게 되리라는 것입니다. 어떻게 해서든지 공작님께 직접 도움을 받아야 할 일입니다. 제 호소를 들어주세요. 오, 제발 들어주십시오!

안젤로 공작님, 저 여자는 제정신이 아닌 것 같습니다. 저 여자는 자기 오빠의 목숨을 구하기 위해 저를 찾아온 적이 있습니다. 그 오빠란 사람은 정당한 재판에 의해 사형을 당했습니다.

이사벨라 정당한 재판이라고요!

안젤로 저 여자는 아주 격하고 터무니없는 말을 할 것입니다.

이사벨라 가장 이상하게 들리지만, 가장 진실한 말을 하겠어요. 안젤로는 거짓말쟁이입니다. 이 말은 너무나 이상한 말이겠지요? 안젤로는 살인자입니다. 이 말도 너무나 이상하지 않습니까? 안젤로는 간음한 자요, 위선자, 처녀를 겁탈한 자입니다. 이 말이야말로 가장 이상하고 기괴하지 않습니까?

공작 아닌 게 아니라, 참으로 이상하고 기괴한 말들이구나.

이사벨라 이 말들이 모두 기괴한 것과 마찬가지로 틀림없는 사실임은, 저 사람이 안젤로 경이라는 것보다 더 틀림없는 사실입니다. 천만번이고 틀림없는 사실이죠. 왜냐하면 진실이란, 천만번의 끝까지 헤아려도 틀림없는 진실이니까요.

공작 저 여자를 끌고 가라! 가엾기는 하지만 아무래도 올바른 정신으로 이야기하는 것 같지가 않구나.

이사벨라 오, 공작님, 이 세상과는 다른 내세의 위로와 안락함을 믿으신다면,

부디 저의 말을 미친 사람의 짓으로 돌려 물리치지는 마세요. 사실 같지 않은 일이 사실일 수 있음을 생각해 주십시오. 그런 일도 일어날 수 있으니까요. 이 세상에서 가장 사악하고 비열한 인간 하나가, 안젤로 경처럼 얌전하고 엄숙하며 정의롭고 완벽한 인간으로 보일 수도 있으니까요. 지금 그의 모든 복장과 훈장, 칭호와 예의 바른 태도에도 불구하고, 그는 가장 사악한 사람일 수도 있으니까요. 사실입니다. 공작님, 믿어주세요. 만일 그 사람이 그 이하라면, 악당 아래로는 더 이상 내려갈 게 없습니다. 그러나 그 이상이라면, 그보다 더한 나쁜 이름들을 얼마든지 붙여줄 수 있습니다.

공작　솔직히 말해 이 여자는 미쳤다고밖에는 보이지 않으나, 그래도 미친 사람 치고는 꽤나 의미심장한 말을 하고 있구려.

이사벨라　오, 자비로우신 공작님, 그렇게 말씀만 하시면 안 됩니다. 이성(理性)을 쫓아내지 마시고, 제발 재판을 해주십시오. 제발 그 이성을 발휘하시어 숨겨진 듯한 진실을 드러내 보이시고, 진실인 듯한 허위를 말끔히 없애 버리십시오.

공작　미치지 않은 사람들도 이성이 흐려질 때가 있는 법이지. 그래, 그대가 하고 싶은 말이 무엇이지?

이사벨라　저는 클라우디오란 사람의 누이동생입니다. 오빠는 사통죄로 안젤로 경에게 사형 선고를 받았습니다. 저는 그때 수녀원에서 수련 중이었는데, 오빠의 부탁을 받고 루치오라는 사람이 찾아와서…….

루치오　(앞으로 다가와) 그 사람이 바로 저입니다. 죄송합니다만 제가 클라우디오의 부탁으로 저 여자한테 갔었죠. 그래서 불쌍한 오빠를 살려주도록 안젤로 경에게 애원해 보라고, 제가 저 여자에게 권했던 것입니다.

이사벨라　그렇습니다. 바로 저분이 그랬습니다.

공작　(루치오에게) 그대에게 지껄이라고 하지 않았네.

루치오　하지만 잠자코 있으라고도 하시지 않았습니다.

공작　그럼, 이제부터는 잠자코 있게. 그리고 자신에 대해 말하게 되거든, 그때나 실수 없이 잘하도록 기도나 올리고 있게.

루치오　염려 없습니다, 공작님.

공작　그렇게 하려면 정신 바짝 차려야 할걸.

이사벨라　제가 할 말을 이분이 어느 정도는 하셨습니다.

5막 1장, 공작에게 재판을 호소하는 이사벨라 존 길버트 그림, 단치엘 형제 판화. 1867.

루치오 맞습니다.

공작 그 말은 맞았을지 모르나, 그대는 틀렸네, 자기 차례가 올 때까지 잠자
코 있으라고 하질 않았나. (이사벨라에게) 어서 말을 계속하라.

이사벨라 그래서 저는 그 비열한 악한인 공작 대행에게 갔습니다.

공작 또 미친 사람이 하는 말처럼 들리는군.

이사벨라 용서해 주십시오. 하지만 사실을 말씀드리는 것뿐입니다.

공작 말버릇을 고쳐야 하네. 그래서 어떻게 됐지?

이사벨라 간단히 말씀드리지요. 불필요한 말들은 줄이겠습니다. 제가 그 사람을 설득하려 했으며, 어떻게 무릎을 꿇고 애원을 했는지, 그 사람이 어떻게 거절을 하고, 제가 어떻게 대답을 했는지 하는 이야기들까지 하면 너무 길어지니까요. 지금은 슬픔과 부끄러움으로 입에 담기도 괴로운 고약한 결과만을 말씀드리겠습니다. 그 사람은 저의 순결한 몸을 선물로 바쳐 자기 음욕을 채워주지 않으면 오빠를 용서해 줄 수 없다고 했습니다. 그래서 많은 논쟁이 오갔습니다만 오빠를 가엾게 여기는 마음이 앞서, 저의 명예를 굽히고 그에게 정조를 바쳤던 것입니다. 하지만 그는 자신의 야욕을 다 채우고 나서 날이 밝아오자마자 영장을 보내 불쌍한 오빠의 목을 자르게 했습니다.

공작 아주 그럴듯하군.

이사벨라 오, 그럴듯한 게 아니라 사실입니다!

공작 참으로 가련한 계집이구나. 자기가 무슨 말을 하는지도 모르고 횡설수설하고 있으니. 그렇지 않으면 안젤로 경에게 원한이 있는 자에게 매수를 당한 게 틀림없어. 먼저 그는 결백한 사람이니, 그런 오점이 있을 리 없다. 그리고 자기에게도 적용될 죄라면 안젤로 경이 그렇게 모질게 그대의 오빠를 처벌할 리가 있겠느냐. 만일 자기도 똑같이 그런 죄를 저질렀다면, 그대 오빠와 자신을 함께 저울질해 보더라도 교수형을 내리진 못했을 거다. 누가 시켰지? 사실대로 말하라. 누가 시켜서 이곳까지 오게 되었는지 똑바로 말해라.

이사벨라 고작 그 말씀뿐인가요? 오, 하늘에 계신 천사들이여! 저에게 인내심을 갖게 해주시고, 때가 되면 권위 속에 감추어진 죄악이 모습을 드러내게 해주소서! 하늘이 공작님을 슬픔으로부터 지켜주시기를 빕니다. 저는 이렇게 모욕을 받고 불신만 당한 채 이 자리를 물러갑니다.

공작 조용히 사라질 수밖에 없겠지. 경찰관! (경찰관 한 명이 앞으로 나선다) 저 여자를 가두어라! 나의 측근인 안젤로 경을 모욕하고 오명을 씌우는 사람을, 내 어찌 용서할 수가 있겠는가? 틀림없이 어떤 음모가 도사리고 있을 거다. 그대가 이곳에 오려고 한 것을 아는 자가 있겠지? 그 사람이 누구냐?

이사벨라 한 분 계십니다. 로도윅 수사님입니다. 그분만 이곳에 계셨더라면……. (경찰관에게 이끌려 퇴장)

루치오 공작님, 제가 그 사람을 잘 알고 있습니다. 남의 일에 어찌나 참견을 하려 드는지, 저는 그 사람을 좋아하지 않습니다. 공작님이 계시지 않을 때, 그는 공작님을 몹시 헐뜯는 말들을 많이 했지요. 그 사람이 수사만 아니었다면 제가 혼을 내주었을 겁니다.

공작 나를 헐뜯는 말을 했어? 꽤나 잘난 수사인가 보군! 더구나 천한 여자를 시켜서, 나의 공작 대행을 모함하다니! 그 수사를 찾아내라!

루치오 공작님, 바로 어젯밤에도 그 여자와 그 수사가 함께 있는 걸 감옥에서 보았습니다. 그자는 매우 건방진 수사이고, 아주 천한 인간입니다.

페테르 공작님, 귀하신 몸에 축복이 깃드시기를 빕니다! 저는 한쪽 옆에 서 있다가, 공작님의 귀를 어지럽히는 말들을 듣게 되었습니다. 먼저 그 여자는 공작 대행께 너무나 억울한 비난을 퍼부었습니다. 공작 대행님은 그녀를 더럽히기는커녕 손도 대보신 적이 없나이다. 정말이지, 너무나 터무니없는 말입니다.

공작 나도 그럴 거라고 생각했소. 그대는 여자가 말한 그 로도윅이란 수사를 아는가?

페테르 네, 알고 있습니다. 그러나 그분은 고결한 수사로, 저분이 말하듯 그런 천박한 분도 결코 아니며, 남의 일에 간섭을 잘하는 분도 아닙니다. 저 사람이 잘라 말하듯이 그렇게 나쁜 말들을 각하께 할 분이 결코 아닙니다. 맹세합니다.

루치오 아닙니다, 공작님. 아주 나쁜 말들을 마구 퍼부었습니다.

페테르 그럼, 그분이 오시면 사실이 밝혀지겠군요. 그러나 지금 그분은 심한 열병을 앓고 계십니다. 그래서 제가 전적으로 그분의 부탁을 받고서, 안젤로 경을 피고로 하는 소송이 있다는 것을 알고, 진실과 허위에 대해서 제가 그분의 입을 대신해 말을 하려고 이곳에 온 것입니다. 언제든지 그분을 소환하시기만 하면, 그분 자신이 직접 맹세를 하고 모든 진실을 밝혀주실 것입니다. 먼저 그 여자에 대해서 말씀드리는데, 고귀하신 안젤로 경을 인신공격했으므로 그분의 누명을 정당하게 벗겨드리기 위해 여자가 실토할 때까지 추궁해서 사실을 밝혀내겠습니다.

공작 어서 그렇게 해주오. (페테르 퇴장) 안젤로 경, 참으로 어처구니없는 일이 아니오? 오, 아무리 어리석은 자들의 허무맹랑한 짓이라도 분수가 있어야지!—그 의자를 이리로 주게. (의자를 갖다 놓는다) 자, 안젤로 경, 이리 오시오. 나는 이 사건에 관여하지 않겠소. 경이 재판관이 되어, 스스로 자신의 사건을 맡아 처리하도록 하오. (안젤로와 함께 의자에 앉는다)

수사 페테르가 베일로 얼굴을 가린 마리아나를 데리고 다시 등장.

공작 수사, 그 여자가 증인이오? 먼저 그 여자의 베일을 벗기고, 그다음에 말을 시키오.

마리아나 각하, 용서해 주십시오. 저의 남편이 허락하기 전에는 제 얼굴을 보여드릴 수 없습니다.

공작 그럼, 그대는 결혼을 했는가?

마리아나 아직 하지는 않았습니다.

공작 그럼, 처녀란 말인가?

마리아나 처녀도 아닙니다.

공작 그렇다면 과부인가?

마리아나 과부도 아닙니다.

공작 아니, 그대는 아무것도 아니란 말인가? 처녀도, 과부도, 남의 아내도 아니라면?

루치오 각하, 그렇다면 매춘부겠군요. 보통 매춘부들은 처녀도 과부도 남의 아내도 아니니까요.

공작 저자를 조용히 시켜라. 그에게 자기 일로 지껄일 재료라도 던져주고 싶구나.

루치오 네, 알겠습니다.

마리아나 각하, 저는 결혼한 일이 없음을 고백합니다. 그러나 처녀가 아니라는 것도 아울러 고백합니다. 저는 남편을 맞이했습니다. 하지만 제 남편은 자신이 저를 맞이했다는 사실조차 모르고 있습니다.

루치오 그렇다면 그 남편은 술에 취해서 곯아떨어져 있었나 보군요. 틀림없이 그럴 겁니다, 각하.

〈말은 말로 되는 되로〉 5막 1장 마리아나가 베일을 벗으며 안젤로에게 외치는 장면. J.M. 랄스톤,
J.D. 쿠퍼 판화, 1807.

공작 잠자코 있게, 그대나 그렇게 곯아떨어졌으면 좋겠네.

루치오 네, 알겠습니다.

공작 이 여자는 안젤로 경의 증인은 아니겠지?

마리아나 아닙니다. 이제부터 제가 말씀을 드리겠습니다. 간통죄로 저분을
　　고소한 그 여인은, 꼭 같은 죄명으로 저의 남편도 고소한 것입니다. 그러나
　　그 일이 일어난 바로 그때, 저는 남편을 온 마음으로 저의 품안에 안고 있
　　었다는 사실을 증언하려고 합니다.

안젤로 그 여인이 고발하는 남자가, 나 말고도 또 있는가?

마리아나 없습니다.

공작 없다고? 그대의 남편도 고발을 당했다면서?

마리아나 네, 물론입니다, 각하. 그 남편이 바로 안젤로 경입니다. 그분 자신
　　은 결코 제가 아니라 이사벨라를 품에 안고 있었다고 생각하시지요.

안젤로 참으로 기괴한 소리를 다 듣겠군. 얼굴을 내보여라.

마리아나 남편의 명령이니, 베일을 벗겠습니다. (베일을 벗으면서) 무정한 안젤
　　로 님! 바로 이 얼굴입니다. 한때는 영원히 바라보겠노라, 당신이 맹세하시

던 얼굴이지요. 바로 이 손이, 당신이 꼭 잡고서 굳게 맹세하던 손입니다. 바로 이 몸이, 당신의 정원 밀실에서 이사벨라를 대신해 당신에게 내맡긴 몸이랍니다.

공작 (안젤로에게) 경은 저 여자를 만난 적이 있소?

루치오 저 여자가 만났다고 하는 건 성적인 관계를 말하는 겁니다.

공작 잠자코 있어!

루치오 네, 그만하겠습니다.

안젤로 각하, 사실 저 여인을 만난 적이 있습니다. 벌써 5년 전 일이지요. 저와 저 여자 사이에 결혼 이야기가 오갔습니다만, 약속된 지참금이 제대로 준비되지 않은 이유도 있겠지만, 무엇보다도 세상 사람들의 평이 좋지 못했기에 파혼이 된 것입니다. 그 뒤로 5년 동안 저 여자와는 함께 이야기를 나눈 적도, 얼굴을 본 적도, 소식을 들은 적도 없음을 제 신앙과 명예를 걸고 맹세합니다.

마리아나 (무릎을 꿇고) 고귀하신 공작님, 빛이 하늘에서 내리고 말이 숨결에서 새어나온다면, 또 진실에 분별이 있고 미덕에 진실이 있다면 제가 틀림없이 저 사람의 아내임을 강한 맹세로서 주장할 수가 있습니다. 공작님, 지난 화요일 밤 저 사람은 자기 집 정원 밀실에서 저와 부부의 정을 통했습니다. 이젠 무릎을 펴고 일어나겠습니다. (일어나면서) 사실이 아니라면 대리석 조각처럼 영원히 이곳에 무릎을 꿇고 앉아 있을 것입니다!

안젤로 지금껏 웃어넘기고 있었습니다만 각하, 이제 재판할 권한을 저에게 주시기 바랍니다. 더는 못 참겠습니다. 이 정신 나간 여자들은 좀더 권위 있는 어떤 자로부터 부추김을 받아 그 앞잡이 노릇을 하고 있는 것이라 여겨집니다. 각하, 이 간악한 계획의 실체를 밝힐 수 있도록 허락해 주십시오.

공작 그럼, 그렇게 하오. 그렇게 해서 마음이 풀어질 수 있다면 마음껏 처벌해 보오. 이 어리석은 수사! 저런 악독한 여자! 그대는 아까 나간 그 여자와 한패지? 그대의 맹세가 모든 성자들을 하나도 빠짐없이 다 헐뜯어 궁지에 몰아넣을 수 있다 해도, 안젤로 경에 대한 군은 신뢰와 그의 가치는 끄떡도 하지 않을 것이다. 에스칼루스 경, 그대는 안젤로 경과 함께 앉아서 이런 음모가 어디서 나왔는지 밝혀내는 데 힘써 주길 바라오. (일어선다) 그리고 그들을 부추긴 수사가 있다 하니, 그자도 구속하도록 하오.

페테르 그분이 이곳에 있었더라면 좋았을 텐데요! 사실 그분이 이 여자들을 시켜서 소송을 하게 된 것이니까요. 검찰관은 그분이 있는 곳을 알고 있으니 데려올 수 있을 겁니다.

공작 (검찰관에게) 지금 바로 가서 데려오너라. (검찰관 퇴장한 뒤, 안젤로에게) 그리고 고귀한 인격자로 알려진 경 자신에게 관련된 일이니, 이 사건을 철저히 조사해서, 경에게 가해진 중상에 대해 충분한 보상이 될 만큼 엄한 벌을 내리도록 하오. 나는 잠시 이 자리를 떠나야겠소. 그러나 경들은 중상한 자들에 대해 판결을 내릴 때까지는 이 자리를 떠나서는 안 되오.

에스칼루스 각하, 분부대로 하겠습니다. (공작 퇴장) 루치오, 그대는 로도윅 수사가 정직하지 못한 자라는 걸 알고 있다고 했죠?

루치오 쿠쿨루스 논 파킷 모나쿰.*⁵ 그자는 걸친 옷 빼고는 도무지 정직한 데라고는 찾아볼 수 없으니까요. 그리고 공작님을 가장 심하게 헐뜯는 자이기도 합니다.

에스칼루스 그럼, 그자가 올 때까지 이곳을 떠나지 말고, 그 말을 그자 앞에서 해주오. 아마 그 수사는 이런 방면에서는 꽤 유명한 사람일 거요.

루치오 두말하면 잔소리입니다. 비엔나에서는 나쁜 걸로는 누구도 못 따라올 자죠.

에스칼루스 (시종에게) 이사벨라란 여자를 다시 불러내게. 문책할 게 있으니. (시종 퇴장한 뒤에 안젤로에게) 각하, 심문하는 거라면 저에게 맡기시지요. 제가 그녀를 어떻게 다루는지 보십시오.

루치오 그 사람이 그 사람이지, 뭐가 다를라고요? 그 여자 이야기를 들으니 딱 그렇던데 말입니다.

에스칼루스 뭐요?

루치오 아니, 제 생각에는 비밀리에 살짝 알아보면 그 여자가 곧 자백을 할 거라는 말입니다. 어찌 되었든 여러 사람 앞에서 물어보면 부끄러워할 테니까요.

에스칼루스 그래서 나도 뚜렷이 드러내 놓고 하지는 않을 걸세.

루치오 그래야죠. 여자란 한밤중에만 뚜렷이 드러내 놓을 만한 것이니까요.

---

*5 '수도복을 입었다고 수사가 되는 건 아니다'라는 뜻의 라틴어 격언.

경찰관들, 이사벨라를 데리고 등장.

에스칼루스 (이사벨라에게) 자, 이리로 오시오. (마리아나를 가리키며) 여기 이 여
자는 그대가 말한 걸 모두 부인하고 있소.

수사로 변장한 공작, 검찰관과 함께 등장.

루치오 각하, 제가 말한 그 악한이 바로 저기 옵니다. 검찰관과 함께요.

에스칼루스 때마침 잘 오는군. 이쪽에서 명령할 때까지, 저 사람한테 말을 걸
어서는 안 되오.

루치오 쉿.

에스칼루스 (수사로 변장한 공작에게) 자, 이리 오시오, 그대가 안젤로 경을 무
고하라고, 저 여자들을 부추겼소? 저 여자들이 그렇다고 자백했소.

공작 그건 허위 사실입니다.

에스칼루스 뭐라고! 여기가 어딘 줄 알고 있는 거요?

공작 물론, 위대한 재판관의 지위를 존중합니다! 그러나 지옥 법정에서는 악
마가 재판관이 되어도 존경을 받으니까요! 그런데 공작님은 어디 계시죠?
공작님께 꼭 드릴 말씀이 있는데.

에스칼루스 공작님의 말씀을 우리가 대신 이행하고 있는 것이니, 우리에게
말하오. 솔직히 사실대로 말해야 하오.

공작 그럼, 조금도 숨기지 않고 모두 말씀드리겠습니다. 오, 가엾은 여자들!
그대들은 어린 양을 찾으러 왔건만, 하필이면 들어온 곳이 이리 떼 속이니
목숨을 구하기는 다 틀렸어요! 공작님은 가버리셨소? 그렇다면 그대들의
소송도 가버린 거요. 공작님도 참 불공평하시지, 이토록 명백한 소송을 팽
개치고, 그대들의 신문을 고발당한 당사자인 악한한테 맡기시다니! 호랑
이 아가리에 날고기를 처넣는 격이지.

루치오 저자가 바로 제가 말한 그 악한입니다.

에스칼루스 이 불경하고 부정한 수사, 여자들을 매수해서 이 선량한 분을 무
고한 것으로도 부족하단 말이오? 그 더러운 입을 벌려 바로 그분 귀에 들
어가란 듯이, 그분을 악한이라 부르다니? 그러고는 그 독설을 공작님께 돌

려, 불공평하다고 비난을 하다니? 저자를 끌어내서 고문을 해라! (경찰관들, 앞으로 나선다) 마디마디가 밖으로 튀어나오게, 갈기갈기 찢어서라도 그 음모가 무엇인지 알아내라. 뭐라고? 불공평하다고?

공작 너무 분노하지 마시오. 나의 손가락 하나라도 감히 비틀었다가는, 공작님 손가락을 비트는 것이나 마찬가지일 테니까요. 나는 공작의 신하도, 그 영지 안에 사는 사람도 아니오. 이 나라에서 내가 할 일이란, 비엔나의 공기가 어떻게 돌아가는지 구경하는 겁니다. 나는 이곳에서 부패가 보글보글 끓어올라 넘치는 것을 보았소. 모든 죄과에 대비하여 엄격한 법들은 존재하나 그 죄과가 묵인되어 왔기 때문에, 준엄한 법령도 마치 이발소의 벌칙처럼 아무 소용 없는 것이 되고 말았소.

에스칼루스 이젠 정부까지 비방하다니! 어서 이자를 감옥으로 끌고 가라!

안젤로 루치오 씨, 그대가 저자의 죄과에 대해 증언하겠다는 게 무엇이오? 그대가 앞서 말한 자가 바로 저 수사요?

루치오 맞습니다. 자, 이리 와요, 대머리 아저씨. 그대는 나를 기억하죠?

공작 그 목소리를 기억하고말고요. 공작님이 안 계실 때 감옥에서 만났었죠.

루치오 오, 그랬던가요? 그럼, 그때 공작님에 대해서 말한 것을 기억하고 있겠죠?

공작 아주 똑똑히 기억하죠.

루치오 그래요? 그럼, 그때, 공작님은 색골이요, 바보요, 비겁한 사람이라고 했었죠?

공작 나와 그대를 바꿔치기 하지 않고서야, 그렇게 말할 수는 없을 텐데요. 그대야말로 그렇게 이야기한 사람이니 말이오. 아니, 그대는 공작님에 대해 그보다 더, 훨씬 나쁜 욕을 퍼부었죠.

루치오 아니, 이런 고약한 사람을 봤나! 그대가 그런 말을 하기에, 내가 그 코를 비틀어 주지 않았던가?

공작 이것만은 확실히 말하겠소. 나는 나 자신을 사랑하듯 공작님을 사랑하오.

안젤로 (에스칼루스에게) 어떻게 생각하십니까? 이 나라와 공작님께 반역적인 욕설을 실컷 퍼부은 악당이 저런 뻔뻔스런 말로 마무리를 하려 하는군요.

에스칼루스 저런 자와는 이야기 나눌 필요도 없습니다. 어서 이자를 감옥으로 데려가라! 검찰관은 어디 있지? (검찰관 앞으로 나선다) 감옥으로 끌고 가! 빗장을 채워서 말문을 막아버리게. 저 못된 계집들도 끌고 가. 다른 공모자들도 함께!

공작 (검찰관에게) 잠깐만 기다려 주오.

안젤로 아니, 반항을 하겠다고? 루치오, 손 좀 빌려주오.

루치오 자, 자, 이리 와, 이리, 이 거짓말쟁이 악당 놈아! 언제까지 그 두건을 쓰고 있을 거냐? 악당의 얼굴을 보여라, 매독 걸린 얼굴을 드러내! 양을 잡아먹는 그 여우 얼굴을 내놓고, 당장 목이나 잘려라! 어디, 안 벗을 테냐? (수도복의 두건을 벗기자 공작의 얼굴이 드러난다. 안젤로와 에스칼루스, 일어선다)

공작 (루치오에게) 공작을 만들어 낸 악한은 그대가 처음이야. 검찰관, 먼저 나는 이 선량한 세 사람을 풀어주겠네. (루치오에게) 그렇게 꽁무니를 빼면 안 되지. 나중에 그 수사와 한마디 해야 할 게 아닌가? 저자를 붙잡아라.

루치오 잘못하다간, 교수형보다 더 고약하게 될지도 모르겠구나.

공작 (에스칼루스에게) 경이 한 말은 용서하겠소. 자, 자리에 앉으오. 나는 저 사람 자리를 빌리겠소. (안젤로 자리에 앉아, 안젤로에게) 미안하게 되었소. 이래도 그대는 할 말이, 지혜나 염치가 남아 있소? 만약에 있다 해도 내 말이 끝날 때까지 아무 말 말고 기다리오.

안젤로 오, 각하. 각하께서 마치 전지전능하신 신처럼 저의 행적을 모두 살펴보셨다는 사실을 이렇게 알게 된 이상, 끝까지 감추려 한다면 저는 더 큰 죄를 짓게 될 것입니다. 그러하오니 각하, 저의 파렴치한 죄를 나중에 법정에서 밝힐 필요도 없이, 이 자리에서 모든 것을 자백하겠으니 판결해 주십시오. 지금 바로 사형을 선고하시어 죽음으로 끝맺게 해주신다면, 다시없는 자비로 받아들이겠나이다.

공작 마리아나, 이리로 오시오. (안젤로에게) 그대는 이 여인과 결혼을 약속한 적이 있소?

안젤로 네, 있습니다.

공작 이 여인을 데리고 가서, 곧 결혼식을 올리도록 하오. (페테르에게) 수사, 당신은 그 임무를 수행해 주시오. 그리고 결혼식이 끝나거든 안젤로 경을 다시 이곳으로 데리고 와주시오. 검찰관, 그대도 따라가게. (안젤로, 마리아나, 페테르, 검찰관 퇴장)

연극 〈말은 말로 되는 되로〉 이사벨라가 안젤로를 대신해 공작 앞에서 무릎을 꿇고 용서를 구하는 장면. 로열 셰익스피어 컴퍼니 런던 공연. 1956.

에스칼루스 각하, 저는 이 사건의 기괴함보다는 그 사람의 치욕스런 행동에
　　더욱 놀랐습니다.

공작 이사벨라, 이리로 오시오. 그대의 고해 신부는 이제부터는 그대의 영주
　　요. 그대의 일에 관심을 가지고, 수사로서 헌신하던 그때나 다름없이, 옷은
　　바뀌었어도 마음은 변함없이 언제나 나는 그대를 돌보아 줄 것이오.

이사벨라 오, 용서해 주십시오. 영주님이라는 것도 모르고 신하인 제가 오히
　　려 영주님을 신하 부리듯이 함부로 수고를 끼쳐 드렸습니다.

공작 이사벨라, 그대에게는 죄가 없소. 그대는 우리와 다름없는 자유의 몸이
　　오. 그러나 이제는 오빠의 죽음이 마음에 걸리겠지. 그리고 왜 내가 클라우
　　디오의 목숨을 구해 주려고 애쓰면서도 공작이란 신분을 감추고서 권력을
　　사용하지 않은 채 그를 죽도록 내버려 두었는지, 의아하게 생각하고 있을
　　거요. 오, 갸륵한 처녀! 사실은 클라우디오의 처형이 그토록 빨리 이루어지
　　리라고는 미처 생각하지 못했소. 그에게 평화가 깃들기를! 그러나 죽음의 공

포를 넘은 영원한 삶이 공포에 사로잡힌 지상의 삶보다 오히려 행복할 거요. 그렇게 생각하고 스스로 위안을 찾길 바라오. 그러면 그대의 오빠도 행복할 거요.

이사벨라 네, 그렇게 하겠습니다.

안젤로, 마리아나, 페테르 수사, 검찰관 다시 등장.

공작 (이사벨라에게) 저기 오는 새 신랑이 음탕한 상상에 사로잡혀 그대의 깨끗한 정조를 짓밟으려 했으나, 마리아나를 생각해서 그 죄악을 용서해 줘야겠소. 그러나 그 사람은, 그대 오빠에게 사형을 선고하여 신성한 정조를 유린했다는 죄과와 더불어 그것에 따르는 약속까지 깨뜨리는 이중의 범죄를 저질렀으니, 결국 그대 오빠를 죽인 범인이 아니겠소. 그러니 자비로운 법이라 하더라도, "클라우디오는 안젤로로, 죽음은 죽음으로 갚아야 하리라" 크게 외치오. 급한 것은 늘 급한 것으로 보상해야 하며, 느린 것은 느린 것으로, 비슷한 것은 비슷한 것으로, 되는 언제나 되로 갚아야 하는 것이오. 이것은 정당한 법을 대변해 온 말이오. 그러니 안젤로, 그대의 죄는 이토록 뚜렷한 것이기에 부정할 길이 없을 거요. 클라우디오를 처형한 그 단두대로 안젤로를 곧 끌고 가, 곧바로 사형에 처하도록 선고한다. 어서 끌고 가라!

마리아나 오, 자비로우신 영주님, 남편을 주시겠다 하시더니, 저를 놀리지 말아 주세요.

공작 그대 남편이야말로 남편이 되겠다고 말하고는 그대를 조롱한 사람이지. 나는 그대의 명예를 지켜주겠다고 약속했으니, 그대를 결혼하게 하는 게 마땅하다고 생각하는 것이오. 그렇지 않으면 저 사람이 그대를 욕보였다는 오명으로, 그대는 한평생 비난을 받아 앞날이 어두울 테니까. 저 사람의 모든 재산은 몰수해서 국가 재산으로 돌려야겠지만, 좀더 좋은 남편을 얻기 위한 자금으로, 과부인 그대에게 상속받게 해서 더 훌륭한 남편을 만나게 해 주려는 것이오.

마리아나 오, 영주님, 저는 다른 남편을 원치 않습니다. 더 좋은 남편도 싫습니다.

연극 〈말은 말로 되는 되로〉 5막 1장   나오미 프레더릭(이사벨라 역)·사이먼 맥버니(공작 역·연출) 출연. 2005. 공작이 이사벨라에게 손을 내밀며 이렇게 말한다. "자, 손을 이리 주오. 그리고 내 아내가 되겠다고 말해 주오."

공작 그를 위해서 애원하지 마시오. 이미 그렇게 결정되었소.

마리아나 (무릎을 꿇으며) 자비로우신 영주님……

공작 아무리 그래도 소용없소. 그를 끌고 가서 사형에 처하라! (루치오에게) 이번에는 그대에게 말할 게 있네.

마리아나 오, 각하! (이사벨라에게) 이사벨라, 내 편을 좀 들어줘요. 나를 위해서 무릎을 꿇어주세요. 그러면 앞으로 한평생 당신을 위해서 내 목숨을 바쳐 보답하겠어요.

공작 그런 억지는 부리지 마시오. 만일 이런 일 때문에 이사벨라가 무릎을 꿇는다면, 그녀 오빠의 유령이 무덤 돌을 깨뜨리고 나와 무섭게 화를 내며, 누이동생을 지옥으로 끌고 갈 거요.

마리아나 이사벨라, 아리따운 이사벨라, 아무 말도 안 해도 좋으니 다만 내 옆에서 무릎을 꿇고 손만 들어주어요. 말은 내가 하겠어요. 가장 선량한 사람들도 결점투성이라고 하지 않습니까. 그리고 조금씩 나쁜 점을 고치려 애쓰기 때문에 좀더 나아질 수 있는 게 아닐까요? 내 남편도 그럴 거예요. 오, 이사벨라, 무릎을 빌려주지 않겠어요?

공작 그 사람은 클라우디오를 죽였으니, 그 자신도 똑같이 죽어야 하오.

이사벨라 (무릎을 꿇으며) 자비로우신 영주님, 가능하면 그분을 처벌하시더라도 제 오빠가 살아 있다고 생각하시고 해주세요. 제가 생각해 보니, 그분이 저를 만나시기 전에는 성실하게 나라를 다스린 공적이 있습니다. 그러니 사형만은 내리지 마세요. 저의 오빠는 죽을 죄를 저질렀으니 마땅한 대가를 치렀을 뿐입니다. 안젤로 경으로 말하면, 나쁜 생각은 했어도 행동이 아직 미치지 못했습니다. 그러니 도중에 시들어진 생각뿐이었으므로 그대로 묻어두시는 게 마땅할 것입니다. 마음에 품은 뜻은 사실이 아니며, 다만 생각에 지나지 않는 것이니까요.

마리아나 각하, 그랬을 따름입니다.

공작 그대들의 간청은 부당하오. 어서 일어나오. (마리아나와 이사벨라 일어선다) 다른 죄악이 또 머리에 떠오르는군. 검찰관, 어째서 전례가 없는 그런 시각에 클라우디오의 목을 자르게 된 건가?

검찰관 그렇게 하라는 명령 때문이었습니다.

공작 그럼, 그렇게 하라는 공식적인 특별 영장이라도 받았단 말인가?

검찰관 공식 영장이 아니오라, 사적인 명령이었습니다.

공작 그 죄로 그대를 파면하겠다. 열쇠를 내놓아라.

검찰관 용서해 주십시오, 각하. 그렇게 하는 게 잘못이라고는 생각했습니다만, 잘 알지 못했습니다. 그러나 좀더 생각한 뒤에 후회를 했습니다. 그래서 그 증거로, 똑같은 사적인 명령으로 사형될 또 한 사람의 죄수를 살려두었습니다.

공작 어떤 사람인가?

검찰관 바르나르디네란 자입니다.

공작 클라우디오도 함께 살려두었더라면 좋았을걸. 그자를 이리로 데려와, 그 얼굴을 보여라. (검찰관 퇴장)

에스칼루스 안젤로 경, 당신처럼 그렇게 학식이 높고 지혜롭다고 알려진 분이 피가 끓어서 판단을 흐리는 엄청난 실수를 저지르다니, 몹시 유감이오.

안젤로　이런 슬픈 꼴을 당하게 되어 몹시 죄송스럽고, 가슴 깊이 뉘우치고 있습니다. 그래서 자비보다는 오히려 죽기를 갈망합니다. 죽어 마땅한 죄인이니, 사형을 내려주십시오.

바르나르디네, 얼굴을 가린 클라우디오, 줄리엣을 데리고 검찰관 등장.

공작　어느 쪽이 바르나르디네인가?

검찰관　이자입니다.

공작　그자에 대해서는 수사에게서 들었지. (바르나르디네에게) 이봐, 그대는 대단한 고집쟁이라지? 현세밖에는 생각할 줄 모르고, 되는 대로 함부로 산다면서? 그대는 사형이 선고된 자야. 그러나 현세의 모든 죄는 내가 용서해 줄 테니, 이 자비를 생각해서라도 보다 나은 앞날을 준비하게. (페테르에게) 수사, 저자에게 설교를 해주오. 그를 당신에게 맡기겠소. 저기 얼굴을 가린 자는 누군가?

검찰관　이자도 제가 살려둔 또 다른 죄수입니다. 클라우디오가 참수될 때 함께 죽어야 할 자인데, 클라우디오와 아주 많이 닮았습니다. (클라우디오의 가린 얼굴을 내보인다)

공작　(이사벨라에게) 그대 오빠와 똑같이 닮았다면 오빠의 명복을 위해서라도 용서해 주지. (이사벨라, 클라우디오에게 달려가 끌어안고 기쁨의 눈물을 흘린다. 두 사람, 무릎을 꿇는다) 이사벨라, 그대를 사랑하기 때문이오. 자, 손을 이리 주오. 그리고 내 아내가 되겠다고 말해 주오. 그러면 그대 오빠와 나는 처남 매부 사이가 될 것이오. 그러나 이 일에 대해서는 알맞은 때에 다시 말하기로 합시다. 이것으로 안젤로 경도, 자신이 안전하다는 사실을 알겠구려. 그의 두 눈에는 벌써 생기가 감도는군. 그렇소, 안젤로, 이것으로 그대 죄는 깨끗이 사라졌소. 그대 아내를 많이 사랑해 주오. 그대에는 잘 어울리는 훌륭한 부인이오. 나는 모든 것을 용서해 주겠소. 그러나 용서할 수 없는 자가 이곳에 한 사람 있지. (루치오에게) 그대는 나를 바보, 비겁자, 색골, 얼간이, 미친놈이라고 했는데 내가 어떻게 했기에 그따위 고약한 칭찬을 받게 된 거지?

루치오　사실은 각하, 말장난을 하다가 그만, 그런 말이 나왔을 뿐입니다. 그

걸로 해서 저를 교수형에 처하신다 해도 저로서는 어쩔 수 없습니다만, 될 수 있으면 볼기 정도만 때려서 용서해 주시옵기를 바라나이다.

공작 먼저 볼기를 치고 그다음에 교수형을 집행하지. 검찰관, 시중에 포고문을 내서 만약에 이 탕아에게 부당한 처사를 당한 여자가 있다면—어떤 여자에게 아이를 갖게 했다는 소리를 저자가 단언하는 것을 내가 들었으니 하는 말이다—그 여자를 출두시켜 저자와 결혼을 시키도록 하게. 그리고 결혼식이 끝나거든 저자의 볼기를 쳐서 교수형에 처하라.

루치오 제발, 영주님, 매춘부와 결혼하라는 명령만은 거두어 주십시오! 영주님께서 조금 전에 말씀하신 대로, 이곳에서 공작님을 만들어 낸 사람은 바로 저이니까요. 그 보상으로 제발, 갈보 서방이 되는 일만은 막아주십시오.

공작 천만에, 내 명예를 걸고 맹세코 그 여자와 결혼을 시킬 테야. 나에게 욕설한 것은 용서해 주지. 다른 죄들도 면제해 주겠다. (검찰관에게) 저자를 감옥으로 끌고 가서 거기서 내가 명령한 대로 꼭 실행하게.

루치오 매춘부와 결혼을 한다는 것은 각하, 그것은 고문입니다. 볼기요, 교수형입니다!

공작 영주를 욕설한 데 알맞은 보상이지. (경찰관들, 루치오를 끌고 퇴장) 클라우디오, 그대가 그르치게 한 그 여자를, 잘 돌봐 주고 명예를 회복해 주오. 마리아나, 그대는 기쁘겠지! 안젤로, 그대의 아내를 사랑해 주시오. 나는 마리아나의 고해 신부 노릇을 했기 때문에 그 정숙한 미덕을 잘 알고 있소. 에스칼루스, 모든 것을 충실하게 잘 해 주어서 고맙소. 더 축하해야겠지만, 그것은 좀더 뒤로 미루기로 합시다. 검찰관, 비밀을 지켜주느라 수고했네. 그대에게는 보다 중요한 직책을 주리다. 안젤로, 라고지네의 목을 클라우디오의 목이라고 속여 그대의 집으로 보낸 것을 용서해 주오. 그러나 죄가 안 되는 죄요. 소중한 이사벨라, 그대를 위한 한 가지 좋은 제안을 하겠소. 이제안을 기꺼이 들어준다면, 내 것이 그대 것이 되고 그대의 것이 나의 것이 되는 거지요. 자, 나의 궁전으로 갑시다. 그곳에서 아직 못다한 이야기들을 여러분에게 해드리리다. (모두 퇴장)

Troilus and Cressida

트로일로스와 크레시다

[등장인물]

〈트로이 사람들〉

프리아모스 트로이 왕

헥토르 ⎫
파리스   ⎪
데이포보스 ⎬ 프리아모스의 아들들
헬레노스 ⎪
트로일로스 ⎭

마가레론 프리아모스의 사생아

아이네이아스 ⎫
       ⎬ 트로이군 지휘관들
안테노르   ⎭

칼카스 트로이 신관(神官)

카산드라 프리아모스의 딸, 예언자

판다로스 크레시다의 숙부

크레시다 칼카스의 딸, 판다로스의 조카

안드로마케 테베 왕의 딸, 헥토르의 아내

알렉산드로스 크레시다의 하인

〈그리스 사람들〉

아가멤논 미케네 왕, 그리스군 총사령관

메넬라오스 아가멤논의 동생, 헬레네의 남편

헬레네 메넬라오스의 아내

아킬레우스 ⎫
아이아스   ⎪
오디세우스 ⎪
       ⎬ 그리스군 지휘관들
네스토르   ⎪
디오메데스 ⎪
파트로클로스 ⎭

테르시테스 말버릇이 고약한 그리스인

트로이 및 그리스 병사들과 시종들, 하인, 시동
등

해설자

[장소]
트로이와 그리스

트로일로스와 크레시다

〔막을 올리는말〕

무장한 차림으로 해설자 등장.

해설자　이 이야기의 무대는 트로이입니다. 그리스 여러 섬에서 위풍당당하며 뜨거운 피로 들끓는 군주들이 잔인한 전쟁의 수행자들과 무기들을 군함에 가득 싣고 아테네 항구로 모여들었습니다. 왕관을 이어받은 이 69명의 제왕들은 트로이를 점령하기로 맹세하고는 아테네 항구를 떠나 프리기아로 나아갔습니다. 트로이의 견고한 성안에는 납치당한 메넬라오스의 왕비 헬레네가 음탕한 파리스와 동침하고 있습니다. 이 전쟁의 원인도 바로 여기에 있습니다. 그리스 군함들은 테네도스 항구에 도착하여 잇달아 전쟁 물자들을 토해 놓았습니다. 아직 상처를 모르는 활기 넘치는 그리스 병사들은 오늘 트로이의 들판 위에 웅장하고 화려한 천막을 쳐 놓았습니다. 트로이 왕 프리아모스는 시(市)의 여섯 관문인 다르단, 팀브리아, 일리아스, 체타스, 트로이엔, 안테노리데스의 성문을 튼튼한 꺾쇠와 단단한 빗장으로 잠가 트로이의 아들들을 지켜주고 있습니다. 지금 트로이와 그리스 병사들 모두 이 싸움에서 어느 편이 이길 것인가에 대해 들뜬 마음으로 한껏 기대에 부풀어 아슬아슬한 모험을 하고 있습니다. 서막 해설을 맡은 제가 이렇게 무장을 하고 나온 까닭은 작가의 붓이나 배우의 목소리를 대변하려는 게 아니라 이 이야기의 주제에 어울리는 차림을 한 것일 뿐이며, 저희들의 연극이 전쟁의 발단 단계를 뛰어넘어 이야기 중간부터 시작한다는 점을 관객 여러분께 말씀드리기 위해서입니다. 이 연극을 마음에 들어하시든, 부족한 점들을 지적하시든 모든 판단은 여러분께 맡기기로 하겠습니다. 이제 와서 좋거나 나쁘다고 평가받는 것은 전쟁의 운명과 같은 것이니까요.

트로이. 프리아모스의 궁전 앞.
무장한 트로일로스와 판다로스 등장.

트로일로스　시종을 불러주오. 다시 갑옷을 벗어야겠소. 왜 내가 트로이성 밖에 나가 싸워야 하죠? 이 마음속에서도 이토록 참혹한 전투가 일어나고 있는데. 자기 마음을 지배할 수 있는 트로이 사람들이나 전쟁터로 나가라고 하구려. 트로일로스는, 아, 그럴 마음이 없소.

판다로스　그런 마음은 결코 고칠 수 없는 건가요?

트로일로스　그리스인들은 힘을 능숙하게 잘 쓰고, 군사 기술을 쓸 때도 맹렬하고 용감하죠. 하지만 나는 여자의 눈물보다도 약하고, 잠들어 있을 때보다 더 무력하며, 무지함보다 더 어리석고, 밤을 두려워하는 처녀보다 더 겁이 많아서, 아무 경험도 없는 어린아이처럼 어설프기만 하다오.

판다로스　해드릴 말은 이미 다 해드렸습니다. 이제 저는 더 이상 참견하지 않겠습니다. 보리빵을 먹으려는 사람은 가루를 빻을 때까지 기다려야 하니까요.

트로일로스　내가 기다리지 않았다는 뜻이오?

판다로스　아, 하지만 체질이 끝날 때까지는 기다려야지요.

트로일로스　내가 그때까지 기다리지 않았다는 뜻이오?

판다로스　아, 그래도 발효될 때까지는 기다려야 합니다.

트로일로스　그때까지도 기다렸단 말이오.

판다로스　아, 하지만 아직도 '그 뒤'에는 반죽, 빵 빚기, 가마에 불 지피기 등 여러 과정이 남아 있지요. 아니, 또 있습니다. 빵이 식을 때까지 기다려야지요. 그렇지 않으면 입술을 델지도 모르니까요.

트로일로스　인내의 여신이 누구인지는 몰라도, 그 여신도 내가 겪은 만큼은 아직 겪어보지 못했을 거요. 프리아모스 왕의 엄숙한 식탁에 자리를 잡고 앉아도 아름다운 크레시다가 떠오른다오. 배신자! 그녀가 언제 오느냐고? 떠난 적 없는 그녀인데?

판다로스　그런데 어젯밤 제가 본 크레시다는 이전보다, 그리고 그 어느 아가

〈트로이 목마〉 조반니 도메니코 티에폴로. 1773. 목마는 트로이 몰락의 계기가 되었다.

씨보다 더한층 아름다웠습니다.

트로일로스 그대에게 막 이야기하려고 했소. 한숨 한 번 내쉴 때마다 내 가슴은 산산조각 날 것만 같은데도, 헥토르 형님이나 부왕께서 눈치채지 못하게, 마치 태양이 폭풍을 부드럽게 하듯이 이 한숨을 주름진 미소 속에 파묻고 있소. 하지만 그럴듯한 기쁨 속에 감추어진 슬픔은, 이 운명의 손길에 의해 갑자기 서러움으로 뒤바뀌게 되죠.

판다로스 크레시다의 머리카락이 헬레네보다 좀더 검지 않았다면—하기야 둘을 비교할 것도 없지요. 크레시다가 제 조카이니 저로서는 다른 사람들처럼 드러내 놓고 칭찬할 수는 없으나, 그 아이가 어제 한 말은 누가 좀 들어 주었으면 했답니다. 왕자님의 누이동생인 카산드라 님의 지혜를 가벼이 여겨서가 아니라, 그래도…….

트로일로스 오, 판다로스, 내가 말하지 않았소—내 희망은 물에 빠져 버렸다고. 몇 척이나 깊이 빠졌는지는 묻지 마시오. 나는 크레시다를 미치도록 사랑한다고 말했으니까. 그런데도 그대는 크레시다가 예쁘다는 말만 하려는 거요? 내 심장은 사랑의 아픔으로 터질 것 같은데, 그대는 그녀의 눈이니 머리카락이니 뺨, 걸음걸이니 목소리 등을 그 아픈 곳에 온통 쏟아붓고는, 그것도 모자라 이제는 그녀의 손까지 말하는구려. 오, 그녀의 손에 비하면 세상의 모든 흰 것은 먹과 같고, 그녀의 손을 살며시 잡으면 어린 백조의 솜털도 거칠며, 아무리 섬세한 손길도 농사꾼의 손바닥처럼 투박하다니! 내가 그녀를 사랑한다고 하면 그대는 줄곧 이런 말만 하여 사랑이 나에게 준 모든 상처에 기름과 향유를 발라주는 대신 비수를 꽂는구려.

판다로스 저는 사실만을 말씀드리는 겁니다.

트로일로스 그대는 말을 너무 많이 하지 않는 게 좋겠소.

판다로스 그러니 저는 이 일에 참견하지 않겠습니다. 크레시다를 있는 그대로 내버려 두지요. 그 아이가 아름답다면 그 아이 자신에게 좋은 일이요, 그렇지 못하다면 그 아이는 아름다워지는 방법을 스스로 찾아내겠지요.

트로일로스 착한 판다로스가 그런 말을 하다니, 판다로스!

판다로스 저는 두 분 사이를 오가며 최선을 다했습니다. 그런데 그 아이의 마음을 상하게 하고, 왕자님에게도 좋지 못한 소리를 들었지요. 애쓴 보람도 없이 말입니다.

트로일로스 판다로스, 그대는 화를 내는 거요? 지금 나한테?

판다로스 크레시다는 저의 친척이니 헬레네만큼 아름답다고 말할 수는 없겠지요. 하지만 제 친척이 아니라면 헬레네가 일요일에 가장 화려하게 몸단장을 하는 것만큼이나, 크레시다가 주중에 일상복을 걸친 모습도 아름답다고 말씀드릴 것입니다. 그렇지만 그게 저와 무슨 상관이 있겠습니까? 크레시다가 검둥이라도 저에게는 마찬가지지요.

트로일로스 내가 언제 그녀를 아름답지 않다고 했소?

판다로스 왕자님이 어떻게 생각하시든 상관없습니다. 크레시다가 자기 아버지를 따라가지 않은 게 어리석은 거죠. 다음에 그 아이를 만나면 그리스로 가라고 충고하겠습니다. 그리고 앞으로는 두 분 사이에 끼어들지 않겠습니다.

트로일로스 판다로스…….

1막 1장, **트로일로스와 판다로스** 헨리 코트니 셀루스. 1830.

판다로스 저는 끼어들지 않겠다니까요.

트로일로스 착한 판다로스…….

판다로스 제발 더는 말씀하시지 마세요. 저는 모든 일을 제자리에 두고 떠나
  갑니다. 이게 끝입니다. (퇴장)

트로일로스 (안에서 다급한 나팔 소리) 그치어라, 너, 불쾌한 소리여! 그치어라,
  무례한 소리여! 양쪽 다 바보야! 너희들의 붉은 피로 날마다 화장을 해주
  니, 헬레네가 아름다울 수밖에. 나는 이런 헛된 명분으로 싸움을 하지는 않
  겠어. 이 검을 휘두르기에는 너무나 보잘것없는 이유야. 그렇지만 판다로
  스…… 오, 신들이여, 어찌 나를 이토록 괴롭히시나요! 판다로스를 통하지
  않고서는 크레시다에게 다가갈 수 없어. 크레시다가 너무 고집이 세서 설득
  하기 어려운 것처럼, 저 노인도 저토록 심술을 부리니 이 사랑을 전해 달라

고 설득하기가 쉽지 않구나. 다프네의 사랑을 겪어본 아폴로 신이여, 말해주소서. 크레시다는, 판다로스는, 그리고 우리는 어떤 사람들인가요? 그녀의 침대는 인도(India), 그녀는 그곳에 누워 있는 진주(pearl), 이곳 일리움과 그녀 사이에는 거칠고 드넓은 바다가 있습니다. 돛을 달고 달리는 판다로스는 저의 불확실한 희망이며 안내자, 이리저리 떠돌며 항해하는 배입니다.

다급한 나팔 소리와 함께 아이네이아스 등장.

아이네이아스 아니, 트로일로스 왕자님! 전쟁터에는 왜 안 나가셨죠?

트로일로스 안 나갔으니까 안 나간 거죠. 이런 여자 같은 대답이 딱 맞겠구려, 여자에게는 어울리지 않는 곳이니까. 아이네이아스, 오늘 전쟁터에서 무슨 소식이라도 날아왔소?

아이네이아스 파리스 님이 퇴각하시는 도중에 다치셨답니다.

트로일로스 상대는 누구였죠, 아이네이아스?

아이네이아스 메넬라오스입니다, 왕자님.

트로일로스 그냥 놔두시오. 이건 비웃음이나 당할 상처에 불과할 테니. 파리스 형님은 아내를 빼앗긴 메넬라오스의 뿔에 찔린 거요.

아이네이아스 (안에서 다급한 나팔 소리) 들어보세요. 오늘 성문 밖에서 흥미로운 구경거리가 있습니다.

트로일로스 하고 싶은 대로 해도 좋다면 여기 있고 싶소. 하지만 밖에 재미있는 일이 있다니, 나가 봐야지. 그대도 갈 거요?

아이네이아스 어서 서두르셔야 합니다.

트로일로스 자, 그럼 함께 갑시다. (모두 퇴장)

〔제1막 제2장〕

같은 곳. 어느 거리.
크레시다와 하인 알렉산드로스 등장.

크레시다 지금 지나간 분들이 누구지?

알렉산드로스　헤카베 왕비와 헬레네 님입니다.

크레시다　어디로 가시는 거냐?

알렉산드로스　동쪽 성채로 가시는 거죠. 모든 계곡이 한눈에 내려다보이는 그곳으로 가셔서, 싸움 구경을 하신답니다. 참을성이 많아 웬만한 일은 그대로 넘어가는 헥토르 왕자님이 오늘은 이상하게도 화를 내셨어요. 안드로마케 부인을 나무라고, 갑옷 담당자를 때리고는, 마치 일하러 나가는 농부처럼 해가 뜨기도 전에 가볍게 마구만 채우고는 전쟁터로 나가셨지요. 그런데 뜰에 핀 꽃들이 그분의 노여움으로 말미암아 앞으로 일어날 일을 예견이라도 하듯이 이슬 눈물을 흘리고 있었습니다.

크레시다　왜 화가 나셨지?

알렉산드로스　이런 말이 들려오더군요. 그리스 사람들 가운데 헥토르 왕자님의 조카뻘 되는 트로이 혈통의 장군이 한 명 있는데, 이름은 아이아스라고 한답니다.

크레시다　그래, 그래서 그가 어떻다는 거지?

알렉산드로스　들리는 말로는 그분은 하늘 아래 둘도 없는, 독보적인 존재랍니다.

크레시다　그야 주정꾼이거나 다리 없는 사람이 아니라면 혼자 설 수 있으니, 누구라도 독보적이지.

알렉산드로스　이분은요, 아가씨, 수많은 짐승들이 저마다 지닌 특별한 능력들을 모두 빼앗아 왔다고 하는걸요. 사자처럼 용맹하며, 곰처럼 사납고, 또 코끼리처럼 느리다고 합니다. 여러 성품들이 뒤섞여 있어서 그의 용맹함 속에는 어리석음이 묻어 있으나, 어리석음 속에는 또한 분별력도 갖추어져 있답니다. 그분만큼 좋은 성품의 한 부분과 나쁜 성품의 한 조각을 동시에 지닌 사람도 없을 겁니다. 까닭 없이 우울하다가도 이상하게 즐거워지는 거지요. 그분은 무슨 재능이든 다 가지고 있으나 모두 따로따로 놀고 있어서, 통풍에 걸린 브리아레오스*¹처럼 손은 많아도 쓸모가 없으며, 거의 눈뜬 장님인 아르고스*²처럼 눈은 많아도 보는 눈이 없는 거지요.

크레시다　그렇지만 나를 웃게 해주는 분이 어째서 헥토르 왕자님은 화나게

---

*1 그리스 신화에 나오는, 100개의 팔과 50개의 머리를 가진 거인.

*2 그리스 신화에 나오는, 100개의 눈이 온몸에 있는 거인.

한 거지?

알렉산드로스 어제 두 분이 싸움터에서 맞서 싸우다가 그분이 헥토르 님을 때려눕혔기 때문에, 모욕감과 수치심으로 헥토르 님은 끼니도 거른 채 지난 밤에는 한숨도 못 주무셨다고 다들 말하더군요.

판다로스 등장.

크레시다 누가 오고 있지?

알렉산드로스 아가씨 숙부님이신 판다로스 나리입니다.

크레시다 헥토르 님은 용감하셔서.

알렉산드로스 이 세상에서는 보기 드문 분이지요.

판다로스 뭐라고? 무슨 이야기를 하는 거지?

크레시다 안녕하셨어요, 판다로스 숙부님?

판다로스 잘 있었니, 크레시다? 무슨 이야기를 하고 있지? 너도 잘 있었느냐, 알렉산드로스. 애야, 별일 없겠지? 일리움궁에는 언제 갔었느냐?

크레시다 오늘 아침에요.

판다로스 내가 여기에 올 때 무슨 이야기를 하고 있었지? 네가 일리움궁에 갔을 때는 헥토르가 이미 무장하고 나갔다고 했느냐? 헬레네는 아직 자고 있었겠지?

크레시다 헥토르 님은 출전하셨지만, 헬레네는 아직 잠자리에서 일어나지 않았어요.

판다로스 그야 그렇겠지. 헥토르는 일찍 일어나더구나.

크레시다 저희들도 그 이야기를 하고 있었어요. 또 그분이 잔뜩 화가 나셨다는 이야기도 했고요.

판다로스 그 사람이 화가 났다고?

크레시다 알렉산드로스가 그렇게 말했어요.

판다로스 그 말이 맞다. 헥토르가 화를 냈지. 왜 그랬는지도 나는 알고 있다. 그는 오늘 닥치는 대로 싸우려고 할 거다. 이건 내가 분명히 말할 수 있어. 트로일로스도 헥토르에게 그리 뒤지지는 않을 거야. 그리스군도 트로일로스를 조심해야 할 거다. 이 또한 내가 단언하지.

크레시다　에드워드 J. 포인터. 1888.

크레시다　트로일로스 왕자님도 화를 내셨나요?

판다로스　누구? 트로일로스 말이냐? 둘 중에서는 트로일로스가 더 낫지.

크레시다　오, 유피테르 신이여, 그건 비교가 안 됩니다.

판다로스　뭐가 비교가 안 된다는 거지? 트로일로스와 헥토르가? 그 사람을 만나면 알아볼 수나 있겠느냐?

크레시다 이전에 만난 적이 있다면 알 수 있겠지요.

판다로스 음, 트로일로스는 트로일로스지.

크레시다 어머, 숙부님도 제가 말하는 것처럼 말씀하시네요. 그분이 헥토르 님이 아니라는 것만은 확실합니다.

판다로스 아니고말고. 헥토르는 여러모로 보아 트로일로스가 아니지.

크레시다 그건 그래요. 누구나 그저 자기 자신일 뿐이니까요.

판다로스 자기 자신이라고! 아, 가엾은 트로일로스! 그가 정말 자기 자신이라면 좋으련만…….

크레시다 자기 자신이고말고요.

판다로스 그가 온전히 자기 자신이라면, 나는 맨발로 인도라도 가겠다.

크레시다 그분이 헥토르 님은 아니거든요.

판다로스 자기 자신이라! 아니, 그는 지금 자기 자신이 아니야. 트로일로스 가 자기 자신이라면 좋으련만! 그래, 하늘에는 신들이 계시지. 시간이 지나 면 친구인지 적인지 알게 될 거다. 아, 트로일로스, 내 마음이 이 아가씨 몸 속에 있다면 좋겠군요. 아니야, 헥토르는 트로일로스보다 나은 게 없어.

크레시다 죄송해요.

판다로스 헥토르가 나이는 많지.

크레시다 저를 용서해 주세요.

판다로스 또 한쪽은 아직 성숙하지 못했다. 그가 성숙하게 되면 너도 달리 말하게 될걸. 헥토르는 요즘이 한창 성숙한 때이지만, 지금도 트로일로스의 지혜만은 따라가지 못할 거다.

크레시다 자신만의 지혜를 갖추고 있다면 그런 지혜는 없어도 되지요.

판다로스 재주도 마찬가지지.

크레시다 상관없어요.

판다로스 외모도 못 따라가지.

크레시다 그런 외모는 헥토르 왕자님에게 어울리지 않아요. 그 자신만의 외 모가 더 보기 좋아요.

판다로스 조카야, 너는 사람을 볼 줄 모르는구나. 헬레네가 요전에 말했단다. 트로일로스는 얼굴이 갈색이라고—물론 그렇긴 하지만—꼭 갈색이라고 할 수도 없다고 말야.

크레시다 그래요, 하지만 갈색이죠.

판다로스 그렇지, 사실을 말할 것 같으면, 갈색이지만 갈색이 아니지.

크레시다 사실을 말하면, 사실이지만 사실이 아니지요.

판다로스 헬레네는 그의 피부색이 파리스보다 낫다고 칭찬했단다.

크레시다 파리스 왕자님도 피부색이 좀 짙은 편이지요.

판다로스 글쎄, 그렇단다.

크레시다 그렇다면 트로일로스 님은 피부색이 너무 짙은가 보죠. 헬레네가 그분의 피부색을 더 높이(above) 칭찬했다면 트로일로스 왕자님의 얼굴빛이 좀더 짙다는(higher) 거겠지요. 파리스 님의 얼굴빛이 짙은 데다 트로일로스 왕자님이 파리스 님보다 더 짙은 빛깔일 테니, 그 멋진 외모에 대한 너무나 대단한 찬사로군요. 헬레네의 황금의 혀로 트로일로스의 구릿빛 코도 칭찬해 주었으면 좋았을걸.

판다로스 헬레네는 파리스보다 그를 더 좋아하는 게 틀림없어.

크레시다 그렇다면 헬레네야말로 바람기 가득한 그리스 여자네요.

판다로스 그렇지, 나도 그럴 것이라고 확신해. 요전 날 헬레네는 반원형 들창을 통해 트로일로스에게 왔지. 그런데 너도 알다시피, 트로일로스는 턱에 수염이 몇 가닥 없거든…….

크레시다 정말이지 숫자를 제대로 모르는 술집 심부름꾼조차 그 수염이 모두 몇 개인지는 알 수 있겠더라고요.

판다로스 그건 그가 아직 어려서 그런 거야. 하지만 3파운드가 안 되는 물건이라면 형인 헥토르에 못지않게 거뜬히 들 수 있을 거란다.

크레시다 그렇게 어리신 분이 3파운드나 되는 돈을 거뜬히 가로챌 수 있을만큼 노련하신가요?

판다로스 헬레네가 그를 좋아한다는 사실을 증명해야겠군. 헬레네가 다가와서는 그녀의 흰 손을 트로일로스의 턱 갈라진 부분에 대고…….

크레시다 어머나, 가여우셔라. 어떻게 턱이 갈라지셨을까?

판다로스 아, 그건 턱의 보조개를 말하는 거야. 그의 미소는 프리기아의 어떤 사람보다도 멋있단다.

크레시다 오, 아주 굉장한 미소겠네요.

판다로스 아무렴, 그렇지 않겠느냐?

크레시다 그렇겠죠, 가을날 구름이라면.

판다로스 이거 참. 하지만 헬레네가 트로일로스를 좋아한다는 증거로…….

크레시다 숙부님이 증거를 대시면 트로일로스 님은 또 그 증거를 증명하려 드시겠지요.

판다로스 트로일로스가! 그런데 그는 헬레네를, 내가 썩은 달걀을 대하듯이 대한단다.

크레시다 숙부님이 멍청한 머리를 좋아하시듯 썩은 달걀을 좋아하신다면, 껍질을 아직 까고 나오지도 못한 껍질 속 병아리를 드시겠군요.

판다로스 헬레네가 그의 턱을 간질이던 걸 생각하면 웃음이 터져 나온단 말이야. 정말이지 헬레네의 손은 너무나 희더구나. 이건 인정할 수밖에…….

크레시다 고문을 받지 않고도 인정하실 테지요.

판다로스 그러고는 그 턱에 흰 수염이 한 가닥 있는 걸 얼핏 보게 되었지.

크레시다 아, 불쌍한 턱이군요! 사마귀 위에도 그것보다는 많이 나지요.

판다로스 하지만 배꼽을 잡고 웃었단다! 헤카베 왕비님도 너무 웃으셔서 눈물을 흘리실 정도였지.

크레시다 벼룩의 눈물만큼이겠죠.

판다로스 카산드라도 웃었단다.

크레시다 카산드라의 눈은 항아리 밑 불꽃의 온도가 적당했을 텐데…… 카산드라도 눈물을 흘렸어요?

판다로스 헥토르도 웃었지.

크레시다 모두 뭘 보고 웃은 거죠?

판다로스 너도 참, 트로일로스의 턱에 난 흰 수염을 헬레네가 찾아내는 걸 보고 웃었다니까.

크레시다 그 수염이 푸른빛이었다면 저도 웃었을 텐데요.

판다로스 그 수염보다는 트로일로스의 재치 있는 대답이 더 그럴듯해서 웃었단다.

크레시다 뭐라고 대답하셨는데요?

판다로스 "당신 턱에 수염이 쉰두 개 있는데, 그 가운데 하나는 흰빛이에요" 하고 헬레네가 말했지.

크레시다 그 말 때문이었군요.

판다로스 그렇단다. 하지만 그런 건 문제도 안 돼. "쉰두 개 있는데 그 가운데 하나는 흰빛이에요" 말하자 트로일로스가 이렇게 대답했거든. "그런데 흰 수염은 저의 아버지입니다. 그리고 그 나머지는 모두 아버지의 아들이지요." "어머나!" 하고 헬레네는 다시 말을 받았어. "이 수염 가운데 어떤 게 내 남편 파리스이지요?" 그러자 트로일로스가 대답했지. "두 갈래로 오쟁이진 수염이 파리스입니다. 뽑아서 남편분께 드리세요." 아, 모두들 배꼽을 움켜잡고 웃었지! 헬레네는 얼굴이 붉어지고, 파리스는 화를 냈는데, 어쨌든 다른 사람들은 실컷 웃었단다. 참을 수 없을 만큼 말이야.

크레시다 그 이야기는 그만하세요. 이제는 꽤 지난 이야기가 되었으니까요.

판다로스 자, 애야, 어제 내가 이야기한 것 좀 생각해 봐라.

크레시다 생각하고 있어요.

판다로스 그 말이 사실이라는 걸 맹세하마. 그는 너를 위해 울기도 할 거야. 4월에 태어난 사람처럼 풍부한 감성으로 말이다.

크레시다 그렇다면 저는 그 눈물 속에서 5월이 오는 걸 아쉬워하며 쐐기풀처럼 일찌감치 싹을 틔우겠네요.

판다로스 (아군이 전쟁터에서 돌아오는 것을 알리는 나팔 소리) 쉿! 용사들이 전쟁터에서 돌아오는구나. 여기 서서, 그들이 일리움 궁전 쪽으로 행진하는 것을 보지 않겠니? 애야, 그렇게 하자꾸나, 크레시다. 착하기도 하지.

크레시다 그렇게 할게요.

판다로스 자, 여기가 좋겠다. 여기 서면 멋진 구경을 할 수 있지. 저 사람들이 지나갈 때 이름을 알려주마. 그렇지만 다른 누구보다도 트로일로스를 눈여겨보아라.

크레시다 그렇게 큰 소리로 말씀하지 마세요.

아이네이아스가 지나간다.

판다로스 저 사람이 아이네이아스다. 훌륭한 용사가 아니냐? 트로이의 꽃들 가운데 하나지. 하지만 너는 트로일로스를 잘 보아라. 곧 나타날 거다.

안테노르가 지나간다.

크레시다 저 사람은 누구죠?

판다로스 안테노르란다. 지혜가 뛰어난 사람이지, 트로이에서 자신 있게 평
가할 수 있는 사람들 가운데 하나야. 풍채도 훌륭하고. 트로일로스는 언제
오려나? 트로일로스가 오면 곧바로 알려주마. 나를 보면 고개를 끄덕여 인
사를 할 거다.

크레시다 숙부님에게 인사를 한다고요?

판다로스 보면 알 거야.

크레시다 그분이 인사를 하면, 숙부님은 더욱 기쁘시겠네요.

핵토르가 지나간다.

판다로스 저 사람이 헥토르야. 저기, 저, 보이지, 저 사람! 헥토르, 만세! 용감
한 군인이란다. 오, 용맹한 헥토르여! 저 눈빛을 보아라! 그리고 저 자태를!
훌륭하지 않느냐?

크레시다 오, 훌륭한 분!

판다로스 그렇지? 바라보고만 있어도 마음이 후련해지지. 철모에 생긴 흉터
들을 보아라! 저쪽은 다 보이지? 다른 쪽도 보아라, 장난이 아니지! 용감하
게 싸운 흔적이란다. 누가 감히 달려들겠느냐. 상처가 아주 뚜렷하구나.

크레시다 모두 칼자국인가요?

판다로스 칼? 무엇이든 헥토르에게는 상관없지. 악마가 와도 마찬가지야. 정
말이지, 바라보고 있으면 마음이 시원해진단다. 저기에 파리스가 오는구나.
파리스가 오고 있어.

파리스가 지나간다.

판다로스 얘야, 저쪽을 보아라. 파리스 또한 용감한 군인이 아니냐? 저 정
도면 용감하다고 말할 수 있지. 오늘 파리스가 상처를 입고 돌아왔다고 누
가 말했지? 다치지 않았어. 이런 모습을 보면 헬레네의 마음도 훈훈해지겠

1막 2장, 판다로스와 크레시다　에드워드 헨리 코볼드. 1825.

구나. 아! 트로일로스가 어서 나타났으면! 너도 곧 트로일로스를 보게 될 거다.

크레시다 저건 누구지요?

헬레노스가 지나간다.

판다로스 헬레노스야. 트로일로스는 어떻게 된 걸까? 그는 헬레노스란다. 트로일로스는 오늘 출전하지 않은 것 같다. 저 사람은 헬레노스야.

크레시다 헬레노스 왕자님도 싸울 수 있어요?

판다로스 헬레노스가? 아니. 그래, 그는 다른 방법으로 싸울 수 있지. 트로일로스는 어찌 되었을까. 쉿, 들어보아라! 사람들이 '트로일로스'라고 외치는 소리가 들리지 않느냐? 헬레노스는 신관(神官)이란다.

크레시다 저기 살금살금 들어오는 사람은 누구지요?

트로일로스가 지나간다.

판다로스 어디? 저기? 저건 데이포보스야. 아니, 트로일로스다! 바로 저 사람이란다! 에헴! 용맹한 트로일로스! 기사도의 왕자여!

크레시다 제발 조용히 하세요, 창피하잖아요!

판다로스 그를 잘 보아라, 잘 보라니까. 오, 용맹한 트로일로스! 애야, 잘 보아두거라. 피에 젖은 저 칼을, 헥토르의 것보다 더 큰 상처 자국이 있는 저 철모를, 저 눈빛, 저 걷는 모습을 보란 말이다! 오, 저 감탄할 젊음! 스물셋도 채 안 됐는데. 트로일로스, 만세! 만세! 나의 누이동생이 여신이라면, 딸이 여신이라면 그한테 아낌없이 바치겠어. 오, 감탄하지 않을 수 없구나! 파리스라고? 트로일로스에 비하면 파리스는 먼지에 지나지 않지. 헬레네가 저 사람을 한 번이라도 봤다면 무슨 수를 써서라도 바꿔치기하려 했을 거다.

병사들이 지나간다.

크레시다 많이들 오는군요.

판다로스 당나귀, 바보, 얼간이들! 여물과 밀기울 같은 것들! 고기 다음에 나오는 죽 같은 놈들! 트로일로스만 보다가 죽으면 여한이 없겠구나. 저런 것들은 쳐다보지도 마라, 쳐다보지도 마. 독수리들은 가고 이젠 까마귀와 까치들, 까마귀와 까치들뿐이로구나! 나라면 아가멤논 대왕과 그리스인들 모두를 준다 해도 트로일로스 한 사람과 바꾸지는 않겠다.

크레시다 그리스인들 가운데에는 트로일로스보다 더 훌륭한 아킬레우스라는 사람이 있다고 하던데요.

판다로스 아킬레우스! 그놈은 마차꾼, 짐꾼, 낙타에 지나지 않아.

크레시다 글쎄요, 정말 그럴까요?

판다로스 '글쎄요'라니! 너는 판단력도 없느냐? 눈도 없어? 그가 어떤 남자인지 알기나 하느냐? 혈통, 외모, 풍채, 말씨, 남자다움, 학식, 신사다운 태도, 미덕, 젊음, 관대함, 이런 것들이 남자의 멋을 더해 주는 양념이요, 소금과 같은 것임을 모른단 말이냐?

크레시다 이리저리 다져진 잔챙이 같은 남자가 그렇겠죠. 그 파이는 대추야자도 넣지 않고 구운 것이니, 남자의 열매는 빠져 버리고 없겠지요.

판다로스 여자가 어찌 그리 말을 헤프게 하느냐? 네가 어떻게 몸가짐을 할지 남자가 알 수 없겠다.

크레시다 배를 지키기 위해 남자에게 등을 들이대는 거라고 생각해 주세요. 남자에게 속아 넘어가지 않기 위해 저의 지혜를 짜내고, 정조를 지키기 위해 조용히 비밀을 지키는 거랍니다. 제 아름다움을 지키기 위해 얼굴을 가리고, 이 모든 걸 지키기 위해 아저씨를 방패 삼아 대신 들이대는 거지요. 저는 이렇게 모든 경계를 하는 거랍니다.

판다로스 그래, 너는 무엇을 그리도 경계하느냐?

크레시다 음, 바로 숙부님의 그 말을 경계하지요. 제가 가장 경계해야 하는 것이 바로 숙부님의 말이에요. 제가 만약에 남자에게 당하기라도 한다면, 제가 당한 일이 숙부님 입에서 나오지 못하도록 경계하겠어요. 하기야 감출 수 없을 만큼 배가 불룩해지면, 그때는 경계할 필요조차 없겠지만요.

크레시다 입심이 참으로 대단하구나!

트로일로스의 어린 시동 등장.

시동   왕자님께서 나리께 급히 드릴 말씀이 있다고 하십니다.

판다로스   어디서 말이냐?

시동   나리 댁에서요. 지금 거기서 갑옷을 벗고 계십니다.

판다로스   수고했다. 곧 간다고 말씀드려라. (시동 퇴장) 몸을 다치지는 않으셨
  는지 모르겠군…… 그럼, 잘 있거라.

크레시다   안녕히 가세요.

판다로스   곧 다녀오마.

크레시다   그분을 모시고 오실 건가요?

판다로스   트로일로스로부터 사랑의 정표를 받아 오겠다.

크레시다   그런 걸 받으면 숙부님은 포주가 되시는 거예요. (판다로스 퇴장) 말,
  맹세, 선물, 눈물, 사랑의 절대적 희생 등을 말씀하시면서, 숙부님은 남의 일
  을 위해 앞장서지. 하지만 그 칭찬의 천배가 넘는 사실들을, 나는 트로일로
  스를 보고 스스로 찾아냈어. 그렇지만 시치미를 떼야겠어. 여자란 구애를
  받을 때는 천사와 같은 대우를 받지만, 받아들이고 나면 끝장이라고. 기쁨
  의 본질은 무엇이든 하고 있을 때 있는 거거든. 사랑받는 여자가 이 사실을
  모른다면 끝인 거야. 남자란 아직 손에 넣지 못한 것에 대해서는 그 가치보
  다 더 높이 평가하는 법이니까. 상대에게서 열정적인 구애를 받을 때 사랑
  이 달콤해진다는 사실을 아는 여자는 절대로 쉽게 넘어가지는 않아. 그래
  서 사랑은 이런 교훈을 말해 주지. 손아귀에 잡으면 이래라저래라 하고, 아
  직 못 잡으면 애걸복걸한다고 말야. 내 마음은 사랑으로 가득 차 있지만,
  그 사실을 눈빛으로 드러내서는 안 돼. (모두 퇴장)

〔제1막 제3장〕

그리스군 진영. 아가멤논의 군막 앞.
아가멤논, 네스토르, 오디세우스, 메넬라오스, 그 밖의 사람들 등장.

아가멤논   모두들 무슨 일로 얼굴이 황달 걸린 사람처럼 누렇게 떠 있소? 희
  망으로 가득 찬 모든 거창한 계획들은, 이 세상에서 때때로 그 약속한 것들
  을 이루어 내는 데 실패하는 법이며, 신이 마련하신 가장 위대한 행위들 속

에도 어려움과 좌절은 있게 마련이오. 이는 나무의 수액이 한곳으로 흘러들면서 나무 매듭들이 생겨나, 소나무의 건강을 해치고 나뭇결이 비정상적으로 구부러지는 것과 같소. 7년 동안이나 포위를 당하고 있는데도 트로이 성이 아직도 저렇게 버티고 있어 우리의 기대에 미치지 못하나, 이는 새삼스러운 것은 아니잖소. 이전에 있었던 전투 기록들을 보아도, 모두들 목표를 빗나간 공처럼 뜻을 다 이루지 못하고 미약하게 끝을 맺고 있소. 모두들 그러한데 어찌하여 그대들은 우리가 하는 일들에 고개를 돌리고 부끄러워하오? 이것은 위대하신 유피테르가 인간의 인내심이 어느 정도인지 오랜 기간에 걸쳐 시험해 보는 것이오. 이러한 성품의 본질은, 운명의 여신이 미소를 던질 때는 나타나지 않지요. 운이 좋을 때는 용감한 자나 겁쟁이나, 지혜로운 자나 바보나, 박식한 자나 무식한 자나, 강직한 자나 유약한 자나 할 것 없이 모두 친척처럼 가까운 사이로 보이는 법이오. 하지만 운명의 여신이 이맛살을 찌푸려 모든 것을 날려 버리기라도 할 듯 강력한 부채로 바람과 폭풍을 일으키면, 가벼운 것들은 모두 날아가 버리고 무게와 실체가 있는 것만이 그 넘치는 덕으로 하여 홀로 남는 법이라오.

네스토르　신성하신 아가멤논 대왕의 뜻을 받들어, 이 네스토르도 지금 하신 말씀을 공손히 따르겠나이다. 참된 시험은, 인간이 운명의 채찍에 맞서 어떻게 행동하느냐에 있는 것이지요. 바다가 잔잔할 때는 가벼운 배들도 감히 거대한 함정에 맞서 참을성 있게 바다의 가슴 위를 항해해 나아갑니다. 사나운 북풍이 상냥한 바다를 노하게 하면 늑골이 튼튼한 배들은 페르세우스의 천마(天馬)와도 같이 거대한 물결의 산줄기를 헤치고 하늘과 땅 사이를 달려 나아가지만, 방금 전까지만 해도 대함정에 맞서 나아가던 늑골 약한 배들은 항구로 도망치거나 그렇잖으면 바다의 신 넵투누스의 술안주가 되어 버리지요. 더욱이 운명의 폭풍을 만나게 되면 겉치레뿐인 용기와 참다운 용기를 분명히 구별할 수 있습니다. 행운이 밝은 빛을 비추어 줄 때에 양치기는 호랑이보다도 허튼 바람 소리로 말미암아 성가시게 되지요. 그러나 귀청이 터질 듯한 바람이 매듭진 참나무의 무릎을 뒤흔들 때 파리 떼들은 그늘로 피해 날아가지만, 용맹한 야수들은 자연의 노여움에 맞서 울부짖으며 운명의 채찍에 거부의 몸짓을 보내는 것입니다.

오디세우스　그리스의 위대한 지휘관이시고 힘줄이고 뼈대이시며 우리 동포의 심장이신, 우리의 모든 기질과 마음을 상징하는 유일한 정신이신 아가멤논 대왕, 이 오디세우스의 충언을 들어주십시오. (아가멤논에게) 강력한 지위와 주권을 가지신 대왕의 말씀과, (네스토르에게) 또한 긴 생애 동안 제가 가장 존경하는 각하의 말씀에 감탄하는 것과 아울러 동의를 나타내고자 합니다. 아가멤논 대왕의 말씀은 모든 그리스인이 동판에 새기어 높이 받들어야 하며, 은발(銀髮)로 장식된 존경하는 네스토르 각하의 그 사려 깊은 말씀은, 천체를 돌리는 지축과도 같이 강력한 입김으로, 모든 그리스인의 귀를 감동으로 울릴 훌륭한 것이었습니다. 그러나 위대하고 현명하신 두 분이여, 이 오디세우스의 의견을 잠시 들어주십시오.

아가멤논　이타카 왕, 어서 말씀해 보시오. 그대가 입을 열 때 무의미한 말을 들려주리라고는 생각지 않소. 입이 거친 테르시테스가 입을 열 때 음악과 지혜와 웅변을 들을 수 없다고 확신하는 것과 마찬가지로 말입니다.

오디세우스　트로이가 아직도 이 땅에서 무너지지 않고, 위대한 헥토르의 검이 주인을 잃지 않는 데에는 다음과 같은 원인이 있는 줄 압니다. 이는 가장 높으신 분의 통치권이 푸대접받고 있기 때문입니다. 보십시오, 이 평원에 자리한 그리스군의 진영은 텅 빈 채 분열돼 있습니다. 장군의 벌집에 꿀벌들이 모이지 않는다면 어떻게 꿀을 모을 수가 있겠습니까? 가면무도회에서는 아무리 신분이 높은 사람이라도 보잘것없는 사람과 구별이 안 되는 것입니다. 이 천체 자체와 유성, 그리고 이 지구도 마찬가지로 계급, 상하 관계, 위치, 방침, 방향, 절차, 계절, 형태, 임무, 습성 등을 질서 있게 따르는 법입니다. 그렇기 때문에 빛을 비추어 주는 태양은 고상하게 우뚝 솟아 의로운 눈빛으로 다른 유성들의 괘씸한 행동을 고쳐 주고, 왕의 명령과도 같이 조금도 방해받지 않고 선과 악에 바로 영향을 미치는 것입니다. 그렇지만 이 유성들이 힘을 합쳐 사악한 무질서를 자아내며 멋대로 궤도를 돌아다닌다면, 전염병과 흉조에 이어 폭동이 일어나고 바다는 끓어오르며, 땅이 흔들리고 폭풍이 일며, 위협과 변화, 공포로 가득 차서, 안정되어 고요하던 한 나라의 한결같던 평화가 깨어지고, 찢기며, 뿌리째 뽑히게 됩니다. 오, 모든 고상한 계획으로 이끄는 사다리와도 같은 이 질서가 흔들리면, 이 세상은 병들고 말지요. 만일 사회나 학교, 나라들 사이의 우호 관계 등에서 질서가 사라지게 된다면, 분열된 나라들 사이에서는 평화로운 무역도, 상속권

1막 3장, 아가멤논과 아이네이아스 H.C. 셀루스. 1830.

도, 문벌도, 나이 많은 이의 특권도, 왕관, 왕위, 월계관도 제대로 된 자리에 있을 수 없을 것입니다. 그러한 질서가 사라져 악기 줄의 음계가 바른 위치에 있지 못할 때 어떤 혼란이 일어날 것인지 생각해 보십시오. 모든 것들이 걷잡을 수 없이 뒤죽박죽될 것입니다. 일정한 자리에 머물던 바닷물이 그 가슴을 해안선보다 높이 쳐들어 지구 전체를 흠뻑 적실 것이며, 폭력이 무능한 자의 군주가 될 것이고, 버릇없는 자식이 어버이를 때려죽일 것이며, 힘이 권리가 되고, 옳고 그름이 그 이름마저 잃어 둘 사이의 한없는 싸움을 저울질할 정의까지 사라지고 말 것입니다. 그러면 모든 것이 힘으로 귀결되지요. 또 힘은 고집으로, 고집은 욕심으로 귀결되어, 이 우주의 늑대인 욕심은 고집과 힘이 날로 강해져서 우주를 미끼로 삼아 마침내는 자기 자신마저 먹어치울 것입니다. 질서가 질식되어 사라진다면 이러한 혼란이 뒤

따르게 됩니다. 이 질서를 소홀히 하면 서로 먼저 기어 올라가려 하기 때문에 걸음이 뒤집힐 수도 있습니다. 장군은 자기 바로 아래 장수한테 멸시당하고, 그 장수는 그다음 장교에게, 그 장교는 그 아래 병사에게 무시당하며, 이렇게 윗사람을 업신여기는 첫걸음이 허용되면, 그 괴이한 전염병이 퍼져나가 핏기 없는 경쟁이 벌어지게 되지요. 트로이가 굳세게 버티는 것도 바로 우리가 앓는 이 열병 때문입니다. 트로이의 근육이 강해서가 아니지요. 트로이가 쓰러지지 않는 것은 우리가 약해서이지, 트로이 자체가 강해서가 아니라는 뜻입니다.

네스토르 오디세우스 공은 우리 군 전체에 퍼진 열병을 가장 지혜롭게 찾아 냈습니다.

아가멤논 병의 원인을 찾았다면, 오디세우스 공, 그 치료법은 무엇이라 생각하오?

오디세우스 우리 군의 힘줄이며, 선봉이라는 높은 평가를 받고 있는 아킬레우스는 그 귀에 헛된 명성만 가득 차 있어, 자기 자신의 가치에 도취한 나머지, 우리의 계획들을 비웃으면서 군막 안에만 머물러 있습니다. 파트로클로스도 그 사람 곁에서 종일 빈둥거리고 있습니다. 그는 야비한 농담을 던지고 어리숙한 행동을 해보이며, 우리의 행동을 흉내내는 거라면서 험담을 늘어놓고 있습니다. 아가멤논 대왕이시여, 그는 또 가끔 가장 높은 지도자이신 대왕의 흉내를 낸다며, 마치 오금에 힘을 잔뜩 주고서 거들먹거리며 걷는 배우처럼 건방지게 걸어 다니면서, 무대에서 얼빠진 대사와 거만한 발소리를 주의 깊게 듣는, 보기에도 민망한 행동을 하고 있습니다. 말할 때는 깨어진 종처럼 시끄럽고 막돼먹어서, 분노를 터뜨리는 거인 티폰의 혀에서 나왔다고 과장하는 듯이 들릴 지경입니다. 이 어쭙잖은 행동을 본 아킬레우스는 그의 무게로 푹 꺼진 침대에서 뒹굴며 가슴이 터질 듯이 웃고 박수를 치고는 "훌륭해! 아가멤논을 그대로 닮았군. 자, 이번에는 네스토르 흉내를 내봐. '에헴' 이렇게 수염을 쓰다듬으며 말할 준비를 하는 모습을 말이야"라고 외쳐댄답니다. 이 놀이가 끝나면—그 흉내라는 것이 불카누스와 그의 아내 베누스가 닮지 않았듯이 완전히 다르긴 하지만—아킬레우스는 "훌륭해! 네스토르와 똑같다. 이번에는 파트로클로스가 한밤중에 습격을 당해 무장하는 꼴을 해 보게" 하며 청한답니다. 그러면 정말이지 노인의 약점을 조롱하여 다시 웃기지요. 기침하고, 침 뱉고, 떨리는 손으로 갑옷의 목가리개를 만지작거리며, 대갈못이 들어갔다 나왔다 하며 맞지 않는다는 흉내를 내면, 장군은 또 숨이 넘어갈 듯이 웃으며 "오, 그만! 파트로클로스, 차라리 내 갈비뼈를 쇠로 만들어 주게. 너무 웃어 허리가 끊어질 것 같군" 하고 외쳐댑니다. 이런 식으로 우리의 모든 능력도, 소질도, 본성도, 자태도, 특수한 특징이나 보편적인 장점도, 업적도, 계획도, 명령도, 방어도, 출진의 흥분도, 휴전의 연설도, 승리도, 패배도 모두 이 두 사람의 황당무계한 놀림감이 되고 있습니다.

네스토르 이 둘은 오디세우스 공이 말씀하신 것처럼, 높은 평가를 받으며 어마어마한 영향력을 미치고 있기 때문에, 이 둘을 본받고자 하는 사람들이 헤아릴 수 없을 만큼 많습니다. 아이아스도 차츰 제멋대로 행동하며 어찌나 건방진지, 아킬레우스에 못지않은 자리를 차지하려고 합니다. 군막도 아킬레우스가 하는 것처럼 꾸미고, 난폭한 연회를 열고, 신탁(神託)이나 받은 듯이 우리의 전략을 헐뜯으며, 가짜 동전을 찍어내듯 나쁜 말들을 그럴듯하게 꾸며내는 노예 테르시테스를 시켜 우리를 먼지와 비교하게 만들고, 모든 위험을 무릅쓰고 싸우는 우리를 약하다고 무시하면서 흉보게 합니다.

오디세우스 그들은 우리의 전략을 비난하며 겁쟁이라 부르고, 지혜는 전쟁에 먹혀들지 않는다고 말하며, 선견을 과소평가하고, 손을 제외한 모든 행동들을 무시하고 있습니다. 좋은 기회가 왔을 때 어느 정도의 군사력으로 공격할 것인가 하는, 세심한 노력을 기울여 적의 군사력을 판단하는 정적이며 두뇌적인 부분들은 손가락 하나의 가치도 없다고 여깁니다. 이것을 그들은 이불 속 작전, 지도 위의 공론, 안방 전쟁이라 부르는데, 난폭하고 무거운 진동으로 성벽을 때려 부수는 대형 망치가 오히려 이 기계를 만든 인간보다, 또는 마음과 이성을 적절하게 사용하는 것보다 낫다고 생각합니다.

네스토르 이런 생각이 허용된다면, 아킬레우스가 타는 말들 하나하나가 오히려 아킬레우스 자신보다도 낫다는 결론이지요.

아가멤논 (멀리서 나팔 소리) 저 나팔 소리는 뭐지? 메넬라오스, 저걸 봐.

메넬라오스 트로이에서 오는 것입니다.

아이네이아스 등장.

아가멤논　우리 진영에는 무슨 일로 왔소?

아이네이아스　여기가 아가멤논 대왕의 진지입니까?

아가멤논　그렇소.

아이네이아스　왕족의 전령으로 왔습니다. 대왕께서는 제가 가져온 소식을 들어주시겠습니까?

아가멤논　아가멤논을 한결같이 총사령관이라고 부르는 이 모든 그리스의 장군들 앞에서, 아킬레우스의 팔뚝보다 더 튼튼한 보증을 해주겠소.

아이네이아스　정당한 허락과 넓으신 보증이란 말씀이시지요. 이 정당한 인물들과 대왕을 어떻게 구별할 수 있을지 모르겠습니다.

아가멤논　어떻게라니?

아이네이아스　그렇습니다. 이렇게 묻는 것은 대왕에 대한 존경심을 불러일으켜, 저 아침의 신이 젊은 포이보스 신이 나타나는 걸 보고 점잖게 얼굴을 붉히듯 부끄러움을 느끼고자 하는 것입니다. 인간을 이끌고 군직에 종사하는 신은 어떤 분입니까? 높고 위대하신 아가멤논 대왕께서는 어떤 분입니까?

아가멤논　이 트로이인은 나를 조롱하는군. 그렇지 않다면 트로이 사람들은 이렇게 의식을 존중하는 신하들이어서 그런가.

아이네이아스　자유롭고 우아하며 무장하지 않은, 천사처럼 너그러운 신하입니다. 이것이 평화로운 시대의 우리의 명성입니다. 그러나 군인 행세를 해야 할 때에는 격정에 불타오르지요. 팔도 숙달되어 있고, 관절도 튼튼하며, 칼질에도 뛰어나, 유피테르 신이 허락하신다면 더할 나위 없는 용기를 드러내지요. 그러나 조용히 하라, 아이네이아스, 조용히 해야 해. 이 트로이인이여, 손가락으로 입술을 가로막아라! 칭찬받을 만한 가치가 있어도, 스스로 자신을 칭찬하면 스스로 자신의 가치를 떨어뜨리는 거야. 그러나 미운 적이라 해도 찬사를 바치면 명예가 되지. 이 순수한 찬사만이 모든 것을 뛰어넘어 명예가 되는 거라고.

아가멤논　그대, 트로이인, 아이네이아스 장군이 아닌가?

아이네이아스　네, 그것이 저의 이름입니다.

아가멤논　무슨 일로 왔소?

아이네이아스　죄송합니다만 아가멤논 왕께만 드릴 말씀입니다.

연극 〈트로일로스와 크레시다〉 은가카오 토아 극단. 런던 글로브 극장 공연. 2012. 셰익스피어 원작에 마오리족 전사들의 춤인 '하카'와 전사들의 노래인 '와이아타' 등 마오리족 문화가 잘 어우러진 작품으로, 마오리족 출신 연기자들이 연기를 했다.

아가멤논　트로이에서 온 사람의 말을 혼자 들을 수는 없소.

아이네이아스　트로이에서 온 이 사람도 대왕께 귓속말을 하려고 온 것은 아닙니다. 대왕의 귀를 깨울 만한 나팔을 가져왔습니다. 불어서 주의를 환기시킨 다음에 말씀드리겠습니다.

아가멤논　바람이 부는 듯이 자유롭게 말하시오. 지금은 대왕의 취침 시간이 아니니까. 트로이인도 보다시피 대왕은 깨어 있소. 지금 대왕이 스스로 그대에게 이런 말을 하고 있는 거요.

아이네이아스　나팔이여, 크게 불어라. 너의 놋쇠 소리로 이 게으른 진영을 흔들어라. 그리하여 모든 용맹한 그리스인들로 하여금 트로이가 큰 소리로 말하는 것을 듣게 하라. (나팔 소리) 아가멤논 대왕이시여, 이곳 트로이에 헥토르라고 불리는 왕자님이—그의 아버지가 바로 프리아모스 대왕이온데—길게 이어지는 휴전에 싫증이 나셔서 저로 하여금 나팔수와 함께 가서, 다음과 같은 목적을 전하라 명령하셨습니다. 제왕, 제공, 귀족들이여! 만일 그리스 진영 가운데 즐거움보다도 명예를 존중하며, 위험을 두려워하기보다는 찬사를 얻고 싶어하고, 용맹을 알되 두려움은 모르며, 애인의 입술에 믿을 수 없는 맹세로 사랑을 고백하는 것 이상으로 여성의 아름다움과 가치를 그 여자의 팔이 아닌 자기 갑옷 속에서 찾을 수 있는 사람은 이 도전에 응하시오. 헥토르는 트로이인들과 그리스인들 앞에서 그가 사랑하는 여자가 일찍이 어떤 그리스인이 팔에 안았던 여자보다도 지혜롭고 아름다우며 진실하다는 사실을 몸소 행동으로 증명하기 위해 내일 아침 나팔로 신호를 할 테니, 이 진영과 트로이 성벽 중간 지점에서 참다운 사랑을 하고 있는 그리스인과의 결전을 요구합니다. 누구든 응해 주면 헥토르는 존경을 표시할 것이며, 아무도 응하지 않는다면 트로이 성내로 후퇴할 때, 그리스 여자들은 추녀들뿐이어서 용사의 창(槍)을 꺾을 만한 가치도 없다고 외치겠습니다. 제가 말씀드릴 것은 이것이 전부입니다.

아가멤논 아이네이아스 공, 우리 연인들에게 그 말을 전하겠소. 여기에 용맹한 자가 하나도 없다면, 우리는 그들을 고향에 두고 왔을 것이오. 그렇지만 우리는 군인이오. 군인이 사랑하는 여인을 품어 본 적이 없다거나, 현재에도 없다거나 미래에도 없을 거라면 이는 겁쟁이라는 증거입니다. 사랑을 하고 있는 자, 이미 사랑을 한 자, 앞으로 사랑을 하겠다는 자들은 헥토르의 도전에 응할 것이며, 만일 응하려는 사람이 없다면 내가 직접 나서겠소.

네스토르 헥토르에게 이 네스토르의 말을 전하시오. 헥토르의 할아버지가 아직 젖을 빨고 있을 때 이미 어른이었던 이 네스토르의 말을 꼭 전하시오. 나도 이젠 늙었소. 하지만 우리 그리스 병사들 가운데 사랑을 위해 싸울 수 있는 한 줄기 번개 같은 용기를 가진 고귀한 군인이 없다면, 바로 내가 은빛 수염을 금빛 턱받이 안에 감추고, 이 말라붙은 팔을 완갑(腕甲)으로 감싸고 헥토르의 도전에 응하여, 나의 여자는 그의 할머니보다 훨씬 아름답고, 이 세상 어느 여인보다도 정숙했다는 말을 전하겠소. 헥토르의 넘쳐흐르는 젊음을 상대로 나의 세 방울 피로써 그 증명을 해주리다.

아이네이아스 하늘도 무심하시구나. 젊은 사람이 이렇게 없어서야!

오디세우스 아멘.

아가멤논 아이네이아스 공, 손을 잡읍시다. 먼저 귀공을 나의 군막으로 안내하겠소. 아킬레우스도 이 뜻을 이해하게 될 거요. 또 그리스 귀족들도 온 진영을 통해 알게 될 테지. 귀공은 떠나기 전에 나와 함께 연회를 벌입시다. 훌륭한 적수에 대한 환영을 받으시오. (오디세우스와 네스토르만 남고 모두 퇴장)

오디세우스 네스토르 공!

네스토르 무슨 일이오, 오디세우스 공?

오디세우스 이 머리에 새로운 계획이 싹트고 있습니다. 공은 이것이 여물도록 저의 시간이 되어 주십시오.

네스토르 그건 무슨 말씀이오?

오디세우스 바로 이것입니다. 둔한 쐐기가 딱딱한 나무 마디를 쪼개지요. 버릇없는 아킬레우스는 꽃이 지나치게 피어서 씨앗들이 쏟아질 지경으로 성장하고 있습니다. 그러니 곧바로 잘라 버려야 합니다. 그리하지 않으면 그 씨앗들이 흩어져, 그와 비슷한 나쁜 꽃을 피울 묘판들이 자꾸 생겨나 우리 모두를 위협하게 될 테니 말입니다.

네스토르 글쎄, 어떤 방법으로 하면 좋을까요?

오디세우스 용감한 헥토르가 내놓은 이러한 도전은 널리 일반을 대상으로 한 것 같아도, 실제로는 아킬레우스 한 사람만을 목표로 삼은 게 아니겠습니까?

네스토르 그 목적은 눈에 보이는 실체처럼 뚜렷하지요. 이것은 초보적인 숫자로도 쉽게 계산해 낼 수 있어요. 그러니 이 말이 널리 알려지게 되면 아킬레우스는 제아무리 두뇌가 리비아의 강둑처럼 텅 비어―아폴로 신이 아시듯―메말라 있어도, 헥토르의 목표가 자신이라는 걸 곧 알아차릴 겁니다.

오디세우스 그렇다면 그가 요구대로 응할 거라고 생각하십니까?

네스토르 그렇습니다. 아주 시기적절하게 들어맞는 일이죠. 헥토르의 명예를 빼앗을 수 있는 사람이 아킬레우스 말고 또 어디 있겠습니까? 놀림감 정도의 작은 싸움이 될지는 몰라도, 이 승부에는 우리의 명예가 걸려 있습니다. 트로이인들은 이 결투를 통해 그들의 뛰어난 미각으로 우리의 가장 귀중한 명예를 맛보려 하니 말입니다. 그러니 오디세우스 공, 이 격한 싸움에 섣불리 나섰다가는 우리의 명성이 크게 떨어질 것입니다. 싸움은 개인적인 것이라 해도, 이기게 되면 우리들 전체를 판단하는 본보기가 될 테니까요. 이 결투가 한 권의 책에 지나지 않는다 해도 그 뒤에 수없이 나오는 책의 목차와 같아서, 뒤따르는 거인들 무리를 어린아이 모습처럼 작게 보이게 할지도 모릅니다. 아킬레우스가 헥토르와 대결하게 된 것은 우리가 선발했기 때문이라고 모두들 생각할 것입니다. 그리고 그 선발은 우리 모두가 서로 협의하여 가장 훌륭한 사람을 뽑았다는 뜻이지요. 우리 군 전체에서 뽑힌 사람들을, 끓이고 증류하여 가장 우수한 사람을 뽑은 게 되지요. 그러니 실패하게 되면 정복한 트로이 측은 강철과도 같은 자신감을 얻어, 그들의 팔다리마저도 무기가 되어 검이나 활 못지않은 힘을 드러낼 것입니다.

오디세우스 제 말을 들어주십시오. 그러니까 아킬레우스는 헥토르와 맞닥뜨리지 않는 게 좋습니다. 우리는 장사꾼처럼 가장 나쁜 물건을 내놓은 다음 팔리는지 살펴보기로 합시다. 안 팔리면 좀더 좋은 광택이 나는 물건을 보이고 평가를 받는 겁니다. 헥토르와 아킬레우스의 대결에 동의해서는 안 됩니다. 명예와 수치, 어느 쪽이든 이상한 것들이 붙어다니며 우리를 괴롭힐 테니까요.

네스토르 내 늙은 두 눈에는 그 두 가지가 다 보이지 않는군요. 왜 그럴까요?

오디세우스 아킬레우스가 헥토르에게서 쟁취하게 될 영광은, 그가 건방지게 굴지만 않다면 우리 모두가 다 같이 나누게 될 겁니다. 하지만 아킬레우스는 이미 교만해졌어요. 만약 아킬레우스가 헥토르와 싸워 이긴다면, 우리는 그 오만한 눈초리가 우리를 멸시하는 꼴을 당하느니 차라리 저 아프리카 햇볕에 타 죽는 편이 낫습니다. 헥토르에게 진다면, 우리의 가장 뛰어난 용사가 패배한 것이므로 우리의 소중한 명예는 짓밟히게 될 것입니다. 그러니 제비뽑기를 가장하여 저 바보 같은 아이아스로 하여금 헥토르와 맞서게 합시다. 우리 군대에서 가장 귀중한 사람이란 명예를 주는 것이지요. 그러면 요란한 박수에 둘러싸여 주체할 줄 모르고 끓어오르는 저 미르미돈족의 아킬레우스에게 충격을 주어 새파란 아이리스 같은 그의 콧대를 꺾을 수도 있습니다. 저 아둔한 아이아스가 무사히 살아 돌아오면 우리는 한결같이 그를 치켜세울 것이요, 실패한다 해도 더 훌륭한 장사들이 있다는 평판을 여전히 받게 될 테니까 조금도 걱정할 건 없습니다. 이기건 지건 우리 계획은 이렇게 구체화될 수 있습니다. 그러니 아이아스를 이용하여, 아킬레우스의 저 건방진 날갯죽지를 꺾어 버리자는 것입니다.

네스토르 오디세우스 공, 그대의 의견을 잘 맛보았소. 이제 그 맛을 아가멤논 대왕께도 전해 드려야겠습니다. 지금 곧 대왕께 갑시다. 두 마리의 개는 늘 서로 견제하게 마련이지요. 오만은 뼈다귀와도 같아서, 개들로 하여금 서로 싸움질하게 만들 것이오. (모두 퇴장)

〔제2막 제1장〕

그리스 진영의 한 곳.
아이아스와 테르시테스 등장.

아이아스 테르시테스!

테르시테스 아가멤논, 그에게 종기가 생기면, 온몸에 종기가 쫙 퍼지면, 그때는 어떡하지?

아이아스 테르시테스!

테르시테스 그 종기들이 도망간다면? 그럼 장군도 도망가겠지? 갈가리 조각 난 군대가 아니겠나?

아이아스 이 개자식아!

테르시테스 그럼 그 몸에서 정신 차린 고름이 기어나오겠구나. 이제는 아무 것도 보이지 않지만.

아이아스 이 늑대 새끼야, 내 말이 안 들려? 그럼 알게 해주지. (테르시테스를 때린다)

테르시테스 그리스의 전염병에나 걸려라, 이 멍청한 튀기 나리!

아이아스 떠들어 봐, 이 곰팡이 낀 밀가루 같은 놈아, 어디 말해 보라고. 예의를 갖출 때까지 실컷 두드려 줄 테다.

테르시테스 지금 바로 너를 꾸짖어 지혜와 예의를 갖추게 해주겠다. 그렇지만 네가 책 없이 기도를 하니 너의 말(馬)이 웅변술을 배우는 게 더 빠르겠지. 너는 나를 해칠 수 없지? 그 고약한 놈을 데리고 장난을 치면 전염병에 걸릴 거야!

아이아스 독버섯 같은 놈아, 저 포고령을 보고 와라.

테르시테스 내가 감각도 없는 줄 알고 이렇게 때리느냐?

아이아스 포고령을 보고 오라니까!

트로일로스와 크레시다 165

테르시테스 네가 바보라는 포고령이 내린 모양이지.

아이아스 입 닥쳐, 이 멧돼지야. 내 손가락이 간질간질하니 떠들지 말라고.

테르시테스 머리에서 발끝까지 근질근질하면 좋겠구나. 그러면 내가 한바탕 할퀴어 줄 텐데. 그리스에서 가장 더러운 곳에 상처가 나게 해주지. 공격할 때는 다른 병사에 못지않게 느림보인 주제에.

아이아스 포고령을 보고 오란 말이야!

테르시테스 잠시도 쉬지 않고 아킬레우스에게 불평을 하고 욕을 퍼붓지만, 그렇게 해봤자 소용없단다. 네가 그 사람의 위대함을 질투하는 것은 저 흉측한 지옥의 개 케르베로스가 아름다운 프로세르피나 여신을 질투하는 격이지.

아이아스 이 남자 탈을 쓴 갈보!

테르시테스 그를 때려 보지그래.

아이아스 덜 구워진 빵 부스러기!

테르시테스 그 사람이 너를 주먹으로 치면 가루처럼 부서져 버릴걸. 뱃사람이 비스킷을 부서뜨리듯이 말야.

아이아스 (테르시테스를 때리면서) 이 더러운 개자식!

테르시테스 어디 때려 봐, 때려 보라고.

아이아스 이 논다니한테 깔릴 놈!

테르시테스 좋아, 때려, 때려. 대가리가 텅 빈 귀족! 너는 내 팔꿈치만큼의 두뇌도 없는 놈이야. 당나귀 새끼도 네 선생이 될 수 있을 거다. 너는 비겁한 당나귀 같아. 너는 트로이 사람들을 때리기 위해 여기에 끌려온 거야. 머리 좋은 놈들은 너를 야만인 노예처럼 마음대로 가지고 놀지. 나를 이렇게 마구 때리면 나중에 돌아가서 네가 어떤 놈인지 하나하나 일러바칠 테다. 이 냉혹한 친구야!

아이아스 이 개새끼!

테르시테스 이 비겁한 귀족!

아이아스 (테르시테스를 때리며) 이 똥개야!

테르시테스 백치 군신(軍神)! 때려, 이 무례한 놈아, 때려 봐라, 낙타 같은 놈아, 때려, 때려 봐.

2막 1장, 아킬레우스와 테르시테스 H.C. 셀루스. 1830.

아킬레우스와 파트로클로스 등장.

아킬레우스 이봐, 왜 이러는 거요, 아이아스! 왜 그런 짓을 하오? 자, 테르시
테스! 왜들 이러지?
테르시테스 저 사람을 좀 보세요.
아킬레우스 그래, 보고 있다. 왜 그러느냐?
테르시테스 자, 저 사람을 보세요.
아킬레우스 보고 있다. 왜 그래?
테르시테스 네, 잘 보시라고요.
아킬레우스 잘 본다고! 보고 있다니까.
테르시테스 하지만 아직 잘 보고 있지 않아요. 저 사람을 누구로 생각하시는

지 모르지만, 바로 아이아스입니다.

아킬레우스 바보야, 이미 알고 있다.

테르시테스 그렇지만 바보는 자기 자신을 모릅니다.

아이아스 그러니까 내가 너를 때리는 거다.

테르시테스 저런! 콩알 만한 지혜로 저런 이야기를 하다니. 말한다는 게 고작 당나귀만큼의 지혜뿐이야. 저 친구가 내 뼈를 두드린 것보다 더 많이 나는 저놈의 두뇌를 두드려 줬지. 참새라면 한 푼 주고 아홉 마리를 사겠지만, 저 두뇌는 참새 뇌의 9분의 1 가치도 못 돼. 아킬레우스 공, 이 아이아스 나리는 두뇌는 배에 차고 다니고, 창자는 머리에 달고 다닙니다. 그 이야기를 해드리죠.

아킬레우스 뭐라고?

테르시테스 이 아이아스는 말이오…… (아이아스가 때리려 하자 피한다)

아킬레우스 아니, 잠깐 아이아스.

테르시테스 지혜란 눈곱만큼도…….

아킬레우스 (아이아스에게) 내가 그대를 말려야겠소.

테르시테스 헬레네를 위해 싸우러 왔다면서, 헬레네의 바늘귀를 채울 만한 지혜도 없구나.

아킬레우스 조용히 해, 이 바보야!

테르시테스 나는 입 다물고 있을 수 있지만, 바보는 그럴 수 없죠. 저기 있는 친구 좀 보세요. 바로 저 사람이요!

아이아스 오, 이 빌어먹을 똥개! 너를 당장…….

아킬레우스 바보의 지혜와 내기를 할 건가?

테르시테스 아뇨, 정말이지, 아무리 바보라도 저런 놈과는 창피해서 내기하지 않을 겁니다.

파트로클로스 말 잘했어, 테르시테스.

아킬레우스 (아이아스에게) 왜 싸우는 거요?

아이아스 저 고약한 부엉이더러 포고문을 읽고 오라고 말했더니 마구 욕을 퍼붓잖습니까.

테르시테스 나는 네 하인이 아니야.

아이아스 입 닥쳐, 닥치라고.

테르시테스 내가 스스로 하고 싶어야 하는 거지.

아킬레우스 조금 전 네가 한 일은 호되게 당하는 것이었다. 당하고 싶어서 당한 건 아니지. 스스로 원해서 맞는 사람은 없으니까. 여기 아이아스는 스스로 원해서 왔다. 그런데 너는 강제로 부름받아 왔지.

테르시테스 아, 그렇군요. 당신이 가졌다는 지혜의 대부분도 근육 속에 들어 있군요. 그렇지 않다면 거짓말쟁이들이 들어 있나 봅니다. 아무래도 헥토르는 큰일을 당하겠군. 당신들 가운데 누구의 뇌를 두드려도 알맹이 없는 곰팡이 낀 호두를 깨는 격일 테니.

아킬레우스 뭐라고? 나와도 농담을 하려는 건가, 테르시테스?

테르시테스 오디세우스와 저 늙은 네스토르는, 당신들 할아버지의 발가락에 아직 발톱이 나기 전에, 이미 그 지혜에 곰팡이가 끼어 있었단 말입니다. 그런데 이 친구들은 달구지를 끄는 황소처럼 당신들을 잡아매 가지고는 전쟁터를 누비게 하고 있지요.

아킬레우스 뭣이 어째?

테르시테스 물론, 그렇고말고. 이랴 아킬레우스, 이랴, 아이아스, 이렇게 말이죠.

아이아스 네놈의 혓바닥을 잘라 버릴 테다.

테르시테스 상관없어. 혀가 잘린 뒤에도 너만큼은 말할 수 있으니까.

파트로클로스 이제 그만하게, 테르시테스. 조용히 하라고!

테르시테스 아킬레우스의 사냥개가 말하면 조용히 할 수 있다는 건가?

아킬레우스 이번에는 그대가 걸렸구려, 파트로클로스.

테르시테스 내가 다시 이 군막에 오기 전에 당신들이 바보처럼 목매달려 죽는 꼴을 봐야겠어요. 좀더 지혜가 꿈틀거리는 곳에서 살아야겠군요. 당신들 같은 바보들과는 일찌감치 떨어져서 말입니다. (퇴장)

파트로클로스 귀찮은 것이 가 버렸군.

아킬레우스 (아이아스에게) 자, 전군에 포고문이 내려졌소. 헥토르가 오전 열한 시에 나팔을 불면, 우리 진영과 트로이 진영 중간 지점에서 용기 있는 장사끼리 서로 결투를 하자는 것인데, 여기에 응하겠다는 사람이 있다면 말이오—뭐가 뭔지 모르겠군요. 별 시시한 일도 다 있소.

아이아스 안녕히 가시오. 누가 헥토르와 대결하지요?

아킬레우스 모르겠소. 제비를 뽑는다는 것 같기도 하고. 그렇잖으면 헥토르는 누가 자기와 대결하는지 알고 있을 텐데.

아이아스 오, 당신이겠죠. 가서 더 상세히 알아봐야겠군요. (모두 퇴장)

〔제2막 제2장〕

트로이. 프리아모스 궁전의 한 방.
프리아모스, 헥토르, 트로일로스, 파리스, 그리고 헬레노스 등장.

프리아모스 그처럼 오랜 시간 동안 수많은 생명을 잃어가며 숱한 담판을 해 온 뒤에, 네스토르는 그리스 진영으로부터 또다시 이런 말을 전해 왔어. "헬레네를 넘겨 주시오. 그럼 다른 모든 손실들—명예, 시간 낭비, 고통, 비용, 부상, 친구들, 그리고 사람들의 욕망에서 비롯된 이번의 탐욕스러운 전쟁의 도가니 속에서 잃어버린 나머지 소중한 것들—에 대한 대가를 요구하지 않을 테니." 헥토르, 이것을 어떻게 생각하지?

헥토르 저만큼 그리스인을 겁내지 않는 사람도 없을 겁니다. 하지만 프리아모스 전하, 어떠한 여인이라도 저처럼 여린 마음으로 두려움을 가득 품고 초조하게 "내일 일을 누가 알 수 있을까?" 되뇌는 사람도 없을 것입니다. 평화를 해치는 것은 안일한 마음입니다. 별일 없을 거라 지나치게 확신하는 나태한 마음 말입니다. 겸허한 의심은 지혜로운 이들의 등불이며, 상처 밑을 살피는 도구입니다. 헬레네를 돌려보내소서. 이 문제로 처음 칼을 빼 들었을 때부터 전쟁에 부름받은 모든 이들이 헬레네 못지않게 소중한 사람들입니다. 이들 하나하나가 모여 수천만 군대를 이루는 것입니다. 우리도 바로 이러한 사람들입니다. 본디 우리 것도 아니며, 우리에게 가치도 없고, 트로이의 이름을 가지고 있다 해도 병사 하나의 가치밖에 없는 한 여인을 지키기 위해 우리들 가운데 많은 이들을 다시 잃어야 한다면, 그 여인을 포기하지 못할 어떠한 이유도 없습니다.

트로일로스 형님, 잠시만, 잠시만! 지금 형님은 훌륭한 우리 아버님이신 위대한 국왕 전하의 가치와 명예를 속된 방법으로 저울질하는 겁니다. 형님은 한없이 위대하신 아버님을 벼룩 같은 잣대로 재려 하고, 그 끝없이 큰 허리를 괜한 걱정이나 이유라는 조그만 척도로 재려 하는 겁니까? 부끄러운 줄 아십시오!

헬레노스   형님이 그처럼 날카롭게 이유를 말하는 게 이상한 건 아니야. 형님에게는 이유랄 게 따로 없을 테니까. 네가 웅변을 토할 때는 그다지 소용이 없을지 몰라도, 아버님이 국가의 정치를 결정하실 때에는 어떤 이유들을 지니고 있어야 할 게 아닌가?

트로일로스   형님은 신관이니 잠이나 자고 꿈이나 꾸면 되는 거예요. 장갑에 털이 붙어 다니듯, 형님은 말끝마다 이유를 들먹이는군요. 그 이유라는 건 이런 정도겠죠. 너를 해치려는 적을 안다, 그가 가지고 있는 칼은 위험해, 그러한 이유로 이 모든 위험 대상을 멀리 피해야 한다, 이거죠. 헬레노스가 그리스인이나 그들의 칼을 보았을 때, 발뒤꿈치에 이유의 날개를 달고 마치 유피테르 신에게 욕먹은 메르쿠리우스나 궤도에서 떨어진 별처럼 날아가 버려도 이상할 건 없겠죠? 아니, 이유를 그토록 따질 바에야 성문을 굳게 닫아걸고 잠이나 자는 게 나아요. 우리의 생각을 이 이유라는 것으로 억지로 눌러 채우려 하면, 남자의 멋도 명예도 토끼의 심장처럼 소심하게 줄어들고 말 테니까요. 이유나 조심은 간(肝)을 창백하게 하고 용기를 꺾어버릴 따름이라고요.

헥토르   트로일로스, 그 여인은 우리가 그녀를 지켜내기 위해 들인 비용만큼의 가치가 없다.

트로일로스   어째서 그렇죠? 어떤 특정한 가치가 주어지기라도 했나요?

헥토르   그렇지만 가치란 어떤 개인의 뜻에만 달려 있는 게 아니야. 칭찬하는 사람이 가치를 부여하듯, 그 자체가 귀중한 것을 지니고 있기 때문에 가치와 위엄이 있는 거란다. 신(神) 자체보다 의식에 더 집착하는 것은 지나친 숭배란다. 그 자체에 칭찬할 만한 가치가 없는 것에 지나치게 애착심을 갖는 것은 마음이 병든 탓이야.

트로일로스   오늘 내가 아내를 맞아들인다고 생각해 봅시다. 그렇다면 나의 선택은 오롯이 내 의지가 지시하는 데에 달려 있습니다. 내 의지는 내 눈과 귀의 작용에 따른 것이지요. 이 눈과 귀는 의지와 판단이라는 위험한 두 해안을 오가는 데 능숙한 두 안내자와도 같습니다. 내가 아내로 선택한 사람을, 나의 의지가 이 선택을 반기지 않는다는 이유로 어떻게 멀리할 수 있나요? 그 책임을 회피할 수도 없거니와, 회피하게 되면 자신의 명예를 굳게 지킬 수도 없습니다. 비단 옷감을 더럽힌 뒤에 상인에게 도로 돌려줄 수는 없는 것이며, 또한 배가 부르다고 해서 먹다 남은 음식을 그대로 버려서는 안 됩니다. 여러분의 전적인 동의 아래, 파리스는 불룩한 돛을 달고 그리스인들에게 복수하기 위해 떠났습니다. 오랜 방해꾼이었던 파도와 바람도 휴전을 한 듯이 파리스를 도와 그가 바라던 항구에 무사히 오르게 했습니다. 그래서 그리스인들이 포로로 잡은 우리 숙모님을 대신하여, 풋풋한 젊음이 아폴로도 늙어 보이게 하며, 아침 해도 지루하게 보이게 하는 그리스의 한 여왕을 데리고 왔습니다. 그런데 어째서 우리는 그 여인을 붙들고 있어야 할까요? 그리스인들이 우리 숙모님을 돌려주지 않기 때문입니다. 이 여인이 그토록 붙들어 놓을 만한 가치가 있을까요? 그렇습니다. 그 여인은 진주입니다. 그녀로 말미암아 1천 군함이 튀어나오고, 한 나라의 왕이 장사꾼으로 바뀌었을 정도니까요. 파리스가 그쪽에 갔던 것이 현명한 일이라고 생각한다면—그렇게 생각할 수밖에요. "가라, 가라" 이렇게 외쳐대었으니—또 그가 훌륭한 가치가 있는 상품을 데리고 왔다고 생각한다면—그렇게 생각할 수밖에 없겠지요. 손뼉을 치며 "멋지다!"고 외쳐대지 않았습니까. 그렇다면 어찌하여 정당하다고 인정한 것을 부정하며, 변덕스러운 운명마저 감히 할 수 없는 행동을 하며, 바다와 땅보다도 풍요롭다고 칭찬한 것을 거지처럼 평가하려고 합니까? 자기가 훔친 물건을 가지고 있기를 두려워하는 도둑보다 더 비열한 인간이 어디 있을까요! 상대에게 모욕을 줄 정도의 물건을 훔치고서도, 자기 집 안에서 지키기를 두려워하는 도둑이란 정말 보잘것없는 존재지요!

카산드라 (안에서) 울어라, 트로이인이여, 울어라!

프리아모스 무슨 소리지, 저 울부짖는 소리는?

트로일로스 우리의 정신 나간 누이동생입니다. 본디 그 아이의 목소리가 그렇습니다.

카산드라 (안에서) 울어라, 트로이인들이여!

헥토르 카산드라로구나.

카산드라 머리카락을 흐트러뜨린 채 등장.

2막 2장, 광란의 카산드라   조지 롬니 그림, 프란시스 레가트 판화. 1795.

카산드라   울어라, 트로이인이들이여, 울어라! 나에게 1만 개의 눈이라도 달

라. 앞을 내다보는 예언의 눈물로 가득 채워 주리라.

헥토르 조용히 해, 카산드라!

카산드라 처녀도 총각도, 중년도 주름진 늙은이도, 우는 재주밖에 없는 연약한 어린아이도 내 울부짖음을 도와다오! 앞으로 다가올 큰 울음의 한 부분이나마 미리 울어다오. 울어라, 트로이인들이여, 울어라! 눈물을 연습하라! 트로이는 없어지고 이 당당한 일리온도 무너지리라. 횃불을 지니고 태어난 파리스 오빠는 우리 모두를 태워 버릴 것이다. 울어라, 트로이인들이여, 울어라! 헬레네라는 여자가 짊어지고 온 이 슬픔이여! 울어라, 울어! 트로이가 불타오르는구나. 이를 막으려거든 헬레네를 쫓아내라. (퇴장)

헥토르 자, 젊은 트로일로스, 우리 누이동생의 저 격렬한 예언을 듣고도 자책감이 들지 않나? 아니면 네 피가 걷잡을 수 없이 끓어올라서 이제는 이성의 작용도, 나쁜 원인이 나쁜 결과를 불러온다는 걱정도 사라져 버려 마음을 고쳐먹을 능력조차 잃었단 말인가?

트로일로스 그렇지만 헥토르 형님, 모든 행위의 정당성은 그 결과만 보고 내리는 것이 아닙니다. 또한 카산드라가 미쳤다고 해서 우리의 용기가 잠시라도 꺾여서는 안 됩니다. 명예를 지키려는 우리 몇 사람이 정당하다고 생각해 시작한 싸움을, 누이동생의 병든 머릿속에서 나온 몽롱한 예언 때문에 이제 와서 포기할 수는 없습니다. 나 개인으로서는 프리아모스 왕의 다른 아들들과 똑같은 권리를 갖고 있습니다. 유피테르 신이여, 우리들 가운데 가장 흐릿한 정신을 가진 사람일지라도 대의명분을 위해 싸우기를 거부하는 일이 없게 해주소서!

파리스 그렇게 되면 사람들은 내가 한 일은 물론, 여러분의 결의도 경솔한 짓이었다고 비난할 겁니다. 모든 신들을 증인으로 말하겠습니다. 나는 나의 계획에 대해 여러분에게서 충분한 동의를 얻은 덕분에 이 일을 수행하는 데 따르는 온갖 두려움을 이겨낼 수 있었습니다. 그렇지 않고서야 이 한쪽 팔로 내가 무엇을 할 수 있으며, 오직 한 사람의 용기로 어떻게 이 싸움을 부른 적의 공격과 증오를 막아낼 수 있었겠습니까? 그렇지만 나는 주장합니다. 내가 홀로 이 어려움을 이겨 나가야 할 상황에 놓인다 해도, 내 의지에 못지않은 충분한 힘만 있다면, 이 파리스는 스스로 한 일에 대해 결코 후회하지 않을 것이며, 이 일을 수행해 나가는 동안 절대로 용기를 잃지 않을 것입니다.

프리아모스 파리스, 너는 달콤한 쾌락에 빠진 사람처럼 말하는구나. 아직은 꿀을 가지고 있지만 이제부터 마실 것은 쓴 즙이란다. 그런 식의 용기는 칭찬할 만한 것이 못 된다.

파리스 아버님, 저는 그런 미녀가 가져다주는 쾌락 때문에 저 자신만을 생각해 말하는 것이 아닙니다. 그 여자를 옳게 지켜줌으로써 납치라고 부르는 그 행위가 정당했음을 증명하고, 오명을 씻고자 하는 것입니다. 굴욕적인 협박에 굴복하여 헬레네를 돌려준다면, 이는 납치당해 온 그 왕비에 대해서는 배반 행위이며, 여러분을 불명예스럽게 하고, 저를 모욕하는 것입니다! 이처럼 타락한 감정이 한때나마 여러분의 고상한 가슴속에 발을 들여놓게 하시렵니까? 우리 군대의 어떤 비천한 병사라도 헬레네를 보호하기 위해 감히 칼을 휘두르고야 말 겁니다. 헬레네를 위해서라면 어떤 고결한 용사도 나쁜 운을 탓하지 않을 것이며, 불명예스럽게 죽는다 해도 후회하지 않을 겁니다. 그러니 우리는 이 세계의 거대한 공간에 비교할 수 없는 그 여인을 위해 싸우는 것이 정당하다고 말할 수 있습니다.

헥토르 파리스와 트로일로스, 둘 다 좋은 말을 했다. 지금 우리가 가지고 있는 대의명분과 그 문제점에 대해서 잘 말했어. 그렇지만 그건 피상적인 변론일 따름이야. 너희들은 정치철학을 말한 아리스토텔레스의 이야기를 도덕철학으로 여기는 젊은이들과 다를 바가 없어. 너희들이 주장하는 이유란 옳고 그름을 판단하기보다는, 제멋대로 끓는 열정을 더 뒤흔들어 부추기는 데 도움을 줄 뿐이야. 쾌락과 복수는 독사보다도 귀가 멀어, 어떠한 참된 결정에도 귀를 기울이지 않는 법이니까. 자연은 모든 것이 그 주인에게 돌아가기를 바란단다. 그런데 모든 인간관계에서 아내와 남편의 관계처럼 가까운 사이가 또 어디 있겠느냐? 이러한 자연의 법칙이 음란한 행위로 말미암아 타락하든가, 신분이 있는 자들이 의지가 마비된 채 편파적인 행위에 몰두해 이 법칙에 맞선다면, 저마다 질서가 유지돼 있는 국가에서는 법률로써 가장 반항적이며 고치기 힘든 이 난폭한 부정을 억제하는 거란다. 헬레네가 스파르타 왕의 아내이며, 그 사실을 우리도 잘 알고 있다면, 자연의 도덕률도 국가의 법률도 그 여인을 돌려주라며 소리 높여 부르짖을 거다. 부정을 저지르면서도 애써 아니라고 우기는 것은 그 죄를 더 무겁게 하는 꼴이지. 진실을 말한다면 헥토르의 의견은 바로 이렇단다. 그렇지만 뜨거운 피로 끓는 동생들아, 나도 아직 헬레네를 우리가 데리고 있겠다는 결심에 반대는 하지 않는다. 왜냐하면 이것은 우리들 전체와, 그리고 몇몇 사람들의 명예와 존엄에 관계된 중요한 일이기 때문이야.

트로일로스 아, 형님은 우리 주장의 핵심을 꿰뚫는군요. 이러한 주장이 우리의 격정 때문이며 명예를 위한 것이 아니라면, 나는 이 여인을 지키기 위해 트로이인의 피를 단 한 방울도 흘리지 않을 겁니다. 그렇지만 존경하는 헥토르 형님, 헬레네와 관련된 문제에는 우리의 명예와 명성이 걸려 있습니다. 용감하고 과감한 행위들에 박차를 가하기도 하지요. 이러한 용기로 우리는 적을 무찌를 것이며, 영웅이 되어 오랫동안 명성을 떨치게 될 겁니다. 그러니 용맹한 헥토르 형님은 영광이 약속된 이 좋은 기회를 놓치지 않으리라 믿습니다. 이번 전투가 처음부터 미소 지으며 천하를 얻을 수 있는 길을 열어주기 때문입니다.

헥토르 그 점에 대해서는 나도 위대한 프리아모스 대왕의 용맹한 후손인 너희들과 같은 의견이란다. 나는 우둔하고 파벌을 일삼는 그리스의 귀족들에게 자극적인 도전장을 던져 놓았으니 말이다. 듣자 하니 놈들의 우두머리인 아가멤논 대왕도 낮잠이나 자고 있고, 군대 안의 불화가 차츰 깊어지고 있다는데, 나의 이 도전으로 그자도 깜짝 놀라 눈을 번쩍 뜨게 될 거다. (모두 퇴장)

〔제2막 제3장〕

그리스군 진영. 아킬레우스의 군막 앞.
테르시테스 홀로 등장.

테르시테스 어찌 된 거지, 테르시테스? 화를 삭이지 못해 갈팡질팡하는구나! 그 코끼리 같은 아이아스 놈을 계속 내버려 둘 건가? 놈은 나를 때리고, 나는 놈을 욕하고. 오, 정말 그럴듯하구나! 이 상황이 뒤바뀐다면, 내가 놈을 때리고 놈이 나를 욕할 텐데. 젠장, 마법이나 배워 악마를 불러낸 다음 앙심 품은 저주나 퍼부어 줄까 보다. 그리고 희귀한 공병(工兵) 놈 아킬

2막 3장, 아킬레우스, 파트로클로스와 테르시테스 H.C. 셀루스. 1830.

레우스도 있구나! 트로이성은 이 두 놈이 두더지처럼 성 아래 땅을 파헤치지 않는 한 함락되지 않을 것이니, 그 성벽이 저절로 무너질 때까지는 까딱도 하지 않겠군. 그놈들이 가진 저 하찮기 그지없는 지혜를 거두어 갈 수 없다면, 오, 번갯불을 쏘아대는 위대한 올림포스산의 신이여, 당신이 신들의 제왕 유피테르라는 걸 이제 그만 잊어버리시오. 그리고 메르쿠리우스 신이여, 당신도 뱀이 칭칭 휘감고 있는 그 지팡이를 내던지시오. 재주 없는 무식쟁이들도 다 알고 있으니, 그놈들이야말로 거미줄에 매달린 파리 한 마리를 구할 때도 긴 칼을 뽑지 않고서는 살려내지 못하는 놈들입니다. 이렇게된 뒤에는 모든 진영에 전염병이나 퍼져 버려라! 아니면 차라리 매독에나 걸리라지! 속치마를 두른 사람을 위해 하는 전쟁에는 이런 병이 걸맞지. 내기도는 끝났다. 악마가 아멘이라고 말하는구나. 이것 보세요, 아킬레우스

나리!

파트로클로스 등장.

파트로클로스 누구야? 테르시테스! 테르시테스로군. 어서 들어와, 악담이나
해보게.

테르시테스 내가 가짜 돈을 기억해 낼 수 있다면, 너 또한 내 기억에서 빠져
나갈 수는 없을걸. 하지만 그건 상관없다. 네 죗값은 네가 치를 것이니, 이
는 너에게 가장 큰 저주가 되리라! 바보니 천치니 하는 인간 사회의 흔해빠
진 욕들을 무더기로 처먹어라! 교관의 말을 무시하며, 훈련과는 담이나 쌓
고 살아라! 죽을 때까지 욕정에나 끌려 다녀라. 그래서 너를 매장하는 계집
이 네 시체를 보고 깨끗하다고 말한다면, 문둥병자밖에 매장해 본 적이 없
느냐고 그 계집에게 쏘아주겠다. 아멘. 아킬레우스는 어디 있지?

파트로클로스 아니, 너에게도 신앙심이 있어? 기도를 한단 말이야?

테르시테스 그럼. 하늘도 내 기도를 들으시지!

파트로클로스 아멘.

아킬레우스 등장.

아킬레우스 거기 누구지?

파트로클로스 테르시테스입니다.

아킬레우스 어디, 어디? 어디라고? 내 치즈이자 소화제이기도 한 네놈이 왜
그동안 내 식탁에서 시중을 들지 않았지? 자, 아가멤논이 어떻다고?

테르시테스 당신의 지휘관이죠, 아킬레우스. 그럼 파트로클로스, 너한테 묻
지, 아킬레우스가 누구냐?

파트로클로스 당신의 지휘관이지. 그럼 너한테 묻지, 너는 뭐냐?

테르시테스 너를 아는 사람이다, 파트로클로스. 그럼 파트로클로스, 너는
뭐지?

파트로클로스 네가 알면 말해 봐라.

아킬레우스 오, 말해라, 어서.

테르시테스 내가 모든 문제를 총정리하죠. 아가멤논은 아킬레우스의 지휘관이고, 아킬레우스는 나의 주인입니다. 나는 파트로클로스를 아는 사람, 그리고 파트로클로스는 바보랍니다.

파트로클로스 이 악당 놈이!

테르시테스 가만있어, 이 바보야! 내 말이 아직 끝나지 않았다.

아킬레우스 (파트로클로스에게) 저놈은 특권을 가진 광대요. 자, 테르시테스, 계속하라.

테르시테스 아가멤논은 바보고, 아킬레우스도 바보입니다. 이 테르시테스도 바보고, 아까 말했듯이 파트로클로스도 바보죠.

아킬레우스 왜 그런지 이유를 말해 봐, 어서.

테르시테스 아가멤논은 아킬레우스를 지휘하려고 하니 바보이며, 아킬레우스는 아가멤논의 지휘를 받으니 바보고, 테르시테스는 그런 바보의 시중을 드니 바보죠. 그런데 파트로클로스는 무조건 바보예요.

파트로클로스 내가 왜 바보야?

테르시테스 그건 조물주한테 물어봐. 나는 네가 바보라는 것밖에 모르니까. 저것 봐, 누가 이리로 오지?

아킬레우스 파트로클로스, 나는 누구와도 만나지 않겠소. 자, 테르시테스, 나와 함께 들어가자. (퇴장)

테르시테스 이곳은 온통 허세와 속임수와 장난뿐이로구나! 모든 문제가 간통과 매춘부에서 시작해. 파벌을 지어 다투다가 마침내 피를 불러와 죽음에도 이르게 하기에 딱 알맞은 문제지. 자, 이 문제가 여기저기 피부병처럼 전염되어 터져 버려라. 전쟁과 음란한 짓으로 망해 버려라! (퇴장)

아가멤논, 오디세우스, 네스토르, 디오메데스, 아이아스, 그리고 칼카스 등장.

아가멤논 아킬레우스는?

파트로클로스 군막 안에 있습니다. 하지만 기분이 좋지 않으십니다.

아가멤논 우리가 왔다는 걸 알려주오. 우리가 보낸 전령을 상대해 주지 않아서 체면을 무릅쓰고 여기까지 찾아왔소. 총사령관인 나의 지위에 문제가 생겼다거나 이러한 신분을 잊어버리고 몸소 찾아왔다는 오해는 하지 않게 잘 전해 주오.

파트로클로스 그렇게 전하겠습니다. (퇴장)

오디세우스 군막 틈새로 보았는데, 앓고 있는 게 아닙니다.

아이아스 그렇죠, 건방진 사자(lion)의 병입니다. 여러분은 그에게 호의를 가지고 우울증이라 말씀하실지 모르겠으나, 제가 보기에는 교만한 마음에서 나온 것입니다. 하지만 왜 그럴까요? 그것은 당사자가 직접 말해야겠지요. 잠깐, 말씀드리겠습니다. (아가멤논을 한쪽으로 데리고 간다)

네스토르 왜 아이아스가 아킬레우스에게 대들지요?

오디세우스 아킬레우스가 그의 바보를 달콤한 말로 구슬려 놓았기 때문입니다.

네스토르 누구요, 테르시테스 말입니까?

오디세우스 그놈입니다.

네스토르 그럼, 아이아스는 심장을 잃어버린 꼴이 되었군요. 욕할 상대가 사라졌으니.

오디세우스 천만에요, 아킬레우스라는 상대가 생긴 거죠.

네스토르 더 잘됐군요. 저 친구들이 파벌을 지어 싸우는 것이 우리에게는 이로우니까요. 그토록 단단히 결속되어 있던 두 사람을 바보가 갈라놓았군요.

오디세우스 지혜가 묶어 놓지 않은 결속은 바보가 쉽게 갈라놓을 수 있죠.

파트로클로스 다시 등장.

오디세우스 파트로클로스가 나옵니다.

네스토르 아킬레우스는 나오지 않는군요.

오디세우스 코끼리도 관절은 있으나, 인사로 구부리는 관절은 아니지요. 그놈의 다리는 걷기 위해 필요하겠으나, 인사를 위해 구부릴 수는 없나 보오.

파트로클로스 아킬레우스는 실례의 말씀을 전하라 하시며, 제공들께서는 운동이나 심심풀이로, 아니면 저녁 식사 뒤에 건강을 위해 소화도 도울 겸 오셨을 거라고 하십니다.

아가멤논 내 말을 잘 들으시오, 파트로클로스. 우리는 그러한 답변에는 이미 익숙해졌소. 그렇게 약삭빠르게 경멸의 날개를 달고 발뺌을 하지만 우리를 속일 수는 없소. 아킬레우스는 여러 특이한 성향들을 가지고 있으며, 우리가 그것을 인정할 만한 이유도 있지요. 하지만 그러한 장점을 오만하게 스스로 자랑한다면, 우리 눈에는 그 장점의 빛이 사라져 보이는 것이라오. 신선한 과일도 더러운 접시에 담아 놓으면 먹고 싶어지지 않는 것처럼 말이오. 가서 우리가 할 이야기가 있어 왔다고 전해 주시오. 우리가 그 사람에 대해 지나치게 거만하다느니, 솔직하지 못하다느니 말하며, 다른 사람들의 판단 이상으로 스스로를 과대평가하는 사람으로 생각한다고 아킬레우스에게 전하는 게 그대의 잘못은 아니니까. 자기보다 지위가 높은 사람들이 그 무례한 태도를 참아가며, 신성한 지휘권을 억누르고 변덕스러운 우월감을 꾹 참아주는 것이오. 이번 전투의 방향이나 모든 작전이 자기에게 달려 있다는 듯 멋대로 굴며, 바다의 밀물처럼 올라갔다 내려갔다 하는 그의 변덕도 우리가 점잖게 지켜보고 있다고 전하오. 또 그가 자기의 가치를 그처럼 지나치게 높이 평가한다면 우리는 그를 전쟁에 내보내지 않을 것이며, 운반할 수 없는 전쟁 도구처럼 '전쟁을 이리로 가져와라. 무거워서 전쟁터에 못 가니까'라고 쓴 푯말이라도 걸어두고 쉬게 하겠다는 말도 함께. 우리는 잠자는 거인보다는 바삐 움직이는 난쟁이를 더 높게 평가한다는 말도 전해 주오.

파트로클로스 분부대로 하겠습니다. 곧 답변을 전해 드리지요. (퇴장)

아가멤논 대리인의 답변만으로는 만족할 수 없지. 직접 말하러 왔으니, 오디세우스 공, 들어가 보오. (오디세우스 퇴장)

아이아스 자기가 다른 사람보다 뭐가 잘났다는 거죠?

아가멤논 스스로 그렇게 생각하는 것뿐이오.

아이아스 그가 그렇게 대단합니까? 그 사람은 자기가 저보다 낫다고 생각할까요?

아가멤논 물론이오.

아이아스 그의 생각이 옳다고 보세요? 그 사람이 정말 저보다 훌륭한가요?

아가멤논 아니, 아이아스 공. 아킬레우스 못지않게 그대는 강하며, 용맹하고, 현명하오. 또 고결함에서도 그 사람에게 뒤지지 않고, 더 신사적이며, 함께 일을 해나갈 때에도 매우 협조적이오.

아이아스 사람이 어쩌면 그토록 거만해질까요? 거만한 마음은 어떻게 생겨 날까요? 저로서는 알 수가 없습니다.

아가멤논 아이아스, 그대의 마음은 깨끗하고, 인품도 아름답소. 오만한 사람 은 스스로를 잡아먹는 법이오. 오만이란 자신을 드러내 주는 거울이며, 나 팔이며, 기록이기도 하다오. 행동으로 드러내지 않고 떠벌리기만 하면, 떠벌 리다가 행동마저 잡아먹는 꼴이 되니까.

아이아스 거만한 사람은 딱 질색입니다. 교미하는 두꺼비만큼이나 말이죠.

네스토르 (혼잣말로) 그러면서도 저자는 자기 자신을 사랑하다니, 정말 이상 하군.

오디세우스 다시 등장.

오디세우스 아킬레우스는 내일 전쟁터에 나가지 않겠답니다.

아가멤논 이유가 뭐지요?

오디세우스 그 누구에게도 의존하지 않고, 어떠한 사람도 존경하지 않으며, 자기 마음이 흘러가는 대로, 자기 뜻대로 행동할 따름이랍니다.

아가멤논 이토록 정중하게 부탁하는데, 그 사람은 어째서 군막 밖으로 나오 지도 않고 우리와 만나지도 않는 걸까요?

오디세우스 그는 그다지 대단할 것도 없는 우리의 부탁을 대단한 것으로 여 기고 오만해져 있습니다. 과대망상에 사로잡혀서, 말을 할 때에도 자기 입 에서 나오는 입김과 싸우기라도 할 것 같습니다. 스스로 잘났다고 생각하 는 망상이 차츰 커져서 그의 핏속에 스며들고 불이 붙어, 아킬레우스 왕국 은 공상과 사실이 서로 다투다가 스스로 무너질 지경에 이르렀습니다. 어떻 게 말하면 좋을까요? 너무나 병적인 자만심에 사로잡혀 죽음의 징후가 보 이니, "가망이 없다"고 외치는 것만 같습니다.

아가멤논 아이아스더러 가보라고 해야겠소. 아이아스 공, 그의 군막으로 가 서 인사해 보오. 공에게는 호감을 가지고 있다 하니, 가서 부탁하면 좀 움 직여 줄지도 모르잖소.

오디세우스 오, 아가멤논 대왕, 그러시면 안 됩니다! 아이아스가 아킬레우스 로부터 멀리 떨어져 가는 발자국을 오히려 신성하게 생각해야 합니다. 자기의 오만을 스스로 부풀리며 외부의 일에 대해서는 생각하는 것조차 거부하고, 자기가 하고 싶은 일만 되풀이하는 그런 건방진 사람에게 가서 우상처럼 떠받들라는 말씀을, 우리가 그자보다 더 우상처럼 떠받드는 아이아스 장군에게 하시다니요? 안 될 말입니다. 누구 못지않게 높은 평가를 받는 이 용맹한 호걸이 지난날에 쌓아올린 명성을 더럽혀서는 안 됩니다. 아킬레우스의 명성이 얼마나 높은지는 몰라도, 그에 뒤지지 않는 명성을 떨치는 아이아스를 보낼 수는 없습니다. 이는 커질 대로 커진 비곗덩어리 같은 자만심을 더욱 부풀리는 일이며, 태양이 불타오르는 하늘에 석탄을 부어 넣는 꼴이지요. 아이아스 장군이 아킬레우스한테 가다니요! 유피테르 신이여, 우레 같은 소리로 "아킬레우스, 네가 저 호걸을 찾아라!" 명령하소서.

네스토르 (디오메데스에게만 들리게) 오, 잘되어 가는구려. 그의 가려운 곳을 멋지게 긁어 주었소.

디오메데스 (네스토르에게만 들리게) 이따위 칭찬에 넋이 나가 침묵을 지키는 그의 꼴을 보십시오!

아이아스 제가 가면 이 주먹으로 그놈 얼굴을 후려갈겨 버리겠습니다.

아가멤논 오, 안 돼, 그대는 가면 안 되오.

아이아스 저에게 거만하게 굴면 그놈의 거만을 두들겨 주지요. 제가 가겠습니다.

오디세우스 우리 전투에 온갖 이익을 준다 해도 안 됩니다.

아이아스 하찮은 놈이, 건방지게 굴다니!

네스토르 (혼잣말로) 자기 이야기를 하는군!

아이아스 그놈은 사람을 사귈 줄도 모르나?

오디세우스 (혼잣말로) 까마귀가 자기 까만 줄도 모르고!

아이아스 놈의 건방진 피를 제가 씻어 주겠습니다.

아가멤논 (혼잣말로) 환자 될 놈이 의사가 되겠다니.

아이아스 모든 사람이 제 마음 같다면……

오디세우스 (혼잣말로) 지혜가 사라져 버리겠지.

아이아스 그렇게 두지는 않겠어요. 먼저 칼로 한 방 먹여주겠습니다. 그러고도 건방지게 굴 수 있을까요?

네스토르 (혼잣말로) 그렇다면 그 칼의 절반은 너도 먹게 된다.

오디세우스 (혼잣말로) 10인분은 먹게 될걸.

아이아스 놈을 주물러서 말랑말랑하게 해놓겠습니다.

네스토르 (혼잣말로) 아직 완전히 끓어오르지 않았어. 좀더 칭찬을 불어넣자. 야심이 아직 말라 있으니 좀더 쏟아부으라고.

오디세우스 (아가멤논에게) 대왕께서는 이런 불쾌한 일에 너무 심려치 마소서.

네스토르 고귀한 우리의 총사령관이시여, 너무 심려치 마소서.

디오메데스 아킬레우스 없이도 싸울 준비를 하셔야겠습니다.

오디세우스 아니, 그렇게 이름을 자주 꺼내면 당사자에게도 해로워요. 여기에 진짜 용사가 있는데…… 그렇지만 그분 앞에서는, 침묵을 지키겠소.

네스토르 그럴 필요야 없지 않소? 이분은 아킬레우스처럼 허영에 들뜬 분이 아니니까요.

오디세우스 이분이 용맹하다는 걸 온 세상이 알고 있습니다.

아이아스 그 더러운 개자식이 우리를 그토록 업신여기다니! 놈이 트로이 사람이라면야!

네스토르 아이아스에게도 단점이 생기면…….

오디세우스 거만하다든가…….

디오메데스 허영심에 들떠 있다든가…….

오디세우스 그래요. 퉁명스럽게 군다든가…….

디오메데스 아니면 건방지게 군다든가, 잘난 체한다든가!

오디세우스 (아이아스에게) 고맙게도 하늘은 당신에게 원만한 성품을 주셨군요. 당신은 젖을 물려 길러주신 부모님을 예찬하시오. 당신의 스승도 명예를 누릴 것입니다. 당신의 천성이야말로 모든 학문보다도 본받을 만합니다. 그러나 당신에게 무술을 가르친 스승도 위대하시니, 군신 마르스와 명예를 나누어도 좋을 것 같습니다. 그 힘으로 말하자면 황소를 등에 메고 다닌 밀로의 신마저도, 장사라는 이름을 근육이 우람한 이 아이아스에게 양보해야 할 듯합니다. 당신의 지혜에 대해서는 칭찬도 하지 않겠습니다. 그것은 끝없이 펼쳐진 드넓은 곳들을 모두 포괄하는 경계와 울타리와 해안 같은 것이니까요. 여기 계신 네스토르 공은 오랜 세월 동안 귀한 경험을 많이 하신 분이지요. 현명하셔야만 하고, 실제로 지혜로운 분이시지만, 네스토르 공, 공께서 이 아이아스처럼 젊으시며 두뇌 또한 지금처럼 건전하시다 해도,

말씀드리기 죄송하지만 이 호걸보다 더 훌륭할 수는 없을 겁니다. 잘해야 그저 아이아스와 동등하겠지요.

아이아스　아버지라고 부를까요?

오디세우스　아, 내 착한 아들아.

디오메데스　그분의 뜻을 받아들이세요, 아이아스 공.

오디세우스　이제 더는 망설일 까닭이 없습니다. 아킬레우스라는 수사슴은 숲속에 틀어박혀 있습니다. 총사령관께서 회의를 소집해 주십시오. 새로 트로이에 도착한 군주들도 있습니다. 전력을 집중하여 전투 태세를 갖추어야 합니다. 여기에 한 용사가 있습니다. 동과 서에서 모여든 장사들 가운데 가장 우수한 용사를 가려내야 하는데, 그 가운데 가장 힘센 자와 맞설 수 있는 사람은 바로 아이아스입니다.

아가멤논　가서 회의를 열겠소. 아킬레우스는 잠이나 자게 내버려 둡시다. 가벼운 배는 민첩하게 달리지만, 너무 큰 배는 물속에 깊이 잠기는 법이니. (모두 퇴장)

〔제3막 제1장〕

　　트로이. 프리아모스의 궁전.
　　안에서 음악 소리. 판다로스와 하인 등장.

판다로스　이봐, 잠깐만. 그대는 파리스 왕자님을 따르는 사람이 아닌가?

하인　네, 제 앞을 걸으실 때요.

판다로스　그분을 모시고 있느냐 말이다.

하인　네, 나리께 의지하며 모시고 있지요.

판다로스　훌륭한 분을 모시는군. 칭찬하지 않을 수 없는 분이지.

하인　저희 나리는 훌륭한 분입니다!

판다로스　그대는 나를 알고 있지?

하인　네, 그저 소문으로만 조금…….

판다로스　이 친구, 나를 좀 잘 봐두게. 나는 판다로스 공이네.

하인 나리의 명성에 대해 좀더 알고 싶습니다.

판다로스 그렇게 되기를 정말로 바라네.

하인 신의 은총을 받으셨군요.

판다로스 은총이라니! 아니야, 이 친구야. "나리" 또는 "어른"이라고 부르면 돼. 이게 무슨 음악이지?

하인 저도 조금밖에 모릅니다. 아마도 협주곡이겠죠.

판다로스 악사들을 알고 있나?

하인 예, 모두 알죠.

판다로스 누구를 위한 연주지?

하인 듣는 사람들을 위한 거죠.

판다로스 누구의 귀를 즐겁게 해주려는 거지?

하인 저를 위해서, 그리고 음악을 좋아하는 사람들을 위해서죠.

판다로스 누구의 명령으로 음악을 연주하느냐 말이다.

하인 제가 누구를 명령해요?

판다로스 이 친구는 동문서답이군. 나는 지나치게 점잖고, 이 친구는 너무 잔머리를 쓰는군. 누가 청하여 저 사람들이 연주를 하느냐 말이다.

하인 바로 그 말씀이군요. 저의 주인 파리스 공의 요청으로 연주하는 거지요. 나리께서 직접 나와 계십니다. 살아 계신 베누스, 아름다움의 정수, 보이지 않는 사랑의 정령도 함께 계시고요.

판다로스 누구? 내 조카 크레시다 말인가?

하인 아닙니다. 헬레네 님입니다. 제가 그렇게 입이 닳도록 칭찬하는데도 누군지 모르셨어요?

판다로스 그러고 보니 자네는 아직 크레시다 양을 보지 못했나 보군. 나는 트로일로스 왕자님의 심부름으로 파리스 님을 만나뵈러 왔다. 다급한 일이니 어서 찾아뵙고 경의를 표해야겠다.

하인 (혼잣말로) 푹 젖는 일이겠죠! 다급한 병이라면 임질이니, 뜨겁게 젖어야 고치죠.

　

　　　파리스와 헬레네가 시종을 거느리고 등장.

3막 1장, 판다로스, 파리스와 헬레네 H.C. 셀루스. 1830.

판다로스 왕자님께 문안 인사 올립니다. 그리고 함께 계신 아름다운 분께도 같은 인사를 올립니다. 아름다운 소망이 아름답게 이루어지시기를! 더욱이 아름다운 왕비께서는 아름다운 생각이 아름다운 베개에 깃드시기를!

헬레네 어머나, 아름다운 말씀만 하시는군요.

판다로스 왕비께서도 아름답게 말씀하셨습니다. 아름다운 왕자님, 오늘 아주 멋진 연주를 들었습니다.

파리스 그 멋진 음악을 그대 때문에 멈췄으니, 그대가 이어주어야겠소. 한마디 한마디를 그대의 여흥으로 이어주어야 하오. 헬레네, 이분은 목소리가 아름답다오.

판다로스 아닙니다, 왕비님.

헬레네 오, 제발 좀…….

판다로스 정말 음치랍니다, 왕비님.

파리스 잘했소! 그대의 그 말이 바로 노래 같구려.

판다로스 왕비님, 실은 왕자님께 여쭐 말이 있습니다.

헬레네 안 돼요, 슬쩍 발을 빼시려고요? 노래를 꼭 들어야겠어요.

판다로스 아, 상냥하신 왕비님, 저를 놀리시는군요. 사실을 말씀드리지요. 왕자님, 저의 주인이시며 왕자님의 가까운 벗이기도 한, 왕자님의 동생이신 트로일로스 왕자님께서…….

헬레네 판다로스 경, 정말 상냥하신…….

판다로스 상냥하신 왕비님, 잠깐만요. 트로일로스 왕자님께서도 왕비님께 문안 인사를 전해 달라고 하셨는데…….

헬레네 노래를 안 하려고 우물쭈물하시는군요. 안 하시면 우리의 우울증을 경에게 옮기겠어요!

판다로스 왕비님, 왕비님! 이토록 상냥하신 분께서…….

헬레네 그 상냥한 왕비를 슬프게 한다는 건 큰 실례입니다.

판다로스 그런 말씀도 맞지 않습니다. 그렇지 않습니다. 정말이지, 그렇지 않습니다. 그런데 왕자님, 저녁때 대왕께서 트로일로스 왕자님을 찾으면 적당한 핑계를 말해 달라는 부탁이십니다.

헬레네 판다로스 경…….

판다로스 상냥하시고 아주 아주 상냥하신 왕비님, 무슨 말씀이신지요?

파리스 동생은 무슨 일을 하려는 건가요? 오늘 밤 어디서 저녁을 먹겠다는 거죠?

헬레네 아니, 그런 말씀은 그만하시고 이제…….

판다로스 네, 무슨 말씀이시죠? 제 조카는 앞으로 왕비님과 사이가 나빠질 것 같군요. (파리스에게) 트로일로스 님이 어디서 저녁을 드시는지 모른다고 해주십시오.

파리스 크레시다가 내 동료들로부터 그를 앗아갔다는 것에 내 목숨을 걸겠소.

판다로스 아닙니다, 그런 게 아닙니다. 동떨어진 말씀을 하십니다. 진정하시고, 크레시다는 지금 병에 걸려 있습니다.

파리스 그럼, 적당한 핑계를 생각해 보겠소.

판다로스 아, 고맙습니다. 어째서 크레시다 말씀을 하셨죠? 글쎄, 그 아이는 지금 아프답니다.

파리스 나도 눈치챘다오.

판다로스 눈치를 채셨나요? 무엇을요? 자, 악기를 하나 주세요, 상냥하신 왕비님.

헬레네 아, 정말 친절하시군요.

판다로스 저의 조카는 왕비님께서 가지고 계신 한 가지 물건을 매우 탐내고 있지요, 상냥하신 왕비님.

헬레네 내 남편 파리스만 아니라면 무엇이든 주겠어요.

판다로스 파리스 왕자님? 그분은 필요 없습니다. 둘 사이는 이미 벌어져 있지요.

헬레네 두 사람 사이가 벌어졌다 가까워졌다 하면, 그 사이에 또 하나가 생겨 셋이 될 수도 있겠네요.

판다로스 자, 자, 이런 이야기는 더는 듣지 않겠습니다. 그럼 노래를 한 곡 들려드리지요.

헬레네 아, 어서 해주세요. 경의 이마는 참 멋있군요.

판다로스 좋으실 대로 말씀하십시오.

헬레네 사랑의 노래를 불러주세요. 사랑은 우리 모두를 망쳐 버리니까요. 오, 큐피드, 큐피드, 큐피드!

판다로스 사랑이라! 아, 바로 그놈입니다.

파리스 아, 좋지, 사랑, 사랑, 사랑뿐이오.

판다로스 좋습니다. 이렇게 시작하지요. (노래한다)

> 사랑, 사랑, 오직 사랑뿐, 그리고 또 사랑, 사랑!
> 사랑의 활은
> 수사슴, 암사슴을 쏘아
> 상처를 내고 마는구나.
> 목숨은 살려주었으나
> 아직도 상처는 쓰리지.
> 연인들은 오! 오! 사랑으로 죽어간다 하네!
> 그러나 죽을 것 같은 상처도 하하! 호호! 웃음으로 바뀌네.
> 그래서 죽는다던 사랑은 아직도 살고 있네.
> 오! 오!는 한순간일 뿐, 곧 하하!가 되지.
> 오! 오!는 하하! 기쁨을 위한 한숨이지.
> 아, 좋아라, 사랑이여!

헬레네 코끝까지 사랑에 젖었군요.

파리스 그놈은 비둘기만 먹소. 그러고 나서 뜨거운 피를 만드니, 뜨거운 피는 뜨거운 생각을, 뜨거운 생각은 뜨거운 행동을 낳는다오. 이 뜨거운 행동이 바로 사랑이오.

판다로스 그것이 사랑의 후손인가요? 뜨거운 피, 뜨거운 생각, 뜨거운 행동? 그렇다면 사랑은 독사입니다. 사랑은 독사의 후손인가요? 왕자님, 오늘 전쟁에 나간 사람은 누구죠?

파리스 헥토르, 데이포보스, 헬레노스, 안테노르, 그리고 모든 트로이의 용사들이오. 나도 막 무장을 하고 나가려던 참이었는데 헬레네가 못 가게 하는 바람에…… (판다로스에게) 그런데 내 동생 트로일로스는 어째서 전쟁에 나가지 않은 걸까요?

헬레네 무슨 고민이 있으신 게지요. 판다로스 경은 잘 아실 텐데요.

판다로스 왕비님, 저도 모릅니다. 그나저나 오늘 전투는 어찌 되었는지 몹시

궁금하군요. 파리스 왕자님께서는 작은 왕자님의 부탁을 부디 잊지 마십시오.

파리스 그의 수염 한 가닥에 걸고 맹세하겠소.

판다로스 안녕히 계십시오, 왕비님.

헬레네 조카분에게도 안부 전해 주세요.

판다로스 그렇게 하겠습니다. (퇴장)

파리스 (퇴각 나팔 소리) 전쟁터에서 돌아오는군. 프리아모스 대왕의 궁정으로 가서 용사들을 맞이합시다. 헬레네, 부탁이니 헥토르 형님의 갑옷 벗는 일을 도와주시오. 당신의 희고 섬세한 손가락이 닿으면, 강철 끝이나 그리스인의 힘으로도 풀리지 않던 단단한 조임쇠도 쉽게 풀릴 테니까. 당신이 모든 그리스의 제왕보다 더 많은 일을 해낼 수 있어요. 헥토르 장군의 갑옷을 풀어주시오.

헬레네 그분을 돕는 것은 바로 저의 자랑이지요. 그분이 제 시중을 받아들이신다면 저의 아름다움으로 누릴 수 있는 그 어떤 것보다 더 명예로운 일이 될 것이며, 왕자님과 저 자신을 더욱 빛나게 해줄 것입니다.

파리스 너무나 상냥한 당신, 당신을 상상도 할 수 없을 만큼 사랑하오. (모두 퇴장)

〔제3막 제2장〕

같은 곳. 판다로스의 과수원.
판다로스와 트로일로스의 시동 등장.

판다로스 여봐라, 주인 나리께서는 어디에 계시느냐? 내 조카 크레시다의 집에 계시느냐?

시동 아닙니다, 나리께서 그곳으로 안내해 주시기를 기대하며 기다리고 계십니다.

트로일로스 등장.

판다로스   오, 여기 오시는군. 왕자님! 왕자님!

트로일로스   (시동에게) 너는 물러가 있거라. (시동 퇴장)

판다로스   제 조카를 만나보셨는지요?

트로일로스   아니, 나는 저 저승길의 스틱스 강가에서 나룻배를 기다리는 낯선 나그네처럼, 그녀 집 문 앞에서 서성이고 있었소. 오, 그대, 나룻배 사공 카론이 되어 백합꽃이 활짝 핀 뜰에 어서 나를 데려다주오. 자격이 있는 사람만이 그곳에서 뒹굴며 머무를 수 있다고 하니. 오, 판다로스, 큐피드의 어깨에서 아름다운 날개를 뽑아, 나와 함께 크레시다에게 날아갑시다!

판다로스   이 정원에서 거닐고 계십시오. 그 아이를 곧 데려오겠습니다. (퇴장)

트로일로스   아, 어지러워. 내 가슴은 희망으로 소용돌이치는구나. 상상만으로도 나의 감각은 이토록 매혹당하는데, 세 번이나 정제된 사랑의 맑고 향기로운 꿀맛을 침이 가득 고인 이 혀로 실제로 맛보면 어떻게 될까? 그러다 죽는 건 아니겠지? 너무 황홀해서 기절할지도 몰라. 어쩌면 그 달콤한 기쁨은 나의 거친 감각으로는 너무나 멋지고 섬세하며 강렬해서 그 날카로움으로 나에게 상처를 입힐지도 몰라. 아, 두렵구나. 어디 그뿐인가, 내 기쁨이 무엇인지조차 잊어버릴지도 몰라. 전쟁터에서 달아나는 적을 한꺼번에 추격할 때의 기분처럼 말이야.

　

　　판다로스 다시 등장.

　

판다로스   채비를 하고 있으니 이제 곧 나올 겁니다. 자, 크레시다가 편안하게 느낄 수 있도록 재치 있는 말씀을 생각해 두십시오. 그 아이는 너무 부끄러워서 마치 유령이라도 만난 듯, 놀라서 가쁜 숨을 몰아쉬고 있답니다. 제가 데리고 오지요. 귀여운 것, 방금 붙잡힌 참새처럼 숨을 팔딱이고 있으니. (퇴장)

트로일로스   이 가슴도 뜨거운 열정으로 숨이 막히는구나. 심장이 열병에 걸린 맥박보다 더 빨리 뛰고 있으니, 내 몸이 정상적인 기능을 모두 잃어버린 것 같아. 신하가 뜻하지 않게 대왕의 눈과 마주칠 때처럼 말야.

　

　　판다로스가 크레시다와 함께 다시 등장.

3막 2장, 트로일로스와 크레시다, 판다로스 F. 바나드 그림, M. 클린키트 판화

판다로스 애야, 왜 그리 부끄러워하느냐? 어린아이처럼 쑥스러워하는구나.
　자, 여기 왔습니다. 저에게 맹세한 그 말씀을 이 아이에게 직접 하십시오.

(크레시다, 물러선다) 왜 또 달아나는 거냐? 익숙해질 때까지 내가 꼭 붙잡아 두어야 하느냐? 자, 어서 이리 오너라. 뒤로 물러나면 멍에를 씌워 끌고 오겠다. 왜 이 아이에게 아무 말씀도 안 하시죠? 자, 베일을 걷고 얼굴을 보여 드려라. (크레시다의 베일을 걷어 올리며) 이런 참, 햇빛 보는 게 그렇게도 두려우냐! 어두우면 더 빨리 다가갈 텐데. 그렇지 그래, 가까이 다가가서 입을 맞춰야지. (트로일로스와 크레시다가 키스를 한다) 아니, 이게 어찌 된 거야! 언제까지 할 셈이지! 자, 목공, 거기에 집을 지어야겠네. 공기가 아주 좋으니까. 아니, 저런! 둘을 떼어놓지 않으면 저러다 심장이 터져 버리겠는걸. 강물 위를 떠다니는 물오리들도 놀라겠군. 자, 이제 그만해요, 그만!

트로일로스　아가씨는 나에게서 모든 말들을 빼앗아 버렸군요.

판다로스　말로는 빚을 갚을 수 없으니 행동으로 보여주세요. 그렇지만 저 아이는 행동도 빼앗아 버릴 겁니다. 왕자님의 행동이 의심스럽다면요. (트로일로스와 크레시다가 다시 입을 맞춘다) 이런, 또 입을 맞추는 건가? 당사자 합의하에 잘 되어 가고 있으니…… 자, 이리로 들어가시지요. 저는 불을 가지러 가겠습니다. (퇴장)

크레시다　들어가실까요, 왕자님?

트로일로스　오, 크레시다. 이렇게 되기를 내가 얼마나 바랐는지!

크레시다　바랐다고 하셨나요, 왕자님? 여러 신들도 들어주소서. 오, 왕자님!

트로일로스　신들이 무엇을 들어주지? 기도하다 말고 왜 뒤로 물러서지요? 내 사랑의 샘물 속에 무슨 좋지 못한 먼지라도 보이나요?

크레시다　저의 '두려움'에 눈이 있다면 샘물보다 더 많은 먼지가 있겠죠.

트로일로스　두려움은 악마도 천사로 보게 하지요. 결코 옳게 볼 수 없게 하니까요.

크레시다　눈먼 두려움을 눈이 밝은 이성이 이끌면, 눈먼 이성이 두려움을 모른 채 비틀거리는 것보다 훨씬 안전하지요. 최악의 경우를 두려워한다면 그보다 덜한 사태를 이따금 피해 갈 수도 있습니다.

트로일로스　오, 나의 사랑이 부디 두려워하지 않기를! 큐피드의 행렬에는 그런 흉측한 괴물이 등장해선 안 되지요.

크레시다　흉측한 것은 하나도 없나요?

트로일로스　눈물을 흘려 바다를 이루고, 불 속에서 살며, 바윗돌을 갉아먹

연극 〈트로일로스와 크레시다〉 폴 스토커(트로일로스 역)·매튜 켈리(판다로스 역)·로라 파이퍼(크레시다 역) 출연. 런던 글로브 극장 공연. 2009.

고, 호랑이를 길들이겠다고 맹세할 때가 아니라면 두려움이란 있을 수 없죠. 우리 남자들이 자신에게 닥친 어려움을 견뎌내는 것보다도, 사랑하는 사람을 위해 어려움을 헤치고 나아갈 방법을 찾아내려 고심하는 여인들이 더 힘들 거라고 생각하오. 의지는 무한하지만 행동에는 제한이 있으며, 욕망은 다함이 없으나 행동은 구속을 당하는 노예와 같지요. 이처럼 사랑에도 도깨비같이 이상한 요소가 있는 겁니다.

크레시다 모든 연인들이 할 수 없는 것을 하겠다고 맹세하면서, 행동할 수 있는 능력은 그대로 간직해 두고, 열 가지 맹세 가운데 한 가지도 해내지 않는다는 말이 있습니다. 사자의 목소리를 갖고도 토끼의 행동밖에 하지 않는 사람들이야말로 바로 도깨비가 아닌가요?

트로일로스 그런 사랑도 있나요? 그러나 우리의 사랑은 그렇지 않습니다. 먼저 맛을 보게 한 뒤에 칭찬하며, 시험해 본 뒤에 우리의 사랑을 증명하지요. 우리가 빛나는 업적을 이룰 때 비로소 그 대가로 왕관을 쓸 수 있습니다. 앞으로 이루게 될 업적을 미리 칭찬할 필요는 없지요. 태어나기 전에 칭송을 받으면 태어난 뒤에 명성이 떨어집니다. 성실한 마음에는 많은 말들이 필요없습니다. 크레시다를 사랑하는 마음은, 누군가가 질투로 가득 찬 악담을 퍼붓는다 해도 나의 진실을 조롱하는 것일 뿐이며, 어떤 진실도 트로일로스의 진실보다 더 진실하지는 않습니다.

크레시다 안으로 들어가실까요, 왕자님?

판다로스 다시 등장.

판다로스 아니, 아직도 얼굴을 붉히고 있는 거냐? 아직도 이야기를 끝내지 않았어?

크레시다 제가 앞으로 무슨 바보짓을 저지르더라도 모두 숙부님에게 갈 거예요.

판다로스 그것참 고맙구나. 왕자님의 아들을 낳으면 나에게 주렴. 왕자님께 정성을 다해라. 왕자님께서 멈칫하시면 나를 책망하고.

트로일로스 (크레시다에게) 이젠 확실한 보증을 가지게 됐군요. 숙부의 말과 나의 확고한 맹세를.

판다로스 저 아이를 위해서도 약속을 드리겠습니다. 친척들은 설득할 때까지는 시간이 오래 걸리지만, 마음을 열고 나면 언제나 한결같지요. 가시 돋친 갈퀴덩굴처럼, 내던져도 찰싹 달라붙거든요.

크레시다 이제는 저도 용기를 내어 마음을 열어 보이겠어요. 트로일로스 왕자님, 저는 아주 오랫동안 밤이나 낮이나 왕자님만을 그리워했습니다.

트로일로스 그렇다면 왜 그토록 내 마음을 받아들이지 않았소?

크레시다 너무 쉽게 제 마음을 들키고 싶지 않았으니까요. 하지만 처음부터 저는 왕자님에게 제 마음을 드렸죠. 죄송한 말씀이오나 너무 쉽게 사랑을 고백하면 왕자님께서 폭군이 되실 것 같았습니다. 그러나 이제는 왕자님을 사랑해요. 그래도 조금 전까지는 자신을 억제하지 못할 만큼 왕자님을 사랑하는 건 아니었어요. 아, 사실은 거짓말이에요. 저의 마음은 어머니도 어떻게 하지 못할 만큼 고집 센 어린아이 같았죠. 좀 보세요, 이 바보를! 왜 이렇게 말이 많아졌을까요? 자신의 비밀을 이처럼 쏟아낸다면 누가 우리를 진심으로 대해 주겠어요? 왕자님을 사랑했지만 제가 먼저 사랑을 말할 수는 없으니, 그래서 정말이지, 저는 남자가 되고 싶었어요. 그렇잖으면 먼저 말을 걸 수 있는 특권을 여자도 가졌으면 했고요. 제 입을 좀 막아주세요. 이렇게 들떠서 모두 말하고 나면 나중에 후회하게 될 테니까요. 어머나, 왕자님은 아무 말씀도 안 하시네요. 말없이 저의 비밀스런 마음을 알아내시려 하다니, 너무하시는군요. 제가 입을 다물게 해주세요.

트로일로스   아름다운 음악이 나오고 있는데, 어찌 멈출 수가 있겠소. (크레시다에게 키스를 한다)

판다로스   귀엽기도 해라.

크레시다   왕자님, 부탁이에요, 제발. 키스를 받고 싶어서 그렇게 말한 건 아니었어요. 부끄러워라…… 아, 제가 무슨 짓을 한 거죠? 그럼, 저는 이만 가야겠어요.

트로일로스   귀여운 크레시다, 갈 건가요?

판다로스   간다고? 내일 아침이나 되야 서로 작별 인사를 하게 될 텐데…….

크레시다   자, 이제 그만하세요.

트로일로스   왜 마음이 상했나요?

크레시다   제 자신 때문이지요.

트로일로스   자기 자신을 피할 수는 없어요.

크레시다   가라고 내버려 두세요. 제 안에는 왕자님과 함께 있는 저와, 그러한 자신을 떠나보내는 또 하나의 상냥하지 못한 제가 있어요. 다른 사람의 노리갯감이 되고 싶지 않으니까요. 이제 가야겠어요. 제 지혜는 어디로 간 거죠? 제가 무슨 소리를 하는 건지, 저도 잘 모르겠어요.

트로일로스   그렇게 지혜롭게 말하고 있는데, 모를 리가 있겠습니까.

크레시다   왕자님, 아마 저는 사랑보다는 잔재주를 부리고 있는지도 몰라요. 왕자님의 마음을 꺼내려고 이렇게 거리낌 없이 털어놓고 있는지도 모릅니다. 하지만 왕자님은 현명한 분이시든가, 그렇잖으면 저를 사랑하고 있지 않아요. 현명하면서도 사랑한다는 건 인간의 능력을 벗어난 일이지요. 그건 하늘의 신들만이 할 수 있는 거랍니다.

트로일로스   오, 나는 그대와 같은 여인에게는 그게 가능하다고 생각하오. 사랑의 등불과 불꽃을 영원히 타오르게 하고, 그 마음의 정절이 아름다운 외모보다도 오래 지켜지며, 비록 피가 늙어가더라도 마음은 더욱 새로워질 거라고 말이오! 또 나 자신에게도 이렇게 설득하려 했지요. 나의 진심 어린 마음을 보여주면, 체에 쳐서 고른 듯한 당신의 순수한 사랑이 내게 답해 줄 거라고요. 이런 생각 속에 얼마나 가슴 벅차했는지! 그렇지만 아! 내가 너무 정직했어요. 어린아이보다 더 단순하게 진실을 말해 버리다니.

크레시다 그 점이라면 저도 왕자님에게 뒤지지 않아요.

트로일로스 오, 아름다운 다툼! 옳은 것과 옳은 것이 다툴 때 어느 쪽이 더 옳을까! 앞으로 이 세상에서 사랑에 빠지는 젊은이들은 트로일로스를 들어 자신들의 진실을 증명하려 할 겁니다. 그리고 사람들은 사랑의 증언과 맹세와 과장된 비유로 가득한 사랑의 시를 쓸 때, 사랑의 진실을 두고서 "강철처럼 강하다, 달의 영향을 받는 식물과 같다, 한낮의 태양 같다, 한 쌍의 원앙 같다, 자석에 끌려오는 쇠붙이 같다, 지구와 그 중심의 관계 같다"는 등 온갖 좋은 말들을 되풀이하겠지만, 모든 진실을 서로 비교한 다음에는 가장 믿을 만한 진실의 증거로서, "트로일로스처럼 진실하다"는 글귀로 마무리 지음으로써 신성한 운율로 만들 것입니다.

크레시다 그 말씀이 예언이 되기를 빕니다! 만약 제 말이 거짓이라면, 진실에서 머리카락 한 올의 거리만이라도 빗나간다면 오랜 세월이 지나 망각이 찾아올 때까지, 물방울이 트로이의 돌을 뚫고, 눈먼 망각이 도시를 삼켜버리며, 위대한 나라들이 먼지처럼 사라질 때까지 오래도록 기억에 남도록 하여 거짓된 입과 입을 통해, 사랑에 빠진 거짓된 여자들 사이에서 나의 거짓을 두고서 그들이 "공기와 물, 바람이나 모래 언덕처럼 일시적이며, 어린 양을 노리는 여우, 암송아지를 노리는 늑대, 암사슴을 노리는 표범, 전처 자식을 대하는 의붓어머니처럼 거짓된"이라고 말하고 나서 거짓의 심장을 찌르듯이 "그렇지요, 크레시다처럼 거짓된"이라고 꾸짖어 말할 수 있도록 하십시오.

판다로스 자, 거래는 끝났으니 도장을 찍어요, 도장을. 제가 증인이 되죠. 여기 왕자님의 손과 제 조카의 손을 잡았습니다. 왕자님과 크레시다가 서로에게 거짓을 저지른다면, 두 사람을 엮어 주려고 온갖 고생을 한 것은 바로 이 사람이니, 앞으로 모든 불쌍한 중매쟁이들은 세상 끝까지 판다로스라고 불릴 겁니다. 모든 충실한 남자들은 트로일로스, 거짓으로 가득 찬 모든 여자들은 크레시다, 그리고 모든 중매쟁이들은 판다로스라고 부르라죠! 자, 아멘이라고 하세요.

트로일로스　아멘.

크레시다　아멘.

판다로스　아멘. 그럼 침대가 있는 방으로 안내하지요. 두 분의 즐거운 만남을 소문내지 않게, 그 침대 놈의 입을 막으시지요. 자, 이쪽입니다! 사랑의 신 큐피드여, 여기서 입을 다물고 있는 모든 처녀들을, 침대를, 방을, 그리고 이 자리를 마련한 판다로스에게 은혜를 베풀어 주소서. (모두 퇴장)

〔제3막 제3장〕

그리스군 진영. 아킬레우스의 군막 앞.

아가멤논, 오디세우스, 디오메데스, 네스토르, 아이아스, 메넬라오스, 그리고 칼카스 등장.

칼카스　여러분, 제 공로에 대해 보상받을 수 있는 좋은 기회라 생각하여 이렇게 당당히 말씀드립니다. 저는 앞으로 닥쳐올 일을 예견하여, 조국 트로이를 등졌고 재산도 다 버렸으며 반역자라는 낙인도 찍혔습니다. 오랫동안 누려 온 안락한 삶을 내놓고 불안한 운명에 몸을 맡기며, 저에게 익숙한 모든 사람들, 풍속, 생활 조건들과 작별하고 이렇게 낯선 세상에 뛰어든 까닭은 오직 여러분을 위한 것이었습니다. 작은 혜택이라도 좋으니, 여러분이 저에게 약속한 여러 은혜들 가운데 한 가지를 베풀어 주시기를 바랍니다.

아가멤논　트로이인이여, 무엇을 바라는지 말해 보오.

칼카스　어제 안테노르라는 트로이인을 포로로 잡았습니다. 트로이에서는 그를 매우 중요한 인물로 여기고 있습니다. 이따금 여러분은—저는 이 일에 늘 감사드리고 있습니다만—트로이의 훌륭한 포로와 저의 딸 크레시다를 교환할 것을 제의하셨습니다. 아직 트로이 측에서는 이를 거절하고 있습니다만, 이 안테노르는 국정 업무의 중심인물이어서 그가 없이는 모든 일들이 순조롭게 진행되지 못할 것입니다. 그래서 이 사람을 되찾기 위해서는 프리아모스의 친자식마저도 내놓으려 할 것입니다. 여러분, 이 포로를 보내주십시오. 그러면 제 딸이 돌아올 겁니다. 딸만 오게 되면 제가 모든 어려움을 무릅쓰고 이제까지 기꺼이 감수해 온 일들에 대해 완전한 보상을 받게 되는 것입니다.

아가멤논 그럼 디오메데스에게 이 일을 맡겨 크레시다를 이쪽으로 데리고 오게 하오. 칼카스의 청을 들어주겠소. 디오메데스 장군, 이 교환을 위해서 준비하고, 헥토르가 내일 결투를 할 것인지도 알아봐 주오. 아이아스는 준비가 되어 있으니까.

디오메데스 분부대로 따르겠습니다. 자랑스러운 마음으로 맡은 일을 해내겠습니다. (칼카스와 함께 퇴장)

오디세우스 아킬레우스가 자기 군막 앞에 서 있습니다. 각하께서는 저 친구 옆을 지나실 때 그를 잊은 것처럼 모르는 체하시기 바랍니다. 그리고 경들도 아주 무관심한 태도를 보여주시오. 저는 맨 나중에 가겠습니다. 그렇게 한다면 그는 어째서 모든 눈이 자기를 냉대하고, 여러분이 자기에게서 등을 돌리는지 저에게 물을 것입니다. 그러면 경들의 냉대와 그의 거만함을 뒤섞어 조롱이라는 약을 만들어, 그 스스로 기꺼이 먹게끔 만들겠습니다. 효력이 있을 겁니다. 거만한 그의 모습을 비춰 주는 것은 오직 거만이라는 거울밖에 없으니까요. 겸손히 꿇어앉은 무릎은 오만을 키울 뿐이며, 거만한 사람에게 건네는 용돈 구실밖에 못합니다.

아가멤논 경의 계획대로 옆을 지나갈 때 모르는 체하리다. 경들도 그에게 인사하지 마시오. 그렇잖으면 멸시하는 듯한 행동을 보이든가. 이런 태도는 모르는 체하는 것보다도 그 사람을 더욱 흔들어 놓을 거요. 내가 먼저 가겠소.

아킬레우스 총사령관이 나에게 이야기하러 오는 건가? 내 마음을 잘 알 텐데, 트로이를 상대로 싸울 생각은 없다니까.

아가멤논 무슨 말을 했나, 아킬레우스 경? 나한테 물어볼 말이라도 있소?

네스토르 각하께 무슨 드릴 말씀이라도?

아킬레우스 아뇨.

네스토르 없다고 합니다.

아가멤논 좋소. (네스토르와 함께 퇴장)

아킬레우스 안녕하십니까? 안녕하세요?

메넬라오스 오랜만이오. 오랜만이군. (퇴장)

아킬레우스 저 오쟁이진 놈이 날 무시해?

3막 3장, 아킬레우스와 오디세우스 H.C. 셀루스. 1830.

아이아스 아, 파트로클로스!

아킬레우스 안녕하시오, 아이아스 장군.

아이아스 예?

아킬레우스 안녕하시냐고.

아이아스 아, 내일도 안녕하겠죠. (퇴장)

아킬레우스 저들이 왜 저러오? 이 아킬레우스를 모른단 말이오?

파트로클로스 다들 모르는 체하고 지나가는군요. 전에는 허리를 구부리고 미소 지으며 아킬레우스 앞으로 다가와서는, 제단 앞에 제물을 바치듯 겸손하게 무릎을 꿇곤 했는데 말입니다.

아킬레우스 요즘 나의 가치가 떨어진 거요? 아무리 위대한 사람이라도 운명에게 버림받고 나면 사람들에게 수모를 당하게 마련이오. 몰락이란, 스스로 몰락했다고 느끼기가 무섭게 다른 사람 눈 속에도 나타나는 법이오. 인간이란 나비와 같소. 여름철만 지나면 그 가루가 묻은 날개를 반짝거리지 않으니까. 사람에게는 명예가 따로 있는 게 아니오. 평범한 사람들은 직책이나 재산이나 은총 같은, 그 사람 자체가 아닌, 그에게 붙어 다니는 명예를 그저 존경하고 따를 뿐이오. 이런 것들은 우연히 얻은 행운이오. 또 미끄러지기 쉽다 보니 쉽게 떨어져 나가기도 하오. 이런 것에 의지하는 세속의 사랑도 불안한 것이오. 하나가 떨어지면 모두 떨어져 나가고 만다오. 그렇지만 나에게는 그런 게 없소. 운명과 나는 가까운 친구니까. 나는 내가 소유한 모든 것을 완벽하게 즐기고 있소…… 저들의 표정 말고는. 그렇게도 나에게 존경의 눈빛을 보내더니, 아마도 내게서 어떤 결점을 발견한 것 같구려. 오디세우스가 오는구려. 그의 독서를 방해해야겠소. 안녕하십니까, 오디세우스 경!

오디세우스 아, 위대한 바다의 여신 테티스의 아드님!

아킬레우스 무엇을 읽고 있지요?

오디세우스 어떤 이상한 친구가 여기에 이렇게 썼더군요. (읽는다)

사람이란 제아무리 훌륭하게 태어나 자기 몸 안팎으로 많은 것을 가지고 있어도, 다른 사람들과의 반사 작용 없이는, 가지고 있는 것을 있다고 자랑할 수도 없으며, 소유하고 있다는 사실도 느낄 수 없다.

다시 말해 그 사람의 미덕이 다른 사람에게 빛을 주어 온기가 전해지고, 그 온기가 다시 본인에게 되돌아올 때에만 진정으로 그 미덕을 소유할 수 있다는 거지요.

아킬레우스 그건 이상할 게 하나도 없소, 오디세우스 경. 이 얼굴에 나타나는 아름다움은 자기 자신은 모르지만, 다른 사람의 눈에는 드러나니까요. 가장 순수한 감각의 정수인 눈이 그 몸으로부터 떨어져 나와 스스로 자신을 바라볼 수는 없는 것이지 않소. 그러나 나의 눈과 다른 사람의 눈이 마주하면 서로의 모습을 볼 수 있습니다. 눈은 자기 자신을 마주하여 바라볼 수 없으니, 자기 자신을 볼 수 있는 다른 곳으로 가서 반사되어야 비로소 자기의 모습을 볼 수 있는 거라오. 그러니 그건 조금도 이상할 게 없지요.

오디세우스　그 의견을 받아들이지 않는 것은 아닙니다. 흔히 아는 사실이니까요. 그러나 글쓴이의 주장이 문제입니다. 상세한 증거를 들어가며, "사람이란 자기 안에 아무리 많은 자질을 갖추고 있어도 다른 사람들과 주고받지 않는 한 어떠한 자질도 가지고 있다고는 말할 수 없으며, 그 자질이 밖으로 드러나 사람들의 인정을 받게 될 때 비로소 자신의 역량을 알고 있다고 말할 수 있다. 이러한 인정과 갈채는 둥근 천장처럼 울려 퍼지기도 하고, 강철 대문이 태양을 마주하듯 그 모습과 그 열을 받아서 반사시킨다"고 하는 주장 말이오. 나는 이 글에 열중하다가 나도 모르게 아이아스의 얼굴을 떠올렸습니다. 정말이지, 그 사람은 도대체 무엇인지! 바로 말(馬)이오. 자기가 어떤 것을 가지고 있는지도 모르는. 자연이란 묘한 것이어서 외모는 천해도 쓰임새가 많은 것이 있으니! 또 매우 소중히 여겨지면서도 가치 없는 것도 있고! 아, 내일이면 알게 되겠지요. 바로 우연이 그에게 던져준 일이지만, 아이아스는 명성을 날리게 될 겁니다. 참, 어떤 이들이 내버려 두는 일을 어떤 이들은 잘 처리해 낸단 말이오! 어떤 이들은 믿을 수 없는 운명의 여신 방에 몰래 기어들어가지만, 어떤 이들은 바로 그 여신의 눈앞에서 광대 노릇을 하기도 하죠! 또 어떤 이들은 다른 이들의 오만 속에 파고들어가 그 내장을 멋대로 파먹고 있으니! 저 그리스의 제왕들을 보시오! 지금쯤 그 사람들은 아이아스의 어깨를 두드리며, 이미 그의 한쪽 발이 용맹한 헥토르의 가슴팍에 올라가, 저 트로이가 비명을 지르는 것처럼 생각하고 있을 겁니다.

아킬레우스　나도 그렇게 생각하오. 내 옆을 지나칠 때 마치 구두쇠 영감이 거지 옆을 지나듯, 나한테 인사도 하지 않고 웃지도 않더군요. 내가 세운 공을 다 잊었단 말이오?

오디세우스　장군, 시간이란 그 등에 바랑을 짊어지고 있지요. 그 바랑 속에는 배은망덕이라는 무시무시한 도깨비인 망각에게 줄 선물들이 들어 있답니다. 이 선물 부스러기들은 바로 지난날의 공적들이지요. 이 공적들이란 만들어지기가 무섭게 잡아먹히어 곧 잊히게 됩니다. 계속 닦아 나가면 장군의 명성이 오래도록 빛나겠지만, 그대로 두면 녹슨 갑옷처럼 비웃음받는 기념품밖에 못 되지요. 지금 바로 달려 나가세요. 명성의 길이란 너무 좁아서 혼자만 지나갈 수 있는 해협과 같습니다. 그러니 그 해협을 차지하세요. 경쟁이란 1천 명의 아들이 서로 쫓고 쫓기며 앞을 다투는 것이지요. 당신이 후퇴하거나 도중에 옆으로 비켜서면, 놈들이 밀물처럼 몰려와 당신은 저 뒤로 혼자 밀려나고 말 겁니다. 그렇잖으면 앞장서서 달리다 쓰러지는 용감한 말처럼, 뒤따라오던 무리들에게 짓밟히고 말지요. 그러니 현재 놈들이 하는 일이 과거에 당신이 한 것에 못 미친다 해도, 마침내 당신을 깔아뭉갤 것입니다. 시간이란 유행을 좇는 여관 주인과 같아서, 떠나는 손님에게는 손을 조금 흔들 뿐이지만, 새로 오는 손님은 두 팔 벌려 달려가 맞이하니까요. 맞이할 때는 늘 미소를 지어 보이지만, 이별할 때에는 한숨을 내쉬는 법이지요. 오, 미덕에게 지나간 공적의 보상을 찾지 맙시다. 아름다움도, 지혜도, 고귀한 혈통도, 강한 용기도, 공적도, 사랑도, 우정도, 자선도 모두 시기심 많은 비방꾼인 시간에게는 못 견딘답니다. 우리 인간은 한 가지 공통점을 가졌다는 점에서, 모두 친척이라고 말할 수 있지요. 값싸더라도 새로 나온 물건에 대해서는 한결같이 칭찬을 하는 성향 말입니다. 지나간 것을 그대로 흉내낸 것에 지나지 않는데도요. 먼지 묻은 금보다는 금빛 나는 먼지를 더 칭찬하는 격이지요. 현재의 눈은 바로 눈앞에 있는 대상을 보고 평가하니까요. 이러하니 장군이 아무리 위대하고 완벽한 분이라도, 모든 그리스인이 아이아스를 숭배하기 시작한 사실에는 놀라지 않기를 바랍니다. 움직이는 물체가 꼼짝하지 않는 물체보다는 더 눈에 띄는 법이니까요. 장군이 산송장처럼 자기를 묻어 두고 그 명성을 군막 안에 가두어 두지만 않는다면, 예전에도 그랬고 지금도 그렇게 할 수 있듯이, 앞으로도 모든 박수갈채를 받게 될 겁니다. 장군이 최근에 전장에서 이룬 영예로운 공적들은 여러 신들의 질투를 불러일으켜, 군신 마르스까지도 경쟁하게 만들었을 겁니다.

아킬레우스   내가 혼자 떨어져 지내는 데에는 나름대로 커다란 이유가 있소.

오디세우스   그렇지만 장군이 홀로 떨어져 지내는 것을 반대하는 이유가 더 크고 훌륭한 거랍니다. 아킬레우스 장군, 장군이 프리아모스 왕의 따님과 사랑에 빠졌다는 사실을 다 알고 있습니다.

아킬레우스   다 안다고요? 이럴 수가!

오디세우스   그것이 이상한가요? 언제나 주의 깊게 지켜보는 통찰력의 힘은 재물의 신 플루토스의 모든 황금을 꿰뚫어 알게 하며, 예측할 수 없는 깊이의 밑바닥도 찾아내고, 지금 하고 있는 생각뿐만 아니라 소리 없이 잠들어 있는 요람 속의 생각마저 알게 해주지요. 나랏일에는—감히 어느 누구도 관여할 수 없는—신비성이 존재한답니다. 이는 말이나 글보다 더 신성한 작용을 하지요. 장군이 트로이와 벌여 온 교섭들에 대해, 당신 못지않게 우리도 잘 알고 있습니다. 아킬레우스 장군으로서는 프리아모스의 딸 폴릭세네보다는 헥토르를 넘어뜨리는 것이 더욱 마땅한 일입니다. 그리스 처녀들이 "위대한 헥토르의 누이동생을 잡은 것은 아킬레우스, 헥토르를 용맹하게 무찌른 것은 위대한 아이아스 장군!" 이렇게 노래 부르며 자기들만의 유희를 즐길 때, 이 소문을 들은 장군의 아들 피로스는 고향에서 탄식할 겁니다. 안녕히 계시오, 장군. 나는 친구로서 말한 것뿐입니다. 당신이 깨뜨려야 할 얼음 위를 바보가 재치 있게 비켜가고 있군요. (퇴장)

파트로클로스 아킬레우스 장군, 나도 이러한 이야기를 한 적이 있습니다. 버릇 없이 남자처럼 자란 여자도, 여자같이 행동하는 남자보다 더 미움을 받지는 않는다고요. 나도 그렇게 비난을 받고 있습니다. 사람들은 장군이 전쟁터에 나가지 않고 이렇게 머물러 있는 이유가 나 때문이라고 생각하거든요. 내가 전쟁터에 나가는 것을 싫어하는 데다 장군이 나를 매우 아끼기 때문이라는 거지요. 제발 분발하세요. 장군의 목을 연정으로 휘감고 있는 악하고 음탕한 큐피드를 풀어 헤치세요. 사자의 갈기에서 이슬방울을 공중에 흔들어 떨어뜨리듯이 말입니다.

아킬레우스 아이아스가 헥토르와 싸울거라 생각하오?

파트로클로스 그럼요. 아마 덕분에 큰 명성도 차지하게 될 겁니다.

아킬레우스 나의 명성이 갈림길에 놓였구려. 명예가 심각한 상처를 입겠소.

파트로클로스 오, 그럼 조심해야죠. 자기 스스로 입힌 상처는 고치기 어려우니까요. 꼭 필요한 일을 하지 않는 것은, 어떠한 위험이라도 감수하려는 듯 백지 위임장에 도장을 찍어 무작정 맡기는 격이지요. 위험은 햇볕을 쬐며 한가하게 놀고 있는 동안 학질처럼 재빨리 달라붙는답니다.

아킬레우스 파트로클로스, 가서 테르시테스를 불러오시오. 나는 그 바보를 아이아스에게 보내서, 결투가 끝나면 트로이 귀족들을 이리 보내 달라고 부탁해야겠소. 우리가 무장을 풀고 있을 때 말이오. 나는 여인이 갈망하듯 평복을 입은 위대한 헥토르를 너무나 만나보고 싶소. 그 친구에게 말도 걸어보고 어떻게 생겼나 실컷 봐야겠소.

테르시테스 등장.

아킬레우스 굳이 애쓰지 않아도 되겠구려, 저렇게 오고 있으니!

테르시테스 이상하군!

아킬레우스 뭐가?

테르시테스 아이아스가 혼자 중얼거리면서 전쟁터를 왔다 갔다 하는걸요.

아킬레우스 왜 그러지?

테르시테스 내일 그가 헥토르와 일대일로 결투를 하게 됐는데, 벌써 용감하게 한 방 먹인 듯 신이 나서 미친 듯이 중얼거리고 있어요.

아킬레우스 어떻게 그럴 수가 있지?

테르시테스 글쎄, 마치 공작새처럼 큰 걸음으로 걷고 있어요. 걷다가는 멈추어 서서, 숫자를 제대로 모르는 여관 여주인이 머릿속으로 계산을 하듯 무언가를 생각한단 말입니다. 그럴듯한 표정으로 입술을 깨물며 '이 머리에도 지혜가 있어. 언제든지 발휘할 수 있거든' 하고 말하는 표정이었죠. 그렇지만 그러한 지혜가 있다 해도 그것은 부싯돌 속의 불처럼 차가울 테고, 세게 때려야만 불꽃이 날 겁니다. 그 사람은 이제 끝났어요. 도망갈 수도 없으니, 내일 결투에서 헥토르의 모가지를 부러뜨리지 못하면 자기 허영심에 말려들어 스스로 자기 목을 꺾고 말 겁니다. 글쎄, 나도 몰라보던데요. "안녕하십니까, 아이아스 경" 이렇게 인사를 했더니, "고맙습니다, 아가멤논" 하잖겠어요. 나를 총사령관으로 생각하는 그자를 어떻게 생각해요? 땅 위로 올라온 물고기, 말도 모르는 도깨비가 돼버렸어요. 자기도취 병이라니! 가죽조끼처럼 그놈을 양 옆구리에 걸치고 다니려나.

아킬레우스 테르시테스, 나의 특사가 돼서 그 친구한테 다녀오게.

테르시테스 누구요, 나요? 그 친구는 대꾸도 않는걸요. 누구에게도 대꾸를 않겠다고 스스로 공언까지 했어요. 말은 거지들이나 하는 것이고, 자기는 양팔에 혀가 있다고 했어요. 내가 그 친구의 흉내를 내지요. 파트로클로스에게 무엇이든 나한테 물어보라고 하세요. 아이아스 주연의 연극을 보여주겠습니다.

아킬레우스 파트로클로스, 저 친구한테 말해 보오. 가장 용맹한 헥토르의 무장을 풀고 나의 군막까지 데려오시기를, 용감한 아이아스 경에게 내가 간청한다고. 또 그분의 호위는 마음이 너그럽고 가장 빛나는, 다시없는 명예를 지니신 위대한 그리스군의 총사령관 아가멤논 대왕께 간청하시라는 둥, 말을 건네 보오.

파트로클로스 훌륭하신 아이아스 장군, 늘 축복이 깃드시기를!

테르시테스 흠!

파트로클로스 아킬레우스 경의 말씀을 전하러 왔습니다.

테르시테스 아하!

파트로클로스 그분은 겸손하게 헥토르를 자기 군막까지 데리고 오도록 간청하시며…….

테르시테스 흠!

파트로클로스 그 호위는 아가멤논 대왕께 요청하시랍니다.

테르시테스 아가멤논?

파트로클로스 네, 장군.

테르시테스 아하!

파트로클로스 어떻게 전해드릴까요?

테르시테스 신의 보호가 있기를, 진심으로 기원하오.

파트로클로스 회답을 주십시오.

테르시테스 내일 날씨만 좋으면 열한 시까지는 이렇게든 저렇게든, 될 대로 되겠지. 그렇지만 저쪽이 나보다 먼저 대가를 치러야 할걸.

파트로클로스 회답을 주십시오.

테르시테스 잘 가게.

아킬레우스 설마 그런 투의 말은 하지 않겠지?

테르시테스 아니, 이렇게 장단이 맞지 않아서야. 헥토르가 그 친구의 머리통을 깨부술 때 아마 아무 소리도 못 낼걸요. 시와 음악의 신 아폴로가, 그 친구의 힘줄로 악기를 만들어 주지 않는 한 말입니다.

아킬레우스 자, 그 친구에게 어서 편지를 전해 주게.

테르시테스 그 친구의 말〔馬〕에게도 한 장 전해 줍시다. 그 말〔馬〕이 더 지혜로우니까요.

아킬레우스 샘물이 작은 소용돌이를 일으키듯 내 마음도 설레는구나. 그런데 나 자신도 그 밑바닥을 들여다볼 수가 없단 말이야. (파트로클로스와 함께

퇴장)

테르시테스 네 마음속 샘물이 다시 맑아지면, 당나귀를 그 샘물가에 끌고 가 마시게 하겠어! 그렇게 용감한 바보가 되기보다는, 차라리 양의 살갗에 박힌 진드기가 되는 편이 낫겠다. (퇴장)

〔제4막 제1장〕

트로이. 어느 거리.
한쪽 문에서 횃불을 든 아이네이아스, 데이포보스, 안테노르, 그리스군의 디오메데스, 그리고 횃불을 든 시종들 등장.

파리스 이봐! 거기 누구지?

데이포보스 아이네이아스 공입니다.

아이네이아스 왕자님이신가요? 제가 파리스 왕자님처럼 편히 늦잠을 잘 수만 있다면, 하늘이 명령하는 중요한 일이 아니고서는 동침한 사람에게서 빠져나오는 일은 없을 겁니다.

디오메데스 저도 그렇게 생각합니다. 안녕하십니까, 아이네이아스 공.

파리스 용감한 그리스인 디오메데스 공입니다.—손을 잡으시오.—어제 이야기를 계속해 보오. 날마다 전쟁터에서 디오메데스 공이 당신을 뒤쫓아 다녔다는 이야기 말이오.

아이네이아스 한가롭게 휴전이 논의될 동안에는 서로 몸이나 건강히 지냅시다. 그렇지만 무장을 한 당신과 다시 만나게 될 때는 이 강직한 심장과 용기를 다해 일전을 벌이기로 하겠소.

디오메데스 전투와 휴전, 어느 쪽이라 해도 디오메데스는 기꺼이 당신의 요청을 받아들이지요. 지금은 우리의 피가 조용하니 건강을 기원하오. 하지만 전장에서 맞부딪치게 되면 공의 생명을 노리는 사냥꾼이 되어, 있는 힘을 다해 쫓기도 하고 책략도 쓸 것이오.

아이네이아스 그렇지만 당신은 뒷모습을 보이며 달아나는 사자를 사냥하게 될 것입니다. 내 아버지 안키세스의 생명에 걸고, 트로이에 오신 걸 진심으로 환영합니다. 나의 어머니 베누스의 손에 걸고 맹세하건대, 이 세상 누구도 자기가 멋지게 죽이고 싶은 사람을 이처럼 존경할 수는 없을 것입니다.

디오메데스 동감이오. 유피테르 신이여, 나의 이 칼로 그의 운명을 베어 넘겨 뜨리지 못한다면, 아이네이아스가 1천 년의 햇빛을 받게 해주소서! 그렇지만 내일, 그가 몸의 마디마디마다 상처를 입은 채 죽음을 맞이하여 나의 명예를 드높이게 되기를 비나이다.

아이네이아스 우리는 서로 잘 알고 있습니다.

디오메데스 그렇소. 앞으로 더 나쁜 일로도 잘 알게 되기를 바라오.

파리스 멸시하면서도 예의를 지키고, 미워하면서도 존경하는 이런 고귀한 만남은 처음 보는군요. 그래, 무슨 일로 이렇게 이른 시각에?

아이네이아스 무슨 일인지는 모르나, 왕의 부르심을 받았습니다.

파리스 공에게 딱 알맞는 일이 있어 그렇소. 이 그리스 귀족을 칼카스 댁으로 안내하고, 자유로운 몸으로 풀려나온 안테노르 공과 크레시다 공주를 교환하는 일이오. 함께 갑시다. 나보다 한발 먼저 가준다면 더 좋겠소. (아이네이아스에게) 틀림없이—내 예측입니다만—오늘 밤 내 동생 트로일로스도 거기서 묵을 겁니다. 동생을 깨워 우리가 오고 있다 전하고, 이런 상황을 잘 설명해 주오. 동생은 우리를 그리 반겨줄 것 같지는 않군요.

아이네이아스 그러실 것입니다. 트로일로스 왕자님은 크레시다를 트로이에서 뺏기느니, 오히려 트로이를 그리스에게 넘기기를 바라실 것입니다.

파리스 할 수 없지요. 몹쓸 상황이 그렇게 만들었으니. 가보오. 우리도 따라가겠소.

아이네이아스 그럼 안녕히 계십시오. (퇴장)

파리스 디오메데스 공, 솔직히 말해 주오. 참다운 우정에서 말할 때 당신은 나와 메넬라오스 둘 가운데, 어느 쪽이 헬레네에게 더 어울린다고 생각하오?

디오메데스 두 분 다 같습니다. 그 여자의 부정에 대해서는 조금도 신경 쓰지 않고, 그처럼 지옥의 고통을 겪으며 엄청난 재산과 사람들을 희생하면서 여인을 되찾으시려는 분이나, 여인이 저지른 수치스러운 일에는 전혀 감각도 없는 듯 그 여인을 지키려는 파리스 왕자님이나 마찬가지입니다. 저쪽은 조금 얼빠진 오쟁이진 남자처럼 김빠진 술통의 찌꺼기나 마시고, 이쪽은 색골처럼 음란한 허리 밑에서 기꺼이 후손을 보려 하고 있습니다. 두 분 다 무게가 더하지도 덜하지도 않습니다. 그렇지만 화냥질하는 여인을 탐내는 왕자님 쪽이 더 무겁다고 할 수도 있겠지요.

파리스 당신은 자기 나라 여인에 대해서 너무 가혹하게 말하는군요.

디오메데스 그 여인이 자기 나라에 가혹한 짓을 했습니다. 여인의 음탕한 핏줄 속에 흐르는 부정한 피 한 방울 한 방울마다 그리스인의 목숨이 떨어져 나갔습니다. 그 여자의 냄새나는 고기 부스러기 때문에 트로이 사람들이 한 사람씩 죽어갔습니다. 일찍이 그 여자가 말을 시작한 뒤로, 그 말 때문에 그리스인들과 트로이인들이 죽음의 고통을 받지 않은 좋은 말이란 없었습니다.

파리스 디오메데스 경, 당신은 장사꾼처럼 말하는군요. 사고 싶은 물건을 헐뜯고 있으나, 우리는 말없이 이쪽의 가치를 지키겠소. 팔 물건을 칭찬하지도 않겠소. 자, 이리로 갑시다. (모두 퇴장)

〔제4막 제2장〕

같은 곳. 판다로스 저택의 앞마당.
트로일로스와 크레시다 등장.

트로일로스 자, 들어가시오. 아침 공기가 차갑구려.

크레시다 그럼, 왕자님, 저의 숙부님을 부르겠어요. 숙부님이 대문을 열어주실 거예요.

트로일로스 그를 번거롭게 할 필요는 없소. 어서 침실로 들어가요. 달콤한 잠이 이 귀여운 눈을 가려서, 갓난아기처럼 아무 생각 없이 부드러운 감각 속에 잠기도록 말이오.

크레시다 그럼 안녕히 가세요.

트로일로스 자, 어서 침실로.

크레시다 제가 싫어지셨나요?

트로일로스 오, 크레시다! 바쁜 하루가 종달새 소리에 잠을 깨고, 시끄러운 까마귀도 눈을 뜨고 말았어요. 꿈같은 밤이 우리의 기쁨을 감춰 줄 수 있

4막 2장, 트로일로스와 크레시다 H.C. 셀루스. 1830.

　다면, 그대 곁에 머무를 수 있을 텐데!

크레시다　밤이 너무 짧았어요.

트로일로스 저주받을 마녀 같은 밤이로구나! 악마 같은 놈들과는 지옥처럼 오래도록 함께 지내면서도, 사랑의 보금자리에서는 짧은 생각보다도 빠른 날갯짓을 하여 날아가 버리다니. 이러다가 감기에 걸려 나를 원망하리라.

크레시다 제발 조금만 더! 남자들은 머무르는 법이 없는가요. 오, 바보 같은 크레시다! 좀더 쌀쌀맞게 굴었더라면 왕자님을 여기에 더 머무르게 할 수 있었을 텐데. 어머! 누가 일어났나?

판다로스 (안에서) 왜 문이 모두 열려 있지?

트로일로스 그대의 숙부님이오.

판다로스 등장.

크레시다 심술궂은 숙부님! 저를 또 놀리시겠군요. 아, 어지간히도 시달리겠네요!

판다로스 자, 어떻게 됐지, 너의 처녀성은? 얘야, 처녀 크레시다는 어디에 있느냐?

크레시다 그런 말씀 마세요, 장난꾸러기 숙부님! 저에게 그런 일을 시키신 분이, 그렇게 저를 놀리시긴가요?

판다로스 내가 무슨 일을 시켰다고? 어디, 이야기 좀 들어보자. 내가 무슨 일을 시켰단 말이냐?

크레시다 어머, 너무하세요! 그렇게 몹쓸 일을 하시면서. 그렇다고 다른 사람을 괴롭히면 안 돼죠.

판다로스 하하! 가엾기도 해라! 이 가련한 바보는 지난밤에 한잠도 못 잤나 보구나? 이 몹쓸 남자가 잠을 못 자게 했느냐? 귀신이 잡아갈 사내로군!

크레시다 제가 말씀드리지 않았나요? 차라리 그분 머리를 두드려야 한다고! (안에서 문 두드리는 소리) 누가 온 거지? 숙부님, 나가 보세요. 왕자님, 다시 제 방에 들어가세요. 그렇게 웃으며 저를 놀리시는군요. 제가 이상한 짓이나 하고 있다는 듯이 말이에요.

트로일로스 하하!

크레시다 아니, 저는 그런 생각에서 말씀드린 게 아니에요. 왕자님이 잘못 생각하시는 거예요. (안에서 문 두드리는 소리) 다급히도 두드리네! 자, 들어오세요. 트로이 땅의 반을 준다고 해도, 왕자님이 여기 계신 걸 절대로 알리지 않겠어요. (트로일로스와 함께 퇴장)

판다로스 누구요? 왜 그러지? 대문을 깨부술 생각이오?

아이네이아스 등장.

아이네이아스 안녕하십니까?

판다로스 이게 누구요? 아, 아이네이아스 공! 이런 참, 몰랐습니다그려. 이렇게 이른 아침에 무슨 소식을 가져오셨죠?

아이네이아스 트로일로스 왕자님이 이곳에 계시지 않나요?

판다로스 여기라니! 그분이 뭣 때문에 여기에?

아이네이아스 자, 여기에 계시죠? 숨기지 마세요. 중대한 일로 왕자님께 드릴 말씀이 있어 왔습니다.

판다로스 여기에 계시다고 했어요? 나는 정말 모르는 사실인데. 나는 어젯밤 늦게 돌아왔습니다. 그분이 여기서 무엇을 하시죠?

아이네이아스 이것 참, 그러지 마시라니까요! 그러면 그분에게 폐를 끼치게 됩니다. 신하로서 충성을 다하려다 오히려 그분께 해가 된다니까요. 그분을 보지 못했어도 좋으니 어서 모시고 나오세요. 자, 어서요.

트로일로스 다시 등장.

트로일로스 쉿! 무슨 일이오?

아이네이아스 왕자님, 문안 인사 올릴 시간도 없습니다. 일이 너무나 다급하게 됐습니다. 바로 이곳에 파리스 님과 데이포보스 님, 그리스인 디오메데스, 그리고 석방된 안테노르 공이 오고 있습니다. 오늘 아침 첫 제물을 올리기 전에, 안테노르 공과 교환하는 조건으로 크레시다 공주를 디오메데스에게 넘겨주어야 합니다.

트로일로스 그렇게 결정됐소?

아이네이아스 프리아모스 대왕과 트로이 조신 회의에서 결정됐습니다. 이제 곧 일행이 도착해 그 일을 시행하려고 할 것입니다.

트로일로스 나의 성공이라는 게 조롱감에 불과했군! 가서 만나도록 하겠소. 그리고 아이네이아스 공, 우리는 우연히 만난 거로 해주오. 내가 여기에 있었다고 부디 말하지 않기를.

아이네이아스 좋습니다, 왕자님. 자연의 비밀도 저의 침묵을 이겨내지는 못할 겁니다. (트로일로스와 함께 퇴장)

판다로스 이럴 수가, 손에 넣기가 무섭게 잃다니! 안테노르 놈, 악마가 붙잡아 가라! 나이 어린 왕자님을 어떻게 하면 좋지? 염병에나 걸릴 안테노르 놈! 놈의 목이나 진작에 부러뜨려 놓을걸!

크레시다 다시 등장.

크레시다 아, 무슨 일이죠? 누가 왔었나요?

판다로스 아!

크레시다 왜 그토록 땅이 꺼질 듯이 한숨만 쉬시는 거예요? 왕자님은 어디 계시죠? 가셨나요? 숙부님, 무슨 일이에요?

판다로스 아, 이렇게 땅 위에 있는 높이만큼이나 깊이 땅속에 묻혀 버렸으면!

크레시다 어머나! 왜 그러시는 거예요?

판다로스 제발, 안으로 들어가거라. 너는 차라리 태어나지 않았더라면 좋았을걸! 너는 그분을 죽음으로 몰고 갈 거다. 아, 가엾은 분! 안테노르 놈, 염병에나 걸려라!

크레시다 숙부님, 제발요, 이렇게 무릎 꿇고 간청드릴게요. 도대체 무슨 일이죠?

판다로스 애야, 너는 가야 한단다. 너를 안테노르와 교환하기로 했다는구나. 네 아버지 곁으로 가야 하니, 너는 이제 트로일로스 님과는 헤어져야 한다. 그분에게는 너와의 이별이 죽음과 같은 거란다. 아마도 돌아가시게 될 거야. 너와의 이별을 참아낼 수 없으실 거다.

크레시다 오, 불멸의 신들이시여! 저는 가지 않겠어요.

판다로스 가야만 한다.

크레시다 아니요, 가지 않겠어요, 숙부님. 아버지는 이미 잊었어요. 아버지에 대한 정 같은 건 이제 남아 있지도 않아요. 핏줄에 대한 집착도, 사랑도, 영혼도 제게는 아무것도 없습니다. 사랑하는 트로일로스보다 가까운 사람은 이 세상에 아무도 없어요. 오, 신성한 신들이여, 제가 트로일로스를 떠난다면 이 크레시다의 이름이 모든 부정한 여자들을 따라다니게 해주세요! 시간, 힘, 그리고 죽음이여, 제가 느낄 수 있는 가장 큰 고통으로 이 몸을 괴롭혀 주세요. 만물을 끌어당기는 지구의 중심도 제 사랑의 굳건한 기초와 건물을 무너뜨리지는 못할 것입니다. 안에 들어가 실컷 울기라도 하겠어요.

판다로스 그래, 그렇게 하거라.

크레시다 제 아름다운 머리카락을 잡아 뜯고, 사랑스러운 뺨을 할퀴며, 흐느낌으로 맑은 목소리를 갈라지게 하고, 심장이 터지도록 트로일로스를 부를 거예요. 아, 저는 절대로, 절대로 트로이를 떠나지 않을 거예요. (모두 퇴장)

〔제4막 제3장〕

같은 곳. 판다로스의 저택 앞.
파리스, 트로일로스, 아이네이아스, 데이포보스, 안테노르, 그리고 디오메데스 등장.

파리스 이제 아침이 되었군요. 이 용맹한 그리스인에게 크레시다를 인도하기로 한 약속 시간도 빠른 걸음으로 다가오고 있습니다. (트로일로스에게) 트로일로스, 어서 아가씨에게 해야 할 일을 알리고, 서둘러서 준비를 마칠 수 있게 도와라.

트로일로스 집 안으로 들어갑시다. 곧 크레시다를 이 그리스 귀족에게 데리고 오겠습니다. 내가 그녀를 이 사람 손에 맡기면 그 손은 제단이 되며, 이 동생 트로일로스는 자신의 심장을 제공하는 사제가 되는 거란 사실을 기억해 주십시오. (퇴장)

파리스 (혼잣말로) 나도 사랑이 무엇인지 알아. 네 처지가 너무 딱하여 도와주고 싶다만! 자, 여러분, 안으로 들어갑시다. (모두 퇴장)

같은 곳. 판다로스 저택의 어느 방.
판다로스와 크레시다 등장.

판다로스 진정해라, 애야, 진정해.
크레시다 어떻게 진정하라는 말씀을 하실 수 있죠? 제가 겪는 아픔은 너무
나 깊고 가득 찬 완전한 슬픔이에요. 원인이 된 사랑이 격렬하니 결과로 나
타난 슬픔 또한 격렬한 거지요. 그러니 제가 어떻게 이 슬픔을 진정시킬 수
있겠어요? 제 사랑이 한때의 감정이거나 미약하여 좀더 냉정하게 하나의
경험으로만 간직할 수 있다면, 제 슬픔도 그에 걸맞게 누그러질 수 있겠죠.
하지만 저의 사랑은 그렇게 될 수 없어요. 제 슬픔도 마찬가지입니다. 이렇
게 귀중한 것을 잃게 되었으니까요.

　　트로일로스 등장.

판다로스 여기에 그분이 오신다. 아, 사랑에 빠진 기러기들이여!
크레시다 오, 트로일로스, 트로일로스! (트로일로스를 껴안는다)
판다로스 아, 너무나 슬픈 두 사람! 나도 안아보자. '오, 심장이여'란 노래 그
대로군. (노래한다)

오, 심장이여, 슬픔에 빠진 심장이여,
너는 터질 듯이 탄식만 하는구나!

그러자 이렇게 답하지. (다시 노래한다)

우정이나 말로는
이 아픔을 치료할 수 없다오.

이보다 더 진실한 말이 어디 있을까? 이 세상에 쓸모없는 것은 하나도 없

4막 4장, 트로일로스와 디오메데스, 크레시다 H.C. 셀루스. 1830.

지. 오래 살다 보면 이런 시구절조차 쓸모가 있단 말야. 그래, 바로 그런 거
야. (두 사람을 바라보며 혼잣말로) 자, 지금은 어떠냐, 귀여운 양들아?

트로일로스 크레시다, 나는 그대를 너무나 사랑해요. 그래서 하늘의 신들
이 화가 난 거라오. 차가운 입술로 기도를 중얼거리는 내가 그대를 너무나
열정적으로 사랑하는 데 화가 나서, 신들이 그대를 내게서 빼앗아가는 거
라오.

크레시다 신들도 질투를 하나요?

판다로스 그렇단다, 그렇지, 그렇고말고. 흔히 있는 일이지.

크레시다 제가 트로이를 떠나야 하는 게 사실인가요?

트로일로스 증오스러우나 사실이오.

크레시다 뭐라고요? 그래서 왕자님 곁을 떠나라고요?

트로일로스 그대는 트로이와 이 트로일로스를 떠나야 합니다.

크레시다 어떻게 그럴 수가 있지요?

트로일로스 그것도, 갑자기 떠나야 합니다. 악의로 가득 찬 우연은 시간의 여유도 거칠게 밀어제쳐 작별의 인사도 빼앗고, 재회의 맹세도 못하게 하며, 몸이 얽힌 포옹도 강제로 멈추게 만들어, 애써 소리를 내는 우리들 맹세의 첫마디마저 비틀어 버리지요. 수천 번 탄식 끝에 겨우 서로를 얻은 우리 두 사람은, 무례한 짧은 시간과 거친 탄식 한 번으로 초라하게도 그 사랑을 팔아버려야 하다니. 악의에 찬 '시간'은 마치 도둑이 자기가 훔친 귀중품들을 황급히 쓸어넣듯 어찌할 바를 모르고 서둘러 떠나는군요. 하늘에 떠 있는 별만큼이나 무수한 작별 인사를, 분명한 말과 도장을 찍는 듯한 키스를 주고받아야 하는데도 맥 빠진 인사로 우물쭈물하며, 넘쳐흐르는 눈물로 짜디짜게 젖은 초라한 키스나마 단 한 번밖에 허용하지 않는단 말이오.

아이네이아스 (안에서) 왕자님, 아가씨는 떠날 준비가 다 되셨나요?

트로일로스 쉿! 그대를 부르고 있어요. 곧 죽게 될 사람에게 수호신인 게니우스가 "오라"고 부르듯이 말이오. 곧 갈 테니 좀 기다리라고 해요.

판다로스 내 눈물은 어디 있지? 이 바람을 진정시킬 수 있게 비처럼 쏟아져라. 그렇잖으면 내 심장이 뿌리째 날아가리라. (퇴장)

크레시다 그럼 저는 그리스인들에게 가야 하나요?

트로일로스 어쩔 수 없답니다.

크레시다 즐거워하는 그리스인들 사이로 슬퍼하는 크레시다가 가야만 한다고요? 우리는 언제 다시 만나게 되죠?

트로일로스 내 말을 좀 들어봐요, 귀여운 사람. 그대 마음이 진실하기만 하다면…….

크레시다 제가 진실하다면! 어쩌면! 어떻게 그런 가혹한 말씀을?

트로일로스 지금은 헤어져야만 하니, 부드럽게 말해야 해요. 그대를 믿지 못해 "진실하다면"이라고 말한 것은 아니오. 그대 마음속에 조금도 오점이 없다는 사실을 증명하기 위해서라면 '죽음' 자체와도 결투할 것입니다. 그렇지만 "그대 마음이 진실하다면"이라고 말한 것은, 내가 말하려는 주장과 연결하기 위해서라오. 그대가 진실하다면 다시 만나게 되리라는 그 말을 하기 위해서였지요.

크레시다 오, 왕자님, 그러면 수많은 위험들을 겪게 될지도 모릅니다. 하지만 저의 사랑은 진실하답니다.

트로일로스 위험과 차츰 가까워지겠지요. 이 소매를 걸치시오.

크레시다 왕자님께는 이 장갑을. 우리는 언제 만날 수 있을까요?

트로일로스 그대를 밤마다 찾아가기 위해 그리스의 보초병들을 매수하겠소. 그러나 나에게 진실해야 하오.

크레시다 오, 하느님! 또 "진실하라"고 말씀하시는군요!

트로일로스 내가 왜 그런 말을 하는지 들어봐요. 그리스의 젊은이들은 훌륭한 자질을 갖추고 있어요. 마음이 친절하고 타고난 소질이 있으며, 교양과 실천으로 돋보이는 젊은이들이 많이 있소. 이런 뛰어난 자질만으로도 사람의 마음을 움직일 만한데, 게다가 용모도 훌륭하니. 아, 이 염려는 경건한 질투심일 수도 있소. 그러니 그대 또한 고결한 죄악이라 불러주오.

크레시다 아, 하느님! 왕자님은 저를 사랑하시지 않나 봐요.

트로일로스 그렇다면 나는 죽어서 지옥에 가겠죠! 이 말은 그대의 진실이 아니라 오히려 나의 가치를 의심하는 말입니다. 나는 노래도 못하고, 높이 뛰며 신나게 춤도 못 추고, 달콤한 말도 못하고, 재치 있는 놀이도 못하오. 이런 것들을 그리스인들은 가장 재치있고 능숙하게 해내지요. 그렇지만 이러한 재주들 속에는 가장 교활하게, 귀에 들리지도 않는 말을 던지는 악마가 웅크리고 있다오. 그러니 부디 유혹당하지 마오.

크레시다 제가 그럴 것 같아요?

트로일로스 아니오. 하지만 우리가 하지 않겠다고 말하던 일이 이따금 일어나기도 하니까요. 우리는 스스로에게 악마가 될 때가 있습니다. 자신이 변하기 쉽다는 사실을 잊고서 스스로를 굳게 믿지만, 결국은 자기의 약한 마음을 유혹할 수도 있지요.

아이네이아스 (안에서) 저, 왕자님······.

트로일로스 자, 키스를. (크레시다에게 키스한다) 이제 헤어집시다.

파리스 (안에서) 트로일로스!

트로일로스 형님, 이리 오세요. 아이네이아스와 그리스인도 함께요.

크레시다 왕자님, 당신의 사랑도 진실하시겠죠?

트로일로스 누구? 나 말이오? 아, 이것이 나의 흠이자, 결점이지요. 다른 사람들은 교활한 수를 써서 높은 평가를 낚지만, 나는 그저 진실만으로 성실을 잡을 뿐이오. 어떤 이들은 눈속임으로 구리관을 금빛으로 도금해 쓰고 다니는데, 나는 진실하여 억지로 꾸미지 않고 맨머리로 다닙니다. 나의 진실에 대해서는 걱정 말아요. 내 좌우명은 '솔직함과 진실'이니까요. 여기에 모든 것이 들어 있습니다.

아이네이아스, 파리스, 안테노르, 데이포보스, 그리고 디오메데스 등장.

트로일로스　잘 오셨소, 디오메데스 경! 이분이 안테노르 공을 대신해 우리가 넘겨드릴 아가씨입니다. 성문에서 인도하겠습니다. 아가씨에 대해서는 가는 길에 이야기하도록 하겠소. 잘 대우해 주오. 그리고 내 영혼에 걸고 진실로 말하겠는데, 훌륭한 그리스인이여, 언제든지 내 칼의 위협에 맞닥뜨릴 때에는 크레시다의 이름을 대시오. 그러면 일리움궁에 계신 프리아모스 대왕처럼, 그대의 목숨도 안전하게 지켜드리리다.

디오메데스　아름다운 크레시다 아가씨, 저 왕자님이 기대하시는 감사는 드리지 않아도 될 것 같습니다. 당신의 빛나는 눈과 그 천사 같은 볼이 정중한 대우를 하라고 말하고 있습니다. 이 디오메데스는 크레시다 아가씨를 주인으로 모시겠으니, 언제든지 명령을 내려주십시오.

트로일로스　그리스인이여, 당신은 나에게 마땅한 예의를 지키지 않는군요. 잘 보호해 주기를 청하는 나의 성의를 무시하고 크레시다 아가씨만 칭찬하고 있지 않소. 그리스의 귀족, 당신이 아무리 칭찬을 한다 해도 크레시다는 당신이 미치지 못할 높은 곳에 있소. 당신이 그분의 하인이 된다 해도 마찬가지요. 명령이니 그분을 잘 모시도록 하오. 내 명령을 무시하고 지키지 않는 날에는, 무서운 지하신 플루톤의 이름을 걸고 제아무리 거구인 아킬레우스가 당신을 지킨다 해도 그 숨통을 끊어 놓고야 말겠소.

디오메데스　오, 흥분하지 마십시오, 트로일로스 왕자님. 이곳에서는 저의 직권과 사절로서의 특권으로 말씀 올립니다만, 우리 진영으로 돌아가면 저는 제 소신대로 행동할 것입니다. 저는 왕자님의 명령을 받고 일하는 사람이 아닙니다. 이분은 이분의 신분에 맞는 대우를 받게 될 것입니다. 그러나 "이렇게 저렇게 하라" 말씀하신다면, 저는 제 영혼과 명예에 걸고 "못 한다"고

대답할 것입니다.

트로일로스 자, 성문으로 갑시다. 디오메데스 공, 그렇게 허세를 부리다가는 전장에서 머리를 감추고 다녀야 할 거요. (크레시다에게) 자, 손을 이리 주오. 함께 걸으면서 우리에 대한 소중한 이야기나 나눕시다. (크레시다, 디오메데스 와 함께 퇴장)

파리스 (안에서 나팔 소리) 쉿! 헥토르 형님의 나팔 소리다.

아이네이아스 아침 한나절을 이렇게 허비하다니! 헥토르 왕자님은 제가 게 으르고 부주의하다고 생각하실 겁니다. 제가 먼저 전쟁터에 나가겠다고 약 속드렸었는데.

파리스 이건 트로일로스 때문이오. 자, 헥토르와 함께 전쟁터로! (퇴장)

데이포보스 바로 출전 준비를 합시다.

아이네이아스 네, 신랑처럼 신나고 민첩하게, 헥토르 왕자님의 뒤를 따릅시 다. 우리 트로이의 영광은 오늘 단독 결투에서 왕자님의 훌륭한 기량과 무 용에 달려 있으니까요. (모두 퇴장)

〔제4막 제5장〕

그리스군 진영. 시합장.
무장한 아이아스, 아가멤논, 아킬레우스, 파트로클로스, 메넬라오스, 오디세우스, 네스토르, 그 밖의 사람들 등장.

아가멤논 놀랄 만한 용기로 결투 시간보다 먼저, 가뿐하고 훌륭한 무장을 하 고 나타났군요. 용맹한 아이아스, 그대의 나팔수에게 트로이를 향해 소리 드높여 나팔을 불라고 하시오. 공포에 떠는 공기가 위대한 적수의 머리통 을 꿰뚫고 그 시체를 이곳까지 끌고 오도록.

아이아스 나팔수, 여기에 내 돈지갑이 있다. 네 허파가 터지고 나팔이 쪼개 지도록 불어라. 너의 통통히 부풀어 오른 볼이 북풍 아퀼론의 볼보다 더 부 풀 때까지 불어라. 자, 가슴을 펴고 눈에 핏발이 서도록 불어라. 헥토르를 부르는 나팔이다. (나팔수, 힘껏 분다)

오디세우스 저쪽 나팔은 대꾸가 없구려.

아킬레우스 아직 날이 이르니까요.

아가멤논 저기 보이는 건, 칼카스의 딸을 데리고 돌아오는 디오메데스가 아니오?

오디세우스 그렇습니다. 걷는 모습으로 알 수 있지요. 발끝으로 높이 뛰어오르듯이 걷습니다. 이 땅에서 스스로 높아지려는 갈망 때문이지요.

디오메데스, 크레시다를 데리고 등장.

아가멤논 이 여인이 크레시다 아가씨요?

디오메데스 그렇습니다.

아가멤논 그리스에 온 것을 진심으로 환영하오. (크레시다에게 키스한다)

네스토르 총사령관께서 키스로 인사를 하시는 겁니다.

오디세우스 하지만 이것은 개인으로서 베푸시는 친절이지요. 우리 모두가 키스로 인사를 하면 더 큰 환영이 될 것입니다.

네스토르 매우 예의 바른 의견이오. 제가 시작하죠. 이것은 네스토르의 몫이오. (크레시다에게 키스한다)

아킬레우스 아가씨, 그 입술에서 차가운 노인의 겨울을 씻어드리지요. 아킬레우스가 당신을 환영하오. (크레시다에게 키스한다)

메넬라오스 나도 한때는 키스를 할 상대가 있었는데.

파트로클로스 그렇다고 그 사실이 지금 키스할 만한 이유가 되지는 않을 거요. 이렇게 대담하게 파리스가 뛰어들어, 메넬라오스 공과 공의 이유를 밀어제치겠소. (크레시다에게 키스한다)

오디세우스 (혼잣말로) 오, 치명적인 상처를 주며, 우리 모두를 치욕스럽게 하는 짓이다! 저것이 바로 우리가 목숨을 바쳐가며 놈들의 오쟁이 뿔을 빛내주는 일이지.

파트로클로스 처음 한 키스는 메넬라오스 공 대신으로 한 거지만, 이번에는 내것이오. 파트로클로스가 키스합니다. (다시 크레시다에게 키스한다)

메넬라오스 멋진 수작이구려!

파트로클로스 파리스와 저는 늘 메넬라오스 대신에 키스를 합니다.

메넬라오스 내 몫은 내가 하지요. 아가씨, 당신의 허락을 구합니다.

크레시다 키스를 할 때 주시는 건가요, 받으시는 건가요?

메넬라오스 주기도 하고 받기도 하지요.

크레시다 그럼 제가 큰 손해를 보게 되네요. 메넬라오스 공께서 받는 키스가 주는 키스보다 낫습니다. 그러니 키스는 받지 않겠어요.

메넬라오스 그럼 덤으로 드리지요. 아가씨가 하나를 주면 나는 셋을 드리겠소.

크레시다 공께서는 짝이 맞지 않으시니, 짝을 맞추시든지, 아무것도 주지 마세요.

메넬라오스 짝이 맞지 않는다니! 누구나 혼자일 때는 짝이 맞지 않는 거라오.

크레시다 아니지요, 파리스 님은 그렇지 않아요. 그분은 당신 때문에 짝이 맞으니까요.

메넬라오스 내 뒤통수를 치는군요.

크레시다 맹세코, 아닙니다.

오디세우스 경쟁이 안 되겠군요. 아가씨의 손톱과 저분의 오쟁이진 뿔과는 말이오. 그럼 아가씨, 키스를 바랄 수 있을까요?

크레시다 그러세요.

오디세우스 키스하고 싶군요.

크레시다 그럼, 부탁하세요.

오디세우스 그럼 베누스를 위해 헬레네가 다시 처녀로 돌아가 저분의 것이 될 때, 아가씨가 나에게 키스를 해주시오.

크레시다 그럼 제가 빚을 졌군요. 기한이 되면 청구하세요.

오디세우스 나에게 기한이란 없소. 그러니 당신의 키스도 그렇습니다.

디오메데스 아가씨, 잠깐만. 아버님에게 안내하겠소. (크레시다를 데리고 퇴장)

네스토르 눈치가 빠른 여자군요.

오디세우스 못쓰오, 저런 여자는! 눈에도 뺨에도 입술에도 입이 있소. 아니, 그녀의 발마저 이야기를 하고 있죠. 음탕한 기질이 그 여자의 관절과 팔다리 곳곳에 드러나 있어요. 입에서 말이 줄줄 새는 속된 계집, 남자보다 먼저 눈길을 던지고, 그 잡스런 생각들을 모든 호색가들에게 숨김없이 드러내는 계집! 저런 계집은 기회만 생기면 쉽게 정조를 내놓는 음탕한 여자라오.

(안에서 나팔 소리)

모두 트로이의 나팔이다!

아가멤논 저쪽에서 한 패거리가 오는구려.

무장한 헥토르와 아이네이아스, 트로일로스, 그 밖에 트로이인들과 시종들 등장.

아이네이아스 그리스의 장군 여러분, 환영합니다! 승리의 영광을 차지한 용사를 어떻게 대하실 겁니까? 승리자의 이름을 공포할 생각이오? 두 전사로 하여금 죽을 때까지 결투를 시킬 생각인지, 아니면 어떤 전투 신호에 따라 도중에 싸움을 멈출 것인지를 헥토르 왕자께서 물어보라 하셨소.

아가멤논 헥토르 왕자는 어떤 쪽을 바라오?

아이네이아스 어느 쪽이나 좋습니다. 결투 조건을 따를 뿐입니다.

아가멤논 참으로 헥토르 왕자답소. 그런데 자신만만한 태도가 조금 건방져 보이는군요. 자기 상대를 지나치게 과소평가하고 있으니 말이오.

아이네이아스 혹시 아킬레우스 공이 아니오? 성함을 좀.

아킬레우스 아킬레우스가 아닌 다른 이름은 없을 거요.

아이네이아스 그러니까 아킬레우스 공이군요. 그렇지만 그 누구라도 들어주시오. 헥토르 공의 용기와 오만은 가장 크고 가장 작소. 한쪽은 전체처럼 무한하고, 또 한쪽은 진공 상태처럼 텅 비어 있습니다. 그분을 잘 살펴보시오. 오만으로 보이는 것은 곧 예의입니다. 이 아이아스 공은 헥토르 공과 절반은 같은 혈통이오. 이 피를 사랑하기 때문에 헥토르의 반 조각은 집에 머물러 있습니다. 그 마음의 반, 손의 반, 헥토르의 반만이, 트로이인의 반과 그리스인의 반이 섞인 용사와 대항하기 위해 온 것이오.

아킬레우스 피를 아끼는 싸움이란 말인가요? 아, 알았소.

디오메데스 다시 등장.

아가멤논 디오메데스 공이 왔군요. 자, 아이아스 장군을 보좌해 주오. 공과 아이네이아스 공이 이 결투의 조건에 합의해, 그대로 진행하시오. 끝까지 싸우든가, 한 판 경기로 끝내든가. 이들이 친척이다 보니, 싸움도 시작되기 전에 이미 그 반은 식어 버린 듯하오.

아이아스와 헥토르, 시합장으로 들어간다.

오디세우스　벌써 시작했습니다.

아가멤논　저기, 침울한 표정을 짓고 있는 트로이인은 누구요?

오디세우스　프리아모스 왕의 막내아들로, 훌륭한 기사입니다. 아직 어리지만 비할 데 없는 젊은이이지요. 행동으로 말하며, 말로는 행동하지 않습니다. 쉽게 화를 내지 않지만 화가 나면 쉽게 가라앉지 않지요. 그의 심장과 손은 열려 있고 매우 너그러워서, 자기가 가지고 있는 것을 기꺼이 내어주며, 생각하고 있는 것을 감추지도 않습니다. 그렇다 해도 분별없이 주거나 합당치 않은 말을 입 밖에 내어 인격을 손상시키지도 않습니다. 헥토르만큼 용맹하나, 그보다 위험한 사람입니다. 헥토르는 노여움에 불이 붙을 때에도 약한 사람에게는 동정을 보내지만, 저 젊은이는 열띤 전투 중에는, 질투심에 가득 찬 여인보다 더 복수심에 불타오르니 말입니다. 그들은 저 젊은이를 트로일로스라고 부르며, 헥토르에 못지않게 자신들의 희망으로 받들고 있습니다. 이것은 저 젊은이에 대해 속속들이 알고 있는 아이네이아스가 한 말입니다. 제가 일리온궁에 갔을 때 아이네이아스가 저에게 은밀히 알려주었습니다.

나팔 소리. 헥토르와 아이아스 싸운다.

아가멤논　결투가 시작되었소.

네스토르　자, 아이아스, 용기를 내시오!

트로일로스　헥토르 형님, 잠자는 겁니까? 눈 좀 크게 뜨고 몰아붙여요!

아가멤논　멋지게 갈겼소, 아이아스! 바로 그거요.

나팔 소리가 멈춘다.

디오메데스　자, 그만하시오.

아이네이아스 자, 두 분, 그만하고 끝냅시다.

아이아스 아직 몸도 풀리지 않았으니, 다시 합시다.

디오메데스 헥토르 공이 바라신다면.

헥토르 자, 나는 그만두겠소. 아이아스 공, 공은 내 아버지의 누이동생의 자식이오. 위대한 프리아모스 혈통의 사촌이지요. 우리 집안에서는 서로 피를 흘리는 결투를 금하고 있소. 공의 혈통이 한쪽은 그리스, 한쪽은 트로이로 되어 있어 "이쪽 손은 순전히 그리스 혈통이며, 이쪽 손은 트로이 혈통만을 물려받았다. 이쪽 다리의 근육은 모두 그리스의 것, 이쪽 다리는 트로이의 것, 내 어머니의 피는 오른쪽 뺨에 흐르고, 왼쪽에는 아버지의 피가 흐르고 있다" 말할 수 있다면, 전능하신 유피테르 신에게 맹세하건대, 그 몸의 그리스 쪽 모든 부분이 이 처절한 결투에서 내 칼의 상처를 받지 않고 그대로 되돌아갈 수는 없을 것이오. 그러나 나의 신성한 고모인 그대의 어머니에게서 받은 피 한 방울이라도 이 죽음의 칼로써 흘려야 한다면, 여러 신들께서도 이를 거부하실 거요. 자, 아이아스, 우리 이렇게 서로 포옹합시다. 아, 참으로 건장한 팔을 가졌군요. 헥토르의 몸이 그 팔에 이렇게 감기기를 기다렸소. 사촌, 모든 명예가 그대에게 있기를!

아이아스 감사하오, 헥토르. 사촌은 이처럼 온화하고 관대한 분이군요. 나는 사촌을 죽여서, 그것으로 큰 명예를 차지하려고 왔는데 말이오.

헥토르 의기양양한 '명성'의 여신이 소리 높여 "바로 저 사람"이라고 찬사를 던지는 저 당당한 네오프톨리모스(아킬레우스)도, 헥토르에게서 명예를 빼앗아 자기 것으로 만들겠다고 장담할 수는 없지요.

아이네이아스 앞으로 어떻게 할 것인지 양쪽 진영이 모두 기대하고 있습니다.

헥토르 우리가 대답합시다. 결과는 서로 포옹하는 것뿐이오. 잘 가요, 아이아스.

아이아스 만일 내 부탁을 들어주신다면, 좀처럼 그런 기회가 없었으나, 나의 유명한 사촌께서 그리스 진영까지 와주셨으면 하오.

디오메데스 이것은 아가멤논 대왕의 요청이시기도 합니다. 또 아킬레우스 장군도 용맹한 헥토르 공의 무장을 푼 모습을 간절히 보고 싶어합니다.

헥토르 아이네이아스 공, 동생 트로일로스를 불러주시오. 그리고 이 우호적인 회견의 모습을, 트로이 진영 안에서 기다리는 분들께 알리고 후퇴하라

전하시오. 자, 사촌, 손을 이리로 주오. 함께 식사를 하고 이곳의 용사들을 만나봅시다.

아이아스 아가멤논 대왕이 우리를 맞으러 오시는군요.

헥토르 지휘관 자리에 계신 분들의 이름을 하나하나 알려주오. 아킬레우스의 거대하고 건장하신 몸이야 이 눈이 직접 찾아내겠지만.

아가멤논 훌륭한 용사들이여! 꼭 무찌르고 말겠다던 우리의 위대한 적인 당신들을 환영합니다. 그렇다고 이 말을 환영이라고 볼 수도 없겠군요. 잘 이해해 주시오. 과거도 미래도 텅 빈 껍질이며, 형태 없는 망각의 잔해로 나타났습니다. 그렇지만 바로 이 순간에는 고통에 찬 헛된 적개심을 모두 버리고, 가장 신성한 정성과 뜨거운 마음으로 위대하신 헥토르 공을 환영합니다.

헥토르 위풍도 당당하신 아가멤논 대왕께 감사드립니다.

아가멤논 (트로일로스에게) 명성이 드높은 트로일로스 공도 환영하오.

메넬라오스 나도 군주이신 형님과 같이, 당신들을 환영합니다. 용감하신 두 용사여, 잘 오셨습니다.

헥토르 지금 말씀하시는 분은?

아이네이아스 메넬라오스 공입니다.

헥토르 오, 공이시군요! 군신 마르스의 철 장갑에 대고 감사드립니다. 이상한 맹세를 한다고 놀리시지 않기를 바랍니다. 공의 전 부인은 아직도 베누스의 장갑에 걸고 맹세한답니다. 부인도 잘 계십니다. 그러나 공에게 안부를 전해 달라는 부탁은 받지 못했습니다.

메넬라오스 그 여자 이야기는 꺼내지 마십시오. 전쟁의 결정적인 원인이 바로 헬레네이니까.

헥토르 오, 불쾌하셨다면 죄송합니다.

네스토르 용감한 트로이의 장군, 운명의 여신의 대리 역할을 하듯, 그대가 우리 그리스 젊은이들의 대열을 뚫고 들어와 분투하는 모습을 자주 보았소. 페르세우스처럼 맹렬하게 프리기아의 말에 박차를 가하면서, 죽었거나 죽은 체하는 병사들을 조금도 개의치 않고 하늘 높이 날카로운 칼을 휘두르면서도, 그 칼을 이미 쓰러진 적군들을 향해서는 내리치지 않는 것을 보았을 때 나는 옆에 있는 사람들에게 이렇게 외쳤지요. "유피테르 신이 구해 주고 있다!" 또한 우리 그리스 병사들이 그대를 둥글게 에워쌌을 때, 마치 올림피아의 씨름꾼처럼 멈추어 서서 숨을 돌리는 모습도 보았소. 갑옷에 싸인 그러한 모습들만 늘 지켜보았을 뿐, 이 순간까지도 나는 그대의 진짜 얼굴은 본 적이 없소. 공의 할아버님을 나는 잘 압니다. 칼을 맞대고 싸운 적도 있는데, 그분은 참으로 훌륭한 군인이었지요. 그러나 우리의 지휘관이신 위대한 마르스 신에게 맹세하지만, 공같이 용맹하지는 않았소. 이노인이 그대를 안을 수 있게 허락해 주오. 오, 훌륭한 전사여, 우리 진영에 온 것을 환영합니다.

아이네이아스 이분이 노(老)네스토르 공입니다.

헥토르 제가 안아드리겠습니다. 세월과 손을 맞잡고 오랫동안 걸어오신, 살아 있는 연대기이신 네스토르 공, 존경하는 공을 품에 안으니 기쁠 따름입니다.

네스토르 이렇게 인사를 주고받듯, 전장에서도 맞서 싸울 수 있었더라면!

헥토르 저도 그렇게 생각합니다.

네스토르 아, 그렇다면 이 흰 수염에 걸고, 내일 공과 싸우겠소. 환영하오, 환영하오! 나도 한때가 있었는데.

오디세우스 저 도시의 기초와 기둥이 바로 우리 옆에 와 계신데, 트로이가 아직도 서 있으니 참으로 이상한 일입니다.

헥토르 오디세우스 공, 나는 공의 얼굴을 기억합니다. 아, 오디세우스 공과 디오메데스 공이 그리스의 특사로 일리온에 오신 뒤로, 참으로 많은 그리스인들과 트로이 사람들이 죽어 갔군요.

오디세우스 네, 그때 공에게 미리 말한 적이 있으나, 내 예언은 아직 그 절반밖에 맞히지 못했군요. 트로이 앞을 건방진 자태로 에워싸고 있는 저 성벽도, 구름과 음탕한 키스를 나누는 저 성루들도 언젠가는 자신들의 발아래서 키스하게 될 거라는 예언 말입니다.

헥토르 그 말을 믿지 않겠습니다. 아직도 서 있으니까요. 프리기아 성벽의 돌하나하나가 허물어질 때마다 그리스인들의 핏방울을 희생하게 될 것입니다. 모든 것은 결과로 판단하는 것이지요. '시간'이라는 낯익은 중개자가 언젠가는 알려줄 것입니다.

오디세우스 그럼 그 '시간'에게 맡기도록 하지요. 온후하고 용맹한 헥토르 공,

환영합니다. 총사령관 각하와의 연회가 끝나면, 나와 식사를 할 수 있게 내 군막까지 와주시면 감사하겠습니다.

아킬레우스 오디세우스 공, 내가 먼저 초대해야겠소! 자, 헥토르 공, 이 눈으로 당신을 실컷 바라보았소. 그리고 당신의 관절 하나하나까지 자세히 살펴보았지요.

헥토르 이 사람이 아킬레우스 장군인가요?

아킬레우스 내가 아킬레우스요.

헥토르 간청하건대, 조금만 다가와 주겠습니까? 장군을 자세히 보고 싶습니다.

아킬레우스 실컷 보시오.

헥토르 아니오, 이미 다 보았습니다.

아킬레우스 굉장히 빠르시군요. 이번에는 내 차례입니다. 나는 당신의 온몸 하나하나를, 물건을 살 때처럼 더 자세히 바라봐야겠소.

헥토르 (혼잣말로) 오, 사냥에 대한 책이라도 읽듯이 나를 대하는군. 그렇게 바라본다 해도 이해할 수 없는 부분들이 있을 겁니다. 어째서 당신은 그런 눈빛으로 나를 압박하듯이 바라보는 것이오?

아킬레우스 신들이여, 이 사람의 어떤 부분을 쳐야 죽일 수 있겠습니까? 저쪽, 아니면 저쪽, 또는 저쪽을 쳐서? 상처 입힐 부분에 이름을 붙여, 헥토르의 위대한 영혼이 빠져나간 자리를 똑똑히 기억해 두겠습니다. 신들이여, 대답해 주소서!

헥토르 이 거만한 자여, 그런 물음에 대답한다면 신들에게는 불명예가 될 거요. 다시 일어나시오. 그래, 나의 어느 부분을 쳐서 죽일 것인지 미리 정해 놓고, 예언이나 하면서 나의 목숨을 잡겠단 말인가요?

아킬레우스 그렇다고 대답하죠.

헥토르 당신이 신탁을 받은 인간처럼 그런 말을 한다 해도, 나는 믿지 않소. 당신 몸이나 잘 지키시오. 나는 당신을 죽일 때 당신의 여기 아니면 저기, 또는 저기를 쳐서 죽이지는 않을 테니까요. 나는 마르스 신의 철모를 구워 낸 풀무에 걸고, 당신의 온몸을 쳐서 잡겠다고 맹세하겠소. 온몸을 온전히. 현명하신 그리스 귀족 여러분, 저의 호언장담을 용서하십시오. 저 사람의 무례함이 제 입에서 어리석은 말들을 나오게 했습니다. 하지만 방금 한 말을 반드시 행동으로 증명하겠습니다. 그렇지 않으면 절대로…….

아이아스 사촌, 화내지 마시오. 그리고 아킬레우스, 당신도 그런 위협적인 말들을 삼가시오. 우연이든 고의든 실제로 헥토르와 맞서게 될 때까지는. 마음만 먹는다면 헥토르와는 언제든지 만날 수 있을 테니 말이오. 그러나 전체 군회의를 통해 그런 간청을 한다 해도, 당신을 헥토르 공과 맞서 싸우게 할 수는 없을 겁니다.

헥토르 전쟁터에서 다시 만나게 되기를 바라오. 당신이 그리스의 대의명분을 위해 싸우기를 거절한 뒤로 하찮은 전쟁이 돼버렸소.

아킬레우스 나에게 그것을 청하는 거요, 헥토르? 내일 만나기로 합시다. 그대의 원수로서 죽기 살기로 싸워 보겠소. 그러나 오늘 밤에는 모두 친구로서 이 시간을 함께 즐깁시다.

헥토르 그 결투를 위해 손을 잡읍시다.

아가멤논 모든 그리스의 귀족들이여, 먼저 나의 군막으로 갑시다. 거기서 성대한 연회를 벌입시다. 그 뒤에 헥토르 공의 여가와 그대들의 호의가 서로 잘 맞으면 저마다 저분을 모시도록 하오. 북을 크게 치고 나팔을 불어라. 이 위대한 용사에게 환영의 뜻을 알려야겠다. (나팔 소리. 트로일로스와 오디세우스만 남고 모두 퇴장)

트로일로스 오디세우스 공, 물어볼 말이 있는데, 칼카스는 이 전장의 어느 군막에 있는지요?

오디세우스 메넬라오스의 군막에 있습니다. 존경하는 트로일로스 왕자님, 오늘 밤 그곳에서 디오메데스가 그분과 함께 연회를 베풀 겁니다. 요즈음 디오메데스는 하늘도 바라보지 않고 땅도 내려보지 않으며, 모든 눈빛에 사랑의 표정을 담아 아름다운 크레시다만 보고 있습니다.

트로일로스 오디세우스 공, 간청이 있습니다. 예의에 어긋나는 일인 줄 알지만, 아가멤논 대왕의 군막에서 나온 뒤에 나를 그곳까지 데려다주시겠습니까?

오디세우스 그렇게 하겠습니다. 그런데 크레시다는 트로이에서 어떤 명예를 지니고 있었는지 말해 주시겠습니까? 그 여자가 없어 괴로움에 빠진 애인이 있지나 않은지요?

트로일로스 오, 그런 상처를 자랑삼아 내보이면 조롱거리가 되고 말지요. 자,

5막 1장, 테르시테스와 아킬레우스 H.C. 셀루스. 1830.

가볼까요? 크레시다는 사랑받았고 사랑했습니다. 지금도 그렇습니다. 그러나 달콤한 사랑은 언제나 운명의 여신의 이에 걸려들고 말지요. (모두 퇴장)

〔제5막 제1장〕

그리스군 진영. 아킬레우스의 군막 앞.
아킬레우스와 파트로클로스 등장.

아킬레우스 오늘 밤은 그리스의 술로 그 친구의 피를 끓게 하고, 내일은 이 칼로 놈의 피를 식혀 줘야지. 파트로클로스, 놈에게 최고의 환대를 해줍시다.

파트로클로스 테르시테스가 오는군요.

테르시테스 등장.

아킬레우스 어떻게 된 거냐, 이 시기하는 바보, 빵 부스러기 같은 놈아! 무슨
  소식이라도 있느냐?

테르시테스 그것이, 그 모습 그대로의 그림이지요. 바보 숭배자들의 우상인
  나리께 편지가 왔답니다.

아킬레우스 누가 보냈느냐, 이 부스러기야?

테르시테스 아, 그야, 트로이에서죠. 바보들의 천국 말입니다.

파트로클로스 지금 총사령관 군막(tent) 안에는 누가 있느냐?

테르시테스 상처 속에 넣는 거즈(tent) 안이니 외과 의사가 아니면 환자의 상
  처가 있겠죠.

파트로클로스 뒤죽박죽이가 말은 잘하는구나? 어째서 그런 농담이 필요
  하지?

테르시테스 제발 조용히 해. 너의 이야기를 들어봐야 이로울 게 없어. 너는
  아킬레우스의 머슴이니.

파트로클로스 머슴이라고, 이 악당이! 그게 무슨 말이지?

테르시테스 아, 아킬레우스의 남창(男娼)이야. 남쪽 나라에서 바람을 타고 온
  썩은 화류병, 터질 듯한 복통, 탈장, 감기, 요로결석, 뇌졸중, 안질, 썩어가는
  간장병, 숨 가쁜 천식, 방광염, 좌골신경통, 손바닥 염증, 만성 피부병 등등,
  터무니없는 새 병이나 마구마구 걸려라!

파트로클로스 이 빌어먹을 심통아, 어째서 이토록 저주를 하는 거냐?

테르시테스 내가 자네를 저주한다고?

파트로클로스 이런, 이 낡아 빠진 술통, 어느 배에서 떨어졌는지도 모르는 똥
  개가, 아니라고 할 텐가?

테르시테스 아니지! 왜 그렇게 펄펄 뛰고 난리야? 이 게으르고 쓸모없는 비
  단 타래실 같은 놈, 아픈 눈을 가리는 녹색 비단 조각 같은 놈, 탕아의 돈주
  머니에 붙어 다니는 끄나풀 같은 놈아! 아, 이 가엾은 세상은 어찌하여 이

런 모기나 하루살이 같은 것들 때문에 고통을 받는 걸까!

파트로클로스 닥치지 못해, 이 뻔뻔스러운 놈!

테르시테스 참새 알 같은 놈!

아킬레우스 파트로클로스, 내일 전투에서 모처럼 싸워 보려던 나의 큰 뜻이 완전히 꺾이고 말았소. 헤카베 왕비로부터 편지가 왔고, 내 애인인 그의 딸에게서는 사랑의 정표가 왔소. 내가 한 맹세를 지키라며 저렇게 나를 나무라고 원망하고 있으니. 나는 맹세를 깨뜨리진 않겠소. 그리스가 패배하건, 명예가 떨어지건, 이리 되건 저리 되건 중요한 것은 나의 맹세뿐이오. 맹세는 꼭 지킬 거요. 자, 테르시테스, 내 군막 안을 깨끗이 치워 주게. 오늘은 밤을 새워 잔치를 베푸는 거다. 갑시다, 파트로클로스! (파트로클로스와 함께 퇴장)

테르시테스 혈기는 넘쳐 주체할 줄 모르는데 두뇌는 따라가질 못하니, 저 두 친구는 미쳐 버릴지도 몰라. 이와 반대로 두뇌는 너무 뛰어나지만 피가 너무 모자라서 그렇게 됐다면, 내가 미친 사람을 치료해 주겠어. 아가멤논은 매우 정직하며 여자를 꽤나 좋아하는 친구지만, 귀지만큼의 두뇌도 없단 말이야. 또 유피테르 신이 멋지게 둔갑한 것 같은 그의 동생 메넬라오스는 황소라 말할 수 있지. 남자 구실 못하는 오쟁이진 놈의 희미한 기념비이며, 원시적인 동상, 자기 형의 발뒤꿈치에 붙어살면서 철사로 묶여 있는 싸구려 구둣주걱 같은 친구지. 악의로 구워서 만든 지혜와, 지혜로 마구 만든 악의가 있다면 어떻게 바뀌게 될지 궁금하군. 당나귀에게는 모든 것이 없는 것과 다름없어서, 당나귀이기도 하고 소이기도 하지. 마찬가지로 소에게도 모든 것이 없는 것과 같아서, 소이기도 하고 당나귀이기도 하지. 개나 노새나 고양이, 족제비나 두꺼비나 도마뱀, 또는 부엉이나 매나 새끼를 깔 수 없는 청어가 되는 것은 몰라도, 메넬라오스가 되는 건 딱 질색이야. 그렇게 된다면 나는 운명에 맞서 반란이라도 일으킬 테다! 내가 테르시테스가 아니라면 무엇이 되었겠느냐고 묻지 말라. 메넬라오스만 아니라면 문둥이의 이가 되어도 괜찮아. 앗, 깜짝이야! 귀신들과 도깨비불이다!

헥토르, 트로일로스, 아이아스, 아가멤논, 오디세우스, 네스토르, 메넬라오스, 그리고 디오메데스가 횃불을 들고 등장.

아가멤논   이런, 길을 잘못 들었소.

아이아스   아니, 이쪽입니다. 불이 보입니다.

헥토르   수고를 끼쳤군요.

아이아스   그렇지 않습니다.

아킬레우스 다시 등장.

오디세우스   본인이 직접 안내하러 나오는군요.

아킬레우스   잘 오셨습니다, 헥토르 공. 다른 분들도 잘 오셨소.

아가멤논   자, 그럼, 트로이 왕자님, 안녕히 주무시오. 아이아스가 잘 호위할
겁니다.

헥토르   그리스의 총사령관께 감사드립니다. 안녕히 주무십시오.

메넬라오스   안녕히 주무시오, 헥토르 공.

헥토르   존경하는 메넬라오스 공도 안녕히 주무십시오.

테르시테스   (혼잣말로) "존경하는"이라고! 차라리 "존경하는 화장실, 존경하는
시궁창, 존경하는 하수구"라고 해라.

아킬레우스   작별의 인사와 만날 때의 인사를 동시에 하겠습니다. 가시는 분
과 계실 분 모두를 위해서.

아가멤논   잘 계시오. (메넬라오스와 함께 퇴장)

아킬레우스   네스토르 공 곁에는 늘 디오메데스 공이 있지요. 헥토르 공 곁에
도 한두 시간 함께 있어 주시오.

디오메데스   그럴 수 없습니다. 중요한 일이 남아 있어서요. 지금 곧 가야 합
니다. 안녕히 계십시오, 헥토르 공.

헥토르   자, 손을. (디오메데스와 악수한다)

오디세우스   (트로일로스에게만 들리게) 저 사람의 횃불을 따르시오. 칼카스의
군막으로 갑니다. 나도 함께 가지요.

트로일로스   정말 고맙습니다, 오디세우스 공.

헥토르   그럼, 안녕히. (디오메데스 퇴장. 오디세우스와 트로일로스가 그 뒤를 따른다)

아킬레우스   자, 안으로 들어갑시다. (테르시테스만 남고 모두 퇴장)

테르시테스   디오메데스는 속이 시커멓고, 가장 비열한 악당이야. 저놈이 히

죽 웃는 것은 독사가 시잇! 소리를 내는 것보다도 믿을 수가 없어. 저놈은 여우를 놓치고서 짖어대기만 하는 사냥개처럼, 약속은 지킬 생각도 없이 지껄이기만 하지. 그가 일을 한다고 할 때는 그때가 언제일지 예언가나 알 수 있는 거지만, 무슨 천재지변 같은 큰 변화가 일어날 것처럼 불길하기만 하지. 디오메네스가 약속을 지키려면 해가 달에게 빛을 빌려야 할걸. 헥토르 구경은 그만하고 놈의 뒤를 따라가 보자. 놈이 트로이에서 매춘부를 데려와 칼카스의 군막에 숨겨 두었다는 말이 있으니. 뒤를 따라가야지. 모두 색골들이군! 음탕한 놈들뿐이야! (퇴장)

〔제5막 제2장〕

같은 곳. 칼카스의 군막 앞.
디오메데스 등장.

디오메데스 여보시오, 일어나셨습니까?
칼카스 (안에서) 누구요?
디오메데스 디오메데스요, 칼카스 공이죠? 따님은 어디 있죠?
칼카스 (안에서) 곧 나갑니다.

멀리 떨어진 곳에 트로일로스와 오디세우스가 등장. 그 뒤로 테르시테스 등장.

오디세우스 횃불이 우리를 비추지 못하게 비켜섭시다.

크레시다 등장.

트로일로스 크레시다가 저 사람한테 가는데…….
디오메데스 잘 지내고 있나요, 내가 맡겨둔 아가씨?
크레시다 아, 저의 귀여운 후견인! 말씀드릴 게 있어요. (디오메데스에게 귓속말을 한다)
트로일로스 아, 저렇게 다정하게 말을 하다니!

오디세우스 처음 본 남자에게도 신이 나서 노래를 하는 여자라오.

테르시테스 그리고 어떤 남자라도 저 여자를 노래할 수 있을 겁니다. 여자의 음표만 안다면 말이죠. 소문이 난 여자니까요.

디오메데스 기억하죠?

크레시다 기억하냐고요? 물론이죠.

디오메데스 그럼, 행동으로 봐야겠소. 마음과 말이 똑같아야 해요.

트로일로스 크레시다가 무엇을 기억한다고요?

오디세우스 들어봅시다.

크레시다 귀여운 그리스의 신사 나리, 저를 더는 유혹하지 마세요.

테르시테스 나쁜 놈!

디오메데스 그럼 안 되지…….

크레시다 사실은 제가 드릴 말씀이…….

디오메데스 흠, 말을 아껴서 거짓 맹세를 했군요.

크레시다 정말이지, 저는 할 수 없습니다. 저더러 무엇을 하란 말씀이죠?

테르시테스 요술 장난…… 남몰래 문을 열어주는.

디오메데스 나한테 줄 게 있다고 맹세한 것이 무엇이냐 말이오?

크레시다 저의 맹세에 대해서는 그만 말씀하세요. 귀여운 그리스 신사분, 그것만 아니면 다른 것은 무엇이든 해드리지요.

디오메데스 그럼 잘 있어요.

트로일로스 참아야 한다!

오디세우스 무슨 일이죠, 트로이 왕자님?

크레시다 디오메데스 님…….

디오메데스 아니, 잘 있어요. 더 이상 바보짓은 하지 않겠소.

트로일로스 너보다 나은 사람도 바보짓을 했다.

크레시다 잠깐, 드릴 말씀이…….

트로일로스 오, 열이 오르고 미칠 것만 같다!

오디세우스 화가 나셨군요. 자, 어서 이곳을 떠납시다. 노여움에 찬 말이 나오기 전에요. 이곳은 위험합니다. 시간도 죽음처럼 깊었고요. 자, 어서 갑시다.

트로일로스 저걸 보세요!

크레시다와 디오메데스 헨리 푸젤리. 1804.

오디세우스 어서요, 왕자님, 가셔야 합니다. 이러다가 걷잡을 수 없게 됩니다. 어서 가시자니까요.

트로일로스 제발, 조금만.

오디세우스 참지 못하시는군요, 어서요.

트로일로스 제발 조금만 더 있게 해주세요. 지옥의 고문을 받는다 해도 한 마디도 하지 않을 테니까요.

디오메데스 자, 그럼, 안녕히……

크레시다 하지만 화나신 채 가시면.

트로일로스 그게 원망스럽단 말인가? 오, 시들어 버린 진실이여!

오디세우스 자, 어떠세요, 왕자님!

트로일로스 유피테르 신에 걸고, 참겠어요.

크레시다 후견인님! 아, 그리스 신사분!

디오메데스 아! 안녕, 거짓말쟁이.

크레시다 정말이지, 거짓말은 하지 않는답니다. 한 번만 더 이리 오세요.

오디세우스 몸을 떨고 있군요. 무슨 일인지…… 이제 갑시다. 감정이 폭발하실 것만 같군요.

트로일로스 그녀가 놈의 뺨을 만지는군!

오디세우스 자, 어서요.

트로일로스 조금만 더, 제발 부탁이오. 한마디도 하지 않겠어요. 나의 의지와 모든 부당한 행위 사이에는 인내라는 보초가 가로막고 있습니다. 잠깐만 더 머물러 주십시오.

테르시테스 저런 음탕한 놈이 있나, 저 살찐 엉덩이와 두툼한 손가락으로 몸을 쓰다듬고 있어요! 타 버려라, 색골, 타 버려!

디오메데스 다음에는 틀림없겠죠?

크레시다 틀림없어요. 그렇잖으면 저를 다시는 믿지 않아도 좋아요.

디오메데스 꼭 지키겠다는 징표를 주오.

크레시다 가지고 올게요. (퇴장)

오디세우스 왕자님은 참겠다고 맹세했습니다.

트로일로스 염려 마십시오. 나는 이제 나 자신이 아닙니다. 내가 무엇을 느끼고 있는지조차 모르겠습니다. 나는 인내 그 자체이니까요.

크레시다 다시 등장.

테르시테스　이젠 맹세를 하려나 봐요. 아, 그래, 저거로군!

크레시다　디오메데스 님, 이 팔소매를……

트로일로스　오, 아름다운 아가씨! 그대의 진실은 어디로 갔지?

오디세우스　트로일로스 왕자님…….

트로일로스　참겠어요, 겉으로는.

크레시다　그 소매를 보고 계시는군요. 잘 보세요. 그분은 저를 사랑했어요.—아, 부정한 계집!—그걸 도로 주세요. (디오메데스에게서 소매를 뺏는다)

디오메데스　이 소매는 누구 거죠?

크레시다　그건 아실 필요 없어요. 다시 찾았으니까요. 내일 밤에는 만나지 않겠어요. 제발 부탁이에요, 디오메데스 님. 다시는 저를 찾아오지 마세요.

테르시테스　이젠 놈의 정욕을 갈아 세우는군요. 숫돌처럼 말도 잘 한다!

디오메데스　그걸 가져야겠소.

크레시다　뭘 말씀이죠, 이거요?

디오메데스　그래, 그거요.

크레시다　오, 신들이여! 이 소중한 약속의 징표를! 너의 주인은 지금쯤 너와 나를 생각하시며 자리에 누워 계실 텐데. 그리고 한숨을 쉬며 내 장갑을 들고, 내가 지금 너에게 키스를 하듯이 추억으로 가득한 그 장갑에게 귀여운 키스를 하고 계실 거야. (소매에 키스를 하자 디오메데스가 소매를 낚아챈다) 안 돼요, 그걸 빼앗아가지 마세요. 그걸 가져가는 사람은 내 심장도 가지고 가는 거랍니다.

디오메데스　그대의 심장은 벌써 내가 가져갔소. 이것은 그대의 심장을 따라오는 거요.

트로일로스　참겠다고 맹세했지.

크레시다　그걸 가질 수는 없어요. 디오메데스 님, 제발 그것만은. 다른 것을 드릴게요.

디오메데스　이걸 가져야겠소. 이게 누구 거죠?

크레시다　아실 필요 없어요.

디오메데스　어서, 누구 건지 말해 봐요.

크레시다 당신보다 훨씬 더 저를 사랑한 분이 주신 거예요. 하지만 이젠 가져가셔도 좋아요. 자, 받으세요.

디오메데스 누구 거냔 말이오?

크레시다 달의 여신 다이아나와 그 시녀들인 저 별들의 이름에 걸고, 누구의 것인지 말씀드릴 수 없습니다.

디오메데스 내일 이것을 내 투구에 달고 나가겠소. 이걸 보고도 감히 도전하지 못하는 놈의 속을 쓰리게 해주지.

트로일로스 (혼잣말로) 이 악마야, 그것을 네 뿔 위에 매단다 해도 도전하고야 말겠다.

크레시다 자, 이미 끝난 일이에요. 다 지나간 일이니까요. 그렇지만 아직 끝나지 않았어요. 제가 한 약속을 지킬 수 없어요.

디오메데스 그럼 잘 있어요. 다시는 이 디오메데스를 조롱할 생각은 하지 마오.

크레시다 가시면 안 돼요. 한마디 하기가 무섭게 바로 화를 내시네요.

디오메데스 나는 이런 바보짓은 좋아하지 않소.

트로일로스 나도 좋아하지 않지. 그러나 저놈이 좋아하지 않는다는 사실이 나를 가장 기쁘게 하기도 해.

디오메데스 그럼, 나더러 오라고요? 그 시각에?

크레시다 네, 오세요. 오, 제발요! 안 오시면 제가 놀림감이 되어 버리지요.

디오메데스 그럼 그때까지 잘 있어요.

크레시다 그럼 안녕히. 꼭 오세요. (디오메데스 퇴장) 트로일로스 님, 안녕히…… 이렇게 작별 인사를 드립니다! 저의 한쪽 눈은 아직도 당신을 바라보고 있어요. 하지만 다른 한 눈은 심장과 함께 보거든요. 아, 가련한 여자들이여! 이것이 잘못인 것은 나도 알아. 우리 눈의 실수가 우리의 마음을 실수로 이끄는 거지. 잘못 이끌어 가니, 잘못 따라갈 수밖에. 오, 그러니 눈에게 지배되는 마음은 늘 타락하고 말지. (퇴장)

테르시테스 이보다 더 확실한 증거는 없겠군요. 여자가 "내 마음은 창녀로 타락했어요"라고 말하지 않는다면.

오디세우스 다 끝났군요.

트로일로스 그렇습니다.

테르시테스 그럼 왜 아직도 여기에 계시는 거죠?

트로일로스 여기서 들은 한마디 한마디를 이 마음속에 기록하기 위해서죠. 하지만 저 두 사람이 여기서 한 일을 내가 말한다면, 저들이 내 말을 거짓이라고 하지는 않을까요? 아직도 내 마음에는 믿음이 있습니다. 눈과 귀는 오직 비난하는 데에만 쓰이는 그릇된 기능만 있다고 하지요. 아직 나에게는 눈과 귀의 증명을 뒤엎을 수 있는 고집 센 희망이 남아 있습니다. 크레시다가 정말 여기에 있었나요?

오디세우스 나는 마법사가 아닙니다, 트로이 왕자님.

트로일로스 크레시다는 여기에 없었지요.

오디세우스 틀림없이 있었습니다.

트로일로스 나의 말이 부정된다고 해서 내가 미칠 만큼 화낼 필요는 없지요.

오디세우스 나도 그렇습니다. 크레시다는 조금 전까지 있었습니다.

트로일로스 여성 모두를 위해 그것은 믿고 싶지가 않군요! 우리에게는 어머니라는 존재가 있습니다. 이렇다 할 이유 없이 비방을 하고 싶어, 크레시다의 경우를 들어 모든 여성을 판단하려는 완고한 험담꾼들을 편들어 주지 맙시다. 오히려 그건 크레시다가 아니었다고 생각해 주세요.

오디세우스 우리 어머니들까지 더럽힐 만큼 크레시다가 무슨 일을 했나요?

트로일로스 아무 짓도 안 했습니다. 아까 그 여자가 크레시다가 아니었다면.

테르시테스 (혼잣말로) 자기 눈으로 보고도 엉뚱한 소리를 하는군!

트로일로스 그것이 크레시다일까? 아냐, 그건 디오메데스의 크레시다야. 아름다운 것에 영혼이 있다면 그건 크레시다가 아니야. 영혼이 맹세를 인도한다면, 그 맹세가 신성한 거라면, 신성한 맹세가 신들을 기쁘게 한다면, 하나가 둘이 될 수 없다면 그건 크레시다가 아니지. 혼자서 한편이 됐다가 적이되기도 하는 이 미친 논리여! 그렇다고도 하고 그렇지 않다고도 하니! 이유가 반대 없이 반항하고, 패배가 반항 없이 모든 이유를 인정하는, 그런 모순이지. 그것은 크레시다야. 그렇지만 크레시다가 아니야! 오늘 내 영혼에서 이상한 싸움이 시작되고 있어. 나눌 수 없는 것이 하늘과 땅 사이보다 더 넓게 나뉘어져 있어. 그런데도 이 넓게 갈라진 틈에는 아라크네의 섬세한 실 끝 하나 들어갈 만한 구멍도 없어. 증거, 아, 증거가 있지! 지옥의 신 플루톤의 대문처럼 견고한 증거가 있다. 크레시다는 내 거야. 우리는 하늘의 인연으로 맺어져 있어. 증거, 아, 증거가 있고말고! 하늘 그 자체처럼 그야말로 견고한 증거지. 그런데 그 하늘의 인연이 미끄러져 나가고, 녹아서 흩어져 버렸어. 다섯 손가락으로 매어진 다른 매듭과 함께 말이야. 그녀가 가지고 있던 그 진실의 파편들과 먹다 남은 사랑의 찌꺼기들, 그 부스러기와 조각들, 그녀가 배불리 먹은 진실의 기름진 유해들은 이제 디오메데스의 것이 됐구나.

오디세우스 훌륭한 트로일로스 왕자님이 여기서 격정을 터뜨리고 있는데, 그 절반이라도 스스로 느끼시는 건가요?

트로일로스 그렇습니다. 그리스의 귀족, 베누스에 대한 사랑으로 불타는 군신 마르스의 심장에 못지않은 붉은 글자로도 나타낼 수 있지요. 나처럼 영원하고 단단한 마음으로 사랑을 한 젊은이도 없었을 겁니다. 잠깐 들어주세요. 나는 크레시다를 사랑하는 만큼 디오메데스를 미워합니다. 그가 자기 투구에 달아매겠다고 한 옷소매는 바로 내 것입니다. 그자의 투구가 불카누스의 능숙한 솜씨로 구워 만들어졌다 해도, 나의 칼이 그것을 두 동강 내고 말 것입니다. 뱃사람들이 허리케인이라 부르는 저 무시무시한 소용돌이가 강력한 태양에 의해 하늘 높이 솟아오르다가, 바다의 신 넵투누스의 귀도 아찔할 만큼 무섭게 내리치더라도, 나의 날쌘 칼날은 디오메데스를 향해 떨어질 준비가 되어 있습니다.

테르시테스 여자를 빼앗겨서 앙갚음할 생각이군요.

트로일로스 오, 크레시다! 나를 배신하다니! 배신자! 배신자! 배신자! 세상의 모든 거짓이 그대의 더럽혀진 이름과 나란히 서면 모두 영광되게 보일 거요.

오디세우스 자, 마음을 가라앉히십시오. 무슨 일인지 알려고 사람들이 오고 있어요.

아이네이아스 등장.

아이네이아스 이제까지 왕자님을 찾고 있었습니다. 지금 헥토르 공은 트로이에서 싸울 준비를 하고 계십니다. 호위를 맡은 아이아스 공이 트로일로스 왕자님을 성안까지 모셔다 드리려고 기다리고 있습니다.

트로일로스 자, 함께 갑시다. 오디세우스 공, 많은 신세를 졌습니다. 안녕히 가십시오. 잘 있거라, 나를 배반한 여인! 그리고 디오메데스, 그대 머리에 성벽을 쌓는 일을 잊지 말아라!

오디세우스 성문 앞까지 모셔다 드리지요.

트로일로스 흩어진 마음으로 감사를 드립니다. (아이네이아스, 오디세우스와 함께 퇴장)

테르시테스 저 악당 디오메데스를 만나고 싶군! 깍깍 불길한 징조를 말해 주지, 불길한 징조. 파트로클로스 놈은 저 갈보에 대한 소식을 알려주면 뭐든지 주겠다고 할걸. 앵무새가 아몬드를 좋아하듯이, 놈은 매춘부들 이야기에 군침을 흘리니까 말이야. 색욕이지, 색욕! 색욕 뒤에는 언제나 전쟁이 따르는 법! 다른 것들은 별것 아니지. 매독이나 퍼져서 이것들을 잡아먹어라! (퇴장)

〔제5막 제3장〕

트로이. 프리아모스의 궁정 앞.
헥토르와 안드로마케 등장.

안드로마케 왜 이렇게 화만 내고 제 충고는 귀담아듣지 않으시죠? 어서 갑옷을 벗으세요, 어서. 오늘은 싸움터에 나가시면 안 됩니다.

헥토르 당신의 노력은 내 화만 돋우는구려. 안으로 들어가시오. 영원한 모든 신들께 걸고 나는 가겠소.

안드로마케 저의 꿈으로 보아, 틀림없이 오늘은 나쁜 일이 일어날 거예요.

헥토르 꿈 이야기는 이제 그만하라니까.

카산드라 등장.

카산드라 헥토르 오빠는 어디 있죠?

안드로마케 여기 계세요. 갑옷을 입고 살기로 가득 차서요. 우리 둘이 함께 큰 소리로 부탁해 볼까요? 무릎 꿇고 간청하면 들어주실지도 몰라요. 지난

밤에 무서운 전쟁이 일어나는 꿈을 꾸었는데, 밤새 살육 장면과 죽음의 그림자만 보였어요.

카산드라 오, 그건 사실입니다.

헥토르 이봐! 나팔을 불라고 해!

카산드라 오빠, 제발 출전 신호는 그만둬요.

헥토르 저리 가라니까. 신들께 단단히 맹세를 했으니 그만둘 수는 없어.

카산드라 신들도 열띠고 어리석은 맹세에는 귀를 막고 계실 거예요. 그러한 맹세는 오염된 제물일 따름입니다. 신들께서는 양의 썩은 간(肝)보다 더 싫어하시지요.

안드로마케 오, 제발 들어줘요! 옳은 일을 위해 생명을 해치는 것이 신성하다고 생각하시면 안 됩니다. 그건 백성들에게 더 많은 것을 주기 위해 도둑질을 하고, 자선을 베풀기 위해 강도짓을 해도 좋다는 말과 같아요.

카산드라 목적은 맹세를 강하게 하지만, 그렇다고 모든 맹세가 다 지켜지는 건 아니지요. 헥토르 오빠, 무장을 풀어요.

헥토르 그만하라니까. 나의 명예가 내 운명을 좌우한다. 모든 사람이 목숨을 귀하게 여기지만, 귀한 사람은 명예를 목숨보다 더 귀하게 여기는 거야.

트로일로스 등장.

헥토르 왜 이래, 동생! 너도 오늘 싸울 생각이냐?

안드로마케 카산드라, 저분의 아버지를 불러 간청해 주세요. (카산드라 퇴장)

헥토르 안 돼, 트로일로스. 어서 그 갑옷을 벗어라. 나는 지금도 기사도 정신으로 가득 찬 사람이야. 너의 근육 마디마디가 더 튼튼해질 때까지는 전쟁터에 나갈 생각은 마라. 갑옷을 벗고 가거라. 걱정하지 마라. 오늘은 내가 너와 나, 그리고 트로이를 위해 싸우겠다.

트로일로스 형님은 인간에게는 맞지 않는 그릇된 자비심을 가지고 있어요. 그것은 사자에게나 어울리는 겁니다.

헥토르 뭐가 그릇되다는 거지, 착한 트로일로스? 그렇다면 형에게 분명히 꾸짖어 다오.

트로일로스 형님한테 붙잡힌 그리스 병사가 형님이 들고 계신 칼의 위력 아

5막 3장, 카산드라, 안드로마케와 헥토르 H.C. 셀루스. 1830.

래 목숨을 거두려는 순간, 놈들을 일으켜 살려주시는 거지요.

헥토르 오, 그건 정의로운 행동이지.

트로일로스 바보짓입니다, 형님.

헥토르 어째서 그렇다는 거지! 어째서!

트로일로스 모든 신의 사랑에 맹세하여, 그런 케케묵은 자비심은 우리 어머
　　　니에게나 맡기고, 우리는 갑옷으로 무장을 마치면 독이 발린 복수심을 칼
　　　에 실어, 애절한 자비심은 억누른 채 맹렬히 돌진해야 합니다!

헥토르 그런 야만적인 말은 하지 마라!

트로일로스 헥토르 형님, 전쟁이란 그런 겁니다.

헥토르 트로일로스, 오늘 너를 전쟁터에 내보내지 않겠다.

트로일로스 나의 출전을 막겠다고요? 운명도, 복종의 미덕도, 군신 마르스의

불같은 후퇴 신호도, 아버지 프리아모스 대왕도, 어머니 헤카베 왕비가 무릎 꿇고 눈물로 애원한다 해도, 형님이 무서운 칼을 빼 들고 나를 가로막는 다 해도 소용없습니다. 나를 막을 수 있는 건 오직 죽음뿐입니다.

카산드라가 프리아모스와 함께 다시 등장.

카산드라　아버님, 오빠를 꼭 붙잡아 주세요. 헥토르 오빠는 아버님의 지팡이가 아닌가요? 그 지팡이를 잃게 되면 오빠에게 의지하시는 아버님도, 아버님께 의지하는 트로이 백성들도 모두 쓰러지고 맙니다.

프리아모스　자, 헥토르, 돌아가거라. 너의 아내는 꿈을 꾸었고, 어머니는 환상을 보았다. 카산드라도 예견했고, 이 아비도 갑자기 예언자 같은 충동이 밀려와, 오늘은 불길한 날이라고 판단하게 됐다. 그러니 돌아가도록 해라.

헥토르　아이네이아스는 전쟁터로 나갔습니다. 저 또한 그리스인들에게 이미 약속했습니다. 기사의 명예를 걸고 저는 오늘 아침 그들 앞에 나아가야 합니다.

프리아모스　그래도 너를 보낼 수는 없다.

헥토르　약속을 어길 수는 없습니다. 아버님은 제 효심을 아실 것입니다. 그러니 저를 불효자로 만들지 마시고, 제 뜻을 막는 대신 부디 허락하셔서 친히 저의 앞길을 열어주십시오.

카산드라　오, 아버님, 그 말을 듣지 마세요!

안드로마케　제발, 아버님.

헥토르　안드로마케, 당신은 내 기분만 망쳐 놓고 있소. 나를 사랑한다면 안으로 들어가요. (안드로마케 퇴장)

트로일로스　이렇게 어리석은 해몽이나 하고, 미신이나 믿는 여동생이 모든 걸 불길하게 만들고 있어.

카산드라　오, 잘가요, 헥토르 오빠! 저것 봐요, 오빠의 죽어가는 모습을! 눈빛이 흐려지고 있어요! 상처로 온몸에서 피가 솟아나요! 트로이의 외침 소리를 들어봐요! 어머니 헤카베 왕비의 비명 소리가 들려요! 불쌍한 안드로마케가 처절하게 울고 있어요! 모두들 절망에 빠져서 어쩔 줄 몰라 하며 "헥토르! 헥토르가 죽었다! 헥토르!" 이렇게 소리치고 있어요!

트로일로스 어서 저리 가, 저리 가라니까!

카산드라 잘가요. 그렇지만 잠깐! 오빠, 작별 인사를 하겠어요. 오빠는 자기 자신과 모든 트로이를 기만하는 거예요. (퇴장)

헥토르 아버님, 카산드라가 소란을 피워서 많이 놀라셨을 줄 압니다. 성으로 돌아가셔서 시민들에게 용기를 주세요. 저희는 가서 싸우겠습니다. 칭찬을 받을 만한 공로를 세워, 오늘 밤 그 무용담을 들려드리겠습니다.

프리아모스 잘 가라. 신들께서 너희들을 안전하게 지켜주시기를. (헥토르와 따로따로 퇴장. 나팔 소리)

트로일로스 들어봐, 마침내 때가 왔군! 거만한 디오메데스, 내가 이 팔을 잃든가, 그놈의 팔소매를 따오든가 해야겠다.

　판다로스 등장.

판다로스 왕자님, 드릴 말씀이…… 왕자님, 지금 듣고 계시나요?

트로일로스 무슨 일이오?

판다로스 저쪽에 가 있는 가련한 아이에게서 편지가 왔습니다.

트로일로스 읽어보겠소.

판다로스 이 빌어먹을 기침! 악당처럼 나를 괴롭히는구나. 이 아이의 어리석은 운명도 애처로운데 이 고생 저 고생, 쉴 새 없으니. 저도 언젠가는 왕자님 곁을 떠나게 되겠지요. 눈에서는 진한 눈물이 나오고, 뼈마디는 이렇게 쑤시니, 저주를 받지 않고서야 어찌 이런 고생을…… 그 아이가 뭐라고 하지요?

트로일로스 말, 말, 말뿐이오. 마음속으로 우러나오는 진실은 없소. 그것은 딴 곳에서 딴청을 부리고 있소. (편지를 찢는다) 가라, 바람을 타고! 가다가 돌아서 방향을 바꾸어라. 나의 사랑은 말과 바람기로 살찌우고, 그 몸은 다른 놈과 붙어 다니니까. (모두 퇴장)

〔제5막 제4장〕

　트로이와 그리스군 진영 사이의 전장.

다급한 나팔 소리. 혼전(混戰). 테르시테스 등장.

테르시테스 자, 서로 치고받고 할퀴기 시작했군. 구경이나 하자. 저 구역질 나는 사기꾼 디오메데스가, 마찬가지로 천박한 트로이의 어린 바보 팔소매를 투구에 매달고 있군. 놈들이 서로 맞닥뜨리는 걸 보고 싶다. 저 젊은 트로이의 당나귀 말이야. 갈보년을 사랑한 저 트로이의 젊은이가, 그리스의 팔소매를 매단 오입쟁이를 붙잡아, 그 구역질 나고 음탕한 계집에게 찾아갔다가 소매값도 못하고 쫓겨나는 꼴을 보고 싶단 말이지. 한편으로는 거짓 약속을 무슨 떡 먹기로 아는 저 악당 놈들도 그래, 말하자면 늙은 쥐가 먹다 남긴 말라빠진 치즈 같은 네스토르나 수여우 같은 오디세우스의 술책은 검은 딸기 하나의 가치도 없다는 사실이 증명됐지 뭐야. 그래서 놈들은 잡종 똥개인 아이아스를 질 나쁜 개새끼인 아킬레우스와 맞붙게 했단 말이야. 그런데 이제는 똥개 아이아스가 똥개 아킬레우스보다 더 건방지게 굴지. 오늘은 무장도 하지 않는다지. 그리스군이 야만인들처럼 막돼먹은 짓을 드러내 놓고 하기에 이르렀으니, 두 놈의 정책은 망신살이 뻗친 거지. 가만! 여기 팔소매와 그 상대자가 오는군.

디오메데스와, 그를 쫓는 트로일로스 등장.

트로일로스 도망치지 마라. 지옥의 강 스틱스로 간다 해도, 헤엄쳐서 따라가겠다.
디오메데스 이건 작전상 후퇴라고 하는 거다. 나는 도망치는 게 아니라 적의 수가 너무 많아 잠시 후퇴할 뿐이다. 자, 덤벼라!
테르시테스 그리스인, 그대의 갈보를 지켜라! 트로이인, 그대는 그 갈보를 빼앗아 오는 거다! 자, 소매다. 소매!

트로일로스와 디오메데스가 싸우면서 퇴장. 이어서 헥토르 등장.

헥토르 그리스인, 너는 뭐지? 헥토르와 결투할 자인가? 가문의 명성이 있는 용사인가?

테르시테스 아니, 천만에요. 저는 건달에 불과하죠. 아주 천한 불평분자, 더러운 뜨내기입니다.

헥토르 그렇게 보이는군. 살려주지. (퇴장)

테르시테스 신의 은총이지 뭐야, 그렇게 생각해 주다니. 그렇지만 나를 놀라자빠지게 했으니 염병에나 걸려 죽어라. 계집에게 미친 두 놈은 어떻게 됐을까? 서로 삼켜 버렸을지도 몰라. 그런 기적이 일어나면 웃어줘야지. 색에 빠진 놈들은 자신을 삼켜 버리는 법이니까. 놈들을 찾아보자. (퇴장)

〔제5막 제5장〕

전장의 다른 곳.
디오메데스와 하인 등장.

디오메데스 자, 이놈아, 트로일로스의 말을 데려가라. 크레시다 양에게 이 멋진 말을 선사해야겠다. 그녀의 아름다움에 바치는 나의 뜻이라고 전해라. 사랑에 들뜬 트로이 놈을 혼내주었으니, 내가 그 아가씨의 기사임이 증명되었다는 말도 해라.

하인 가겠습니다, 나리. (퇴장)

아가멤논 등장.

아가멤논 다시 공격하라, 다시! 사나운 폴리다마스가 메논을 쓰러뜨렸다. 사생아 마가레론은 아군의 도레우스를 사로잡고, 부상당한 에피스트로포스와 세디우스의 시체 위에 거인처럼 올라서서, 창을 휘두르고 있다. 폴릭세네스도 피살되고, 암피마쿠스도 토아스도 중상을 입었다. 파트로클로스도 사로잡혀 인질이 되었거나 피살되었다. 팔라메데스도 찰과상과 타박상을 입고 몸이 부어 있다. 반인반마인 사지타리는 우리 군을 공포 속에 몰아넣고 있다. 디오메데스 공, 어서 지원군을 모읍시다. 그렇지 않으면 우리 군은 전멸당하고 말 것이오.

네스토르, 병사들과 함께 등장.

네스토르 자, 파트로클로스의 시체를 아킬레우스에게 보내주고, 느림보 아이아스에게도 부끄러운 줄 알고 무장을 갖추라고 해라. 전장에는 1천 명의 헥토르가 있다. 이쪽에서 그의 애마 갈라시를 타고 분투하는가 하면, 저쪽에 상대할 적수가 없어 그가 말에서 내려서면, 우리 군은 마치 물을 내뿜는 고래 앞의 잔물고기 떼처럼 이리저리 흩어져 도망치거나 살해되고 만다. 또 헥토르가 저쪽에 나타나면, 그리스인들은 낫에 잘려 나가는 볏단처럼 그 앞에서 모두 쓰러져 버린다. 헥토르는 우리 군을 이리저리 마음대로 잡았다가 놓아주고 하니, 하겠다고 마음먹은 일들을 자유자재로 할 뿐만 아니라 불가능하다고 여겨지는 일들도 해내고 있다.

오디세우스 등장.

오디세우스 여러분, 용기를 내십시오! 위대한 아킬레우스 장군이 무장을 하고 큰 소리로 복수를 맹세합니다. 파트로클로스가 크게 부상을 당한 데다 그의 부하인 뮈르미돈 병사들이, 코가 떨어져 나가고 손발이 잘리고 온몸이 까지고 찢긴 채 찾아와 이 모두가 헥토르가 한 짓이라고 말하자, 마침내 그의 잠자던 피가 끓어올랐습니다. 아이아스도 그의 친구를 잃고는 입에 거품을 물고 욕설을 퍼부으며 트로일로스를 찾겠다고 뛰어다니고 있습니다. 트로일로스는 오늘 미친 듯이 칼을 휘두르고 다녔는데, 맞서 싸우다가는 날쌔게 몸을 빼내며, 힘들이지 않고 거침없이 잘 싸웠습니다. 행운이 그에게 승리나 약속한 듯이 말입니다.

아이아스 등장.

아이아스 트로일로스! 이 비겁한 트로일로스! (퇴장)
디오메데스 아, 저쪽이야, 저쪽. (뒤따라 퇴장)
네스토르 그래, 그렇지, 다 같이 힘을 모아야 하오.

5막 8장, 아켈레우스, 헥토르의 죽음 H.C. 셀루스. 1830.

아킬레우스 등장.

아킬레우스　헥토르, 어디 있느냐? 나와라, 나와! 어린애나 상대하는 놈, 어서 얼굴을 보여라. 아킬레우스가 화가 나면 어떻게 되는지 너도 잘 알 거다. 헥토르! 어디 있어, 헥토르! 헥토르만 상대하겠다. (모두 퇴장)

〔제5막 제6장〕

전장의 다른 곳.
아이아스 등장.

아이아스　트로일로스, 이 비겁한 트로일로스, 어서 머리를 내밀어라!

디오메데스 등장.

디오메데스　트로일로스! 어디 있지?
아이아스　당신은 무슨 일로 그러오?
디오메데스　그놈 버릇을 고쳐 놓으려는 거요.
아이아스　내가 총사령관이라면, 그놈 버릇을 고치기 전에 나의 직책을 줄 것이오. 트로일로스! 이봐, 트로일로스!

트로일로스 등장.

트로일로스　이 사기꾼 디오메데스! 네놈의 거짓된 얼굴을 이리로 돌려라. 내 말을 훔쳐 갔으니 대신 네놈의 목숨을 내놓아라.
디오메데스　아, 거기에 있었군.
아이아스　나 홀로 싸우겠소. 저리 비키시오, 디오메데스.
디오메데스　이건 내 몫이오. 보고 있을 수만은 없소.
트로일로스　좋다, 덤벼라, 거짓말만 지껄여대는 그리스 놈들아. 너희 둘을 한꺼번에 상대해 주지!

헥토르 등장. 트로일로스, 디오메데스, 아이아스 싸우면서 퇴장.

헥토르 아, 트로일로스? 내 막내아우야, 잘 싸우고 있구나!

아킬레우스 등장.

아킬레우스 이제야 만났군! 자, 각오해라, 헥토르! (헥토르에게 덤벼들어 싸운다)
헥토르 잠깐만 멈추었다 하자.
아킬레우스 이 오만한 트로이 놈, 너의 예절 따위는 무시하겠다, 내 칼이 오
랫동안 쉬고 있었음을 다행으로 알아라. 내가 휴식을 취하며 빈둥거렸던
것이 지금 너에게 큰 덕이 되고 있으나 곧 옛날 힘으로 되돌아갈 테니, 그
때까지 행운이나 빌어라. (퇴장)
헥토르 잘 가거라. 네가 나타난다는 걸 미리 알았더라면 좀더 힘을 아껴 뒀
을 텐데.

트로일로스 다시 등장.

트로일로스 아이아스가 아이네이아스를 사로잡았다는데, 어떻게 그럴 수 있
지? 안 돼, 저 영광스러운 하늘의 불꽃인 태양에 두고 맹세하건대, 아이네
이아스 장군이 놈에게 잡혀갈 수는 없어. 나도 끌려가든지, 그렇잖으면 아
이네이아스를 구해 내야만 해. 운명의 신이여, 나의 기도를 들으소서! 오늘
내 목숨을 거두어 가신다 해도 괜찮습니다. (퇴장)

화려한 갑옷을 입은 그리스 병사 등장.

헥토르 거기 서라, 서, 그리스인. 너는 훌륭한 적수가 되겠다. 아니라고? 아니
란 말이지? 너의 갑옷이 훌륭하구나. 그 갑옷을 가르고 쇠못을 열어, 내가
그놈을 차지하겠다. (그리스 병사 달아난다) 이놈아, 멈춰 서라! 그래, 어디, 도
망갈 테면 가봐라. 끝까지 쫓아가 그 가죽을 벗겨주지. (모두 퇴장)

전장의 다른 곳.
아킬레우스가 뮈르미돈 병사들을 데리고 등장.

아킬레우스 자, 너희들, 뮈르미돈의 용사들아, 가까이 다가와서 내 말을 잘 들어라. 내가 어디로 가든지 뒤에서 따르기만 해라. 칼을 절대로 휘두르지 말아라. 내가 그 잔인한 헥토르를 발견하거든, 무기를 들고 놈을 포위해라. 그리고 가장 참혹한 방법으로 너희들의 임무를 실행하라. 자, 나를 따르면서 내가 어떻게 하는지 잘 지켜보아라. 헥토르는 반드시 죽여 없애야 한다는 지상 명령이다. (퇴장)

메넬라오스와 파리스가 싸우며 등장. 이어 테르시테스도 등장.

테르시테스 오쟁이진 놈과 오쟁이지운 놈이 맞붙어 싸우는구나. 이봐, 황소! 여보게, 똥개! 잘한다, 파리스, 잘한다! 뿔이 둘 난 참새 같구나! 잘한다, 파리스, 잘하고 있다! 황소가 이길 것 같은데. 뿔 조심해, 저런!

파리스와 메넬라오스 퇴장. 마가레론 등장.

마가레론 이봐, 이 노예 놈아, 이리 와서 싸우자.
테르시테스 너는 뭐지?
마가레론 프리아모스 왕의 사생아다.
테르시테스 나도 사생아다. 나는 사생아를 좋아해. 나는 사생아로 태어났고, 사생아로 교육받았으니, 마음도 사생아, 용기도 사생아, 모든 것이 불법인 사생아야. 곰도 같은 족속끼리는 서로 물어뜯지 않는다는데, 같은 사생아끼리 왜 싸워? 정신 차리라고. 싸움은 우리에게는 가당치도 않아. 갈보의 아들이 갈보 때문에 싸운다면 천벌을 받지. 자, 사생아, 잘 있어. (퇴장)
마가레론 악마한테나 잡혀가라, 이 겁쟁이! (퇴장)

전장의 다른 곳.
헥토르 등장.

헥토르 겉은 아름다우나 속은 가장 곪은 놈. 네 훌륭한 갑옷이 너의 생명을 앗아갔다. 이제 나의 하루 일도 끝났군. 푹 쉬어야겠다. 칼아, 너도 쉬어라. 너의 몸은 피와 죽음으로 얼룩졌구나. (무장을 푼다)

아킬레우스와 뮈르미돈 병사들 등장.

아킬레우스 여길 봐라, 헥토르. 해가 기울어 가니, 흉측한 밤이 숨을 헐떡이며 뒤쫓아 오는구나. 해가 떨어져 어두워지면 낮도 마감하리니, 헥토르, 너의 목숨도 이게 마지막이다.

헥토르 나는 무장을 풀고 있다. 남의 약점을 찌르다니, 비겁한 그리스 놈.

아킬레우스 쳐라, 이놈들아, 어서 쳐라. 이놈이 바로 내가 찾던 사내다. (헥토르 쓰러진다) 그래, 다음에는 일리온성(城), 네가 떨어질 차례다. 트로이여, 멸망해라! 여기에 너의 심장이며 근육이고 뼈인 헥토르가 누워 있다. 뮈르미돈의 용사들아, 앞으로 나아가라. 모두 큰 소리로 외쳐라, "아킬레우스가 헥토르를 죽였다"고. (퇴진 나팔 소리) 가만! 아군의 퇴진이다. (다시 퇴진 나팔 소리)

뮈르미돈 병사 트로이 쪽에서도 퇴진 나팔이 울리는데요.

아킬레우스 밤의 용(龍)이 날개를 펼쳐 대지를 덮고, 심판관처럼 양군을 갈라놓는구나. 피에 굶주리던 나의 칼도 반은 채웠으니 맛있는 후식에 만족하며 이렇게 잠자리에 들어가는 거다. (칼집에 칼을 넣는다) 자, 이 시체를 내 말꼬리에 매달아라. 내가 이 트로이 놈을 끌고 전쟁터를 돌겠다. (모두 퇴장)

전장의 다른 곳.

아가멤논, 아이아스, 메넬라오스, 네스토르, 디오메데스, 그리고 그 밖의 병사들이 북을 치며 행진해 들어온다. 안에서 외침 소리.

아가멤논 저 외침 소리를 들어보아라!

네스토르 잠깐, 북을 멈춰라!

병사들 (안에서) 아킬레우스! 아킬레우스 장군 만세! 헥토르를 죽였다! 만세!

디오메데스 저 소리는, 헥토르가 아킬레우스에게 죽었다고 합니다.

아이아스 사실이 그렇다 해도 아직 자랑할 것은 못 되오. 위대한 헥토르는 아킬레우스에 못지않은 훌륭한 분이었소.

아가멤논 조용히 나아가라. 누구든 아킬레우스에게 가서 내 군막으로 오라고 전해라. 신들이 우리를 도우셔서 헥토르가 죽었다면, 트로이도 우리의 것이 되고, 이 고통스런 전쟁도 이제 끝이 날 것이다. (모두 행진하며 퇴장)

〔제5막 제10장〕

전장의 다른 곳.
아이네이아스, 파리스, 안테노르, 그리고 데이포보스 등장.

아이네이아스 멈춰라, 멈춰! 이 싸움터의 주인은 아직 우리다. 후퇴하지 마라. 이 밤을 굶어 죽일 때까지 여기에 있겠다.

트로일로스 등장.

트로일로스 헥토르 형님이 죽었소.

모두 헥토르 왕자님! 신도 무정하시지!

트로일로스 죽었소. 참혹하게도 살인자의 말꼬리에 매달려 부끄러운 전쟁터를 끌려다녔소. 하늘이시여, 이맛살을 찌푸리시며 속히 노여움을 드러내소서! 당신의 옥좌에 앉으셔서 트로이에게 미소를 지어 보이소서! 재빨리 전염병을 내리시는 게 오히려 자비가 되오니, 우리의 파멸을 더는 지체하지 마소서!

아이네이아스 왕자님, 그런 말씀을 하시면 전군의 사기가 떨어집니다.

트로일로스 그런 말을 하다니, 그대는 나를 이해하지 못하는군요. 나는 도망이나 두려움이나 죽음에 대해 말하는 게 아니오. 오히려 신과 인간들이 몰고 가는 어떠한 위험도 감수하겠다는 뜻이오. 헥토르 형님은 죽었소. 프리아모스 왕이나 헤카베 왕비께 누가 이 소식을 전해 주겠소? 흉측한 부엉이라고 불려도 상관없는 자는 트로이로 되돌아가 "헥토르는 죽었다"고 전하라. 이 한마디로 프리아모스 왕은 돌로 변하고, 시녀들과 아내들은 그 눈물로 샘물을 이루다가 마침내 니오베처럼 돌로 변하게 될 것이며, 젊은 사람들은 차가운 석상으로 변할 것이오. 한마디로 트로이를 공포 속에 몰아넣을 것입니다. 그렇지만 진격합시다. 헥토르는 죽었습니다. 더 이상 무슨 할말이 있겠소. 하지만 잠깐만. 너 사악하고 증오스런 군막들아, 제아무리 해가 일찍이 떠올라도, 프리기아 평야에 오만하게 처박혀 있는 너희들을 찾고 또 찾아 물리치고 말 테다. 이 몸집만 큰 비겁한 아킬레우스, 이 세상 어느 곳에서도 우리의 증오심을 떼어 놓을 수는 없을 거다. 나는 복수심에 불타는 사악한 영혼처럼, 끝까지 네놈을 쫓아갈 거다. 광기 어린 생각을 하면 그 순간 악귀로 변해 버리는 영혼처럼. 북을 치며 트로이로 나아가라! 당당하게! 복수를 꿈꾸는 우리의 희망이 마음속 슬픔을 가려줄 것이다.

아이네이아스와 트로이인들 퇴장. 트로일로스 나가려고 할 때 판다로스 등장.

판다로스 아, 잠깐, 제 말 좀 들어주십시오!

트로일로스 꺼져라, 이 뚜쟁이 놈! 수치와 불명예가 그대를 죽을 때까지 따라다니며, 그대의 이름과 더불어 영원히 살게 되리라! (판다로스만 남고 모두 퇴장)

판다로스 내 쑤시는 뼈마디마다 좋은 약을 주는군! 오, 세상이여! 중간에서 일한 뚜쟁이는 이렇게 멸시만 당하는구나! 오, 배신자들과 포주들이여, 그렇게 열심히 일을 하고도 그 대가는 형편없구나! 우리에게 그처럼 상냥하게 부탁을 해오다가도 일만 성사되면 그렇게 손가락질을 받다니! 이럴 때 부르는 노래가 있던데, 뭐였더라? 이런 경우에 부르는? 아, 이 노래였나?

꿀벌들이 즐겁게 노래하는 건,
꿀과 가시 바늘이 있을 동안이라네.
무장한 꽁지가 뽑히고 나면,
달콤한 꿀도 노래도 모두 사라지고 말아.

몸을 파는 장사꾼들아, 이 노래를 족자에 걸어두어라. 뚜쟁이 판다로스의 집에 모여드는 수많은 건달들아, 이 판다로스의 몰락에 눈알이 튀어나오도록 눈물을 쏟아내어라. 눈물이 나오지 않으면 신음이라도 하라. 나를 위해서가 아니라면 그대들의 쑤시는 뼈마디를 위해서. 유곽 문간에서 서성이는 뚜쟁이 형제 자매들아, 내가 유언장을 써 줄 테니 두 달만 기다려라. 오늘 만들어 줄 수도 있지만 윈체스터의 가려운 갈보들이 펄펄 뛰면 성가시지. 그때까지는 나도 땀이나 빼고 편히 쉬다가 그대들에게 남겨 놓을 건 이 화류병뿐이다. (퇴장)

Venus and Adonis
베누스와 아도니스

헨리 라이오테슬리 경에게 바치는 글

상상력이 미천한 자가 추한 것을 찬미하더라도 빛나는 아폴로 신이여,
저를 시상(詩想)의 샘으로 이끌어 주소서.

사우샘프턴 백작이시며 티치필드 남작이신, 존경하는 헨리 라이오테슬리 경
에게 바칩니다.

이런 서투른 시를 올려 괜스레 백작님 마음을 상하게 하지나 않을지 또는
이토록 든든한 후원을 받으면서도 고작 이런 보잘것없는 것을 바친다고 세
상 사람들이 어떻게 비난할지 알지 못하나이다. 그러나 백작님께서 혹시 마
음에 들어 하신다면, 제게는 크나큰 영광이옵니다. 모든 무익한 시간을 잘
활용하고 더욱 진지한 노력을 기울여 더 나은 작품으로 백작님께 경의를 표
할 것을 맹세합니다. 그러나 제가 낳은 제 생각의 첫아들이 끝내 불구라고
판명된다면, 이런 고귀한 대부께 죄송할 것이옵고, 다시는 그렇게 보잘것없
는 수확을 하지 않도록 앞으로 이런 척박한 땅은 일구지 않을까 하나이다.
이 시를 백작님께 바치오니, 읽으신 뒤에는 만족하시어 그 높으신 뜻에 어긋
나지 않고 세상의 소망에 찬 기대에 부응하게 되기를 바라나이다.

충심을 다하는 윌리엄 셰익스피어

베누스와 아도니스

자줏빛 얼굴의 해가 방금
이슬 머금은 아침에게 작별 인사를 하니,
장밋빛 뺨의 아도니스는 서둘러 사냥을 나가네.
그는 사냥은 좋아하나 사랑은 비웃노라.
　　사랑에 아픈 베누스는 황급히 그를 쫓아가며,
　　대담하게도 사랑을 호소하나니.

"나보다 세 배나 아름다운 이여,
들에 핀 꽃의 왕이여, 견줄 이가 없나이다.
모든 님프들을 하찮게 만들고, 남자라기에는 너무도 사랑스러운,
비둘기보다 희고 장미보다 붉은 그대.
　　자연의 여신이 온 힘으로 그대를 만들었나니,
　　그대 생명이 끝나면 이 세상도 사라지리라 하오.

"경탄스러운 그대여, 부디 그 말에서 내려
그 힘찬 말 머리를 안장 앞가지에 매어주오.
만일 이렇게 해준다면, 그 답례로
달콤한 비밀을 수도 없이 알려주겠소.
　　이리 와 앉아요, 뱀도 쉿 소리 내지 않는 곳,
　　이곳에 앉으면, 숨이 막히도록 키스해 주리다.

"그러고도 그대 입술은 싫증내지 않으리니,
그 풍족함 속에도 더욱 갈망하게 되리라.
온갖 새로운 키스로 그대 입술은 붉거나 창백해지리니,

인형극 〈베누스와 아도니스〉 연출가 그레고리 도란과 인형극 연출가 스티브 티플래디의 꼭두각시 인형을 이용한 시 낭송, 음악, 해설을 펼친 혁신적인 공연. 로열셰익스피어 극단. 스트랫퍼드 스완 시어터 공연. 2017.

열 번이 한 번처럼 짧게, 한 번이 스무 번처럼 길게.
　여름 하루는 한순간처럼 짧으리라,
　이런 사랑 놀음으로 보낸다면."

이렇게 말하며 베누스는, 그칠 줄 모르는 힘의 상징인
아도니스의 땀에 밴 손바닥을 잡고는,
열정에 몸을 떨며 그 땀을 향유라 하네,
여신의 아픔을 고치는 최고의 약이라 하네.
　열정에 불타고 욕망이 부추기어

용감히도 그녀는 그를 말에서 끌어내리네.

한 팔로는 억센 말의 고삐를 잡고
다른 한 팔로는 가냘픈 소년을 끌어안으니,
소년은 얼굴을 붉히며 모멸감에 뾰로통,
욕구가 없는 듯 사랑 놀음은 하지 않는다네.
　　그녀는 타오르는 숯처럼 붉고 뜨거우나,
　　그는 부끄러움에 얼굴 붉히니 싸늘한 욕망뿐.

금속이 박힌 말고삐를 우툴두툴한 가지에
재빨리도 묶는구나, 아, 성급한 사랑이여!
말은 묶이었으니, 이제 그녀는
말을 몰던 사람을 묶으려 하네.
　　그녀가 바라는 대로, 그를 뒤로 떠밀며
　　욕망이 아니라, 힘으로 그를 지배하려 하네.

아도니스가 쓰러지자, 그녀도 곁에 누워
서로 팔꿈치와 허리로 몸을 가누는구나.
그녀가 그의 뺨을 어루만지니, 그는 찌푸리며
나무라지만, 곧 그녀는 입술을 포개어
　　키스 사이사이로 욕정에 겨워 말하나니,
　　"그런 말을 한다면 다시는 입술을 열어주지 않으리라."

그는 부끄러움으로 달아오르고, 그녀는 눈물로
그의 뺨에 어린 수줍은 불길을 끄노라.
그녀의 바람 같은 숨결과 황금빛 머리카락이
내뿜어지고 흩날리어 그의 뺨을 말리려 하니,
　　그는 무례하다며 베누스를 나무라나,
　　그녀는 다시 키스로 그의 말을 뭉개버리네.

굶주림에 사나워진 독수리가
부리로 깃털과 살과 뼈를 쪼아 삼키어
목구멍까지 가득 차도록, 아니 먹이가 다 사라질 때까지
날개를 퍼덕이며 허겁지겁 게걸스레 먹어치우듯,
　　그의 이마며, 뺨이며, 턱에 키스를 퍼붓나니,
　　다하고 나면, 또다시 키스를 시작하네.

그 사랑을 따르는 게 아니라, 그렇게 할 수밖에 없어,
그는 누워 헐떡이며 여신의 얼굴에 숨을 뱉어낸다네.
그녀는 먹이라도 되는 듯 그 숨결을 들이마시며,
하늘이 내려주는 거룩한 물기이며 은혜로운 공기라 하네.
　　그녀의 뺨은 꽃이 흐드러진 정원이 되어,
　　이 촉촉한 물방울에 그 꽃들이 흠뻑 젖기를 소망하네.

보라! 한 마리 새가 그물에 걸려들 듯,
아도니스는 여신의 팔에 붙들려 있네.
부끄럽기도 하고 저항도 할 수 없어 애가 타는 듯
성난 그의 눈은 더욱 아름답게 보이네.
　　물이 가득한 강에 비까지 내리니,
　　강이 둑을 넘어 어찌 흘러넘치지 않겠는가.

그런데도 그녀는 간청하니, 상냥하게 간청하나니,
아름다운 귀에 달콤하게 속삭이네.
그는 아직도 뾰로통, 얼굴을 찡그리며 안달하니
얼굴은 부끄러움으로 붉어지고, 분노로 창백해지네.
　　그 얼굴 붉어지면 여신은 그가 더없이 사랑스러워지고,
　　창백해지면 그녀의 아름다운 모습 더 큰 환희로 빛나네.

그가 어떤 표정을 지어 보이든, 그녀는 사랑할 수밖에 없으리라.
그 아름다운 불멸의 손을 걸어 그녀가 맹세하노니,

그의 부드러운 가슴에서 결코 물러서지 않으리,
그녀의 뺨을 적시며 오래오래 흘러내리는
　이 눈물의 투쟁과 그가 휴전할 때까지는.
　단 한 번 달콤한 키스가 이 한없는 빚을 갚아주리.

이 맹세를 듣고 아도니스가 턱을 치켜들어,
파도 사이로 훔쳐보는 물새가
잠깐 보였다가는 재빨리 물속으로 몸을 감추듯,
그도 그녀의 애원을 들어줄까 하더니,
　그녀가 그 값을 받으려 입술을 내밀자
　그는 눈을 감고, 입술을 딴 데로 돌린다네.

여름 무더위에 갈증으로 물을 찾는 나그네도
아도니스의 입술을 찾는 그녀만큼 목이 타지는 않으리.
구원이 바로 눈앞에 있으나 얻을 수 없으니,
물속에 잠겨 있어도 그녀 가슴속 불길은 타오를 뿐.
　"아, 불쌍히 여겨다오, 돌처럼 차가운 아도니스여!
　바라는 건 그저 키스 한 번인데, 어찌 그리 수줍어하오?

"지금 내가 그대에게 애원하듯, 저 위엄 있고 무시무시한
전쟁의 신에게 나도 구애를 받은 적이 있지요.
그는 가는 곳마다 그 힘센 목을 굽힌 일 없으니,
싸움 있는 곳마다 승리뿐이었다오.
　그런 그도 나에게 사로잡혀 나의 종이 되어,
　그대가 지금 바라지 않고 얻는 것을 내게 애걸했다오.

"그는 나의 제단 위에 그의 창과
그 일그러진 방패와 무적의 투구를 걸어놓고,
오직 나를 위하여 놀이와 춤을 배웠으니,
장난치고, 희롱하며, 새롱거리고, 농담도 하며,

인형극 〈베누스와 아도니스〉 스트랫퍼드 스완 시어터 공연. 2017.

그 무례한 북소리와 붉은 깃발도 버리고
내 품 안을 싸움터로, 내 침대를 군막으로 삼았다오.

"이리하여 나는 세상을 정복한 그를 무릎 꿇게 하고,
붉은 장미 사슬로 묶어 포로로 만들었소.
강한 성질의 강철도 그보다 강한 그의 힘에 굴복했으나
나의 새침한 경멸 앞에서는 종처럼 굴었다오.
　오, 너무 자만하지 마오, 그대의 힘을 자랑도 마오,
　전쟁의 신을 이겨낸 여자를 이겨낸다 하여.

"그대 고운 입술을 내 입술에 닿게 해줘요.
나의 입술은 그만큼 곱지는 않아도 붉기는 하답니다.

그 입맞춤은 나의 것이며 또한 그대의 것.
그대, 땅에서 무얼 보나요? 고개를 들어요.
　내 눈동자를 보아요, 그대 아름다운 모습 비추고 있으니.
　이렇게 서로 눈을 맞추었으니, 입술도 맞추는 게 어떨까요?

"키스가 부끄럽나요? 그럼 다시 눈을 감아요.
나도 감을 것이니, 그러면 낮도 밤같이 되리다.
사랑은 둘만 있을 때 한껏 들뜨게 하리니,
우리 놀이를 보는 이 없으니 마음껏 놀아봐요.
　우리가 누워 있는 푸른 줄기의 제비꽃들은
　우리 하는 일을 누구에게 말하지도 않고 알 리도 없으리.

"매혹적인 그대 입술의 부드러운 봄은
아직 채 익지 않았으나 맛보기에는 좋으리니,
시간을 유익하게 써서 기회를 놓치지 말아요.
아름다움이 헛되이 사라져 버리면 안 되오.
　아름다운 꽃도 한창때에 거두어들이지 않으면,
　순식간에 썩어 없어져 버리나니.

"나의 용모가 못나고, 지저분하고, 늙어 주름졌다면,
천하고, 심술궂고, 야비하고, 목소리가 거칠고,
노쇠하고, 혐오스럽고, 류머티즘에 걸리고, 냉증이 있고,
눈이 어둡고, 임신도 못 하고, 야위고, 메말랐다면,
　그렇다면 그대는 멈칫하리라, 그런 나는 그대에게 어울리지 않으리니.
　그런데 아무런 흠도 없는 나를, 그대는 어찌 싫어하나요?

"나의 이마에 주름 하나 없는데, 이를 못 보다니.
나의 눈은 푸르고, 밝게 빛나며, 생기가 넘친다오.
나의 아름다움은 봄이 해마다 자라듯 더해 가고,
나의 살결 부드럽고, 풍만하며, 골수는 활활 타오르니,

부드럽고 촉촉한 나의 손은 그대 손이 닿는다면
그 손바닥 안에서 녹거나 녹는 듯 느끼리라.

"나에게 말하게 해주오, 그대의 귀를 황홀하게 하리니.
요정처럼 푸른 들판을 뛰어놀거나,
님프처럼 흐트러진 긴 머리를 흩날리며
모래밭에서 발자국도 내지 않고 춤추리라.
　　사랑은 불로 꽉 채워진 정령이니,
　　가라앉을 무게도 없이, 가볍게 솟아오르리.

"여기 내가 누워 있는 이 앵초꽃 둑길이 증언하리라,
이 가녀린 꽃들도 억센 나무들처럼 나를 지지해 준다오.
연약한 두 마리 비둘기도 아침부터 밤까지,
내가 바라는 곳이면 어디든 나를 데려다준다오.
　　사랑스런 그대여, 사랑은 그리 가벼운 것인데,
　　어찌 그대는 그리도 무겁게만 생각하나요?

"그대의 마음은 그대의 얼굴을 사랑하나요?
그대 오른손이 그대 왼손을 잡고 사랑할 수 있는지요?
그렇다면 스스로 사랑을 고백하고 스스로 거절당하리니.
그대 자신의 자유를 스스로 훔치고는 도둑맞았다 슬퍼하리.
　　나르키소스도 그처럼 자신을 저버리고 냇물에 비친
　　자신의 그림자에 입 맞추려다 죽음을 맞은 거라오.

"횃불은 비추기 위한 것, 보석은 장식하기 위한 것,
좋은 음식은 맛보기 위한 것, 싱싱한 아름다움은 쓰기 위한 것,
향초는 향기를 위한 것, 물오른 나무는 열매 맺기 위한 것.
자신만을 위해 살아감은 삶을 헛되이 보내는 것이니,
　　씨앗은 씨앗에서 나고, 아름다움은 아름다움을 낳고,
　　그대도 태어났으니, 태어나게 하는 것도 그대의 의무이리.

"그대는 어찌 대지가 낳은 것을 먹나?
자신이 낳은 것으로 대지가 양육되지 않는다면 말이오.
그대가 후손을 낳아 기르는 것이 자연의 법이라,
그래야 그대가 죽더라도 그대는 계속 살아갈 수 있다오.
　　그러면 그대는 죽어도 살리니,
　　그대와 아주 닮은 이가 삶을 이어가리라."

이때 사랑에 애타는 여신이 땀을 흘리기 시작하니,
그들이 누워 있는 곳에 나무 그늘이 사라졌기 때문이라네.
한낮 더위에 싫증난 태양신이 이글거리는 눈빛으로
그들을 뜨겁게 노려보기 때문이라네.
　　아도니스가 그 대신 하늘의 수레를 몰아주면,
　　아도니스처럼 자신도 베누스 곁에 눕기를 바라면서.

이제 아도니스는 기분이 그리 좋지 않아
침울하고, 무뚝뚝하고, 내키지 않는 눈망울에,
찌푸린 눈썹으로 가려진 그 아름다운 눈빛도
희뿌연 안개가 하늘을 뒤덮은 듯하여라.
　　그는 뾰로통해져서 외치네. "사랑 이야긴 이제 그만해요!
　　햇빛에 얼굴이 타겠어요. 자리를 옮겨야 해요."

"아," 베누스가 말하기를, "젊은이가 어찌 그리 무정하오?
떠나려고 그런 말도 안 되는 핑계를 대다니!
내가 하늘의 숨결을 불어 그 서늘한 바람으로
내리쬐는 해의 열기를 식혀주리라.
　　내 머리카락으로 그대를 위해 그늘을 만들고,
　　그 머리카락마저 타오르면, 내 눈물로 끄겠소.

"하늘에서 비추는 해는 오직 따스하기만 할 뿐,
　　보아요, 나는 저 해와 그대 사이에 누워 있어도,

해에게서 받은 열기에는 아무 탈이 없으니
나를 태우는 건 오직 그대 눈에서 나오는 불길뿐입니다.
　　내가 인간이었다면 이미 죽었으리다,
　　저 하늘의 해와 이 땅 위의 해 사이에서.

"그대는 완고하여 부싯돌이나 강철처럼 단단하군요.
아니, 부싯돌보다 더하오, 돌은 비에 젖으면 부드러워지는데.
그대는 여자가 낳은 아들임에도 사랑이 무엇인지,
사랑받지 못하면 얼마나 고통스러운지 느끼지 못하나요?
　　아, 그대의 어머니가 그대처럼 완고했다면,
　　그대를 낳지도 않고, 매정스럽게 세상을 떠났을 거라오.

"어찌하여 나는 이토록 그대에게 멸시받는지요?
내 사랑의 고백에 무슨 큰 위험이라도 도사리고 있나요?
한 번 입맞춤 해준다고, 그 입술이 잘못되기라도 하나요?
그대여, 대답해요. 상냥하게 말해요. 아니면 아무 말 말아요.
　　입맞춤 한 번 해줘요, 그러면 나도 바로 돌려주리다.
　　그대가 두 번 원한다면, 한 번은 이자까지 붙여줄 테요.

"아, 생명 없는 그림이여, 차고 무감각한 돌이여.
훌륭히 그려진 우상이여, 무디고 생명 없는 모습이여,
오직 눈만 즐겁게 하는 석상이여,
남자로 생겼으나 여자가 낳은 인간은 아니라!
　　겉모습은 남자이나, 그대는 남자가 아니오,
　　남자라면 스스로 입맞춤할 것이니."

이렇게 말하자, 참을 수 없는 격정이 그녀의 하소연을 막고
끓어오르는 욕망이 그녀의 입을 다물게 하네.
붉은 빰과 불타는 눈에는 고통의 빛 뚜렷하니,
사랑의 심판관도 자신의 사랑은 어찌하지 못하네.

어떨 때는 울고 어떨 때는 무언가 말하려 하며,
어떨 때는 흐느낌으로 하려던 말이 멈추었다네.

때로는 그녀가 자신의 머리를, 때로는 그의 손을 잡아 흔들며,
때로는 그의 얼굴로, 다시 땅으로 눈길을 흘려 보내네.
때로는 두 팔로 잡아 묶으려는 듯 그를 자기 품에 감싸안네.
그녀는 그렇게 있으려 하지만, 그는 묶이려 하지 않으니,
　　그리하여 그가 빠져나오려 몸부림칠 때,
　　그녀는 백합 같은 손가락을 깍지 끼어 꼼짝 못하게 하네.

"귀여운 이여," 그녀가 말하네,
"상아의 울타리 속에 그대를 가두었으니
나는 사슴 동산, 그대는 그 안의 사슴.
뜻대로 어디서든 풀을 뜯어요, 산에서, 골짜기에서,
　　내 입술에서도. 그리고 이 언덕이 마르거든
　　좀더 내려가면, 거기 기쁨의 샘이 있으리다.

"그 안에 먹을거리 풍족하지요.
감미로운 계곡의 풀, 상큼한 고원,
둥글게 솟은 언덕과 은밀하고 거친 풀섶은
폭풍이나 비로부터 그대를 가려주리다,
　　그러니 나의 사슴이 되어주오, 나는 그런 동산이니.
　　천 마리 개가 짖어도, 그대를 놀라게 하지 못하리."

이 말을 듣고 아도니스가 경멸의 웃음 지으니,
두 뺨에는 귀여운 보조개 나타나네.
그 자국은 사랑의 신 큐피드가 만든 것, 그가 죽는 날에는
이 꾸미지 않은 무덤에 묻히게 되리.
　　거기에 묻힌다면, 사랑의 신은 미리 알리니,
　　사랑이 살아 있는 그곳에서는 죽을 수 없노라.

이 어여쁜 동굴, 이 둥글게 팬 매혹적인 구덩이가
베누스의 사랑을 삼키려 그 입을 열려 하네.
이미 정신을 빼앗긴 여신에게, 어디 분별이 있겠는가?
첫눈에 죽은 목숨, 두 번 죽일 필요 있을까?
　　가련한 사랑의 여왕이여, 자신의 헛된 법칙에 사로잡혀,
　　경멸의 웃음 지어 보이는 그 뺨을 사랑하고 마는구나.

이제 어찌할까? 무어라 말할까?
말은 바닥이 나고, 슬픔은 더욱 짙어지네.
시간은 흐르고, 사랑의 대상은 떠나려
껴안은 팔을 풀어 달라 간청하네.
　　"연민을," 여신이 외치네, "호의와 자비를!"
　　아도니스는 벌떡 일어나, 말에게로 달려가네.

그러나 보라! 가까운 숲속에서
발정난, 젊음을 뽐내는 암말 하나가,
아도니스의 준마가 박차고 일어나는 걸 보고
뛰어나와, 콧김을 뿜어내며, 소리 높여 울어대네.
　　목이 튼튼한 이 준마는 나무에 묶여 있었으나,
　　고삐를 끊고 곧 암말에게로 달려가네.

위풍당당히 뛰고, 소리치며, 펄떡이네,
촘촘히 짠 배띠를 조각조각 끊어버리며
떠받치는 대지를 단단한 발굽으로 박차오르니,
그 텅 빈 대지의 태내에 하늘의 우레처럼 울려 퍼지네.
　　말은 쇠 재갈을 이빨로 물어 깨뜨려,
　　자기를 제어하던 것을 도리어 제어하네.

귀는 위로 쫑긋 솟고, 땋아내린 갈기는
활 모양의 머리 위로 곤두서고,

코로는 공기를 들이마셨다, 내뱉으며,
용광로처럼 뜨거운 김을 내뿜는구나.
　그 깔보는 듯한 눈은 불꽃처럼 빛나며
　이글거리는 용기와 솟구치는 욕정을 내보이네.

때로는 발자국을 헤아리듯이, 터벅터벅,
점잖은 위엄과 겸손한 자부심을 드러내어 걷지만,
곧 뒷발로 곧게 일어서 힘차게 뛰어오르네.
"보라, 내 힘이 이렇다는 것을.
　이는, 저기 서 있는 아름다운 암말의 눈을
　매혹하려는 것이다" 말하는 듯하네.

주인이 화가 나서 몸이 달아도 어디 아랑곳하랴,
"자, 자" 비위를 맞추거나, "멈춰 서!" 명령해도,
재갈이나, 따갑게 찌르는 박차, 사치스런 복장,
화려한 장신구 따위는 이제 수말이 알 바 아니라네.
　그 암말만이 있을 뿐, 아무것도 보이지 않아,
　다른 것들은 그 자긍심을 채워주지 못한다네.

보라, 어느 화가가 잘 균형 잡힌 말을
살아 있는 것보다 훌륭하게 그리고자,
죽은 것으로 살아 있는 것을 뛰어넘게 하려는 듯
자연의 솜씨에 맞서려 할 때처럼,
　이 말은 보통 말보다 뛰어나구나,
　자태, 용기, 빛깔, 걸음걸이와 뼈대도.

발굽은 둥글고, 뼈마디는 짧고, 발굽 털은 거칠고 길며,
가슴은 넓고, 눈은 반짝이고, 머리는 작고, 콧구멍은 넓고,
고개는 드높고, 귀는 짧고, 다리는 곧고 힘차며,
갈기는 가늘고, 꼬리는 탐스럽고, 엉덩이는 넓고, 가죽은 부드러우니,

〈베누스와 아도니스〉 자코포 아미고니. 18세기

보라, 말이 갖추어야 할 것에 무엇 하나 빠진 게 없네,
그 위풍 넘치는 등에 어울리는 위풍당당한 주인 말고는.

어느새 저만치 달려가, 빤히 쳐다보는구나.
그러더니 깃털을 흩날리며 달리기 시작하네.
수말은 이제 바람과 숨바꼭질하려는가,
어디로 달릴지, 어디로 날아갈지 알 수 없네.
　세찬 바람이 갈기와 꼬리를 스치며 윙윙대니,
　갈기털이 새의 날개처럼 나부낀다네.

사랑하는 암말을 지켜보며 수말이 울어대니,
암말은 그 뜻을 알았다는 듯, 응답하여 우네.
자기에게 구애하는 모습 보고, 여인처럼 의기양양하나,

겉으로는 낯선 듯, 매몰차게 대하니,
　　그 사랑 퇴짜 놓고, 그 열정 비웃으며,
　　그 다정한 포옹을 뒷발로 차버리네.

이에 수말이 우울한 불평꾼처럼
힘없이 꼬리를 내려, 늘어뜨린 깃털 장식인 양,
열에 녹는 엉덩이를 위해 서늘한 그늘을 만들어 주네.
수말은 화가 나서, 대지를 박차며, 죄 없는 파리들을 깨무는구나.
　　암말은 그제야 수말이 화가 난 것을 보고,
　　조금씩 부드러워지니, 수말의 화도 누그러지는구나.

화가 난 주인이 말을 잡으려고 달려드니,
사람을 태워 본 적 없는 암말은 겁을 집어먹고는,
잡히지 않으려 곧바로 수말을 버리고 달아나는구나.
수말도 함께 내달리니, 남은 것은 아도니스뿐.
　　말들은 미친 듯이 숲속으로 달려가네,
　　자신들보다 앞서려는 까마귀들을 앞질러.

성난 아도니스는 그 자리에 주저앉아,
자기 멋대로 뛰어다니는 짐승들을 저주할 뿐이라네.
그러니 이처럼 좋은 기회가 다시 있으랴,
사랑에 병든 베누스에게 하소연할 기회가 왔구나.
　　연인들의 말인즉, 혀의 도움을 받지 못하면,
　　마음은 세 배나 더욱 고통스러운 것을.

뚜껑을 덮은 화덕과 막아놓은 강물을 떠올려 보라,
하나는 더욱 끓어오르고, 하나는 더욱 넘쳐흐른다네.
가슴에 감춰 놓은 슬픔도 그러하다 말하리,
마음껏 고백하고 나면 사랑의 불도 식으련만.
　　마음의 변호인이 침묵한다면

의뢰인의 가슴은 부서지리라, 그 소송에 절망하여.

여신이 다가오자, 그는 낯을 붉히네.
꺼져 가는 불씨가 바람에 되살아나듯
노기 어린 눈살을 자신의 모자로 가리고,
흐트러진 마음으로 멍하니 대지를 바라보네.
　　여신이 가까이 와도 그저 모르는 척,
　　아도니스는 곁눈질만 할 뿐.

아! 이 얼마나 눈여겨볼 만한 광경인가,
고집 센 소년에게 그녀가 살며시 다가가고 있으니!
창백해지거나 붉어지며 서로 다투기라도 하듯,
여신의 얼굴빛이 바뀌어 가네!
　　방금 창백하던 그 뺨이, 어느새
　　하늘의 번개와도 같이, 불꽃이 이는구나.

이제 여신은 그가 앉은 바로 앞에서
다소곳한 여인처럼 무릎 꿇고는,
부드러운 한 손으로 그의 모자를 들고,
다른 부드러운 손으로는 그 고운 뺨 어루만지네.
　　손보다 더 부드러운 뺨이라, 부드러운 손자국이,
　　갓 내린 눈 위에 자국이 어리는 것 같구나.

아! 이때 그들 사이에 눈싸움이 벌어지는구나.
여신의 눈은 애원하듯 그의 눈에 호소하고,
그의 눈은 여신의 애타는 눈을 못 본 척하네.
여신의 눈은 여전히 구애하지만, 그의 눈은 그 사랑을 멸시하네.
　　이 무언극의 장면들은, 쉽게 설명할 수 있으리라,
　　여신의 두 눈에서 넘쳐흐르는 눈물로.

이제 여신은 살며시 그의 손을 잡으니,
눈(雪)의 감옥에 갇힌 백합이라.
아니면 설화석고(雪花石膏) 같은 흰 끈에 묶인 상아인가,
그토록 하얀 친구가 그토록 하얀 적을 둘러싸다니.
　바라는 자와 바라지 않는 자의 이 아름다운 다툼은
　서로 맞대고 애무하는 두 마리 은빛 비둘기 같구나.

한 번 더 여신은 그 마음의 연장인 말을 늘어놓기 시작하네.
"아, 이 인간 세계에 사는 가장 아름다운 사람이여,
그대가 나이고 내가 그대라면,
내 마음이 티 없는 그대 마음, 그대 마음이 나의 상처라면,
　단 한 번 정다운 눈길로 그대를 구원할 텐데,
　그대를 구하기 위해 이 몸이 부서진다 해도."

"내 손을 돌려줘요," 그가 말하네, "어찌 그리 만지나요?"
"내 마음 돌려주오" 여신이 말하네, "그러면 그대 손을 돌려주겠어요.
아! 내 마음 돌려주오, 그대 차가운 마음 때문에 내 마음 차가워지지 않도록.
마음이 차가워지면, 가냘픈 한숨으로 가슴에 자국 나는 일도 없으리.
　그러면 사랑의 깊은 신음에도 나는 아랑곳하지 않으리라,
　아도니스의 마음에 내 마음도 차가워지리니."

"부끄럽네요, 그는 소리치네, "놓아줘요, 나를 놓아줘요,
오늘 나의 기쁨은 헛된 것이 되었고, 말은 가버렸으니,
이렇게 말을 잃은 것은 당신 탓이에요.
어서 물러나, 나를 혼자 있게 해줘요.
　내 마음, 내 생각, 내 걱정은 오직 어떻게 하면
　나의 말을 그 암말에게서 데려올 수 있는가 하는 것뿐이랍니다."

그래서 여신이 답하네, "그대의 말이 그렇게 반길 수밖에요,
　그 달콤한 욕망이 따뜻하게 다가오니까요.

애정은 불타오르는 숯이니 식혀야 하오,
그렇지 않으면, 마음까지 불붙어 고통스러워지리니.
　바다에는 끝이 있어도, 정욕에는 끝이 없는 것이니,
　그대의 말이 달아난 것은 이상한 일이 아니오.

"그대의 말은 쇠약한 말처럼 나무에 묶여서,
노예처럼 주인의 가죽 고삐에 꼼짝 못했지!
그러나 사랑하는 암말을 보자, 자신의 젊음이 차지할 짝이라고,
그 하찮은 속박을 경멸하여
　그 야비한 가죽끈을 머리를 숙여 빼낸 뒤,
　입도 등도 가슴도 풀어 자유의 몸이 되었더라.

"침대 시트의 흰 빛보다 더 희게 빛나는
그 참된 사랑의 연인이 벌거벗고 누운 모습을 보았다면,
그의 탐욕스런 눈이 마음껏 즐기는 동시에
다른 기관 또한 같은 희열을 맛보려 하지 않으리까!
　추운 겨울날 불 쬐기를
　감히 마다할 소심한 자 누구리오?

"그대 준마를 위해 내가 변명하게 해주오.
그리고 진정 바라니, 그대에게 바쳐진 즐거움을
누리는 법을 그 짐승에게서 배우시오.
내가 입을 다물어도 그대 말의 행동으로 알게 되리다.
　아, 사랑하는 걸 배우시오. 아주 쉬운 일이니,
　한번 알고 나면 언제까지나 잊지 않으리다."

"나는 사랑을 모르며", 그는 말하네, "또 알고 싶지도 않아요.
사랑이 산돼지라면, 사냥이라도 하겠으나.
사랑받는 것은 크게 빚지는 것, 나는 빚지고 싶지 않아요.
사랑에 대한 나의 열망은, 그것을 무시하고 싶은 것뿐.

들어보니 사랑이란 죽음 속의 삶이라네,
숨결 한 번에 웃기도 울기도 한다 하니.

"누가 마무리 안 된 볼품없는 옷을 입겠습니까?
누가 잎 하나 나지 않은 싹을 따가겠습니까?
막 자라나는 것이 조금이라도 다치게 되면,
한창때에 시들어 버려, 쓸모없는 것이 되고 마니.
　어려서 사람 태우고 짐 실은 수망아지는
　자부심을 잃고, 강건하게 자랄 수도 없나이다.

"당신이 내 손을 비틀어 아프게 하니 이제 헤어집시다.
이런 부질없는 말들, 쓸모없는 이야기는 그만둡시다.
내 마음 단호하니, 당신의 포위를 풀어줘요.
사랑이 큰 소리로 문을 두드려도, 나는 그 문을 열지 않으리다.
　맹세도, 거짓 눈물도, 아첨도 버려요,
　마음이 단단하니 그런 것으로는 무너지지 않으리다."

"아니, 그대도 말하나요?" 여신은 말하네, "혀가 있군요?
아, 그대에게는 혀 없고, 나에게는 귀 없었으면.
인어 같은 그대 목소리는 나를 이중으로 괴롭히오,
나의 짐 이미 무거운데, 고통의 짐마저 지게 되었으니.
　아, 선율 고운 불협화음이여, 거슬리는 하늘의 노래여,
　귀에는 깊고 달콤하나, 마음에는 깊은 상처를 내고 마네!

"내가 만일 귀 있고 눈 없다면, 나의 귀는
눈에 보이지 않는 마음속 아름다움만을 사랑하리.
내가 귀머거리라면, 그대 보이는 모습만이
내 감각의 모든 부분을 감동시키리.
　비록 나의 눈과 귀가 보고 듣지 못한다 해도,
　그대를 만지는 것만으로 그대를 사랑하리라.

"아니, 나에게 그 감촉마저 사라져 없다 해도,
보지도, 듣지도, 느끼지도 못하고,
오직 그대 향기를 맡을 수 있는 힘만 남는다 해도,
그대에 대한 나의 사랑은 오늘과 같으리라.
　　그대 한껏 고운 얼굴에서 향기로운 숨결 퍼져 나와,
　　그 향기로써 그대 향한 나의 사랑을 키우리니.

"그러나 아! 그 맛을 느끼는 이에게는 얼마나 진수성찬이랴,
미각은 다른 네 감각을 어우르며 키워 주는 근원이니.
누가 그 성찬이 길이 이어지기를 바라지 않으리오?
어쩌면 의심으로 문에 이중 자물쇠를 채워야 할지도 모르오,
　　질투심이라는 그 심술궂은 불청객이
　　살며시 들어와 이 향연을 방해할까 두려우니."

한 번 더 홍옥빛 입술 문을 열어,
그대가 꿀같이 달콤한 말을 내보낸 것은,
붉은 아침이 보여주는 전조와도 같네.
선원들에게는 난파를, 들판에는 폭풍을,
　　양치기에게는 슬픔을, 새들에게는 비애를,
　　목동들이나 가축 무리에게는 돌풍과 질풍이라.

이 불길한 전조를 여신은 주의 깊게 바라보네.
비가 오기 전에 바람이 잔잔해지듯,
늑대가 짖기 전에 이빨을 드러내며 웃듯,
얼룩이 지기 전에 딸기가 뭉그러지듯,
　　또는 무시무시한 대포의 탄환처럼,
　　그가 말하기도 전에 여신은 그 뜻을 알아차리네.

그리고 그의 눈빛에, 여신은 쓰러지노라,
눈빛은 사랑을 죽이기도 하고 살리기도 하니.

미소는 찌푸린 얼굴이 만들어 낸 상처를 되살린다오.
그러나 축복받은 파산자로다, 사랑으로써 그렇게 번성하다니!
　　어리석게도 소년은 여신이 죽은 줄 알고,
　　그 창백한 뺨을 가볍게 치노라, 붉게 물들 때까지.

또한 그는 매우 놀라, 지금까지 하던 것을 멈추고,
그녀를 매섭게 나무랄까 생각했으나,
눈치 빠른 사랑이 재빨리 막아냈으니.
그렇게 여신을 지켜준 그 기지에 행운이 있을지어다!
　　여신은 풀밭 위에 죽은 듯이 누워 있네,
　　그의 숨결이 새로운 생명을 불어넣을 때까지.

그는 여신의 코를 비틀고, 그 뺨을 치고,
그 손가락을 구부리고, 맥박을 꼭 짚어보고,
입술을 비벼 따뜻하게 하고, 온갖 방법을 다하여,
자신의 무정함이 입힌 상처를 아물게 하려 하네.
　　그는 여신에게 키스하네, 그래도 여신은
　　일어나려 하지 않으니, 그는 언제까지나 키스를 퍼붓노라.

이제 슬픔의 밤은 기쁨의 낮으로 바뀌니,
두 개의 푸른 창을 여신은 살포시 열어 보이네.
마치 고운 해가 산뜻하게 차려입고,
기쁨의 아침을 맞이하며 지상의 만물을 소생시킬 때처럼.
　　그 찬란한 해가 하늘을 영광되게 하듯이
　　여신의 눈은 자신의 얼굴을 빛나게 하네.

그녀의 눈빛이 그의 수염 없는 얼굴에 닿는구나,
그 모든 광채를 거기에서 빌려오기라도 하듯.
이 네 개의 등불이 함께 어울린 일은 없으리라,
　　그의 찌푸린 눈살로 그늘지지 않았더라면.

그러나 여신의 눈은 수정 눈물을 뚫고 빛을 쏟아내니,
깊은 밤, 물속에 일렁이는 달빛처럼 빛나네.

"오! 나는 어디 있는 걸까?" 여신은 말하네, "지상일까 천국일까?
아니면 깊은 바닷속에 빠져 있는 걸까, 아니면 불 속일까?
지금은 몇 시일까? 아침일까, 우울한 밤일까?
나는 죽고 싶어하는 걸까, 살고 싶어하는 걸까?
　　지금 살아 있는 거라면, 삶은 죽음의 고통이고,
　　지금 죽은 거라면, 죽음은 삶의 기쁨이리.

"아, 그대는 나를 죽였으니, 한 번 더 죽이시오,
그대의 눈을 심술궂게 가르친 스승은 그대의 무정한 마음이라.
그 눈에 그토록 모욕과 멸시를 가르쳐 주어,
이 가엾은 나의 마음 죽여 왔으니.
　　이 진실한 마음의 안내자인 나의 눈은,
　　그대 자비로운 입술 없었다면, 다시는 빛을 보지 못했으리.

"이 치유를 위해 두 입술은 오래도록 서로 키스하리라.
아! 그 진홍빛 옷이 닳아 바래지는 일 없기를,
그 입술이 살아 있는 한 그 생기 오래 지속하여
어떤 고난의 세월에도 재앙을 물리치리니.
　　죽음을 예언하는 점성가들도 말하리라,
　　역병도 그대의 입김으로 몰아내리라고.

"순결한 입술이여, 내 부드러운 입술에 찍힌 달콤한 날인이여,
언제라도 이런 날인을 받기 위해서는, 어떤 약속을 해야 하나요?
이 몸을 파는 것도 마다하지 않으리라,
그대가 사서 값 치르고 소중히 다뤄 준다면.
　　그대가 산다면, 위폐(僞幣) 우려 있으니,
　　그대의 인장을 내 붉은 입술에 봉랍처럼 찍으시오.

"천 번의 키스라면 내 마음을 살 수 있으리니,
마음 내키는 대로, 하나하나 갚아주시오.
천 번의 키스쯤 그대에게 어찌 부담이 되리오?
헤아리기도 빠르고, 끝을 내기도 빠르다오.
    갚지 않아, 빚이 두 배로 늘어난다면,
    이천 번의 키스쯤 어찌 힘에 부치리오?"

"아름다운 여왕이여," 그는 말하네, "나를 정말 사랑한다면,
내가 어색해하는 것은 나이 어린 탓이라 여겨줘요.
내가 스스로 철들기 전에 나를 철들게 하지 말아요.
어떤 어부도 다 자라지 않은 물고기는 잡지 않는답니다.
    익은 열매는 땅에 떨어지나, 설익은 건 가지에 매달려 있는 법,
    일찍 따버리면, 떫은 맛밖에 맛볼 수 없어요.

"보세요! 세상에 위안을 주는 저 해도 지친 걸음으로,
하루의 뜨거운 임무를 서쪽 하늘에서 마친답니다.
밤의 전령, 올빼미가 울어대니, 밤이 깊었나이다.
양들은 우리로, 새들은 둥우리로 돌아갔고,
    하늘에는 검은 구름이 나와 그 빛을 가리니,
    우리의 작별을 재촉하며, 헤어지라 명령하네요.

"자, 내가 잘 자라고 인사할 테니, 당신도 그리해 줘요.
그렇게 말해 주면, 키스해 드리리다."
여신이 "잘 자요" 인사하니 그는 작별 인사를 하기 전에,
먼저 작별의 달콤한 대가를 치르네.
    여신의 두 팔이 아도니스의 목을 다정히 끌어안으니,
    두 몸이 한 몸 된 듯, 얼굴과 얼굴이 하나로 맞닿았네.

그가 숨이 막혀 몸을 떼고, 뒤로 물러서니,
    그 천국의 감로수를, 그 달콤한 붉은 입술을,

그 귀중한 맛을 그녀의 목마른 입술은 잘 알기에,
여신은 흡족하면서도 여전히 목마름을 탄식하네.
　　그는 그녀의 퍼붓는 키스에 숨막히고, 그녀는 그의 인색한 키스에 지쳐,
　　그들은 입술을 포갠 채 땅 위에 쓰러지고 마는구나.

지칠 줄 모르는 욕망은 순종적인 먹잇감을 쥐고,
탐식가처럼 빠져들지만, 도무지 채워지지 않으니,
여신의 입술은 정복자라, 소년의 입술이 굴복하여,
오만한 승리자가 바라는 대로 몸값을 치르네.
　　여신의 독수리 같은 탐욕은 몸값을 한껏 높이 정해,
　　그의 풍요로운 보배, 그 입술을 빼앗아 말려 버리네.

그 전리품의 단맛을 느끼고 나서,
여신은 흥분에 눈이 가려 사뭇 빼앗으려 하네.
얼굴에서는 김이 오르고 연기가 피어나며, 그녀의 피가 끓고,
제멋대로인 정욕은 무모한 용기를 돋우어,
　　이성은 쫓겨나고 망각이 대신하니,
　　염치의 순박한 낯 붉힘도, 명예의 파멸도 잊는구나.

힘찬 포옹에 뜨거워지고, 기운 빠지고, 지쳐서,
사람 손에 지나치게 길들여진 산새처럼,
사냥꾼에 몰려 기진맥진한 날렵한 노루처럼,
또는 귀염받아 순해진 고집쟁이 아기처럼,
　　그는 이제 여신이 하는 대로 따르며, 거절하지 않으나,
　　아직도 여신의 욕망은 모두 채워진 게 아니라네.

아무리 굳은 봉랍이라도 가열하면 녹으리니,
끝내 어떠한 흔적조차 남지 않는 걸까?
희망 없는 일도 무릅쓰고 도전하면 이루어질 때 있으니,
세상의 한계를 벗어난 사랑이 그러하리.

애정은 창백한 얼굴의 겁쟁이처럼 나약하지 않으니,
자신의 사랑이 고집을 부릴 때 가장 구애할 만하네.

그가 얼굴을 찌푸릴 때, 아! 그녀가 포기했다면,
여신은 그 입술에서 이러한 달콤함을 빨아 먹지 못했으리.
욕설도, 찌푸린 얼굴도 연인을 물리치지 못하리니,
제아무리 가시가 있대도 장미는 꺾이고 말리라.
　　스무 개 자물쇠를 채워 미인을 가둬 둔대도
　　사랑은 뚫고 들어가 끝내 그 자물쇠들을 열리라.

가엾어라, 여신은 더는 그를 붙들어 둘 수 없네.
그 가엾은 바보가 떠나겠다 애원하니,
여신도 이제는 그를 붙잡지 않고
작별 인사하며, 그녀 마음 헤아려 달라 하네.
　　큐피드의 활에 걸어 맹세하기를, 그녀의 마음은
　　그의 가슴에 갇히어, 그가 가지고 가는 것이라 하네.

"달콤한 소년이여," 여신은 말하네, "이 밤은 슬픔 속에 지나리라,
이 병든 마음이 이 눈을 잠 못 이루게 하니.
말해 줘요, 사랑의 주인이여, 내일 또 우리가 만날 수 있을지,
말해요, 그럴 거죠? 그럴 거죠? 약속해 줄 거죠?"
　　그가 그녀에게 말하기를, 내일은 어떤 친구와
　　멧돼지 사냥을 가야 하니, 아니 된다 하네.

"멧돼지!" 여신은 말하고는 갑자기 창백해지네,
붉은 장미 위에 엷은 면포를 올려놓은 듯,
두 뺨이 정복된 듯. 그의 이야기에 그녀는 몸을 떨면서,
멍에처럼 두 팔을 뻗어 그의 목을 감싸안으니
　　끝없이 가라앉는구나, 그의 목에 매달려,
　　여신은 쓰러지고, 그 배 위에는 그가 쓰러지네.

〈베누스와 아도니스〉 티치아노. 1554. 마드리드 프라다 미술관 소장.

이제 여신은 사랑의 결투장에 들어와 있으니,
그녀의 전사(戰士)는 뜨거운 결투를 위해 말 위에 오르네.
그러나 이 모두가 그녀의 환상일 뿐이라,
비록 그가 말에 오르기는 했으나 말을 다룰 줄 모르니.
　　여신의 고통은 낙원을 손에 넣고도,
　　그 기쁨을 얻지 못한 저 탄탈로스*1보다 더하구나.

가엾은 새들이 그림 속 포도에 속아,
눈으로는 배가 부르나 굶주림에 허덕이듯,

---

*1 그리스 신화에 나오는 왕. 제우스의 아들이자 펠롭스의 아버지. 거부(巨富)였으나 너무 오만
하여 지옥으로 떨어져 영원히 굶주림과 목마름의 고통을 받게 되었다고 한다.

그렇게 여신은 자신의 불행을 탄식하네,
그 쓸모없는 열매를 본 가엾은 새들처럼.
　여신은 그에게 따뜻한 열정 없음을 보고
　줄곧 키스하여 그 열정에 불붙이고자 하네.

그러나 헛되도다, 여왕이여, 소용없으리니.
할 수 있는 일은 다 해보았기에,
그녀의 애원은 이 큰 보답을 받을 만한데,
사랑의 신이라, 사랑했으나, 사랑받지 못하노라.
　"이런, 이런" 그는 말하네, "눌려 죽겠어요, 놓아줘요,
　당신이 나를 이토록 붙들 까닭이 없나이다."

"그대를 벌써 보냈으리라", 여신이 말하네,
"달콤한 소년이여, 멧돼지 사냥을 간다 말하지 않았다면.
아! 조심해야 하오. 그대는 모를 거예요, 창으로
사나운 멧돼지를 찌르면 어떻게 되는지.
　멧돼지는 언제나 그 드러난 송곳니를 갈고 있다오,
　죽이는 데 이력이 난 무서운 도살자처럼.

"활처럼 굽은 등에 억센 털로 된 창을 곤두세우고,
떼를 지어 다니며 적을 위협한다오.
화가 나면 그 눈을 반딧불처럼 번쩍이며,
그 코로는 가는 곳마다 무덤을 파헤치오.
　흥분하면 무엇이든 닥치는 대로 들이박고는,
　그 뾰족한 송곳니로 죽이는 것이라오.

"억센 털로 갑옷처럼 무장한 살진 옆구리는
그대의 창끝으로는 뚫을 수 없으며,
그 짧고 두툼한 목도 쉽게 상처낼 수 없으리.
화가 나면 감히 사자에게도 달려들고,

험악한 가시덤불도, 무성한 풀숲도
멧돼지가 두려워 길을 비키면 그 사이를 뚫고 달린다오.

"아! 멧돼지는 사랑의 눈이 흠모하여 바라보는
그대의 얼굴을 조금도 귀히 여기지 않으리라.
그 완전한 아름다움에 온 세상이 놀라 칭송하는
그대 부드러운 손, 달콤한 입술, 수정 같은 눈 또한 그러하오.
　그대를 이겨내기라도 하면 두려운 일이로다!
　이 모든 아름다움을, 꼴밭의 풀을 뽑듯이 뽑아버릴 테니.

"오! 그로 하여금 언제나 그 더러운 집이나 지키게 하오,
아름다움은 그런 추악한 악마와는 관계없으니.
스스로 그런 위험에 다가가지 마오,
크게 성공하는 이들은 친구들의 충고를 받아들이니.
　그대가 멧돼지라는 말을 했을 때, 정직히 이야기해서,
　나는 그대 운명을 생각하며, 뼈마디 마디가 떨렸다오.

"그때 내 얼굴을 보았나요? 그 빛이 창백하지 않더이까?
내 눈 속에 두려움의 흔적을 보지 못했나요?
기운이 빠지고, 숨이 끊어질 듯 쓰러지지 않더이까?
지금 그대가 누운 내 가슴속에서, 심장은
　무슨 징조인 듯 헐떡이며, 고동치고, 쉴 줄 모르며,
　지진이라도 일어난 듯 그대를 이 가슴 위에서 흔들고 있으니.

"사랑이 군림하는 곳에는, 마음을 어지럽히는 질투심이
애정의 보초병이라며 스스로 일컬으니,
거짓된 경고음을 보내어 내란을 부추기고,
평화로운 시기에도 '죽여라, 죽여라!' 외치며,
　욕망에 불타는 상냥한 사랑의 불꽃을 식히네,
　바람과 물이 불길을 진정시키듯이.

"이 못된 고발자, 싸움을 부추기는 간첩,
사랑의 연약한 새싹을 갉아먹는 병균,
불화의 씨를 뿌리는 이 질투심이,
때로는 진실을, 때로는 거짓을 전하는 이 떠버리가,
　　내 마음에 찾아와, 귓속으로 속삭였더이다,
　　내가 그대를 사랑한다면, 그대의 죽음이 두려우리라고.

"어디 그뿐이리오, 내 눈에 보여주더이다,
미친 듯 노한 멧돼지의 모습을.
그 날카로운 송곳니 아래, 그대인 듯한 이가
피를 흘린 채 쓰러져 있더이다.
　　갓 피어난 꽃들도 그 피에 젖어,
　　수심에 잠긴 채 고개 숙였더이다.

"이렇게 상상만 해도 몸이 떨리니,
그런 그대 모습을 보게 되면 어찌하리오?
그 생각만으로, 연약한 마음은 피를 흘리고,
두려움이 내 마음에 이런 점괘를 가르쳐 주니,
　　오늘은 살아 있는 가엾은 이여, 그대는 죽으리라,
　　그대가 만일 내일 멧돼지와 마주친다면.

"그러나 꼭 사냥하려거든, 내 말을 들어요.
겁을 먹고 달아나는 토끼에게 사냥개를 풀어 놓아요,
또는 꾀로 살아가는 여우를,
또는 감히 맞서지 못하는 노루를,
　　이 겁 많은 짐승들을 언덕 넘어 쫓아가요.
　　사냥개를 데리고서 잘 훈련된 말을 타고.

"반(半)장님인 토끼를 몰고 나올 때
　　잘 확인해요, 이 가엾은 짐승이 재앙을 피하려,

바람을 가르며, 주위를 살피며,
수없이 방향을 바꾸어 이리저리 뛰어다니는 모습을.
　　토끼가 뚫고 나가는 산울타리 틈새는
　　마치 적을 어지러이 만드는 미궁 같은 것이니.

"때로는 토끼가 양의 무리 속으로 뛰어들 것이오,
교활한 사냥개가 냄새를 맡지 못하게 하려고.
때로는 자신이 파 놓은 작은 굴로 뛰어들 것이오,
큰 소리로 짖으며 쫓아오는 추격자들을 피하기 위해.
　　때로는 사슴 무리와도 섞일 것이오,
　　위험은 방편을 낳고, 공포에는 지혜가 따르리니.

"그 짐승의 냄새가 다른 것과 섞이면,
코를 실룩거리며 냄새 맡던 개는 헷갈려 어리둥절,
시끄럽게 짖기를 그치고,
놓친 냄새를 찾으려 이리저리 고심하며 다니리오.
　　그렇게 찾아내어 크게 짖어대면, 메아리가 답하리니,
　　또 다른 사냥이 하늘에도 있는 듯하리다.

"이미 가엾은 토끼는, 멀리 언덕 위에서
뒷발로 선 채로 귀를 쫑긋,
적이 아직도 쫓아오는지 살피리이다.
곧이어 사냥개들의 소란스런 외침을 들을 것이니,
　　이제 그 토끼의 슬픔은, 병든 이가
　　죽음을 알리는 종소리를 듣는 것과 같다오.

"그리하여 이슬에 젖은 그 가엾은 토끼는
방향을 바꾸다가, 되돌아오며, 이리저리 헤매고 다니리니.
샘바른 들장미에게 다리를 긁히고,
그림자 앞에서 발을 멈추고, 소리 나는 곳마다 머물며,

비참한 신세라, 마구 짓밟히리니,
한번 나락으로 떨어지면 구해 주는 이도 없다오.

"가만히 누워서 좀더 들어보아요.
아니, 버둥대도 소용없어요, 일어나지 못하게 하리다.
그대가 멧돼지 사냥을 하지 않겠다고 말할 때까지,
나답지 않게 이런 이야기 저런 이야기를
　　예로 들어가며 그대를 설득하려 함이라,
　　사랑은 모든 비애를 말할 수 있으니.

"내가 어디까지 이야기했더라?" "어디였든," 그가 말하네,
"나를 붙잡지 말아요. 그러면 이야기는 끝이 나지요.
밤이 깊어가니." "밤이 깊은들 어떠하리오?" 여신은 말하네.
소년은 말하네, "친구들이 나를 기다려요.
　　어두우면, 길을 걷다 넘어질지도 몰라요."
　　여신은 말하네, "욕망은 밤에 가장 잘 본다오.

"그러나 만약 넘어지거든, 오! 이렇게 상상해 봐요,
이 땅이 그대를 사랑하여, 발을 헛디딘 거라고.
모두가 그대의 키스를 빼앗으려는 거라고.
값비싼 재물은 정직한 이도 도둑으로 만드니, 그대 입술이 그렇다오,
　　여신 디아나도 뜻밖의 키스로 순결의 맹세를 깨고
　　죽게 되지 않을까, 우울한 슬픔에 빠지게 되리라.

"이제야 나는 이 밤이 이토록 어두운 까닭을 알겠어요.
킨티아*²가 부끄러워, 그 은빛을 흐리나이다.
자연은 만물을 거짓으로 꾸민 이 반역의 대가를 받으리니,
하늘에서 신성한 틀을 훔쳐 와

─────────────
*2 킨티아(Cynthia, Kynthia)는 로마 신화에 나오는 디아나(그리스 신화에서는 아르테미스)의 별
　명. 사냥·다산(多産)·순결·달의 여신이기도 하다.

하늘을 조롱이나 하듯, 그대를 만들어,
낮에는 해를, 밤에는 그녀를 모욕했다오.

"그래서 그녀는 운명의 신들에게 뇌물을 주어,
자연의 이 절묘한 재주를 방해하고자,
아름다움에 보기 흉한 것을, 순수하게
완전한 것에 순수하지 못한 기형물을 한데 섞어,
　　온갖 재난과 수많은 불행의 횡포에
　　시달리는 몸을 만든 것이라오.

"타는 듯한 열병, 피를 말려 쓰러뜨리는 학질,
치명적인 역병, 미칠 듯한 광증,
뇌수를 파먹는 질병 등에 걸리면,
피가 끓어 온몸의 조화가 깨어지리라,
　　과식증, 종기, 슬픔, 저주받을 절망 등이 자연의 죽음을
　　다짐한다오, 그대를 그토록 아름답게 만들었기에.

"그리고 이들 병 가운데 아주 작은 것이라도
순간의 싸움으로 아름다움을 망치게 되리니.
치우침 없이 바라본 이로서도 경탄해 마지않던
그 용모, 그 향기, 그 빛깔, 그 자질 모두가,
　　곧바로 파멸하고, 녹아버려, 못쓰게 되리니,
　　산꼭대기의 눈이 한낮 햇빛에 녹아내리는 듯하리라.

"그러하니, 열매 맺지 못할 순결일랑 지키려 들지 마오,
사랑을 모르는 순결한 이여, 자신만 사랑하는 수녀들이여,
이 세상에서 아들도 딸도 낳지 않아
인간의 씨가 줄어들지 않게, 자손의 번성을 꾀하시오.
　　가진 정력을 남김없이 써야 하리, 밤에 타는 등불도
　　기름을 소모하여 세상을 비추는 것이니.

"그대의 몸이 사람 삼키는 무덤이 아니라면,
설마 캄캄한 어둠 속에 자손을 묻으려 하진 않겠지요?
시간과 더불어 언젠가는 마땅히 태어날
자손들을 죽일 것처럼 보이나니.
　만일 그렇다면 온 세상이 그대를 멸시하리라,
　그대의 오만함으로 아름다운 희망이 죽게 된다면.

"그러면 그대는 자신을 자신 속에 파멸시키게 되리니.
내란보다 더 나쁜 해악이라,
또는 자포자기하여 스스로 죽음을 택하는 것보다,
또는 제 자식을 죽이는 살인마 아비보다 더한 것이라.
　묻어둔 보물은 녹슬어 더러워지지만
　금을 이용하면 금에서 금이 나온다네."

"이제 그만해요," 아도니스는 말하네,
"늘 써먹던 싫증나는 이야기를 다시 하렵니까.
그러면 키스해 드린 것도 헛일이 되어버려요.
당신이 아무리 흐름을 거역하려 해도 헛수고랍니다.
　욕망의 더러운 유모인 이 검은 얼굴의 밤에 걸고,
　당신의 논리가 나를 점점 더 싫증나게 하나이다.

"사랑이 당신에게 2만 개의 혀를 빌려주어,
그 하나하나가 당신의 것보다 더 사람을 감동시키며,
저 음탕한 인어의 노래보다 더 매력 있는 것이라 해도,
그 유혹하는 곡조는 내 귀에서 헛되이 사라질 뿐.
　내 귓가에는 내 마음이 무장하고 지키며,
　어떤 부정한 소리도 허락하지 않습니다.

"그것은 허위로 가득 찬 소리가 내 가슴속
고요한 폐쇄된 곳에 흘러들지 않게 하기 위함이니,

인형극 〈베누스와 아도니스〉 스트랫퍼드 스완 시어터 공연. 2017.

들어가는 날에는 내 작은 가슴은 망가지고 말겠죠,
그 침실의 휴식을 빼앗기니.
　아니, 여신이여, 아니, 내 가슴은 신음하기를 바라지 않고,
　이제 홀로 자면, 깊은 잠이 들 것입니다.

"당신이 주장하신 것, 어찌 비난하지 않을까요?
위험하다 말씀하신 그 길은 평탄한 길이에요.
나는 사랑을 싫어하지 않으나,
어떤 남자고 껴안는 당신의 사랑법은 싫어하죠.
　번식을 위해 한다니, 오 이상한 변명!
　이성(理性)이 음욕을 부추기는 뚜쟁이라니요.

"그걸 사랑이라 부르지 말아요, 사랑은 하늘로 달아났고,
지상의 땀으로 얼룩진 음욕에 이름을 빼앗겼으니.
소박한 모습으로 사랑을 가장하고서,
음욕은 신선한 아름다움을 삼키어 더럽혔답니다.

욕정에 불타는 폭군은 아름다움을 망쳐 버리니,
털이 무성한 벌레들이 갓 나온 싹을 먹어치우는 듯하지요.

"사랑은 비 온 뒤의 햇살처럼 위안을 주지만,
음욕이 하는 일이란 맑은 날의 폭풍이에요.
사랑의 부드러운 봄은 언제나 신선하건만,
욕정의 겨울은 여름이 절반도 가기 전에 찾아오리니.
　　사랑은 포식하지 않으나, 욕정은 폭식으로 죽는 것이라,
　　사랑은 오롯이 참되지만, 욕정은 허위로 가득 차 있습니다.

"나는 더 말할 수 있으나, 이제 그만하리다.
이야깃거리는 낡았으나, 말하는 이는 너무 풋내기니.
그러니 이제 정말, 나는 떠나겠나이다.
나의 얼굴은 부끄러움으로, 나의 마음은 비탄으로 가득해요.
　　나의 귀는 음탕한 이야기를 듣고는,
　　너무나 불쾌해 스스로 타오르고 있나이다."

이렇게 말하고, 그를 꼭 껴안은
아름다운 두 팔의 달콤한 포옹에서 벗어나,
어두운 풀밭을 달려 집으로 가네.
남겨진 사랑은 깊은 고통에 잠겨 누워 있네.
　　보라, 하늘에서 별똥별이 잽싸게 움직이듯,
　　이 어두운 밤, 베누스의 눈에서 그는 멀어져 가네.

여신이 그에게 눈길을 쏟아부으니,
배에 오르는 친구를 떠나보내는 이와 같구나.
높은 물결이 구름에 부딪히며 망망대해 속으로
그의 모습, 사라져 갈 때까지.
　　무자비하고 칠흑 같은 밤이여, 여신의 눈을
　　살찌우던 그 모습을 감싸버리는구나.

이렇게 되자, 실수로 값진 보석을
강물에 떨어뜨린 사람처럼,
또는 밤길을 가는 나그네가 어딘지 모를 숲속에서
등불이 꺼져 당황하는 것처럼,
　여신은 어둠 속에서 안절부절 누워 있네.
　길잡이가 되어줄 아름다운 사람을 잃고서.

마침내 여신은 가슴 치며 신음하니,
그 가까이 동굴들도 모두 괴로움에 빠진 듯,
한마디 한마디에 메아리쳐 울리니,
탄식 소리는 차츰 깊고 커져만 가네.
　"아!" 그녀가 스무 번 외치니, "슬프도다, 슬프도다!"
　스무 번이나 메아리쳐 스무 번 되돌아오네.

메아리 소리를 들은 여신은 애절한 가락을 담아,
슬픈 사랑의 노래를 바로 지어 부르네.
젊은이를 노예로 묶고, 늙은이를 망령되게 할 사랑의 노래를.
어리석으면서 지혜롭고, 지혜로우면서 어리석은 사랑의 노래를.
　이 아픈 사랑 노래가 슬픔으로 끝나니,
　그 메아리의 합창도 구슬피 답하네.

여신의 노래 지루하게 이어지며, 밤은 깊어만 가네.
사랑하는 이들의 시간은 짧게 여겨져도, 긴 것이라.
자신들이 즐거우면, 다른 사람들도 자기들처럼
같은 즐거움으로 기뻐하리라 생각하노니.
　그들의 이야기는 때로 끝없이 이어지며
　듣는 이 하나 없어도, 끝이 날 줄 모르네.

그날 밤 여신과 함께 밤을 보낸 이라고는
아첨꾼 같은 부질없는 메아리뿐이 아니던가?

변덕스런 이들의 마음 달래려, 모든 부름에
대답하는 높은 목소리의 심부름꾼들같구나.
　　여신이 "그렇다"고 말하면, 자신들도 "그렇다"고 답하고,
　　만일 "아니다"라고 말하면, 그대로 따라서 대답하리라.

보라! 실컷 자고 난 다정한 종달새가
그 이슬 맺힌 둥우리에서 높이 날아올라
아침을 일깨우니, 아침의 은빛 가슴으로부터
해는 당당히 솟아오르는구나.
　　온 세상 눈부시게 비추어 주는 아침 해에
　　삼나무 꼭대기도 언덕도 황금빛으로 반짝거리네.

베누스는 이토록 고운 아침 인사를 하네.
"아, 세상을 비추는 신이여, 온갖 빛의 주인이여,
모든 등불과 반짝이는 별들도 당신에게서
그 아름다운 힘 빌려 찬란히 빛나는 것이오니,
　　여기 지상의 어미젖을 빠는 사나이에게도,
　　그 빛을 비추어 주소서, 다른 모든 것들에게 주듯이."

이렇게 말하고 여신은, 도금양 수풀로 달리네.
아침은 너무나 빨리 지나가는데
사랑하는 이에게서는 아직 소식 없으니,
그의 사냥개와 뿔나팔 소리를 애타게 기다리네.
　　어느새 그들의 힘찬 소리 들려와,
　　여신은 서둘러 그 소리 따라 달려가네.

그리고 여신이 달려갈 때, 길목에 우거진 덤불이
어떤 것은 그녀의 목을 감고, 어떤 것은 얼굴을 스치고,
어떤 것은 허벅지를 휘감아 발을 멈추게 하나,
여신은 그 달라붙는 수풀을 사납게 뚫고 지나니.

젖이 불어 아픈 암사슴이
숲에 숨긴 제 새끼에게 달려가듯 하네.

이때 사냥감을 쫓아 짖어대는 개들 소리를
들은 여신은, 마치 길목에서 공격하려
똬리를 틀고 노려보는 독사를 만난 듯,
두려움으로 소스라치게 몸을 떠는구나.
　겁먹은 듯 짖어대는 사냥개 소리에,
　여신은 넋을 잃고 혼미해지네.

이제 그것이 쉬운 사냥감이 아님을 깨달았으니,
화난 멧돼지일까, 사나운 곰일까, 아니면 오만한 사자일까,
겁에 질려, 큰 소리로 짖어대는 사냥개 소리가
한곳에서만 들려오고 있으니.
　적이 그토록 사나운 맹수임을 알고서
　개들이 앞서기를 서로 꺼리는 듯하구나.

음산한 부르짖음이 여신의 귀를 슬피 울리니,
귀를 거쳐 들어가, 심장도 놀라게 하네.
의심에 사로잡히고, 공포에 압도되어,
힘없이 창백해지며, 팔다리의 감각이 사라지네.
　지휘관이 항복하자마자, 감히 맞서지 못해
　허겁지겁 병사들이 달아나듯이.

이처럼 여신은 정신을 잃고 떨며 서 있다가
완전히 낙담한 감각들을 다시 다독거리며
두려움은 이유 없는 망상이고,
어린애 같은 착각이라며 깨우쳐 주네.
　더는 떨거나 두려워 말라고 이르노니,
　그 말이 끝나기도 전에 쫓겨오는 멧돼지를 보았네.

그 거품투성이 입은 온통 붉게 물들어,
젖과 피가 한데 섞인 듯하네.
또 다른 공포가 그녀의 온몸에 퍼져,
여신은 방향을 잃고 미친 듯이 헤매네.
　　이 길로 달리는가 하면, 다시 발을 멈추고
　　되돌아와, 애인을 살해했다고 멧돼지를 저주하네.

천 가지 울분이 천 가지로 흩어져,
여신은 밟은 길을 되밟아 돌아오네.
전에 없이 서둘러도, 발은 떨어지지 않고,
술취한 주정꾼이 하는 짓처럼,
　　골똘히 생각해 봐도, 생각나는 것은 없고,
　　이것저것 관여해 봐도, 되는 일 하나 없네.

여기 덤불에 숨어 있는 개 한 마리 발견하여,
그 지친 패배자에게 주인의 사정 물으려니,
다른 개가 자신의 상처를 핥고 있네,
독 있는 상처에는 그것이 가장 훌륭한 치료약인 듯.
　　그리고 또 한 마리 애처로이 끙끙대는 개를 보고,
　　그놈에게 말을 거니, 대답은 그저 짖는 소리뿐.

침울하게 울려 퍼지는 그 소리 멎으니
또 한 마리, 입술 늘어진 험상궂은 검정개,
하늘을 바라보며 잇따라 짖어대네.
여기저기서 다른 개들이 모두 호응하여
　　탐스런 꼬리로 땅바닥을 툭툭 치면서,
　　상처 입은 귀를 흔들흔들하며, 피 흘리며 가네.

보라, 이 세상 가엾은 사람들이 이상한 환영이나
징조나 불가사의한 일에 놀라,

공포에 질린 눈으로 오래도록 바라보다가,
무서운 예언을 자신에게 퍼붓듯이,
　여신은 이 슬픈 대변자들을 보고 숨을 삼키더니,
　다시 탄식하며, 죽음의 신을 저주하네.

"흉악한 얼굴을 한 폭군, 추하고, 비열하고, 야윈,
사랑과 이별한 증오스러운 자여" 이렇게 그녀는 죽음의 신을 욕하네.
"음산하게 히죽대는 망령, 땅속의 벌레, 어째서 너는
아름다운 자를 질식시키고, 그의 숨을 빼앗는가?
　그가 살았을 때 그의 아름다움은 장미에 빛을 주고,
　그 숨결은 제비꽃에게 향기를 주지 않았던가?

"만일 그가 죽는다면, 오 아니! 그럴 리가 없어,
그의 아름다움을 보고, 어찌 그를 칠 수 있으랴.
아 그래! 칠 수도 있으리라, 너에게는 보는 눈이 없어,
가증스럽게도, 분별없이 달려들어 칠 테니.
　네 표적은 힘없는 늙은이겠지만, 잘못된 화살이
　표적을 빗나가 어린 가슴을 찌를지도 모를 일.

"조심하라고 말만 했더라면, 그는 무슨 말인들 했으리라.
그의 말을 듣기만 했다면, 너인들 죽일 용기 없었으리라.
운명의 신도 이 한 번 공격에 너를 저주하리라,
잡초를 베어라 명했건만, 너는 꽃을 꺾고 말았으니.
　사랑의 신이 황금 화살을 쏘아야 할지언정,
　죽음의 신이 검은 창을 던질 일은 아니었다.

"너도 눈물을 삼키느냐, 이런 비탄을 일으키고 말았으니?
침울한 신음 소리가 너에게 무슨 이익이 되느냐?
모든 이에게 보라고 말하는 그 눈을,
무슨 까닭으로 영원한 잠에 빠지게 했느냐?

이제 자연은 너의 살육의 힘을 두려워하지 않으리라,
가장 뛰어난 작품이 너의 가혹함으로 파멸되었으니."

이렇게, 절망으로 가득 차서 기진맥진하여
눈을 감으니, 눈꺼풀은 수문처럼,
고운 뺨을 타고 흘러 가슴의 아름다운 골짜기로
떨어지는 수정 같은 눈물의 물결을 막는구나.
　　그러나 그 은빛 물결은 수문을 뚫으니,
　　그 힘찬 물줄기에 문은 다시 열리네.

아! 그녀의 눈과 눈물이 서로 빌리고, 빌려주고 하는구나!
눈은 눈물 속에, 눈물은 눈 속에 보이네.
둘 다 수정이라, 서로의 슬픔을 비춰 주네.
그 슬픔을 친절한 한숨이 자꾸 말리려 하지만,
　　때로 바람 불고 때로 비를 뿌리는 폭풍우 치는 날처럼,
　　한숨으로 뺨이 말라도, 눈물에 다시 젖고 마네.

온갖 격정이 여신의 한결같은 슬픔을 넘나들며
여신의 슬픔에 가장 잘 어울리려 경쟁이라도 하듯,
모두가 환대받으며, 서로 힘을 다해,
저마다 현재 슬픔의 주인이 되려 하네.
　　홀로 최고인 것은 없으리라, 모두 하나로 어울리니,
　　구름들이 머리를 맞대고 비바람 몰아오는 듯하네.

이때, 멀리서 한 사냥꾼이 부르는 소리 들려오네.
어느 자장가 소리도 이보다 더 아기를 달래주지는 못하리라.
여신이 품었던 그 무서운 상상을,
이 희망의 목소리는 쫓아버리려 하네.
　　되살아난 기쁨이 여신에게 기뻐하라 이르며
　　아첨하되, 그것이 아도니스의 목소리라 하네.

〈아도니스의 죽음〉 멧돼지의 공격을 받는 아도니스   주세페 마추올리. 1709. 러시아 에르미타주 미술
관 소장.

그러자 여신의 눈물은 방향을 바꾸어,
유리 속 진주알처럼, 눈 속에 갇혀 버리네.
그러나 때로는 빛나는 눈물방울 떨어지는 것을
뺨이 사라지게 하니, 여신이 술에 취한 듯 보여도
　　그런 기분이었을 뿐인 그 얼굴의
　　눈물 자국을 씻어내고 싶지 않은 걸까.

아, 믿기 힘든 사랑! 참으로 이상하구나,
믿을 수 없는 것인데도, 때로는 너무 쉽게 속아 넘어가니.
사랑의 기쁨과 슬픔 모두 극에서 극으로 치달으니,
희망도 절망도 모두 너를 웃음거리로 삼는구나.
　　하나는 얼토당토않은 생각으로 너를 우쭐거리게 하며,
　　다른 하나는 그럴듯한 근심으로 너를 곧 죽음에 이르게 하리라.

이제 여신은 스스로 엮은 올가미를 풀며 생각에 잠기네.
아도니스는 살아 있어, 그러니 죽음의 신은 책임이 없어.
죽음의 신을 욕한 것은 자기가 아니라고,
이제 여신은 그 가증스런 이름 위에 명예로운 칭호를 붙이려 하네.
　　온갖 무덤의 왕, 왕들의 무덤,
　　모든 죽어가는 존재들의 절대 군왕이라고 부르네.

"아니, 아니" 여신은 말하네, "친절한 죽음의 신이여, 용서해 주오,
앞서 한 말은 농담일 뿐이니.
내가 그 멧돼지를, 그 인정사정없고 잔인한
짐승을 만났을 때 겁을 집어먹었기 때문이라오.
　　그러니 친절한 그림자여―사실을 고백하면―
　　내 사랑하는 이의 죽음이 두려워, 그대를 욕한 거라오.

"그건 내 잘못이 아니라오. 멧돼지가 그렇게 충동질한 것이니,
원한일랑 그놈에게 갚으시오, 보이지 않는 지휘관이여.

그대를 욕보인 것은 그놈, 그 더러운 짐승이라,
나는 연극을 했을 뿐, 그대를 비방한 자는 그놈이라오.
　　슬픔은 두 개의 혀를 지니고 있으니, 그 둘을 다스리려면,
　　여자의 열 배나 되는 지혜가 필요하다오."

이렇게 아도니스가 살아 있기를 바라면서,
여신은 경솔히 의심했던 것을 변명하네.
아도니스의 아름다움을 더욱 빛나게 하려고
겸손하게 죽음의 신에게 환심을 사려 하네.
　　기념품들, 조각상들, 무덤들, 그리고 이야기들,
　　그의 승리들, 그의 공적들, 그의 명예들을 말하네.

"오 유피테르 신이여!" 여신은 말하네, "나는 얼마나 바보 같았는지,
살아 있는 이를 죽었다고 그 죽음을 탄식할 정도로
마음이 연약하고 어리석었으니.
인류가 서로 멸망시킬 때까지는 죽을 수 없는 이를!
　　그가 죽으면, 아름다움도 함께 죽게 되며,
　　아름다움이 죽으면, 다시 혼돈의 암흑 세계가 되기 때문.

"아, 아, 어리석은 사랑이여, 너는 언제나 두려움에 차 있구나,
보물을 지고 가는 이가 도둑들에게 둘러싸인 듯이.
눈이나 귀로 증명되지 않은 하찮은 일들을
오해하여 너의 겁쟁이 마음은 슬퍼한다."
　　이렇게 이야기할 때 경쾌한 나팔 소리 들려와,
　　절망에 빠져 있던 여신은 기뻐 어쩔 줄 모르네.

휘파람 소리를 들은 매처럼, 여신은 날아가네,
그 발걸음 어찌나 가벼운지, 풀도 밟지 않는 듯
그렇게 서둘러 달릴 때, 불행하게도 여신은 보았네,
추악한 멧돼지에게 정복당한, 아름다운 애인을.

그 광경을 보고 여신은 숨이 끊어질 듯,
　별들이 해를 보고 수줍어하듯 뒤로 물러서네.

또는 달팽이가 그 연한 뿔을 얻어맞아
아파하며 껍데기 속에 몸을 움츠리고,
오랫동안 다시 나오려고도 하지 않고,
어둠 속에 숨을 죽이고 있듯이.
　여신의 눈은 피에 젖은 그의 모습 보고는,
　머릿속 깊고 어두운 동굴로 숨어 버리네.

눈은 그 맡은 일인 바라보기를 그만두고
근심에 찬 머리에게 처분을 맡기니,
머리가 눈에게 이르기를, 이제는 추악한 밤과 어울리며,
다시 무엇을 보더라도 마음 아파하지 말라 하네.
　마음은, 옥좌에 앉아서도 고뇌하는 왕처럼,
　눈의 말을 듣고서 지독한 신음 소리뿐.

그러자 예속한 백성들이 모두 떨게 되니,
대지에 갇힌 바람이 통로를 찾으려
몸부림치자, 땅바닥이 흔들리며,
싸늘한 공포로 사람들의 마음도 어지럽구나.
　이 소동으로 몸 안의 각 부분이 떨리며,
　눈이 그 어두운 침대에서 다시 뛰어나온다오.

눈을 뜨고 할 수 없이 그 눈길 던져 바라보니,
멧돼지가 파헤친 그의 연약한 옆구리에는
큰 상처가, 백합처럼 희게 빛나던 살결은
그의 상처가 흘린 자줏빛 눈물로 흠뻑 젖어 있구나.
　가까이 있는 꽃, 풀, 향초, 나뭇잎, 또는 잡초가
　그의 피를 훔쳐 그와 함께 피를 흘리는 듯하오.

〈베누스와 아도니스〉 죽은 아도니스를 발견한 베누스   호세 데 리베라. 1637.

이 엄연한 슬픔을 바라보는 가엾은 베누스는,
한쪽 어깨에 고개를 떨구고,
말없이 슬픔을 탄식하며, 미친 듯 몸부림치며,
그는 죽지 않았다, 죽을 리가 없다고 생각하네.
　여신의 목소리는 막히고, 관절은 구부러지지 않으며,
　그녀의 눈은 이제까지 괜스레 울었다며 화를 낸다오.

그의 상처를 뚫어지게 바라보고 있으려니,
눈앞이 아찔해지며, 상처가 셋으로 보이네.
그러자 여신은 잘못 보는 눈을 나무라니,
상처도 없는 곳에 더 상처를 만든다 하네.
　그의 얼굴도 둘로 보이고, 팔다리도 두 배로 보이니,
　눈의 실수로 머리가 혼란스럽도다.

"내 혀는 한 사람을 위해서도 슬픔을 표현하지 못하는데"
여신은 말하네, "죽은 두 사람의 아도니스를 보라!
한숨도 다하고, 눈물도 말랐다.
내 눈은 불이 되고, 내 가슴은 납덩이가 되었다.
　무거운 심장의 납덩이, 내 눈의 불로 녹아라!
　방울방울 열정으로 타올라, 나는 죽게 되리라.

"아! 슬픈 세상이여, 둘도 없는 보물을 잃고 말았네!
볼 만한 그 어떤 얼굴이 살아남아 있는가?
이제 어떤 혀가 노래를 할 것인가?
오랜 옛날이나 먼 앞날의 어떤 일로 자랑할 것인가?
　꽃들은 향기롭고, 그 빛깔 산뜻하고 고우나,
　참된 향기의 아름다움은 그와 더불어 살다 죽었느니.

"누구라도 앞으로는 모자도 베일도 쓰지 않으리라!
해도 바람도, 그대에게 키스하려 하지 않으리라.
잃어버릴 아름다움 없으니, 두려워할 것도 없으리라.
해도 그대를 멸시하고, 바람도 그대를 야유하리라.
　그러나 아도니스가 살아 있을 때에는, 해도 바람도
　그 아름다움을 훔치려 도둑처럼 숨어들었다.

"그래서 그가 모자를 쓰고 있노라면,
눈부신 해가 그 차양 아래로 들여다보려 했고,
바람이 모자를 날리어 벗겨지면,
그의 머리카락에 장난을 걸어, 그만 아도니스가 운 일도 있지.
　이에 바람은 곧 그 젊음을 가엾이 여겨,
　그의 눈물 말려 주고자 서로 다투었다.

"사자도 그의 얼굴을 보려, 산울타리 뒤에서
살금살금 걸어오니, 그가 두려워하기를 바라지 않았음이라.

〈베누스와 아도니스〉 아도니스의 죽음을 슬퍼하는 베누스와 큐피드   코르넬리스 홀스테인. 1647.

그가 노래 부를 때에는, 호랑이도 기분 좋아
온순하게 귀 기울였도다.
    그가 이야기하면, 늑대도 먹이를 버리고,
    그날은 철없는 어린 양을 괴롭히지 않았지.

"그가 시냇물에 비친 자기 그림자를 들여다보면,
물고기들도 그 위에 황금 아가미를 펼쳐 보이고,
그가 다가가면, 새들도 기뻐하며,
더러는 노래 부르고, 더러는 부리로
    오디나 붉게 익은 버찌를 물어와,
    그는 새들에게 아름다움을, 새들은 그에게 열매를 주더라.

"하지만 이 추악하고 음산하며, 주둥이가 지저분한 멧돼지만은,
언제나 눈을 아래로 내리뜨고 무덤만을 뒤지고 있으니,
그가 입은 아름다운 옷을 못 보았더라.

보라, 그놈이 아도니스를 어떻게 대했는가를.
　만약 그놈이 그의 얼굴 보았다면, 내가 아노니,
　그에게 입맞추려다, 잘못 죽인 것이리라.

"그렇다, 사실이다, 그렇게 아도니스는 죽음을 당한 것이다.
그는 날카로운 창을 들고 그놈에게 달려들었으나,
그때 그놈은 그에게 이빨을 들이대려던 게 아니라,
입맞춤으로 그의 마음 얻으려 생각한 것이니,
　사랑스럽게 그의 옆구리를 코로 문지르다가
　자신도 모르게 송곳니로, 그 부드러운 사타구니를 찔렀으리라.

"내게도 멧돼지처럼 송곳니가 있다면, 고백하건대
그에게 입맞추려다, 그를 죽이고 말았으리라.
그러나 그는 죽었으니, 나는 다시는 축복받지 못하리,
그의 젊음이 주는 축복을. 그런 생각하니 더욱 비참하구나."
　이렇게 말하고, 서 있던 자리에서 쓰러지니,
　여신의 얼굴은 그의 엉긴 피로 얼룩지노라.

그녀가 그의 입술 바라보니, 입술은 창백하고,
그녀가 그의 손을 잡으니, 손은 차갑네.
여신은 그의 귀에 슬픈 이야기를 속삭이네,
그 귀가 그 서러운 말을 알아듣기나 하는 듯이.
　여신이 그의 눈을 덮고 있는 보물 상자를 열어보니,
　거기, 아! 두 개의 등불은, 다 타버려, 어둠 속에 있도다.

천 번이나 그녀 자신을 비추어 보았던
두 거울인 눈동자, 이제는 아무것도 비추어 주지 않네.
얼마 전까지 대단했던 거울의 미덕은 사라져,
모든 아름다움도 그 빛을 잃어버렸네.
　"시간의 불가사의" 여신은 말하네, "그대는 죽었는데,

날이 아직도 밝으니 원통하구나.

"그대가 죽어, 나는 여기 예언하노니,
앞으로 사랑에는 슬픔이 따르리라.
사랑에는 언제나 질투가 따르니
시작은 달콤해도, 끝은 고약하리라.
　사랑은 평등하지 않고, 높거나 낮을 것이니,
　모든 사랑의 기쁨은 그 슬픔과는 견줄 수 없으리.

"사랑은 변덕스럽고, 거짓되고, 허위로 가득하니,
숨 한 번 쉬는 사이에, 싹트고 시들어 버리리라.
그 밑바닥에는 독기가 서려 있으나,
위에는 가장 달콤한 것이 뿌려져 있느니.
　사랑 앞에서는 가장 힘센 몸도 가장 허약해지며,
　지혜로운 이는 벙어리가, 어리석은 이는 수다쟁이가 되리라.

"사랑은 인색하며, 지나치게 방종하기도 하니,
노쇠한 이에게도 춤추기를 가르치고,
흉악한 악당도 얌전하게 하리라.
부자를 파산하게 하거나, 가난한 이를 살찌우게도 하리.
　사랑은 미친 듯 난폭해지거나, 바보처럼 온순해지며,
　젊은이를 늙게, 늙은이를 어린아이가 되게 하리라.

"사랑은 이유 없이 괜스레 의심하며,
가장 믿지 못할 일도 의심하지 않으리라.
인정에 넘치나, 지나치게 냉혹하며,
가장 정직해 보일 때, 가장 잘 속이느니.
　가장 믿고 따를 때 변덕스럽게 토라지며,
　용기 있는 이를 겁쟁이로, 겁쟁이를 용기 있는 이로 만들리라.

"사랑은 전쟁이나 비참한 사건의 원인이 되리라.
아버지와 아들 사이에도 불화를 만들며,
모든 불평불만에 복종하고 굽실대리니,
타기 쉬운 마른 것에 불붙이는 것 같으리라.
　　죽음의 신이 무르익은 나의 사랑 무너뜨렸으니,
　　가장 잘 사랑하는 이들도, 그 사랑 즐길 수 없으리라."

이때, 죽어서 여신 옆에 누운 소년은,
그녀의 눈앞에 증기처럼 녹아 사라지며,
땅 위에 뿌려진 그의 피에서는
흰 무늬 있는 한 송이 붉은 꽃이 피어나네.
　　창백한 그의 뺨과 그 흰 빛깔 위에
　　방울방울 맺힌 그의 피와 닮은 꽃이로다.

여신이 고개 숙여, 새로 피어난 꽃의 향기 맡네,
그 향기와 아도니스의 입김을 비교하며.
그리고 말하네, 그를 죽음으로 잃었으니,
이 꽃을 그녀 가슴에 간직하겠노라고.
　　여신이 그 줄기를 꺾자, 그곳에서 방울방울
　　초록 액체 떨어지니, 그것을 눈물이라 여기네.

"가엾은 꽃" 여신은 말하네, "너의 아버지를 닮았구나.
아름다운 아들이로다, 네 향기가 그의 향기만은 못하지만.
아주 작은 슬픔에도 그 눈을 적시곤 했어.
그는 자기 안에서 홀로 있으려 했지.
　　너도 그러하구나. 그러나 그의 피 속에서 시들든지,
　　이 가슴 위에서 시들든지, 너에게는 마찬가지이리라.

"네 아버지의 침대는, 여기 내 가슴 위에 있단다.
너는 그의 피를 받았으니, 여기 누울 권리 있으리.

자, 이 텅 빈 요람에서 쉬어라.
나의 뛰는 가슴이 밤낮으로 너를 흔들어 주리라.
　　한 시간에 일 분이라도
　　내 달콤한 사랑의 꽃에 입 맞추리라."

세상이 싫어졌다며, 이제 여신은 떠나려 하네.
은빛 비둘기에 멍에 달고, 재빠른 날개의 힘 빌려,
가벼운 수레에 민첩하게 올라타고,
여신은 텅 빈 하늘로 날아오르네.
　　파포스*³ 쪽으로 날아가, 그곳에 몸을 숨기고,
　　여신은 이제 다시는 나타나지 않으려 하네.

---

*3 Paphos는 베누스(아프로디테)의 신전이 있는, 키프로스 남서부의 옛 도시.

The Rape of Lucrece
루크레티아의 능욕

헨리 라이오테슬리 경에게 바치는 글

사우샘프턴 백작이시며 티치필드 남작이신,
존경하는 헨리 라이오테슬리 경께.

각하께 바치는 저의 사랑에는 끝이 없사오며, 이 시작도 없는 작고 보잘것없는 책은 제 사랑의 작은 부분일 따름이옵니다. 비록 서투른 시행(詩行)이오나 인품이 훌륭하신 경께서 너그러이 받아주시리라 확신하나이다. 제가 전에 쓴 것,*1 그리고 앞으로 쓸 작품은 제가 하는 일의 일부로서 모두 경의 것이옵니다. 저의 자질이 더 크면 저의 충성도 더 크게 드러날 것이오나, 그때까지는 지금 이대로 경께 바치옵니다. 경께서 온갖 축복을 누리시며 장수하시기를 비옵나이다.

경의 충성스러운 신하 윌리엄 셰익스피어

줄거리

루키우스 타르퀴니우스*2는 '수페르부스'라는 별명을 갖고 있었는데, 사람을 시켜서 그의 장인 세르비우스 툴리우스를 잔인하게 죽이고는, 로마 국법과 풍습에 어긋나게도 시민들의 의사는 묻지도 않고 왕국을 자기 소유로 만든 다음, 자신의 아들들과 다른 로마 귀족들을 이끌고 아르데아*3를 포위 공격했다. 이

---

*1 셰익스피어의 다른 시 〈베누스와 아도니스〉를 말함.
*2 Lucius Tarquinius Superbus. 고대 로마의 마지막 제7대 왕(재위 B.C.534~B.C.510). '수페르부스'
　는 교만을 뜻함.
*3 로마 남쪽에 있는 라티움의 도시.

렇게 아르데아를 공격하는 동안 군 간부들이 어느 날 저녁 왕자 섹스투스 타르퀴니우스*⁴의 군막에서 모임을 가졌는데, 식사를 마친 뒤 이야기를 나누다 저마다 자기 아내의 미덕을 칭찬했다. 그 가운데에서도 콜라티누스는 자신의 아내 루크레티아의 비할 데 없는 정절을 크게 칭찬했다. 이렇게 즐거운 기분에 휩싸여 모두들 로마로 돌아왔다. 이들은 저마다 자기 아내에 대해 큰소리친 것을 시험해 볼 생각으로, 부인들 몰래 서둘러 집에 돌아온 것이었다. 그런데 오직 콜라티누스만이, 이미 늦은 밤이었음에도 아내가 하녀들 틈에서 실을 잣고 있는 모습을 보았다. 다른 부인들은 춤을 추거나 술을 마시며 온갖 놀이에 빠져 시간 가는 줄도 모르고 있었다. 그래서 귀족들은 콜라티누스에게는 승리를, 그의 아내에게는 영예를 안겨주었다. 그때 루크레티아의 아름다움에 불같은 사랑을 느낀 섹스투스 타르퀴니우스는 잠시 그 열정을 가라앉히고서 다른 사람들과 함께 자기 진영으로 돌아왔다. 곧 그는 살며시 홀로 빠져나와, 콜라티움*⁵에서 루크레티아에게 왕족이라는 신분에 맞는 환대를 받고 머무르게 되었다. 그날 밤, 그는 루크레티아에 대한 욕정을 참지 못하고 몰래 그녀의 침실에 들어가 강간을 하고, 날이 밝자마자 서둘러 도망쳐 나왔다. 이러한 통탄할 일을 겪은 루크레티아는 아버지가 있는 로마와 남편 콜라티누스가 있는 진지로 저마다 하인들을 보냈다. 그러자 그녀의 아버지는 유니우스 브루투스*⁶를 데리고, 남편 콜라티누스는 푸블리우스 발레리우스*⁷와 함께 돌아왔는데, 상복을 입고 있는 루크레티아를 보고 깜짝 놀라며 슬퍼하는 까닭을 물었다. 그녀는 먼저 그들에게 자신을 위해 복수해 줄 것을 맹세하게 한 다음, 그 범죄자의 이름과 그가 저지른 행동을 밝히고 나서 갑자기 칼로 자기 몸을 찔러 자결해 버렸다. 그들은 그 증오스런 타르퀴니우스 일족을 전멸하겠노라, 하나같이 맹세하고는 그녀의 시신을 로마로 옮겼다. 브루투스는 그 더러운 죄과와 범인에 대해 시민들에게 알리고, 왕의 폭정을 거세게 비난했다. 크게 격분한 로마 시민들은 모두 한마음이 되어 타르퀴니우스 일족을 추방하고는 정치 체제를 바꾸어, 왕정을 폐지하고 집정관 제도를 세웠다.

---

*4 Sextus Tarquinius. 타르퀴니우스 수페르부스의 셋째 아들.
*5 로마 근교에 위치한, 콜라티누스의 영지.
*6 Lucius Junius Brutus. 로마 공화정의 창시자. 초대 집정관.
*7 Publius Valerius. 왕정 타도와 공화정 확립에 이바지함. 초대 집정관.

루크레티아의 능욕

포위 공격이 시작된 아르데아를 떠나 맹렬한 속력으로
그릇된 욕망이라는 불의(不義)의 날개를 퍼덕이며,
육욕으로 들끓는 타르퀴니우스는 로마 진지를 떠나
콜라티움으로 그 어두운 불을 싣고 오네,
푸른 재에 가리어 속으로 타오르는 불을.
　　콜라티누스의 아름다운 아내, 순결한 루크레티아를
　　끌어안고 싶은 욕정의 불을.

불행히도 그 '순결'이란 찬사가,
그의 날카로운 욕정에 칼날을 세웠으리라.
어리석게도 콜라티누스는 삼가지 않고,
그의 기쁨의 하늘에서 빛나는,
비할 데 없이 맑고 발그레한 빛을 찬미했노라.
　　그곳에는 하늘의 별 못지않은 아름다운 두 별이
　　오직 남편만을 맑은 눈길로 비추노니.

이는 그가 지난밤, 타르퀴니우스의 군막에서
자기의 행복한 보물 창고를 열어 보였음이라.
하늘이 아름다운 짝을 그에게 보내주었으니,
이보다 더한 부귀는 없노라고.
자기 행운을 드높이 자랑하여 말하기를
　　군왕들은 이보다 큰 영예를 차지할지 모르나,
　　왕도 귀족도 이런 둘도 없는 아내는 가질 수 없노라고.

아, 행복이란 오직 몇 사람만이 누릴 수 있는 것!
누릴 수 있다 해도 곧 기울어 사라져 버리지.
눈부신 금빛 햇살 아래
은빛 아침 이슬 녹아 사라지듯!
제대로 시작하기도 전에 그 시기는 다하고 말아,
  명예나 아름다움을 손에 쥐고 있어도
  해악으로 가득 찬 세상에서는 허술한 요새와 같네.

아름다움은 대변자가 없어도
스스로 사람의 눈을 매혹하고야 마는 것.
세상에 둘도 없는 것을 찬미하노니
무슨 변명의 말이 필요하랴?
그런데 왜 콜라티누스는 자랑꾼이 되었던가?
  그 귀한 보석은 자신의 것이니,
  도둑의 귀에는 들려주지 말았어야 하리.

아마도 루크레티아의 빼어남을 자랑하려다
이 오만한 왕의 마음에 불을 댕겼으리라.
마음은 흔히 귀를 통해 더럽혀지나니.
아마도 그렇게 귀한 것을 자랑하는 데에 시기하여,
교만한 자의 마음이 모멸감으로 자극받았으리라.
  우월한 자도 갖지 못한 황금빛 행운을
  그보다 못한 자가 자랑한다 하여.

이런 까닭이 아니라면, 때에 맞지도 않는
충동에 사로잡혀, 그렇게도 미친 듯이 날아갔으리라.
명예도, 직위도, 친구도, 신분도
모두 잊고서, 오직 욕정으로 타오르는
석탄 같은 불을 끄기 위해
  아, 성급한 불의의 불길이여, 냉엄한 후회에 휩싸여

〈루크레티아 이야기〉 산드로 보티첼리. 1501.

　　너의 조급한 싹은 언제나 시들어서 자라지도 못하리.

이 정의롭지 못한 왕자가 콜라티움에 다다르자,
그 로마의 귀부인은 그를 상냥히 맞이했더라.
그 얼굴에서는 아름다움과 미덕이 서로 다투고 있으니,
어느 쪽이 그녀의 영예를 떠받칠 것인가.
미덕이 뽐낼 때에는 아름다움이 수줍어 낯을 붉히고
　　아름다움이 그 붉힘을 뽐낼 때에는 미덕은 경멸하듯
　　은백색으로 그 붉은빛을 덧바르려 하네.

그러나 아름다움은 베누스의 비둘기에서 흰빛을 거두어들여
나도 자격이 있노라고, 그 흰 바탕에 도전하네.
그러자 미덕은 아름다운 붉은빛이 자기 소유라 주장하니
그것은 미덕이 황금 시기를 맞은 젊음에 준 것이라 하네,
그 은빛 뺨 물들이며 그들의 방패라 불렀으니.

사람들이 싸움에서 이를 쓰게 하여,
수치심이 공격해 오면 붉은빛으로 흰빛을 가리게 했다네.

루크레티아의 얼굴에는 이 문장(紋章)이 있었으니,
아름다움의 붉은빛과 미덕의 흰빛으로 나타나,
세상이 아직 어렸던 예부터 자기 빛깔이
상대의 여왕이라고 주장하며,
이제까지 자신들의 야망을 다투어 오고 있네.
　　양쪽 모두 드높은 권위를 지니고 있으니,
　　때로는 그 왕좌를 서로 바꾸어 앉기도 하면서.

백합과 장미의 이 말없는 다툼을
타르퀴니우스는 아름다운 그녀 얼굴에서 보았네.
청순한 두 진영 사이에 그의 반역하는 눈은 포위되었지.
둘 사이에 끼여 죽을 수는 없다며
비겁한 그의 눈은 스스로 포로가 되어 버리니,
　　그토록 비겁한 적이라면 포로로 잡은들
　　무슨 가치 있을까 하여 둘은 그를 놓아주기로 하네.

이제 그는 그녀의 남편이 실속없이 말했다고 생각하네—
그토록 칭찬해도 그는 인색한 낭비자라—
애써 찬양한 것이 도리어 그녀의 아름다움 손상했으니,
그의 부족한 표현력이 말해 준 것보다 한층 뛰어나더라.
그래서 콜라티누스가 다하지 못한 칭찬을
　　매혹된 타르퀴니우스는 자기의 상상으로 채우고
　　말없이 경탄하며 그녀의 얼굴을 바라보네.

이런 악마가 흠모한 이 지상의 성녀는
이 거짓 숭배자의 마음을 의심치 않았네.
깨끗한 마음씨를 지닌 인간은 악을 꿈꾸지 않으니,

하녀들과 함께 길쌈에 여념 없는 루크레티아 빌렘 데 푸테르. 1633.
놀이에 열중한 다른 부인과는 달리 실을 잣고 있는 아내를 확인하는 콜라티누스

덫에 걸린 적 없는 새는 비밀이 감춰진 덤불을 두려워 않는다네.
죄 없는 그녀는 안심하고 반가운 얼굴로
　　왕가의 손님을 공손히 맞아들이노라,
　　그의 마음속 사악함은 겉으로는 드러나지 않았노니.

그가 높은 신분에 어울리게 몸을 꾸며,
비열한 죄악을 위엄의 주름 속에 감추어,
그에게서는 아무것도 수상해 보이지 않았지,
때로 그의 눈이 지나치게 감탄했을 뿐.
그 눈은 모든 것을 보고서도 만족할 줄 몰랐다네.
　　가엾은 부자는 자신의 곳간이 비어 있는 듯,
　　넘치도록 가득하면서도 여전히 더 많은 것을 탐내지.

그러나 낯선 이의 눈과 만난 적 없는 부인은
말을 걸어오는 그 눈빛에서 어떠한 의미도 찾아내지 못했고,
눈이라는 책에서 유리 같은 여백에 쓰인
미묘하게 빛나는 비밀들도 읽지 못했지.
알지 못하는 미끼를 건드린 일 없으니, 어찌 낚시바늘을 두려워할까.
　　타르퀴니우스의 음탕한 눈길을 깨닫지 못하고,
　　그 눈이 빛을 향해 열려 있다고만 생각했다네.

그는 풍요한 이탈리아의 여러 싸움터에서
그녀 남편이 세운 공적을 부인에게 이야기하여,
늠름한 기사도 정신과 상처 난 갑옷과
승리의 꽃다발로 영예를 얻은 콜라티누스의 높은 이름을
온갖 칭찬의 말들로 장식하니,
　　부인은 기쁨의 표시로 손을 높이 들어
　　남편의 성공을 말없이 하늘에 감사하네.

그는 자신이 온 목적을 숨기며,
그곳에 머물기 위해 온갖 핑계를 늘어놓는구나.
거친 폭풍우를 몰고 올 구름은
아직 그의 맑은 하늘에는 나타나지 않았으나,
무시무시한 공포의 근원인 검은 밤이
　　세상을 침울한 어둠으로 감싸며,
　　둥근 천장의 감옥에 한낮을 가두어 버리네.

그러고 나서 타르퀴니우스는 심신이 지치고
피로하다는 핑계로 침실로 안내되나니,
저녁식사를 마치고 정숙한 루크레티아와 오래도록
이야기를 나누며 밤을 보낸 뒤라.
이제 납덩이 같은 잠과 삶의 힘이 싸우고 있나니,
　　모두가 휴식을 취하려는 이때에,

도둑과 근심과 고뇌에 싸인 마음만이 눈을 뜨고 있다네.

그 가운데 하나인 타르퀴니우스는 누워 쉴 없이 생각하네,
그의 뜻을 이루는 데 뒤따를 온갖 위험들을.
나약한 희망은 그에게 단념하라고 하건만,
그 욕망을 이루기로 결심하고 말았네.
성공할 가망이 없는 것에도 흔히 거래를 시도하는 법.
　　큰 보물이 보상으로 약속될 때에는,
　　죽음이 가까이 있어도, 마음에 들어오지 않노니.

탐욕을 부리는 자들은 어리석으니
제 것도 아닌 것을 가지는 것이라,
그 소유권을 놓쳐 흩어지게 하지.
그토록 더 많이 얻으려다 도리어 잃거나,
바람대로 얻는다 해도 과분한 이득은
　　다만 싫증나게 할 뿐, 괴로움만 지속되어
　　도리어 파멸을 불러오니, 가난한 부라고 일컬으리.

모든 이들의 목표는 시들해지는 나이에도
명예와 부와 안락한 삶을 누리는 것.
그리고 이 목표 안에는 좌절시키는 다툼이 있으니
모두를 위해 하나를, 하나를 위해 모두를 거는 것이라,
격렬한 전쟁터에서 명예를 위해 생명을 걸듯이.
　　또는 부를 위하여 명예를 걸지만, 그 부는
　　모든 것을 죽이고 모든 것을 잃게 하네.

그래서 자칫 모험을 하여 바라던 것을 얻으려다,
우리가 지금 가지고 있는 것도 모두 잃고 말리라.
이 욕망이라는 추악한 병에 걸리고 나면,
많이 소유하고서도 부족한 듯

괴로움에 빠지리니, 오늘 가진 것을
　소홀히 하며, 또 지혜가 모자라니
　가진 것보다 더 많이 구하려다가 모두 잃게 되리라.

욕정에 눈먼 타르퀴니우스는 이런 위험을 저지르려 하네.
욕정을 채우기 위해 그의 명예를 걸고
자신을 위해 자신마저 던져 버리려 하네.
자신에 대한 신의 없으니 그 어디에 신의가 있을까?
그가 이렇게 스스로를 파멸시키며 비난하는 혀와
　비참하고 불행한 운명에 자신을 내맡긴다면,
　언제 다른 사람에게서 옳은 것을 찾을 수 있으랴?

이제 죽음 같은 밤이 슬며시 다가와,
무거운 잠이 사람들 눈을 감기는 시간.
위안을 주는 별빛 하나 보이지 않고,
올빼미나 늑대들의 죽음을 예고하는 울부짖음뿐,
어리석은 양들을 덮치는 데에는 다시없는 시간이다.
　순결한 마음은 죽은 듯 고요하고,
　욕정과 살기가 깨어나 더럽히고 죽이려 하네.

이때 음욕에 가득 찬 왕은 자리에서 뛰어나와,
팔에 망토를 거칠게 걸쳤으나,
욕정과 공포 사이에서 마음은 어지럽기만 하네.
한쪽은 달콤하게 아첨하고, 다른 한쪽은 해를 입을까 두려워하나,
정직한 두려움은 추잡한 음욕의 매력에 홀리고 마노니.
　미친 듯 거칠어진 욕망에 얻어맞아
　흠칫 몇 번이나 뒤로 물러서려 하네.

지니던 언월도를 가볍게 부싯돌에 부딪치니,
그 차가운 돌에서 불꽃이 튀는구나.

곧바로 양초에 불을 붙이니,
그 촛불은 음탕한 그의 눈의 길잡이별(星)이라,
그 불을 보고 그는 조심스레 말했다네.
　"이 차가운 부싯돌에서 불꽃을 얻은 것처럼,
　　루크레티아로부터 나의 욕망을 채우리라."

이때 그는 공포로 파리해지며, 그 끔찍한
계획에 뒤따를 위험들을 미리 생각하노니.
마음속으로, 이 일로 말미암아 일어날
슬픈 일을 곰곰이 헤아리더니,
아무리 억눌러도 되살아나는 욕정의
　벗겨진 갑옷을 경멸의 눈빛으로 바라보며,
　옳지 못한 생각들을 바로잡으며 말하네.

"아름다운 촛불이여, 불을 밝혀라,
너보다 한층 더 밝은 그녀의 빛 어두워지지 않도록.
추악한 나의 생각이여, 어서 죽어라,
너의 불결함으로 거룩한 것을 얼룩지게 하지 말라.
저토록 순결한 사원에는 순결한 향기를 바쳐야 하니,
　정숙한 사랑의 눈처럼 새하얀 옷을 더럽히는 행위를
　마음씨가 고운 인간은 미워하라.

"아, 기사도와 빛나는 갑옷의 부끄러움이여!
아, 내 집안의 무덤을 더럽히는 불명예여!
아, 더러운 해악을 가져오는 불경한 행위여!
무인(武人)으로서 연약한 환상의 노예가 되다니!
참된 용기는 변함없이 참된 성품을 갖추어야 한다.
　나의 이 탈선은 너무도 추악하고 비열하니,
　내 얼굴에 새겨져 길이 살아남으리라.

"그렇다, 내가 죽는다 해도 치욕은 살아남아
나의 황금빛 외투의 오점이 되리라.
의전관은 어떤 혐오스러운 상징을 만들어
내가 어리석게 여색(女色)에 빠졌음을 드러내리라.
그리하면 나의 후손들은 그 상징이 부끄러워
　　나의 유골을 저주하고, 내가 자신들의 조상이 아니었기를
　　바라며, 그러한 생각을 죄스러워하지도 않으리라.

"내가 바라는 것을 얻는다 하여 무슨 이득이 있을까?
하나의 꿈, 하나의 숨결, 순간적인 기쁨의 거품일 뿐.
누가 한 주일을 한숨으로 보내려 한순간의 환락을 살까?
누가 장난감을 하나 얻으려고 영원을 팔려 할까?
달콤한 포도 한 알을 입에 넣으려고 덩굴을 망가뜨릴 자가 있을까?
　　왕의 홀(笏)에 맞아 쓰러질 것을 알면서도 왕관에 손댈
　　어리석은 거지가 과연 어디 있을까?

"콜라티누스가 꿈에라도 나의 의도를 알게 된다면,
잠에서 깨어 일어나, 미친 듯이 화를 내며,
나의 이 부도덕한 야망을 막으려 달려오겠지?
그들의 결혼 생활을 위태롭게 할 포위 공격이라,
젊음에게 오욕을, 어진 이에게 슬픔을 안겨주리.
　　미덕은 죽고 치욕은 살아남으리니,
　　그 죄는 끝없는 비난을 짊어지게 되리.

"아, 그대가 나의 추악한 행동을 나무라면
나의 머리로 무슨 변명을 꾸며낼까?
나의 혀는 말을 잃고, 나의 연약한 뼈마디는 떨며,
나의 눈은 빛을 잃고, 내 사악한 마음은 피를 흘리겠지?
죄악이 클 때 공포는 더욱 큰 것.
　　더없는 공포로 싸우지도 달아나지도 못하고,

오직 비겁자처럼 공포에 떨다 죽을 뿐이다.

"콜라티누스가 나의 아들이나 아버지를 죽였거나
몰래 나의 목숨을 뺏으려고 숨어 있었다면,
또는 적어도 그가 나의 친구가 아니라면,
그의 아내를 범하려는 이 욕망도, 그런
다툼에 대한 보복이나 분풀이라 하겠으나,
　　그는 나의 친척이며 나의 친구이니,
　　이 부끄러운 행위는 변명도 목적도 되지 않으리.

"아, 부끄러운 일이지, 이 일이 세상에 알려진다면.
증오스런 일이지, 그러나 사랑에는 증오가 없는 것,
그녀의 사랑을 간절히 구하리, 하지만 그녀는 홀몸이 아니다.
기껏해야 거절당하거나, 욕을 먹는 정도이리라.
내 의지는 굳세노니, 이성(理性)의 약한 힘으로는 물러날 줄 모르네.
　　속담이나 노인의 격언 따위를 두려워하는 자는,
　　벽걸이 그림만 보고도 겁을 먹으리라."

싸늘한 양심과 타오르는 욕망 사이에서
이토록 염치없는 논쟁을 벌이던 그는,
모든 선량한 생각을 버리고
사악한 생각을 유리하게 이끌어내니,
모든 순수한 마음의 작용을 한순간에 물리쳐 죽이노라.
　　부도덕한 행위가 도리어
　　덕행으로 보이도록 이끌어 가네.

그는 말하네, "그녀는 다정하게 내 손을 잡고,
정욕으로 타오르는 나의 눈을 바라보았지.
사랑하는 콜라티누스가 있는 군 진영에서
그 어떤 불길한 소식이라도 가져왔는지.

아, 두려움에 떨던 그녀의 얼굴이여!
　처음에는 아름다운 리넨 위에 놓인 장미처럼 붉더니,
　그 장미를 걷어내자 하얀 리넨처럼 창백해졌다네.

"그리고 내 손에 꼭 쥐인 그녀 손이
남편을 걱정하며, 얼마나 떨고 있었던가!
그녀는 슬픔에 잠기어 더욱 몸을 떨었지,
남편이 잘 있다는 소식을 들을 때까지.
마침내 그녀는 아주 고운 낯으로 미소 지어 보였지.
　만일 나르키소스가 그때의 그녀 모습을 보았더라면,
　제 모습에 반해 물에 빠져 죽는 일은 없었으리라.

"그런데 왜 나는 핑계나 변명을 찾는 걸까?
아름다움이 호소할 때에는 모든 웅변가도 침묵하는 법인데.
하찮은 자들은 하찮은 잘못에도 후회한다.
그림자를 두려워하는 마음이 사랑에 성공한 일은 없었노라.
애정만이 나의 지휘관이니, 나는 그를 따를 뿐이다.
　그 화려한 깃발이 휘날릴 때, 겁쟁이도
　당당하게 나아가리니, 결코 물러나지 않으리라.

"그러니 어린아이 같은 두려움이여, 물러가라! 토론이여, 멈추어라!
숙고와 이성(理性)은 주름진 늙은이들이나 섬기어라!
내 마음은 내 눈이 본 것을 결코 거부하지 않으리라.
애석한 망설임과 오랜 생각은 어진 이에게나 어울리지.
나는 젊은이라, 그들을 무대 밖으로 몰아내리라.
　욕정은 나의 키잡이, 아름다움은 나의 포획물,
　이런 보물이 있는 바다라면 누가 빠지기를 두려워하랴?"

곡식이 잡초에 뒤덮이듯, 조심성 있는 두려움은
어찌할 수 없는 욕정으로 숨이 막혀 버리지.

그는 귀를 기울이며 살금살금 걸어가네,
추악한 희망과 하찮은 불안에 휩싸여.
이 두 마음은 옳지 않은 주인을 섬기는 하인들이라,
　서로 다르게 설득을 하며 그를 괴롭히니,
　때로는 화합을, 때로는 공격을 맹세하네.

그의 생각 속에는 그녀의 천사 같은 모습이 앉아 있고
같은 자리에 콜라티누스가 동석한지라,
그녀를 바라보는 그 눈길이 그의 마음을 어지럽히네.
남편을 마주하는 그녀의 눈은 더욱 성스러우니
그릇된 곳에는 눈길조차 보내지 않고
　그 마음에 순결한 호소를 하고자 하나,
　한번 더러워진 마음, 더욱 추악한 쪽으로 기우는구나.

자기를 노예와 같이 섬기는 힘을 모두 북돋우니,
그 힘들은 지휘관의 당당한 모습에 우쭐하여,
분(分)으로 시간을 채우듯, 욕정으로 그 가슴을 채우네.
그들의 지휘관처럼 병사들의 사기도 드높아지니,
맡은 본분 이상으로 봉사하게 되노라.
　이토록 타락한 욕망에 미친 듯 이끌리어,
　로마의 왕자는 루크레티아의 잠자리로 다가가네.

그녀의 침실과 그의 욕정을 가로막는 자물쇠로부터
그는 억지로 그 나사못들을 하나하나 빼내었으나,
자물쇠들이 한꺼번에 그의 비행을 나무라니,
이 도둑은 침입하려다 잠시 주위를 살피네.
문지방은 문을 긁어 삐걱이며 그가 있음을 알리고,
　밤에 다니는 족제비들도 그를 보고 비명을 지르나,
　이런 일들로 겁먹으면서도, 그 두려운 것을 쫓아간다네.

하나하나의 문이 마지못해 그를 지나가게 했을 때,
그곳의 작은 공기구멍과 문틈으로 들어온 바람이
그의 손에 든 촛불과 다투며 그를 멈추려
그 연기를 얼굴에 불어대니, 이때
그를 안내하던 촛불이 꺼져 버렸네.
　　그러나 욕정으로 타오르는 그의 마음은
　　다른 바람을 불어내어 초에 다시 불을 붙이노니.

불이 켜지자, 그 불빛으로 그가 바라보니,
뜨개바늘이 꽂힌 루크레티아의 장갑이라.
그가 놓여 있는 골풀에서 장갑을 집어들어
손에 꼭 쥐니, 바늘이 그의 손가락을 찌르네.
"이 장갑은 함부로 농락당한 적 없으니,
　　어서 제자리에 갖다놓아라. 우리 부인의 장식품마저도
　　얼마나 정숙한지 그대는 알리라" 말하는 듯이.

그러나 이 모든 작은 금지들은 그를 멈추게 하지 못했네.
그는 그들의 거부를 아주 하찮게 여기었으니,
그를 멈추려 한 문과 바람, 장갑 따위는
우연한 시련일 따름이라고.
또는 시간을 잠깐 멈추게 하는 가름대가
　　시간이 가는 것을 늦추며 머물러 있게 해도,
　　마침내 일분 일분이 모여 시간에 빚을 갚는 것과 같다고.

"그래, 그래" 그는 말하네, "이런 방해 있을 수 있지,
때로 봄을 위협하는 얼마쯤의 서리와 같은 것.
그러나 이것은 봄이 오는 기쁨을 한층 더하여 주니,
추위에 움츠렸던 새들은 더 즐거이 노래 부르리.
소중한 물건을 사려면 그만큼 고통을 치러야 하는 법.
　　큰 바위, 센 바람, 무서운 해적, 모래섬이나 암초 등을

보물 실은 상선은 겪게 되느니, 고향으로 돌아올 때까지는."

이제 그는 침실 문에 다가서네,
그의 생각 속 천국에서 그를 가로막는 그 문에.
문에는 쉽게 열리는 걸쇠 하나 걸려 있을 뿐,
그가 구하는 축복을 가로막는 것은 더는 없노니.
사악한 행위를 결심하자, 그는 아주 다른 사람이 되어,
　하늘이 자기 죄악을 지지해 주기나 하는 듯이,
　노리는 먹이를 잡기 위해 기도를 드리기 시작하네.

그러나 그 헛된 기도를 드리는 가운데에도,
그 아름다운 사람을 자신의 추악한 마음이 가는 대로
소유할 수 있도록 축복해 주시기를
영원한 절대자에게 간절히 구하는 그 기도에서도,
그는 흠칫 놀라며 부르짖노라. "그 꽃을 꺾으리라.
　내가 기도드리는 신들은 이 행위를 증오하리니,
　어찌 그들이 내가 하는 짓을 도우랴?

"그렇다면 사랑과 운명이 나의 신, 나의 길잡이가 되리!
나의 결심이 이 욕망을 뒷받침하리니,
결과를 끌어내기 전에는 생각은 다만 꿈일 뿐.
극악무도한 죄도 용서받으면 깨끗해지리라.
사랑의 불 앞에서 공포의 서리인들 어찌 녹아 없어지지 않으리.
　하늘의 눈은 닫히고, 안개 긴 밤은
　달콤한 기쁨 뒤에 오는 부끄러움을 덮어 주리라."

이렇게 말하고는 그의 죄지은 손이 걸쇠를 빼고,
무릎으로 문을 활짝 열어젖혔건만,
올빼미가 눈독들인 그 비둘기는 깊이 잠들어 있네.
이렇게 반역은 범인의 모습이 드러나기 전에 저질러지니,

숨어드는 뱀을 보는 자는 옆으로 비키는 것이다.
　그러나 깊이 잠든 그녀는 아무것도 모르고,
　죽음을 불러올 그의 독침에 자신을 맡긴 채 누워 있네.

그는 사악하게도 그 침실 안으로 몰래 들어가,
일찍이 더럽혀진 적 없는 침대 위 그녀를 들여다보네.
그는 탐욕스러운 눈동자를 이리저리 굴리며
장막이 드리워진 그녀의 침대 주위를 걷노라.
눈이 저지르는 큰 반역으로 심장은 잘못 이끌려 가니,
　이 눈들이 신호를 보내자 그의 손은
　은빛 달을 가리고 있는 구름, 그 장막을 젖히노라.

보라, 불타는 듯 내리쬐는 아름다운 햇살이
구름 사이로 튀어나와 우리의 시력을 앗아가듯,
장막이 걷히면서 그의 눈은 잠시 깜박이다가
굉장한 빛에 감기고 말았으니.
그녀 모습이 너무도 눈이 부신 탓일까,
　아니면 어떤 부끄러움 때문일까,
　한참 동안 눈이 가려져 뜰 수 없었다오.

아, 두 눈이 그 어두운 감옥에서 그대로 죽어 버렸더라면,
그랬다면 이 죄악은 끝나고 말았을 텐데.
그랬다면 콜라티누스도 다시 루크레티아 곁으로 돌아와,
그 더럽혀지지 않은 침대에서 편히 쉬었을 텐데.
그러나 그가 눈을 뜨면서 이 복된 평화도 깨어지고 마노니.
　마음이 결백한 루크레티아는 그 눈이 명령하는 요구에
　즐거움도, 생명도, 세상의 기쁨도 팔아넘길 수밖에.

그녀의 백합 같은 손이 그 장밋빛 뺨 아래 놓여 있어,
베개가 마땅히 받아야 할 키스를 가로채네.

그래서 베개는 화가 나 둘로 갈라진 듯 보이나
제게 올 행복이 없는지라, 양쪽에서 부풀어
그녀 머리가 두 언덕 사이에 파묻혀 있네.
　　그녀가 고결한 기념비처럼 누워 있는 곳에
　　음탕하고 더러운 눈길이 흠모하듯 바라보네.

그녀의 어여쁜 한 손이 침대 밖으로 나와
초록 이불 위에 놓여 있으니, 그 새하얀 빛깔은
풀밭 위에 핀 4월의 들꽃 같구나,
진주알 같은 그녀의 땀방울은 밤이슬 같네.
금잔화 같은 두 눈은 그 빛을 칼집에 가둔 채
　　어둠의 덮개를 쓰고서 달콤하게 잠들어 있네,
　　다시 열리어 그날을 곱게 장식하기를 기다리며.

그녀의 머리카락은 황금 실처럼 숨결에 희롱당하니,
아, 정숙한 장난꾼, 장난기 가득한 정절이로구나.
죽음의 모습 안에 삶의 환희가 보이고,
삶의 모습 안에 죽음이 흐릿하게 보이나니.
저마다 그 아름다움을 그녀의 잠든 모습 안에 드러내네,
　　마치 둘 사이에는 아무런 갈등이 없으며,
　　오히려 삶은 죽음 속에, 죽음은 삶 속에 있듯이.

푸른 하늘에 에워싸인 상앗빛 두 천체 같은 젖가슴은,
일찍이 정복된 일 없는 한 쌍의 처녀 세계.
남편이 아닌 다른 남자의 멍에를 진 일 없이,
남편에게만 정절의 맹세를 다하여 섬겨 왔다오.
이들 세계가 타르퀴니우스에게 새로운 야망을 일으키니,
　　추악한 찬탈자처럼 이 아름다운 왕좌에서
　　그 주인을 몰아내려는 것이도다.

그는 눈으로 본 것을 힘껏 살펴보고 싶었겠지?
자기가 살펴본 것을 몹시 갖고 싶어했겠지?
그는 보고 있는 것에 단단히 매혹되어,
그 악의적인 눈이 지칠 때까지 바라보았다네.
그리하여 감탄하고 또 감탄하니,
　　하늘같이 푸른 정맥과 설화석고(雪花石膏) 같은 피부,
　　산홋빛 입술, 볼우물이 팬, 눈같이 흰 턱을.

잔인한 사자가 먹잇감을 정복하고 나서,
심한 굶주림도 잊은 채 잠시 그 먹이를 가지고 놀듯이,
그렇게 타르퀴니우스는 잠자는 여인 곁에 머무르며
잠시 바라보는 것만으로 그 불같은 욕정이 누그러지노니.
그러나 누그러졌을 뿐 억제된 것 아니라,
　　그녀 곁에 서 있으려니, 이제껏 반란을 억누르던 그 눈이
　　다시 혈관을 뒤흔들어, 더 큰 소란을 일으키노라.

그의 혈관은 도둑질하기 위해 싸우는 무례한 종들처럼,
부당한 약탈만을 일삼는 냉혹한 부하들처럼
잔인한 살상과 능욕을 즐거워하니,
아이들의 눈물도 어머니의 신음도 돌아보지 않으며,
한결같이 공격만을 노리며 우쭐하여 뽐내는구나.
　　곧 그의 고동치는 심장이 경보(警報)의 북을 울리며,
　　사나운 진격 명령을 내려, 그들 마음대로 하게 하노니.

그 둥둥거리는 심장은 타오르는 눈에 기운을 북돋고,
그의 눈은 손에게 지휘권을 맡기노라.
이러한 권한을 위임받은 손은 의기양양,
자랑스러운 듯 나아가네, 그녀의 드러난 가슴으로.
그녀 왕국의 한가운데에 진지를 만들려고
　　그의 손이 올라가자, 푸른 정맥의 사병들은 크게 놀라

창백한 얼굴로, 둥그스름한 두 작은 탑을 버려두고 떠나노라.

이들은 그 고귀한 통치자인 여주인이 있는
고요한 방으로 모여들어,
무서운 적의 공격을 그녀에게 알리니,
큰 소리로 외쳐 주인을 깜짝 놀라게 하네.
그녀가 크게 놀라, 굳게 닫힌 눈을 뜨니,
   눈은 이 소동을 살피려 살며시 내다보았으나,
   타오르는 촛불에 눈이 부셔 잘 보이지 않는다네.

이때 그녀의 모습 상상해 보라, 한밤중에
무서운 악몽에 놀라 깊은 잠에서 깨어,
보기만 해도 온몸이 떨리는
무시무시한 유령 같은 물체를 보고 있다고.
얼마나 두려울까? 그녀는 이보다 훨씬 더했으니,
   잠에서 깨어나 조심스레 살펴보니,
   꿈인가 했던 그 공포는 사실이 아닌가.

끝없는 공포에 휩싸인 채 넋을 잃은 그녀는
죽음을 앞둔 새처럼 누워서 떨고만 있네.
똑바로 바라보지 못하고 곁눈으로 보니,
추악한 괴물이 잇달아 모습을 바꾸며 어른거리네.
이러한 환영은 허약한 두뇌가 만들어 낸 것이려니.
   그녀의 눈이 그 빛을 피하는 것에 노하여, 환영이라 여긴 그 물체는
   이번에는 어둠 속에서 한층 더 두려운 모습으로 다가오는구나.

그의 손은 아직도 그녀 가슴 위에 놓여 있네,
그 거친 망치로 상앗빛 성벽을 치다니,
그녀의 괴로운 심장을, 불쌍한 시민!, 더듬으니,
죽을 것처럼 상처를 입어, 위아래로 파동치며

심장이 그녀의 온몸을 울리고, 그의 손도 함께 떨리네.
　　그러나 이는 그의 마음에 연민보다는 격정을 돋울 뿐이라,
　　이 아름다운 도시의 성벽을 뚫고 침입하려 하네.

가장 먼저 나팔수처럼 그의 혀가 울리며,
겁에 질려 있는 적과 담판을 시작하네.
적은 흰 깔개 위에 한층 더 흰 턱을 내밀며,
이 난폭한 침입의 까닭을 알고자 하나,
그는 말없이 몸짓으로 보이려 하네.
　　하지만 그녀는 여전히 거세게 애원하며
　　왜 이런 나쁜 짓을 저지르려는지 조용히 따지노라.

그러자 그는 대답하기를, "그대의 얼굴빛 때문이다.
백합도 질투심에 노하여 창백해지고,
붉은 장미도 부끄러워 낯을 붉히니,
그 빛은 나를 위해 변명할 것이며, 나의 사랑 이야기를 말하리라.
그 아름다운 빛깔에 매혹된 나는 이 난공불락의 요새에
　　오르고 말았으니, 죄는 그대에게 있으며,
　　그대의 눈이 나를 위해 그대를 배반한 것이다.

"그대가 나를 꾸짖으려 하면, 나는 이렇게 말하겠다.
그대의 아름다움이 오늘 밤 그대를 함정에 빠뜨렸으니,
순순히 내 뜻을 따를지어다, 그대야말로
이 세상의 둘도 없는 기쁨이라 여기는 나의 뜻을.
온 힘을 다하여 그 뜻을 억누르며,
　　양심과 이성으로 쓰러뜨리려 했으나,
　　그대의 빛나는 아름다움이 다시 싹트게 했노라.

"나의 행동이 어떤 고난을 가져올지 나는 아노니
　　이제 막 피어오른 장미에 어떤 가시가 돋쳐 있는지도,

벌꿀을 독침이 지켜준다는 것 또한 아노라.
이런 일들을 모두 미리 헤아려 보았으나,
내 뜻은 귀머거리처럼 어떤 충언에도 귀 기울이지 않노라.
　오직 아름다움만을 바라보는 하나의 눈만 지녔으니,
　법이나 도덕에 어긋난다 해도, 보는 것만을 따르리라.

"나는 마음속으로 따져보기도 했는데,
어떤 잘못을, 어떤 수치를, 어떤 슬픔을 불러올 것인가 하고.
그러나 어떠한 것도 정욕의 길목을 다스려
무모하게 달려가는 격정을 가로막지 못했노라.
이 행동에는 후회의 눈물과 비난과
　멸시와 무서운 적개심이 뒤따르겠지만,
　나는 내가 입게 될 오명을 받아들이리라."

이렇게 말한 그는 그 로마의 칼을 높이 휘두르며,
하늘 높이 치솟는 매가 그 날개의 그림자로
그 발아래 놓여 있는 새를 꼼짝 못하게 하여,
올라오면 죽이겠노라, 그 굽은 부리로 위협하는 듯하니,
그의 모욕적인 언월도 아래 누운 채
　죄 없는 루크레티아는 매 방울 소리를 듣는 새처럼,
　두려움으로 몸을 떨며, 그의 말을 듣노라.

"루크레티아" 그는 말하노니, "오늘 밤 나는 꼭 그대를 즐기리라.
만일 그대가 거절한다면 힘으로라도 나의 뜻을 이룬 뒤에,
이 침대에서 그대를 죽일 것이다.
그러고는 그대의 하찮은 노예를 죽여,
그대의 생명과 더불어 그대 명예마저 죽게 하리라.
　그대의 죽은 품 안에 그 노예를 안게 하고는,
　그대가 그자를 껴안는 것을 봤기에 그놈을 죽였다 맹세하리라.

"그러면 살아남은 그대의 남편은
모든 눈뜬 이들의 경멸의 표적이 되리니.
그대의 친족들은 수치심으로 고개를 들지 못하고,
그대의 자식들은 아비 없는 자식이란 오명을 입으리라.
그대 자신은 이런 불명예로 말미암아,
　그 죄악이 운문으로 엮여져, 후세에 두고두고
　어린아이들이 노래를 부르게 되리라.

"그대가 순종한다면, 나는 이 일을 감춰 두리라,
세상이 모르는 잘못은 실행하지 않은 생각과 같으니.
크고 훌륭한 목적을 위해 저지른 약간의 잘못은,
옳고 마땅한 방책으로 인정받는 법이라.
독초도 때로는 좋은 약이 되리니,
　그 배합에 맞는 용법대로만 따르면
　독소가 순화되어 약효를 내노라.

"그러니 남편과 자식들을 위해 나의 간청 받아주오,
그들에게 치욕을 남겨서는 안 되리니.
이는 영원히 잊히지 않을 흠,
어떤 수단으로도 지울 수 없는 수치로다.
노예의 낙인이나 타고난 흠보다 더 깊은 치욕을 주리.
　오히려 날 때부터 있던 흠은 자연의 과실이지,
　그 사람이 저지른 것은 아니라고 말하리라."

이제 그는 쏘아보면 사람을 죽인다는
코카트리케*8의 눈초리로 일어나 잠시 하던 말을 멈추네.
그동안 그녀는 순결하고 경건한 모습 그대로,

＊8 Cockatrice는 유럽의 전설과 신화에 등장하는 상상의 괴물로, 수탉의 대가리에 두 개의 발이
　달린, 용 또는 뱀처럼 생겼으며 한번 보거나 숨을 쉬기만 해도 동물들의 목숨을 빼앗는다
　고 전해진다. 바실리스크(Basilisk)라고도 함.

〈루크레티아의 능욕〉 팔마 일 조바네. 1570.
많은 화가들이 루크레티아가 겁탈당하는 장면을 그려냈다.

날카로운 매 발톱 아래 놓인 흰 사슴처럼,
어떠한 법도 통할 리 없는 이 황야에서 탄식하며 애원할 뿐,
　　인정도 도리도 모르는, 추악한 욕망 말고는
　　어떠한 것에도 귀 기울이지 않는 이 잔인한 짐승에게.

그러나 검은 얼굴을 한 구름이 나타나 온 세상을 위협하며,
그 음침한 안개로 높이 솟은 산들을 휘감을 때,
어두운 대지의 태내에서 부드러운 바람이 부니
역청 같은 수증기를 그 거처에서 불어내고 헤쳐서,
곧바로 쏟아지려는 것을 막아내듯이,
　　부인의 탄원은 그 성급하고 부정한 마음을 잠시 멈추노라,
　　침울한 플루톤도 오르페우스*⁹의 피리 소리에 눈을 감는다더니.

---

*9 그리스 신화에 나오는 인물 오르페우스는 현악기 리라의 명수로, 그가 하프를 연주하면 맹
　수들과 초목까지도 매료되었다고 한다. 아내 에우리디케를 명부(冥府)에서 데려오고자 했으
　나 저승의 신 하데스(플루톤)의 금령(禁令)을 어겨 실패했다.

그러나 그것도 잠시일 뿐, 밤에 쏘다니는 고양이처럼 희롱하네.
움켜잡은 발 아래 힘없는 생쥐 같은 그녀 모습이
오히려 그의 독수리 같은 욕망을 돋우노라,
깊은 못은 물이 가득할수록 더욱 갈증을 느끼는 법이니.
귀로는 그녀의 탄식과 애원 소리 들으나, 그 마음은
    그 애끓는 소리가 뚫고 들어오는 것을 막으니, 빗방울은
    대리석을 뚫는다고 하나, 눈물은 욕정을 더욱 단단하게 하네.

애처롭게 빌고 있는 그녀의 눈은 슬픔으로 가득 차서,
그의 주름잡힌 무자비한 얼굴을 노려보는구나.
그녀의 정숙한 말씨는 한숨과 섞이어
그 말에 우아함을 더해 주나,
그녀는 자주 문장의 위치를 혼동하노니.
    말이 중간에서 끊기기도 하고,
    다 끝나기도 전에 같은 말을 되풀이하네.

그녀는 하늘의 지배자, 전능하신 유피테르를 들어 호소하네.
기사도 정신과 신사도를, 다정한 친구로서의 맹세를 들며,
때아닌 눈물을 보이며, 그녀 남편의 사랑을,
신성한 인간의 도리를, 세상의 신의를,
하늘과 땅을, 그리고 하늘과 땅의 권능을 들어 호소하노니,
    하룻밤 빌린 잠자리에서 물러나라고,
    더러운 욕망이 아니라, 명예에 순종하라고.

그녀는 말하네, "당신이 요구하신 그런 사악한 지불로,
저의 정성어린 환대에 보답치 마소서.
당신에게 드린 그 샘물을 흙탕으로 더럽히지 마소서.
돌이킬 수 없는 것을 망쳐 놓지 마소서.
화살을 쏘기 전에 그릇된 과녁을 거두소서.
    제철도 아닌 때에 가엾은 암사슴에게

활을 당기는 것은 훌륭한 사냥꾼이 아닙니다.

"저의 남편은 당신의 친구이니, 그이를 생각해서라도 용서하소서.
당신은 훌륭하신 분이니, 자신을 위해서라도 물러나소서.
연약한 저를 함정에 빠뜨리지 마소서.
당신은 남을 속이실 분 아니니, 저 또한 속이지 마소서.
저의 한숨이 회오리바람 되어 당신을 보내려 하나이다.
　남자는 여자의 슬픈 탄식에 마음이 움직인다 하니,
　저의 눈물, 저의 한숨, 저의 신음 소리에 그 마음을 움직여 주소서.

"이 모두를 하나로 뭉쳐서 소용돌이치는 바다처럼
배를 부서뜨릴 듯 위협하는 그 단단한 바위에 끊임없이
부딪쳐, 그 마음을 부드럽게 하겠나이다.
돌도 녹아서 물이 된다 하니,
아, 당신의 마음이 돌보다 단단하지 않다면,
　이 눈물에 녹아서 연민의 정을 베풀어 주소서!
　부드러운 동정심이 철문도 뚫고 들어간다 하더이다.

"타르퀴니우스 왕자의 모습이기에 당신을 환대했는데,
당신은 그분의 모습을 취하여 그분을 욕되게 하시럽니까?
하늘의 여러 신들에게 호소하나이다, 당신이 그분의 명예를
욕되게 하시며, 왕자로서의 그분의 이름을 해치려 하신다고.
당신은 본디 이런 분이 아닙니다. 만일 이런 분이라면,
　신성하지도, 군왕답지도 않으십니다.
　왕은 신들처럼 모든 것을 다스릴 수 있어야 하나이다.

"어찌 당신 나이에 이처럼 부끄러운 행동을 하십니까?
아직 봄도 되기 전에 이런 악행을 싹 틔우시다니요!
왕자의 몸으로 이런 무도한 행동을 하시면,
왕이 되신 다음에는 어떠한 일을 하시럽니까?

아, 기억하소서, 이런 터무니없는 행동은
　　신하가 저지른다 해도 씻을 수 없는 것이거늘,
　　왕자의 비행이 진흙 속에 묻힐 수는 없습니다.

"이 일로 하여 백성들은 오직 두려움 때문에 당신을 사랑할 것입니다.
그러나 행복한 군왕은 백성들이 사랑으로 경외심을 갖게 합니다.
당신은 잔악한 죄인이라도 어쩔 수 없이 용서해야 하실 겁니다,
그 범죄가 당신이 저지른 행동과 같음을 주장할 때에는.
이 점을 두려워해서라도 그 뜻을 거두소서.
　　왕자들은 백성의 거울이며, 학교이고, 책이라,
　　그로부터 백성들은 배우고, 읽고, 보는 것입니다.

"그런데 당신은 음욕을 가르치는 학교가 되시렵니까?
그런 수치스러운 일을 백성들에게 읽히려 하십니까?
당신은 백성들의 거울이신데, 스스로
죄악의 본보기가 되시며, 비행을 보증하여 주시고,
당신의 이름으로 그런 추행에 특권을 주시렵니까?
　　당신은 영원히 살아남을 칭찬을 버리고,
　　훌륭한 명성을 포주로 만드시는 겁니다.

"당신은 권력을 가지고 계시지요? 그 힘을 주신 신께 두고
순수한 마음에서 반역을 일삼는 의지를 물리치소서.
악행을 지키기 위하여 칼을 뽑지 마소서,
칼은 그런 족속들을 치라고 당신께 주어진 것이니까요.
어떻게 당신은 왕자의 임무를 수행하시렵니까,
　　백성들의 죄악이 당신의 비행을 그대로 본받은 것이라,
　　당신께 배웠으며 당신이 그렇게 가르치셨다 주장한다면.

"생각해 보소서, 얼마나 추한 볼거리가 될 것인지,
당신이 저지른 죄악을 다른 사람에게서 보신다고 하면.

인간의 잘못은 인간들 자신으로서는 좀처럼 볼 수 없습니다,
사람들은 그것을 자신에게 이롭게 감추기 때문이지요.
이런 죄는 당신의 형제일지라도 죽여 마땅할 것입니다.
　　아, 이 얼마나 낯부끄러운 일입니까,
　　자신의 악행에서 눈을 돌려 모른 체하시다니!

"당신께, 당신께, 두 손을 들어 호소하나이다,
당신이 경솔하게 의지하는 그 욕망에 끌려가지 마소서.
잠시 추방된 존엄한 덕이 되돌아오기를 간절히 바라나이다.
덕을 되찾으시고 아첨하는 헛된 생각들을 쫓아내소서.
덕의 참된 분별력은 거짓된 욕망을 가두고,
　　음욕으로 어두워진 그 눈에서 뿌연 안개를 걷어내리니,
　　당신의 신분을 깨닫고 저를 가엾이 여기소서."

"그만하라" 그는 말하노니, "나의 억누를 수 없는 욕망은
돌이킬 수 없으니, 억제하면 할수록 더욱더 커지리라.
작은 불은 쉽게 불어 끌 수 있으나, 큰 불은 이겨내리니,
바람이 불면 더 거세게 타오르는 법. 작은 시내가
날마다 큰 바다로 물을 흘리어 은혜를 갚는다 해도,
　　그 흐르는 힘으로 물줄기를 더할 뿐,
　　그 짠맛은 바꾸지 못하리라."

그녀는 말하노니, "당신은 바다요, 군왕이십니다.
그런데 더러운 음욕, 불명예, 수치심, 악정(惡政)이
끝도 없는 바닷속으로 흘러들어가며,
당신의 피인 바다를 더럽히려 하나이다.
만일 이 작은 악들이 모여 그 선하신 성품을 바꾼다면,
　　당신의 바다는 바닷속 더러운 웅덩이에 갇히게 되며,
　　그 웅덩이 물은 바닷속에서 흩어지지도 않나이다.

"그렇게 되면 그런 노예들이 왕이 되며, 당신은 그들의 종이 되리니,
당신은 고귀한 듯 천해지고, 그들은 천한 듯 위엄을 갖출 것입니다.
당신은 그들에게 당당한 삶을 주고, 혐오스런 무덤을 얻게 되실 겁니다.
당신은 그들의 치욕스런 삶이, 그들은 당신의 자만이 싫어질 것입니다.
작은 것이 큰 것을 가릴 수는 없나이다.
　　삼나무는 비천한 떨기나무의 발아래 몸을 굽히지 않으나,
　　낮은 떨기나무는 삼나무 뿌리 아래 감겨 시들어 버리나이다.

"그러니 당신의 마음을 당신의 신분 아래 굴복시키시어……"
"그만하라" 그는 말하노니, "맹세코 그대의 말을 듣지 않으리라.
내 사랑에 굴복하라. 그럴 수 없다면, 사랑의 수줍은 손길 대신
증오의 힘으로 그대를 처참하게 찢어 놓으리라.
그런 뒤에는 심술궂게 어떤 천한 종놈의 잠자리로
　　그대를 끌고 가, 그 미천한 놈이
　　이 수치스런 운명의 짝이 되게 해주리라."

이렇게 말하고, 그는 촛불을 밟아 끄노라,
빛과 음욕은 본디 치명적인 앙숙이므로.
부끄러움은 모든 것을 감싸는 눈먼 밤에 가리어
아무것도 보이지 않으니, 가장 잔혹하게 행하는 법이다.
늑대가 먹이를 잡았으니, 가엾은 어린 양이 울부짖는구나.
　　그녀의 목소리는 자신의 흰 양털에 가로막혀,
　　그 외침은 어여쁜 입술 우리(栅) 안에 파묻히고 마네.

그는 그녀가 입는 리넨 잠옷으로
그 애절한 비명 소리를 틀어막으니,
남자의 타오르는 얼굴은 그녀의 정숙한 눈이
슬피 흘리는 순결한 눈물로 식혀지노라.
아, 방종한 음욕이 그 순결한 침대을 더럽히다니!
　　그 자리를 눈물로 깨끗하게 할 수만 있다면,

오페라 〈루크레티아의 능욕〉 피오나 쇼 감독, 글라인드본 투어링오페라. 말로우 시어터, 켄터베리. 2013.

그녀는 영원히 그곳에 눈물을 떨어뜨리리라.

그러나 그녀는 목숨보다 귀한 것을 잃었으며,
그는 강제로 얻은 것을 다시 잃게 되리라.
이렇게 강요된 동맹은 더 큰 불화를 불러오리니,
한순간의 기쁨은 긴 고통을 자아내며
이 뜨거운 욕망은 차가운 멸시로 바뀌리라.
　　순결한 정조를 빼앗아 갔으나,
　　도둑의 음란한 마음은 전보다 더욱더 가난해지리라.

보라, 실컷 먹은 사냥개나 배부른 매는,
후각이 둔해지고 민첩하게 날지도 못하니,
좋아하는 먹잇감을 보고도 망설이며
놓쳐 버리는 것과 같이,
욕정을 채운 타르퀴니우스도 이날 밤 그러했으니.

달콤하던 입맛은 먹고 나니 시큼해지고,
게걸스럽게 탐식하고 나니 그 기쁨도 간데없더라.

아, 한없이 깊은 상상력으로 고요히 생각하여
이해할 수 있는 것보다 더 깊은 죄악이라!
취해 버린 욕정은 그 먹은 것을 게워낼 때,
비로소 그 더러움을 깨닫게 되리라.
음욕이 절정에 이를 때에는, 어떠한 비난도
　　그 열기를 제어하거나 성급한 욕망을 다스릴 수 없으니,
　　사나운 말 같은 욕망이 제풀에 사그라들 때까지는.

마침내 야위고 창백해진 뺨에
무거워진 눈, 찌푸린 이마, 힘없는 발걸음,
사그라든 욕망, 완전한 비굴, 초라하고 연약한,
무일푼의 거지 꼴로 제 신세를 한탄한다네.
육체가 그 기력을 뽐낼 때는 육욕은 미덕과도 싸우지만,
　　육욕으로 흥청거리고도 그것이 쇠퇴하면,
　　죄를 지은 반역자는 용서를 구한다네.

이 그릇된 욕망으로 가득 찬 로마의 왕자,
불같이 욕망을 추구한 그도 그러했네.
이제 그는 자신에게 선고를 내리나니,
언제까지나 이 치욕을 짊어지게 되리라.
그 영혼의 아름다운 사원도 허물어지니
　　그 폐허에 근심의 무리가 떼를 지어 몰려와,
　　더럽혀진 공주 영혼의 안부를 묻노라.

그녀가 말하노니, 신하들이 추잡한 반란을 일으켜,
그녀의 신성한 성벽을 파괴하고,
죽어 마땅한 과오를 저질러

불사의 영혼을 굴복시키고 노예가 되게 했으니,
살아서도 죽은 몸 되어, 영원한 고통을 받게 되었노라.
　　그녀는 이를 예견하여 막으려 했으나,
　　그녀의 선견지명도 그 욕망을 누르지는 못했네.

이런 생각에 잠겨, 타르퀴니우스는 어둠 속에서 살며시 도망치네,
포로의 몸이 된 승리자는 얻고도 잃은 것이다.
어떤 방법으로도 치료할 길 없는 상처를,
치료해도 남겨질 아픈 자국을 가슴속에 지닌 그는
그보다 더 큰 고통으로 번민하는 전리품을 두고 가네.
　　그녀는 그가 남긴 음욕의 짐을 지고,
　　그는 죄의식의 무거운 짐을 지고.

남자는 도둑개처럼 살금살금 음울한 표정으로 달아나고,
여자는 지친 어린 양처럼 신음하며 누워 있네.
그는 저지른 죄로 하여 잔뜩 찌푸린 얼굴로 자신을 증오하며,
그녀는 절망감으로 미친 듯 손톱으로 자신의 몸을 상처 낸다네.
그는 죄가 두려워 땀을 흘리며 힘없이 달아나고,
　　그녀는 남아서 끔찍한 그 밤을 한탄하며 울부짖노니,
　　그는 달아나며, 사라져 버린 그 증오스런 쾌락을 탓하는구나.

그는 무거운 참회자로서 그곳을 떠나고,
그녀는 절망적인 조난자로 남아 있노라.
그는 달려가면서 아침 햇빛을 갈망하고,
그녀는 다시는 햇빛을 보지 않게 되기를 기도한다.
"날이 밝으면" 그녀가 말하노니, "밤의 불의(不義)가 드러나리라,
　　거짓을 모르는 나의 눈은 일찍이 교묘한 표정으로
　　죄를 덮어 감추어 본 적이 없으니.

"나의 눈은 알고 있노라, 다른 눈들도 이같이

내 눈이 당한 치욕을 보게 되리라는 것을.
그러니 나의 눈이 언제까지나 어둠 속에 있어 준다면,
그 죄를 남에게 보이지도, 남의 입에 오르내리지도 않을 텐데.
왜냐하면 나의 눈이 눈물을 흘려 그 죄를 드러내고,
　　마치 물방울이 쇠를 갉아먹듯, 이 뺨에
　　　내가 받은 구원할 길 없는 치욕을 새겨놓을 테니까."

그녀는 한가로움과 평온을 비난하며,
그녀의 두 눈에게 앞으로 영원히 눈이 멀도록 명령하고,
가슴을 치며 심장을 깨워서는,
그곳에서 뛰어나오라고 명령하노라,
순결한 마음을 담아둘 더 순결한 상자를 찾으라고.
　　슬픔으로 제정신이 아닌 그녀가,
　　　보이지 않는 밤을 저주하며 말하노니,

"아, 위안을 죽이는 밤, 지옥의 영상!
어두운 치욕의 공증인과 기록자!
잔인한 살인을 보여주는 무시무시한 비극의 무대!
죄악을 감추는 거대한 혼돈! 저주의 유모!
눈 가린 포주! 오욕을 품은 검은 항구여!
　　죽음의 음침한 동굴! 말없는 배반자,
　　　강간자와 함께 속삭이는 음모자여!

"아, 증오스런, 음습한 안개 낀 밤이여!
너는 씻을 수 없는 내 죄에 대한 책임이 있으니,
그 안개를 그러모아 동쪽의 빛과 맞서서,
질서 있는 시간의 진행에 거역하는 싸움을 하라.
아니면 만일 해를 여느 때처럼 올라오게 하려거든,
　　그가 잠자리로 물러나기 전에
　　　그 황금 머리를 독기 어린 구름으로 휘감아 버려라.

"썩은 습기로 아침 공기를 더럽히고,
그 뿜어내는 독기로, 아침의 깨끗한 생명,
가장 아름다운 해를 병들게 하라,
그가 피곤한 한낮의 시점에 이르기 전에.
너의 곰팡내 나는 증기의 대군을 이끌고 나아가,
　　그 어두운 연무(煙霧)의 전열(戰列)로 그 빛을 가두고
　　한낮을 영원한 밤이 되게 하라.

"타르퀴니우스, 밤의 아들이라는 그자가 밤이라면,
저 은빛 찬란한 달의 여왕 또한 능욕할 것이라.
반짝이는 그녀의 시녀들도 그에게 몸을 더럽힐 것이니,
그가 검은 밤의 가슴 사이를 들여다보는 일이 다시는 없으리라.
그러면 나도 고통을 나눌 자가 있을 것이다.
　　벗이 있으면 그 슬픔도 달래어지고,
　　순례자의 이야기가 그 순례의 길을 짧게 하듯이.

"지금 나에게는 함께 낯을 붉히거나,
팔짱을 끼고 함께 고개 숙여 얼굴을 가리고
그 치욕을 감추어 줄 이가 없으니.
나는 오직 홀로, 홀로 앉아 괴로워할 뿐,
은빛의 짠 눈물 줄기로 대지를 물들이네.
　　말하며 눈물 흘리고, 슬픔으로 신음해도,
　　끝없는 슬픔의 덧없는 기념물일 뿐이네.

"아, 밤이여, 너는 더러운 연기를 뿜어내는 아궁이라!
시기심 많은 낮의 눈에 그 얼굴을 내보이지 말라,
모든 것을 감추는 너의 검은 망토 아래
치욕으로 괴로워하며 파묻힌 그 얼굴을.
언제까지나 너의 어두운 거처를 조용히 지키며,
　　너의 통치 아래 이루어지는 모든 잘못은

한결같이 너의 그늘 아래 묻어 버려라.

"나를 수다쟁이 낮의 이야깃거리가 되게 하지 말라.
밝은 빛이 내 이마 위에 글을 쓰듯 비춰 주리라,
아름다운 정조가 무너진 이야기를,
불경하게 깨어진 신성한 혼인의 맹세를.
그렇다, 박식한 책에 쓰어진 글을
　　읽지 못하는 무식꾼들도, 이 얼굴을 보고
　　나의 증오스런 죄를 찾아내리라.

"유모도 아기를 달랠 때 나의 이야기를 하면서,
타르퀴니우스의 이름을 불러서 우는 아이에게 겁을 주리라.
연설가도 자기 변론의 이야깃거리로서,
타르퀴니우스를 모욕할 때 나의 치욕을 덧붙이리라.
잔치의 음유시인들도, 타르퀴니우스가 나를 능욕하여
　　내가 콜라티누스에게 치욕을 주었다고 노래하리니,
　　구절구절마다 듣는 이들을 귀 기울이게 하리라.

"나의 선한 이름을, 그 의미 없는 평판을
사랑하는 남편 콜라티누스를 위해 깨끗이 지키리라.
만일 나의 이름이 사람들 입에 오르내린다면,
다른 뿌리에서 돋은 가지마저 해를 입어 썩게 되리니,
부당한 오명이 남편에게 미치기 때문이다.
　　이 수치에 물들기 전의 내가 깨끗하듯이,
　　그는 내가 겪은 치욕과 관계없는 순결한 사람이니.

"아, 남모르는 수치여! 보이지 않는 치욕이여!
아, 느끼지 못하는 아픔이여, 가문을 더럽힌 내밀한 상처여!
콜라티누스의 얼굴에 오명이 찍혔으니,
타르퀴니우스의 눈은 멀리서도 그 새겨진 표시를 읽으리라,

어떻게 해서 그이가 전쟁도 아닌 평화 시에 상처를 입었는지.
　아, 얼마나 많은 이들이 이 부끄러운 상처를 안게 될까,
　상처를 받은 이는 모르되, 상처를 입힌 자는 알리라!

"콜라티누스, 당신의 명예가 나에게 있는 거라면,
그것은 거센 힘에 의해 빼앗기고 말았답니다.
나는 꿀을 잃고 무능한 수벌같이 되었나이다.
여름이 가고 가을이 온들 무슨 수확이 있으리오,
불의한 도둑이 모두 빼앗아 가버렸으니.
　당신의 연약한 벌집에 떠돌이 말벌 하나가 숨어들어,
　당신의 순결한 암벌이 간직한 꿀을 빨아 갔다오.

"당신의 명예가 손상된 것은 나의 죄이나,
당신의 명예를 위해 그 사람을 환대했다오.
당신의 친구이기에 그를 돌려보낼 수 없었는데,
그 사람을 박대하는 것은 무례한 일이었기 때문이지요.
그 사람은 피로하다고 호소하면서
　덕을 말하기도 했다오. 아, 생각지도 못했으니,
　그런 악마가 불경하게도 덕을 말할 줄이야!

"어이하여 피어오르지 않은 꽃봉오리에 벌레가 침입하는가?
또는 참새 둥우리에서 밉살스런 뻐꾸기가 부화하는가?
또는 맑은 샘을 두꺼비는 독 있는 흙탕물로 더럽히는가?
또는 고결한 가슴에 어리석은 용기가 깃들이는가?
또는 왕들은 자기가 내린 명령을 스스로 깨는가?
　그러나 세상에 완전무결한 것은 없으니,
　어떠한 불순함인들 들어와 오염시키지 않으랴.

"황금을 돈궤 안에 넣어 둔 노인은
경련과 통풍, 고통스런 발작으로 시달리며

자기 재물을 바라볼 눈조차 흐려지니,
쉼 없이 고통받는 탄탈로스처럼 앉아,
스스로 수확한 지혜를 쓸모없이 쌓아 두네.
　이득의 기쁨도 없으니, 그것이
　고통을 낫게 할 수 없어 괴로움만 당하노라.

"그러니 그는 재물이 있으되 쓰지는 못하는지라,
자식들에게 물려줄 것이나,
젊은이들은 우쭐거리며 그것을 낭비해 버리지.
아버지는 너무 약하고, 자식들은 너무 강하니,
그 저주와 축복의 대상인 재산은 오래가지 못하네.
　우리가 바라는 단맛은 우리의 것이라 부르는 순간
　질색하는 신맛으로 바뀌고 말지.

"봄의 여린 싹에는 거센 바람이 일고,
아름다운 꽃에는 독초가 뿌리를 휘감는구나.
고운 새들이 노래하는 곳에 살무사가 울고,
미덕이 키우는 것을 악덕이 게걸스럽게 먹네.
선한 것 가운데 우리의 것이라 말할 수 있는 것은 없네,
　악이 따라붙을 기회는 언제라도 있으니,
　생명을 빼앗거나 그 본질을 파괴하려 하네.

"아, 기회여, 너의 죄는 크다!
반역자에게 반역을 하도록 부추기는 것도 너다.
늑대에게 새끼 양을 잡게 하는 것 또한 너다.
누가 죄를 꾸미든, 그 때를 지시하는 것은 너다.
정의를, 법을, 이성을 멸시하게 만드는 것도 바로 너다.
　아무도 모르게, 네 어두운 감옥 안에 자리잡고 있던 죄악이
　방황하며 지나가는 영혼을 와락 붙잡는구나.

"너는 처녀의 맹세를 깨뜨리게 하고,
너는 불을 일으켜 절제심을 녹인다.
너는 정조를 짓밟고, 진실을 죽인다.
너는 추잡한 것을 부추기는 자! 악명 높은 포주!
너는 추문을 심고 칭찬과 명성을 사라지게 하지.
　　너는 강간자, 너는 반역자, 너는 사악한 도둑.
　　너의 꿀은 쓴맛이 되고, 너의 기쁨은 슬픔이 된다!

"너의 은밀한 기쁨은 드러나면 수치가 되니,
너의 사사로운 성찬은, 공개된 단식(斷食)이라.
너의 듣기 좋은 칭호는 귀에 거슬리는 이름이 되고,
너의 달콤한 혀는 쓴 약쑥 맛이 되네.
너의 지나친 허영심은 오래가지 못하리라.
　　그런데 어찌 된 일인가, 그렇게 사악한 기회를,
　　그렇게 많은 이들이 얻고자 함은?

"네가 초라한 탄원자의 친구가 되어,
그의 소원을 이루게 하는 날은 언제일까?
네가 무서운 싸움을 멎게 하는 날은?
또는 비참하게 사로잡힌 자를 풀어줄 날은?
아픈 이에게 약을, 고통받는 이에게 편안함을 주는 날은?
　　가난뱅이, 절름발이, 장님, 절뚝발이, 아첨꾼이 너를 찾아 외쳐도
　　좋은 기회 한번 만나는 일 없으니.

"환자가 죽어갈 때 의사는 잠자고,
고아가 굶주릴 때 압제자들은 살찌네.
과부가 슬피 울 때 법관은 향연을 즐기고,
역병이 퍼져갈 때 막아야 할 사람들은 놀이에 빠져 있네.
너는 자비로운 일에 시간을 바치는 때가 없으니,
　　분노, 시기, 반역, 능욕, 살인이 맹위를 떨칠 때마다

너는 시종처럼 네 추악한 시간을 바쳐 그것들을 섬기노니.

"진실이나 미덕이 너와 친구가 되려 할 때,
수천 가지 장애에 막혀 너의 도움을 얻지 못하리라.
그들은 너의 도움을 돈 주고 사지만, 죄악은 보수도 없느니.
너는 보수도 받지 않고 기꺼이
그의 말을 듣고 그 소원을 들어주었노라. 아니면
　타르퀴니우스가 그 짓을 했을 때, 나의 콜라티누스도 내게 왔으리라.
　그러나 너는 남편을 그곳에 머물게 했도다.

"살인도 도둑질도 모두 네 죄,
위증죄와 교사죄(敎唆罪)도 지었노라.
반역, 위조, 사기도 네가 저지른 것이며,
가증스런 근친상간도 네가 저질렀노라.
너의 성향으로 보아, 너는 모든 죄의 공범자.
　너는 천지창조로부터 최후의 심판 때까지
　과거의 모든 죄, 그리고 앞으로 올 모든 죄의 공범자.

"기형의 시간, 추악한 밤의 공범자여,
흉사를 전하고 다니는 변화무쌍한 사자(使者),
젊음을 삼키고, 잘못된 쾌락을 섬기는 잘못된 노예,
근심의 파수꾼, 죄악의 짐말, 미덕의 함정이여,
너는 모든 것을 기르고 모든 것을 파괴하노니.
　아, 나의 말을 들어라, 인간을 해치고 속이는 시간이여,
　나에게 죄를 짓게 했으니 나의 목숨 끊는 죄를 범하라.

"아, 어이하여 너의 종인 기회는,
내가 안식을 위해 너에게서 얻은 시간을 배반하여
나의 행운을 거두어 가고, 언제 끝날지 모르는
끝없는 불행에 나를 영원히 얽매이게 하느냐?

시간의 임무는 원수에 대한 증오심을 끝내게 하고,
　　세상 사람들의 입에서 나오는 오해를 없애는 것이지,
　　합법적인 잠자리의 지참금을 쓰는 것은 아니리.

"시간의 영예는 서로 싸우는 국왕들을 화해시키고,
위선의 가면을 벗기며, 진실을 드러내는 것,
오랜 세월에 시간의 인장(印章)을 찍어주는 것,
아침을 일깨우며, 밤을 감시하는 것,
악을 행한 자에게 고통을 주어 그가 바르게 살게 하는 것,
　　당당한 건물을 너의 시간으로 무너뜨리고,
　　찬란한 금탑에 먼지가 쌓이게 하는 것.

"장엄한 기념물에 벌레 구멍을 만드는 것,
만물을 사그라들게 하고 망각을 기르는 것,
오래된 책에 얼룩을 만들어, 그 내용을 바꾸는 것,
늙은 까마귀 날개에서 그 깃을 뽑는 것,
오래된 참나무 수액을 말려, 어린 싹을 트게 하는 것,
　　잘 단련된 쇠로 만든 고대 유물도 썩게 하는 것,
　　운명의 수레바퀴를 어지럽게 돌리는 것.

"노파에게 그 딸의 딸을 보게 해주는 것,
아이가 어른이 되게 하고, 어른을 아이로 돌아가게 하는 것,
다른 생물을 죽이며 살아가는 호랑이마저도 죽이는 것,
무시무시한 외뿔 달린 괴물과 사나운 사자도 길들이는 것,
제 꾀에 제가 빠지는 이들을 조롱하는 것,
　　수확을 늘리어 농부를 기쁘게 하는 것,
　　그리고 작은 물방울로 큰 돌을 닳게 하는 것.

"어이하여 너는 순례를 하며 세상에 해를 끼치느냐?
다시 돌아와 바로잡을 능력도 없으면서.

한 시대에 단 일 분이라도 되돌려 준다면,
백만 명의 친구를 너는 얻게 되리라,
못된 빚쟁이에게 돈을 주지 않도록 지혜를 빌려줄 테니.
　아, 두려운 밤이여, 한 시간이라도 되돌아온다면,
　이 폭풍을 피하여, 네가 주는 파멸을 면할 수 있으련만.

"너, 영원으로 쉬지 않고 달려가는 종이여,
도망치는 타르퀴니우스에게 재난을 뿌려, 그를 멈추게 하라.
극단을 넘어선 극단적인 방책으로
이 저주받은 죄의 밤을 저주케 하라.
음탕한 그의 눈에 소름 끼치는 유령을 보여 떨게 하고,
　자신의 죄악에 대한 두려운 생각으로,
　모든 덤불이 흉측한 마귀로 보이게 하라.

"그가 누려야 할 안식의 시간을 어지럽히고,
어쩌다 잠들면 악몽으로 신음하는 고통을 겪게 하며,
그에게 비참한 불행이 잇달아 일어나 신음하게 하라.
그러나 그의 신음을 가엾이 여기지 말라.
돌보다 더 단단한 심장으로 그를 사정없이 쳐라.
　상냥한 여인들도 그에게만은 상냥함을 버리고
　사나운 호랑이들보다 더 사납게 대하게 하라.

"그에게 자기의 곱슬머리를 쥐어뜯는 때가 오게 하라.
그에게 저 자신을 저주하여 외치는 때가 오게 하라.
그에게 시간이 지날수록 더 깊이 절망하는 때가 오게 하라.
그에게 혐오스런 노예 생활을 할 때가 오게 하라.
그에게 거지가 먹다 남긴 밥 빌어먹는 때가 오게 하라.
　구호품으로 살아가는 사람이라도, 그에게만은
　작은 것 하나 나누어 주기 싫어하는 때가 오게 하라.

연극 〈루크레티아의 능욕〉 셰익스피어의 작품을 각색한, 아일랜드 음악가이자 성악가, 배우인 카밀 오설리반의 1인 음악극. 로열셰익스피어극단 후원으로 영국·아일랜드 순회 공연. 2011.

"그의 친구가 원수 되는 날 오게 하라.
잘 웃고 떠드는 얼간이들이 몰려와 그를 비웃게 하라.
슬픈 때에는 시간이 얼마나 더디게 가며,
어리석은 즐거움이나 놀이에 빠져 있을 때에는
시간이 얼마나 빠르며 짧게 지나가는지 느끼게 하라.
　　그리하여 돌이킬 수 없는 죄를 지으며
　　잘못 사용한 시간을 영원히 탄식케 하라.

"아, 시간이여, 너는 선도 악도 모두 가르치는 스승이라,
그자에게는 이 악행을, 나에게는 그자를 저주하도록 가르치노니.
그자의 그림자를 보면 도둑도 미친 듯이 도망치게 하라.
순간순간마다 제 몸을, 제 자신을 죽이고 싶도록 미워하게 하라.
그런 저주받을 피를, 그런 저주받을 손으로 흘리게 하라.
　　아무리 천한 자라도 그런 고약한 놈의
　　사형집행인이 되려고 나서겠는가?

"아, 왕의 자손으로 태어났음에도 그토록 천하다니,
그 타락한 행동으로 자신의 앞날을 욕되게 하리라.
지위가 높을수록 그 행하는 일들 때문에
더욱 존경을 받거나, 더 큰 증오를 사게 되느니.
가장 높은 지위에는 가장 큰 추문이 따르기 때문이다.
    달이 구름에 가리면 누구나 알 수 있어도,
    작은 별들은 언제든지 숨을 수 있노라.

"까마귀는 진흙탕에 잿빛 날개를 적시고도
더러운 몸이 눈에 띄지 않게 날아간다네.
그러나 눈처럼 흰 백조가 그렇게 한다면
그 은빛 솜털 위에 얼룩이 남으리.
가난한 종들에게는 눈먼 밤도, 군왕에게는 찬란히 빛나는 낮이라.
    각다귀는 어디로 날아도 눈에 띄지 않으나,
    독수리가 날면 모든 이의 눈길을 받는다오.

"가라, 헛소리 말고, 이 얄팍한 얼간이 바보들,
무익한 말을 떠벌이는 무력한 재판관들이여!
교묘한 말솜씨로 다투는 학교에 처박혀서
우둔한 토론자들과 한가로이 떠들며
불안에 떨고 있는 의뢰인들의 중재자나 되어라.
    나에게 변론 따위는 지푸라기 한 올의 가치도 없노라,
    나의 경우는 법의 도움을 넘어서는 것이니.

"나는 헛되이 나무라노라, 기회를,
시간을, 타르퀴니우스를! 그리고 음울한 밤을.
나는 헛되이 이 치욕에 잘잘못을 따지는구나.
나는 헛되이 이 피할 길 없는 치욕을 떨쳐 보려 하는구나.
이런 덧없는 말들의 연기(煙氣)는 나에게 소용없으니.
    참으로 나에게 도움되는 처방은

이 더럽혀진 부정한 피를 흘려 내보내는 것이라.

"가엾은 손이여, 이 판결에 너는 왜 몸을 떠느냐?
이런 치욕을 없애는 행동으로 영예를 얻으라.
내가 죽으면 나의 영예는 너에게 깃들어 살 것이나,
내가 살면 너는 죽음보다 못한 치욕스런 삶을 살리라.
너는 네가 섬겨 온 여주인을 지켜주지 못하고
　　그 잔악한 적을 할퀴기를 두려워했으니,
　　너 자신을, 그리고 적에게 굴복한 그녀를 함께 죽여라."

이렇게 말하고, 그녀는 흐트러진 침대에서 일어나,
자포자기한 채로 죽음의 도구를 찾아 헤매노라.
그러나 이곳은 도살장이 아니니, 오늘
부인의 숨결을 내보낼 틈을 만들 어떠한 도구도 주어지지 않았네.
이때 부인의 입술에서 탄식의 숨결이 뭉쳐 나와
　　에트나 화산의 연기처럼, 또는 쏘고 난
　　포문에서 나오는 연기처럼 대기 속으로 사라지노라.

그녀는 말하노니, "나는 헛되이 살아가며,
이 불행한 몸을 행복하게 끝낼 방법도 헛되이 찾노라.
앞서는 타르퀴니우스의 언월도에 죽을 것을 두려워했으나,
이제는 도리어 이 몸을 죽이기 위해 칼을 찾는다오.
죽음을 두려워했을 때는, 나는 아직 정숙한 아내였노라.
　　지금도 그렇지, 아니 그렇게 될 수는 없어.
　　그 참된 표징을 타르퀴니우스에게 빼앗겼으니.

"아, 내가 살아가는 목적이 사라져 버렸으니,
이제 죽음을 두려워할 까닭은 없다.
죽음으로써 이 오점을 닦아낼 수 있다면, 적어도
오욕의 옷자락에 명예의 휘장을 달아주는 것이니,

살아남은 치욕에 죽음으로 새 삶을 주는 것이리.
　아, 처량도 하여라, 보물을 빼앗기고
　그 죄 없는 빈 상자만 불태워 버리다니.

"아, 사랑하는 콜라티누스, 당신에게
이 깨어진 약속의 더럽혀진 맛을 보이지는 않으리.
당신의 참된 애정을 모욕하지도 않으리다.
정조를 유린당한 몸으로 당신에게 아첨하지 않으리다.
이 불순한 접목(接木)을 결코 자라나게 하지 않으리다.
　당신의 그루터기를 더럽힌 그에게 어찌 큰소리치게 하리오,
　당신이야말로 그 불의의 씨를 내린 친절한 아버지라고.

"그가 혼자만의 비밀을 떠올리며 당신을 비웃지 못하게 하리다.
또 남들과 어울려 당신의 지위를 웃음거리 삼지 못하게 하리다.
당신의 보물은 비루하게 황금에 팔린 것이 아니라,
문 앞에서 도둑맞아 잃은 것이라오.
그러나 나는 나의 운명을 스스로 정할 것이니,
　강요당한 죄이나, 죽음으로 그것을 보상하기 전에는
　나의 잘못을 결코 용서하지 않으리다.

"나의 오욕으로 당신을 더럽히지 않으리다.
교묘한 변명으로 나의 잘못 접어두지 않으리.
내 죄악의 검은 바탕을 곱게 칠하여,
이 부정한 밤의 능욕의 진실을 감추지 않으리.
나의 혀는 모든 것을 말하고, 나의 눈은 수문이 되어
　산속 샘물이 골짜기로 흘러내리듯, 맑은 물줄기가 쏟아져 나와
　이 불순한 이야기를 깨끗이 몰아낼 것이니."

이렇게 말하며 슬픔에 잠긴 필로멜라*10는
그 밤을 노래한 오묘하고 서글픈 가락을 그치노라.
그러자 장엄한 밤은 서서히 슬픈 걸음으로
추악한 지옥으로 내려가니, 보라, 붉은 얼굴의 새벽은,
빛을 찾는 고운 눈들에게 그 빛을 안기노라.
　　구름에 싸인 루크레티아는 자신을 보기 부끄러워,
　　언제까지나 어둠 속에 묻혀 있기를 바라노라.

만물을 밝히는 낮이 온갖 틈새로부터 나와,
울며 앉아 있는 그녀를 가리키는 듯이 보이노라.
그녀는 흐느끼며 말하노니, "아, 눈들의 눈이여,
어이하여 나의 창문을 들여다보오? 그러지 마오.
그 간지러운 빛으로, 잠든 눈들이나 놀리시오.
　　그 날카로운 빛으로 내 이마에 낙인을 찍지 마오,
　　낮은 밤이 한 일에 상관할 필요 없으리다."

이렇게 그녀는 눈에 보이는 것마다 트집을 잡네.
진정한 슬픔은 어린아이처럼 짜증을 잘 내는 것이니,
한번 토라지면, 어떠한 것도 마음에 차지 않는다네.
늙은이는 아이들과 같지 않아, 슬퍼하지만 잘 견뎌낸다.
그는 오랜 세월에 길들여졌으나, 아이들의 슬픔은 사나우니,
　　서투른 헤엄처럼 물속에서 허우적거리며,
　　재주가 없어 애만 쓰다 빠져 죽게 된다네.

이렇게 그녀는 걱정의 바다에 깊이 빠져,
눈에 비치는 모든 것에 잘잘못을 따지며,
온갖 슬픔을 자기 자신과 비교하노라.

---

*10 필로멜라는 그리스 신화에 나오는 아테네의 공주. 언니 프로크네의 남편인 테레우스에게
　　겁탈당하고 혀까지 잘린 뒤 언니와 함께 테레우스의 아들 이티스를 죽여 복수한다. 테레
　　우스에게 쫓기다 새로 변했다고 한다.

무엇이든 그녀의 격정을 돋우지 않는 것이 없으니,
하나가 물러가면, 곧 또 하나가 그 뒤를 잇노라.
　얼마 동안은 말없이 슬퍼하고,
　얼마 동안은 미친 듯 수많은 말들을 쏟아내네.

작은 새들이 아침의 기쁨을 노래하니,
그 아름다운 가락에, 그녀는 미친 듯 신음하네.
기쁨이 고통의 밑바닥을 휘저어 놓으니,
슬픈 이들은 즐거워하는 이들을 보면 죽고 싶은 것이라.
슬픔은 슬픔과 함께 있을 때 기쁨을 찾게 되노니.
　참된 슬픔은 같은 슬픔을 보고
　비로소 위로받고 만족을 얻는다네.

강기슭을 바라보며 죽는 것은 이중의 죽음이라.
음식을 보면서 굶주리는 것은 10배의 고통이네.
연고를 보기만 하면 상처의 아픔은 더해지며,
큰 슬픔은 위로받을 때 더욱 비통해지는 것.
깊은 고뇌는 고요한 물결처럼 흘러가노라.
　가로막으면 둑 위로 흘러넘치리.
　비통한 가슴이 희롱당하면 법도 한계도 모르게 되니.

"나를 비웃는 새들아", 그녀는 말하네,
"그 가슴 깃털을 부풀리어 너희 노랫소리를 묻어다오.
내 귓가에서는 입을 다물고 침묵해 다오.
내 어지러운 가슴속 불협화음은 마침표도 쉼표도 없으리.
비통해하는 안주인은 쾌활한 손님을 반기지 못하리라.
　너희들의 빠르고 경쾌한 가락은 기쁨으로 가득 찬 귀에나 바쳐라.
　슬픔과 고통은 오직 눈물로 읊조리는 노래를 좋아하니.

"자, 능욕을 노래하는 필로멜라여,

나의 흩어진 머리카락을 너의 슬픈 숲으로 삼으렴.
대지가 너의 고뇌 소리에 흐느끼듯이
나도 그 슬픈 노래를 들을 때마다 눈물을 떨구며,
깊은 신음으로 낮은 화음을 넣으리라.
　　내가 후렴처럼 타르퀴니우스, 그 이름을 되풀이할 때,
　　너는 나보다 더 능숙하게 테레우스를 노래하리.

"네가 그 찌르는 슬픔을 잊지 않기 위해
그 몸을 가시로 찌르며 노래하듯이,
가엾은 나도 너를 본받아 나의 심장에
날카로운 칼을 겨누고 나의 눈을 위협하리니,
눈을 감으면 심장은 숨을 그치며 죽게 되리라.
　　이로써 현악기의 줄받침과 같이
　　마음의 줄을 울려 참된 고뇌를 노래하리.

"가엾은 새여, 너는 낮에는 노래하지 않으니,
남의 눈길이 부끄러운가 보구나. 우리
타는 듯한 더위도 얼어붙는 추위도 모르는
깊고 깊은 사막을 찾아, 사나운 짐승들에게
슬픈 노래를 들려주어 그 성질을 바꾸게 하자.
　　남자들이 짐승임이 드러났으니,
　　짐승들이라도 따뜻한 마음을 갖게 하리."

가엾게도 놀란 사슴이 어느 쪽으로 도망칠까
어쩔 줄 몰라하며 서서 노려보듯이,
또는 구불구불한 미로에 에워싸여,
쉽게 나갈 길을 찾지 못하는 사람처럼,
그렇게 그녀도 마음이 어지러워 갈등하네.
　　삶과 죽음의 갈림길에서, 어느 쪽이 나을까.
　　살면 치욕이 되고, 죽으면 비난받게 되리.

그녀는 말하네, "스스로 죽음을 택한다는 것은, 아,
내 육체와 더불어 불쌍한 내 영혼마저 더럽히는 일이 아닐까?
절반만 잃으면 참고 견딜 수 있지만,
그 모두를 잃게 된다면?
어여쁜 두 아기 가운데 하나가 죽었을 때, 그 어머니가
　　남은 아이를 키우지 않고 마저 죽이겠다고 한다면,
　　이 얼마나 잔인한 결심인가!

"나의 육체와 영혼, 어느 쪽이 더 소중한가,
한쪽이 순결하고 다른 한쪽이 신성할 때에는?
어느 쪽 사랑이 나 자신에게 더 가까운가,
그 두 가지 다 하늘과 콜라티누스를 위해 지킬 수 있다면?
아, 슬프기만 하구나, 키 큰 소나무에서 그 껍질을 벗기면,
　　잎이 시들고, 수액이 마르나니.
　　그 껍질을 벗겨낸다면, 내 영혼 또한 그러하리라.

"내 영혼의 집은 약탈당하고, 평화가 깨어지고,
그 저택은 적의 손에 무너지고,
성스런 제단은 더럽혀지고, 망가지고, 썩게 되었지,
어이없이 더러워진 이름에 겹겹이 둘러싸여.
그러니 이 영혼에게 불경하다는 말을 듣게 하지 않으리,
　　더럽혀진 이 육체에 구멍을 내어
　　이 고뇌하는 영혼을 내보낼지언정.

"그러나 나는 죽지 않으리라, 내 갑작스런 죽음의 까닭을
콜라티누스가 알게 될 때까지는.
그리하여 나의 슬픈 임종 앞에서,
이 목숨을 끊게 한 적에게 복수하겠다 맹세케 하리.
나의 더럽혀진 피를 나는 타르퀴니우스에게 전하리라.
　　이 피는 그에게서 더럽혀졌으니 그를 위해 쓰리,

나의 유언장에 그가 받을 유물임을 써놓으리라.

"나의 명예는 칼에게 물려주리라,
그렇게 불명예스런 이 몸을 상처내 주리니.
치욕스런 목숨을 끊는 것은 명예로운 일이라,
하나가 죽으면 다른 하나가 살아남으리.
치욕이 죽고 사라진 재 속에서 나의 명성이 자라나리라,
　나의 죽음으로 치욕을 없애는 것이니까.
　그렇게 나의 치욕이 죽고, 나의 명예가 새로 태어나리.

"내가 잃은 소중한 보물의 소중한 주인이시여,
무슨 유산을 남겨드려야 하오리까?
내 사랑이여, 나의 결심을 자랑으로 여기시고,
그것을 본보기로 복수하여 주소서.
타르퀴니우스를 어떻게 할 것인가는, 나에게서 읽으소서.
　당신의 친구인 내가 당신의 적인 나 자신을 죽이리니,
　부디 나를 위해 사악한 타르퀴니우스도 그리 해주소서.

"이렇게 나는 짧은 유언을 남겨 놓으리다.
나의 영혼과 육체는 하늘과 땅으로,
이 결심은, 남편이신 당신이 받아주소서.
나의 명예는 나를 찌르는 그 칼에,
나의 오욕은 나의 명예를 깨뜨린 그자에게,
　살아남은 나의 모든 명성은
　나를 부끄러워하지 않는 이들에게 나누어 주소서.

"콜라티누스, 당신은 이 유언을 살펴 처리해 주소서.
당신이 그런 걸 보도록 내가 처신했다니!
나의 피로써 나의 부덕에서 비롯된 치욕을 씻어내리다.
내가 살아서 저지른 잘못을 나의 깨끗한 최후가 없애주리라.

두려워 마라, 약한 마음이여, 당당히 말하라 '그렇게 하겠노라'고.
　　내 손이 시키는 대로 하라, 이 손이 너를 정복하리라.
　　네가 죽으면, 손도 죽어, 둘 다 승리자가 되리."

애처롭게도 그녀는 이런 죽음의 계획을 세우고,
빛나는 두 눈에서 짠 진주 방울을 닦아내며,
고르지 못한 쉰 목소리로 하녀를 부르네.
하녀가 이를 듣고 서둘러 오니,
날개를 가진 충성심이라, 생각에 깃털을 달고 날아왔도다.
　　하녀의 눈에, 가엾은 루크레티아의 뺨은
　　햇볕에 눈이 녹는 겨울 풀밭 같아 보이노라.

하녀는 주인마님께 고개 숙여 아침 인사를 드리네,
조용하고 부드러운 말씨로 공손한 마음을 나타내며.
애통해하는 마님을 보고는 슬픈 표정을 지어 보이나,
어찌하여 그렇게 슬픔의 옷을 입고 계신지,
감히 물어보지 못하노라.
　　왜 그 두 개의 해가 구름에 가려졌는지,
　　왜 그 고운 두 뺨이 서러운 눈물에 젖어 있는지.

그러나 해가 지니 대지가 흐느끼며,
온갖 꽃들이 눈물 머금은 눈처럼 젖어드네.
하녀는 넘쳐흐르는 눈물로
둥근 눈망울을 적시니, 주인마님의 하늘인 그 얼굴에
고운 두 해가 지는 걸 보았음이라.
　　그 빛이 파도가 일렁이는 짠 대양 위에서 꺼지듯,
　　하녀는 이슬 맺힌 밤처럼, 슬피 우네.

잠시 이 어여쁜 두 여인은 울며 서 있네,
산호 물통을 채우는 상아 도관(導管)처럼.

〈루크레티아의 능욕〉 헨리 코볼드 판화. 1840.

한 사람은 까닭이 있어 울고, 또 한 사람은 까닭을 모른 채
상대의 눈물이 서러워 울 뿐이라.
마음이 고운 여인들은 흔히 잘 운다더니,
　남의 아픔을 생각하고 자신이 슬퍼하며,

눈물에 젖어 마음 아파한다네.

남자의 마음은 대리석, 여자의 마음은 밀초라,
여자의 마음은 대리석에 의해 만들어지노라.
약한 마음에 폭력과 사기와 계략이 가해지면
본디 기질과는 다른 각인이 새겨지기도 한다네.
그렇다고 그들의 재난을 스스로 부른 것이라 하지 말라.
　밀초에 악마의 모습이 찍혔다고 해서,
　밀초를 사악한 것이라 생각할 수 없느니.

여자의 부드러움은 활짝 펼쳐진 들판,
이곳에는 온갖 작은 벌레가 기어다니며 북적거리지.
남자에게는 울창하게 자란 숲처럼
눈에 띄지 않게 동굴에서 잠자는 악마가 있다네.
수정 벽을 통해서는 작은 티끌 하나도 볼 수 있지만
　남자의 준엄하고 대담한 얼굴은 온갖 죄를 가릴 수 있으며,
　가엾게도 여자의 얼굴은 자신의 과오를 모두 보여주는 기록이라네.

시든 꽃을 비난하는 사람은 아무도 없으나
꽃을 시들게 한 사나운 겨울은 꾸짖으리라.
탐식당한 자를 탓하지 말고, 탐식하는 자를 탓하라.
남자의 비행에 짓밟힌 것을
가엾은 여자의 잘못으로 돌리지 마라.
　그 거만한 나리들은 비난받을지어다,
　약하게 태어난 여자에게 자신들의 치욕을 씌우다니.

그 좋은 예를 루크레티아에게서 보라,
한밤에 습격당하고는 죽음을 택할 것인지, 아니면
치욕을 겪으며 살아도 되는지 고뇌하는 모습을.
만일 반항했더라면 자신도 죽고 그 남편까지

해를 입을 처지였으니, 그런 위험한 일이 일어났으리라.
　그녀는 온몸에 죽음의 공포를 느꼈으니, 또한
　죽은 몸이 되었다면 누구인들 그녀를 능욕하지 못하랴?

이러하니 루크레티아는 가벼이 마음을 가라앉히며,
비탄하는 자신의 모습 그대로인 가엾은 하녀에게 말하네.
"얘야, 너는 왜 우느냐?
눈물이 비오듯 너의 두 뺨을 흘러내리는구나.
내가 당하는 슬픔 때문이라면,
　착한 아이야, 그것은 내게 아무런 도움도 되지 않는단다.
　눈물이 도움된다면, 내 눈물이 하고도 남으리니.

"그런데 얘야, 그게 언제……" 이렇게 말하다 머뭇거리며,
깊은 한숨 뒤에 묻노니 "타르퀴니우스 님은 떠나셨느냐?"
"예, 마님, 제가 일어나기 전에요", 하녀는 대답하네.
"저의 일을 게을리하여 죄송합니다.
저의 잘못을 변명하는 것 같사오나
　소녀가 해뜨기 전에 잠에서 깼는데,
　타르퀴니우스 님께서는 이미 떠나셨나이다.

"하오나, 마님, 주제넘은 말이오나,
마님께서 그토록 괴로워하시는 까닭을 여쭈어 봐도 되는지요?"
"오, 조용히!" 루크레티아는 말하네, "말한다고
나의 고통이 줄어들 수는 없느니라,
털어놓을 수 없을 만큼 큰 슬픔이니까.
　그토록 깊은 고통은 지옥이라 부를 만하며,
　차마 입을 열어 말할 수가 없구나.

"가서 종이와 잉크와 펜을 가져오너라.
아니, 그럴 필요 없구나, 여기에 다 있으니.

어떻게 이야기해야 할까? 나리의 하인 하나를 불러서,
나의 편지를 전해 드리라고 해라,
나의 주인, 나의 사랑, 나의 소중한 그분에게.
　　어서 서두르라고 해라.
　　급한 일이니, 곧 편지를 쓰겠다."

하녀가 나간 뒤, 그녀는 편지를 쓰려
깃대 펜을 잡고 종이 앞에서 머뭇거리노니,
생각과 슬픔이 심한 다툼을 일으켜,
생각이 쓴 것을 감정이 바로 지워 버리네.
이 말은 너무 이상하고, 이 말은 너무 직설적이고 부덕하다네.
　　문 앞에 밀려든 사람들처럼
　　앞을 다투어 생각들이 몰려드노니.

마침내 쓰기 시작하노라. "존경하는 당신에게,
보잘것없는 아내가 아뢰옵니다,
몸과 마음 모두 강건하소서! 간곡히 청하오니—
이 아내 루크레티아를 사랑하신다면—
어서 돌아오시어 저를 찾아주소서.
　　슬픔에 잠긴 이 집에서 적어 보냅니다.
　　저의 말은 짧으나, 저의 슬픔은 끝이 없으니."

이렇게 비애로 가득 찬 편지를 접노라,
그녀의 뚜렷한 슬픔을 뚜렷하지 않게 담아서.
이 짧은 편지로 콜라티누스는 그녀의 슬픔을
알게 되어도, 슬픔의 참모습은 알 길 없으니,
그녀는 감히 알릴 수 없었노라.
　　오욕에 찬 변명을 피로 물들여 보이기 전에는
　　그것을 자신의 추행으로 의심받을까 염려함이라.

그뿐이랴, 자신의 목숨과 처절한 감정을 아끼어 남겨둔 것은
남편이 곁에 있을 때 들려주기 위함이라. 그를 만나면
오욕당하던 때의 한숨과 신음, 눈물을 그대로 보여주어,
세상 사람들이 그녀에 대해 품을지 모를 의혹을
한층 더 깨끗이 밝혀줄 수도 있을 것이니.
　　이런 비난을 피하려 흠이 될 말들은 쓰지 않았도다,
　　행동이 그 말에 어울릴 때까지는.

슬픈 일은 보는 것이 듣는 것보다 감동이 더욱 크다.
이는 눈이 비통한 상태를 귀에게
그대로 설명하여 주기 때문이니,
눈도 귀도 모두 슬픈 일을 받아들인다네.
그러나 듣는 것만으로는 슬픔의 일부만을 전할 뿐.
　　깊은 바다의 물소리는 얕은 여울만큼 소리내지 않으니,
　　말(語)의 바람에 휩쓸리면, 슬픔 또한 썰물처럼 물러가네.

이제 그녀의 편지는 봉해지고, 그 위에
"아르데아에서, 당신에게, 급히 올림"이라고 씌어졌노니.
기다리던 하인에게 편지를 건네주며,
시무룩한 하인에게, 어서 가라고 명령하네,
뒤처진 들새가 된바람에 휘몰려 날아가듯이.
　　아무리 빨리 달려도 그녀는 느리고 더디다고 여기리,
　　비상시에는 이렇게 지나치게 재촉하는 법.

꾸밈없는 하인은 몸을 낮춰 절하고,
수줍게 얼굴을 붉히며 편지를 받아드니,
하겠다 안 하겠다 말이 없다네.
그러고는 순박한 표정으로 서둘러 나가노라.
그러나 가슴에 죄책감을 지닌 자는, 자신을 보는 눈들이
　　모두 그 죄만을 보는 것으로 상상하게 되니, 루크레티아도

그 하인이 자기의 치욕을 보고 얼굴을 붉힌 것이라 여겼으리라.

그러나 우직한 하인이니, 그 얼굴을 붉힘은
용기와 활력과 담대함이 부족했기 때문이라.
남을 해할 줄 모르는 이런 인간들은 마음이 진실하여
행동으로 말을 하지만, 다른 교활한 자들은
약속은 재빨리 하나 행동은 더디다네.
　　이처럼 옛사람들의 표본은 정직한 표정을
　　담보로 하지, 빈말을 저당하지 않노라.

하인의 불타는 충성심이 오히려 그녀의 수치심에
불을 댕기어, 두 얼굴에 붉은 불꽃이 타오른 것이리라.
하인이 낯을 붉히는 것은, 타르퀴니우스의 음탕한 짓을
안 것이라 여기고, 루크레티아는 얼굴을 붉히며 노려보았으니.
그 진지한 눈초리에 하인이 더욱 놀라 당황하는 것을
　　그녀가 보고는, 하인의 뺨이 더욱 붉어지는 것은
　　자신의 오점을 알아챈 것이리라 더욱 믿게 되었다네.

하인이 돌아오기를 기다리는 마음 지루하여라,
그 충성스런 하인은 이제 막 길을 떠났건만.
이 기나긴 시간을 그녀는 메울 수가 없도다,
한숨도 눈물도 신음도 이젠 지쳤느니.
슬픔은 슬픔에 시달리고, 탄식은 탄식에 지쳐서,
　　그녀는 잠시 애통해하기를 그치고,
　　새로운 방법을 찾아 슬퍼하고자 하네.

마침내 그녀는 저 정교한 그림 하나를 떠올렸으니,
프리아모스 왕의 트로이성 이야기를 그린 것이라.
성 앞에는 헬레네를 납치한 데 대한 복수로
그 도시를 무너뜨리기 위해 그리스군이 진을 치고

구름을 찌르는 듯 일리온*11을 위협하는 모습을
  상상력이 뛰어난 화가가 장엄하게 그려 놓으니,
  마치 하늘이 허리를 굽혀 성루에 입 맞추는 듯하네.

그곳에는 온갖 슬픔이 그려져 있으니,
예술이 자연을 극복하여, 생명 없는 것에 생명을 주는구나.
남편의 죽음 앞에 흐느끼다 메말라 버린 아내의 눈물방울이
마치 눈앞에서 보는 듯 그려져 있고, 악취마저 풍기는 듯
뿜어내는 붉은 피에도 화가의 투쟁어린 노력이 엿보이네.
  죽어가는 이의 눈이 잿빛 광채를 흩뿌리니,
  기나긴 밤 타오르다 꺼져가는 석탄과 같구나.

그곳에는 땀에 젖고, 먼지로 더럽혀진
공병 하나가 일하는 모습도
트로이 성루도 보이나니,
가지각색의 눈들이 화살 구멍을 통하여
힘없이 그리스군 쪽을 바라보고 있다네.
  이처럼 정밀한 눈으로 그려 놓았으니,
  그 옛날 사람들의 슬픔을 눈앞에 보는 듯하도다.

위대한 장군들의 얼굴에는 기품과 위엄이
뚜렷이 드러나 있으며,
젊은이들에게서는 활발하고 민첩한 모습을,
또 사이사이에 창백한 병사들이 두려움에 떨면서
행진하는 모습을 그려 놓았네.
  이는 겁 많은 농부들과 그토록 닮았으니,
  그 떨고 있는 모습을 눈앞에 보는 듯하구나.

---

*11 트로이의 또 다른 이름.

아이아스와 오디세우스의 얼굴은, 오, 얼마나
생생하게 그려져 있는지!
그 얼굴에 저마다 그 마음이 뚜렷이 나타나 있네,
그 얼굴이 그 행동을 그대로 드러내 주고 있으니.
아이아스의 눈에는 분노와 단호함이 번득이며,
　　노련한 오디세우스의 부드러운 눈길에는
　　깊은 생각과 미소 띤 자제력이 보이노라.

또한 근엄한 네스토르가 서서 연설하는 것도 보이니,
그리스군에게 전의를 북돋우는 듯하네.
그가 침착하게 손을 움직여 지시하니,
모든 이가 그에게 사로잡혀 그 눈길을 따르네.
그가 말할 때는 은빛으로 물든 그 수염이
　　위아래로 움직이며, 입술에서는
　　엷은 입김이 구불구불 하늘로 오른다네.

그 주위에는 그의 훌륭한 충고를 삼키려는 듯,
군중이 입을 벌린 채 듣고 있네.
모두들 인어에 매혹된 듯 귀를 기울이나,
그 품격은 가지각색이라,
어떤 자는 높게, 어떤 자는 낮게 그리니, 화가의 손길이 놀라워라.
　　뒤에 가려진 많은 머리들은 높이 뛰어오르려 하는구나,
　　그의 마음을 보고 따르고자 하려는 듯.

여기 한 사람의 손이 다른 사람 머리 위로 올라가 있고,
그의 코는 옆 사람 귀에 가려져 보이지 않네.
거기 한 사람, 군중을 뚫고 뒤로 물러나며 뺨이 붉어졌네.
또 한 사람은 숨이 막힌다는 듯 소리 지르며 욕설을 퍼붓는구나.
이들의 분노가 그 얼굴에 드러나니,
　　네스토르의 황금 같은 말들만 없다면, 모두가

분노의 칼들을 뽑아 휘두를 것만 같구나.

놀랍도록 풍부한 상상력이라,
너무도 정밀하고 신중하게 눈속임 효과를 불러오네.
아킬레우스의 조각상 대신, 갑옷 입은 그 손에
움켜 쥔 창이 날을 세우노라. 그 자신은 뒤에 가려 보이지 않으니,
보는 이의 마음에만 보일 뿐.
　　그의 손, 발, 얼굴, 다리, 머리도
　　이 모두 상상에 내맡겨져 있노니.

대군으로 둘러싸인 트로이성으로부터,
백성들의 희망의 상징, 용장 헥토르가 나아갈 때,
많은 트로이의 어머니들과 그 젊은 아들들이
빛나는 창칼을 휘두르는 그의 모습을 보고 기뻐하노라.
그러나 이들의 희망과 엇갈려 이상한 몸짓이 엿보이니,
　　빛나는 것들 위에 얼룩이 지듯, 그 즐거운 기쁨 사이로
　　무거운 공포가 모습을 드러내는구나.

이들이 싸웠던 다르단*12 해안으로부터
갈대가 우거진 시모에이스 강둑으로 붉은 피가 흐르네.
그 물결은 격전을 흉내내려는 듯
높이 출렁이며 열을 지어 기슭에 부딪치니,
상처를 입고 물러났다가 더 큰 대열을 만나자
　　이에 합류하여 시모에이스 기슭에
　　물거품을 일으키며 파도를 몰아치는구나.

이 훌륭한 그림 곁으로 루크레티아가 다가와,
고뇌로 그려진 얼굴 하나를 찾는다.

---

*12 Dardan은 Trojan과 같은 말. '트로이 사람'이라는 뜻.

근심 자국으로 새겨진 수많은 얼굴들 사이에
온갖 고뇌와 슬픔이 깃든 얼굴은
절망에 빠진 왕비 헤카베에게서 볼 수 있었노라.
    의기양양한 피로스의 발아래 흐르는
    프리아모스의 상처를, 왕비는 늙은 눈으로 바라보네.

화가는 헤카베의 얼굴 위에 시간이 주는 퇴락,
아름다움의 소멸, 무자비한 근심의 지배 등을 세밀히 표현했네.
그녀의 두 뺨은 금이 가고 주름살로 흉해지니,
그 옛날 그녀의 모습은 어디 가고 남아 있지 않네.
혈관 마디마디에 흐르던 푸른 피도 검게 바뀌고
    메마른 핏줄에 생기를 주던 그 샘물도 말라붙어,
    생명은 죽은 시신에 갇힌 듯하여라.

루크레티아는 한참 동안 이 슬픈 그림자를 바라보며,
자신의 슬픔에 미루어 이 노파의 비애를 헤아려 보네.
큰 소리로 울부짖으며 혹독한 말로 그 잔인한 적을
저주하지는 못하나, 모두가 자신의 슬픔 그대로라네.
화가도 신이 아니니 그 능력을 그림 속 노파에게 줄 수는 없음이라.
    그래서 루크레티아는 화가의 잔인함을 저주하노라,
    그토록 큰 슬픔을 안겨주고도, 그녀에게 혀를 주지 않았노니.

그녀는 말하네, "소리 내어 말할 수 없는 가엾은 입이여,
나의 비통한 혀로 그대의 슬픔을 노래하리라.
프리아모스의 그림 속 상처에 향유를 떨어뜨리고,
그를 해친 피로스에게 비난을 쏟아내며, 나의 눈물로
그토록 오래 타오르는 트로이의 불을 꺼주리.
    그대의 원수인 그리스인들의 성난 눈을
    나의 단검으로 남김없이 도려내리라.

"이 전쟁에 불을 댕긴 매춘부를 보여다오,
나의 손톱으로 그 고운 얼굴을 찢어 놓으리라.
어리석은 파리스, 불타는 트로이가 짊어진 이 분노의 짐은
너의 타오르는 욕망에서 비롯된 것이다.
이 타오르는 불의 불씨가 된
　　그 눈이 지은 죄 때문에, 이 트로이에서
　　아버지도 아들도 어머니도 딸도 죽어가노니.

"어이하여 어느 한 사람의 비밀스런 향락이,
수많은 이들의 재난이 되고 말았을까?
혼자 저지른 죄는, 그 죄를 지은
한 사람의 머리 위에 떨어질지어다.
죄 없는 영혼들이 죄의 고통으로부터 벗어나게 하라.
　　어이하여 한 사람의 잘못으로 수많은 이들이 쓰러져야 하며,
　　그 죄의 대가를 모든 백성이 짊어져야 하는가?

"보라, 여기 헤카베가 울고, 여기 프리아모스가 죽어가노라.
여기 용감한 헥토르가 쓰러지고, 여기 트로일로스가 정신을 잃었노라.
여기 친구와 친구가 나란히 피의 도랑에 누워 있고,
여기 친구가 친구에게 뜻하지 않은 상처를 주고 말았노라.
한 사람의 음욕이 이토록 많은 생명들을 물리치노라.
　　프리아모스가 그토록 아끼는 아들의 정욕을 제어했더라면,
　　트로이는 불길이 아니라 명예로 빛났으리라."

이렇게 그녀는 그림 속 트로이의 불행을 보고 슬퍼하노라.
슬픔이란 무겁게 매달린 종과 같노니,
한번 흔들리기 시작하면 그 자체의 무게 때문에
달리 힘을 더하지 않아도 스스로 울려 퍼진다.
그렇듯 루크레티아가 울기 시작하니, 슬픈 이야기는 그칠 줄 모르네.
　　그려지고 채색된 슬픔에 이야기를 하고,

그 슬픔을 자신의 것으로 받아들이노라.

그녀는 그림을 여기저기 둘러보며
불행한 이들을 찾아서 슬퍼하노라.
마침내 결박된 가엾은 자의 얼굴에서
프리기아의 양치기 같은 서글픈 표정을 보노니,
그 얼굴은 근심으로 가득하면서도, 만족스러운 듯하여라.
　　그는 지금 순박한 시골 젊은이처럼 트로이로 나아가노니,
　　너무나 온화하여 인내심이 그의 슬픔을 업신여기는 듯하네.

화가가 자신의 기교를 다하여 그 젊은이를 그려내기를,
남을 기만하지 않으며 해를 주지 않는 사람이더라.
겸손한 걸음, 침착한 표정, 슬픔이 담긴 눈매,
불행도 감내하는 듯한 찌푸리지 않은 이마.
두 뺨은 붉지도 창백하지도 않은 중간 빛을 띠었으니,
　　죄 있음을 부끄러워하는 붉은 얼굴도 아니며
　　거짓된 마음을 두려워하는 창백한 얼굴도 아니더라.

그러나 이자는 한결같이 단호한 악한답게
겉으로는 정직한 듯 자신을 꾸며대며,
사악한 마음 비밀스럽게 감추고 있으니
시기심이라도 의심할 수 있다네.
살며시 기어드는 간계와 거짓 맹세로
　　그토록 화창한 날 검은 얼굴을 한 폭풍이 몰아치거나
　　그토록 성자다운 모습이 지옥에서 태어난 죄에 물들 줄은 몰랐도다.

기교가 뛰어난 그 화가는 이 온화한 모습을,
거짓에 쉽게 넘어가는 늙은 프리아모스 왕을 파멸시킨

기만으로 가득 찬 시논*¹³의 모습으로 그렸다네.
그가 한 말들은 사나운 불이 되어, 영광에 빛나는
화려한 일리온성을 태워 버리니, 하늘도 슬퍼하였더라.
　작은 별들이 저마다 그 자리에서 빛을 내며 떨어졌나니,
　자신이 비추어 주던 그 얼굴이 쓰러졌음이라.

이 그림을 그녀는 신중하게 살펴보면서
그 화가의 놀라운 솜씨를 나무라네,
시논의 모습을 잘못 그려놓았다고.
그렇게 빼어난 자태에 그토록 사악한 마음이 깃들다니.
그녀는 그 그림을 계속하여 보고 또 보더니
　그 순박한 얼굴에서 진실된 표현을 찾아내고는,
　마침내 이 그림이 거짓을 그려냈노라 단정한다네.

그녀는 "그런 외모에 그런 음흉스러운 계책이
도사리고 있다는 것은 있을 수 없는 일이다"라고 말하려다
타르퀴니우스의 모습이 마음속에 떠오르면서
그녀의 혀가 "있을 수 없는 일이다"에서
"없는 일이다"를 떼어내어 이렇게 바뀌었다네.
　"내가 알기로는, 그럴 리는 없겠지만.
　그런 외모의 사람도 마음을 나쁘게 먹을 수 있으리라.

"여기에 그려진 교활한 시논과도 같이,
그토록 진지하고, 그토록 지친 듯한, 그토록 온화한 얼굴로,
슬픔으로 또는 오랜 여행에 시달린 모습으로,
온갖 거짓으로 무장한 채 타르퀴니우스는 내게 왔다오.
겉은 정직함으로, 속마음은 악덕으로 기만하노니,
　마치 프리아모스가 시논을 대하듯이

---

*13 탈주병인 것처럼 꾸며서 트로이 앞에 목마(木馬)와 함께 내버려진 그리스인. 프리아모스
　왕에게 그 말을 성안에 끌어들이면 그리스인을 정복할 수 있을 것이라고 속였다.

타르퀴니우스를 환대하여, 나의 트로이는 무너졌다오.

"보라, 보라, 시논이 흘리는 거짓된 눈물을 보고
프리아모스가 귀 기울이며 눈물 흘리는 모습을.
프리아모스, 당신은 늙었으되, 왜 그리 지혜롭지 못한가?
그자가 흘리는 눈물방울에 트로이인들이 피를 흘리게 되오.
그자의 눈에서는 눈물이 아니라 불이 떨어지리니.
　　당신이 가엾이 여기는 그의 둥근 진주 같은 물방울은,
　　당신의 도시를 불태워 버릴, 꺼지지 않는 불의 방울이오.

"이런 악귀들은 암흑의 지옥에서 온갖 마력을 훔치느니.
시논은 그의 불길 속에서도 추워 떨며,
그 추위 속에도 뜨거운 불길이 타오른다네.
이렇게 다른 성질도 때로는 조화를 이루며
어리석은 자에게 아첨하여 그들을 대담하게 하리라.
　　시논의 거짓 눈물이 프리아모스의 믿음에 아첨을 하니,
　　시논은 물(눈물)로 트로이를 불태우는 길을 찾았더라."

여기에서 그녀는 격분하여, 인내심은 가슴에서
쫓겨나니, 아무 감각도 느낄 수 없는
그림 속 시논을 손톱으로 찢어 버린다네.
그자를, 비행을 저질러 자신을 더러운 여자로 만들고
불행을 안겨준 그 손님과 비교하면서.
　　마침내 그녀는 멈추고 쓸쓸한 미소를 짓는다.
　　"바보, 바보!" 그녀는 말하네, "그의 상처는 아플 리 없어."

이토록 슬픔의 물결은 썰물도 되고 밀물도 되니,
시간도 그녀의 비탄으로 지쳐 가노라.
그녀는 밤을 기다리고, 밤이 되면 아침을 갈망하노니,
그 어느 쪽도 너무 지루하다네.

심한 비애를 견디는 데에는 짧은 시간도 길게 느껴질 뿐.
　　근심 있는 자는 눈꺼풀이 무거워도 잠을 이룰 수 없나니,
　　시간을 지켜보는 자에게는 그 흐름이 더디게만 여겨지노라.

그녀가 그림 속 인물들과 보내는 동안, 시간은
그녀의 마음에 머무르지 않고 지나가 버리네.
다른 이들의 고뇌를 깊이 생각하노라면
자신의 비애에 대한 생각을 잊게 되니,
그림 속 불행을 보고 자신의 불행을 잊었노라.
　　자기가 가진 비애를 다른 이들도 견디고 있노라 생각하면
　　그 비애를 없애지는 못하나 얼마간 위안이 되는 법이니.

그러나 이제 그 충실한 하인이 돌아왔으니,
그 주인과 다른 일행도 함께 왔노라.
그녀의 남편은 루크레티아가 검은 상복을 입고,
하늘의 무지개처럼 눈가에는 푸르스름하게
눈물방울이 흐르는 것 또한 보았노라.
　　그녀의 구름 낀 하늘에 나타난 이 작은 무지개들은
　　지나간 폭풍우에 다시 폭풍우가 몰아칠 것을 말해 주노니.

엄숙한 표정을 짓던 그녀의 남편은
깜짝 놀라 아내의 슬픈 얼굴을 들여다보네.
그녀의 눈은 눈물에 젖어 붉은빛이 뚜렷하며,
생기가 넘치던 그 얼굴은 깊은 근심으로 얼룩졌구나.
그는 아내에게 무슨 일인지 묻지 못하니,
　　두 사람은 멀리 객지에서 오랜 친구를 우연히 만난 듯
　　서로 놀라 멍하니 그렇게 서서 바라만 보네.

마침내 그는 아내의 핏기 없는 손을 잡고
말하네, "무슨 좋지 않은 일이라도

일어난 것이오, 이렇게 떨며 서 있으니?
사랑하는 당신, 무슨 일로 그 고운 얼굴이 상했소?
어찌하여 이런 달갑지 않은 옷차림을 하고 있소?
　사랑하는 당신, 침울한 낙담의 가면을 벗고서,
　우리가 바로잡을 수 있도록, 당신이 슬퍼하는 까닭을 말해 주오."

그녀는, 한마디 말 없이 세 번의 한숨으로
그 슬픔의 불을 댕기노라.
마침내 남편의 뜻에 따르기로 하고,
그녀의 정조가 빼앗겼음을 알리고자
마음가짐을 단정히 가다듬는다네.
　그때 콜라티누스를 비롯하여 함께 있던 귀족들은
　그 말을 들으려 엄숙히 귀 기울이노라.

이제 이 창백한 백조는 눈물의 둥우리에 몸을 적시며
피할 수 없는 종말의 슬픈 노래를 부르기 시작하노라.
"어떠한 변명도 저지른 과오를 보상하지 못하리니,
말을 적게 하는 게 차라리 나을 것입니다.
제게는 말로는 다 할 수 없는 슬픈 일이니,
　이 초라하고 지친 혀로 그 모두를 이야기하려면
　저의 슬픔이 너무도 오래 이어질 것입니다.

"그러니 여기 제 혀가 말하는 것만으로 만족하소서.
사랑하는 남편, 당신만이 누리실 그 잠자리에
낯선 자가 들어와, 당신이 지친 머리를 누이시던
그 베개 위에 몸을 뉘였나이다.
그리고 잔인한 폭력으로 저를 대했으니,
　어떤 악행이 저질러졌을지 짐작하실 줄 아나이다. 슬프게도,
　당신의 루크레티아는 그 일을 피할 길이 없었습니다.

"죽음처럼 두려운 한밤의 어둠 속에서
한 남자가 살며시, 타오르는 촛불을 앞세우고
번쩍이는 언월도를 들고 제 침실에 들어와, 나직이 말하기를
'잠을 깨오, 그대 로마의 귀부인,
나의 사랑을 받아주오. 그렇지 않으면 오늘 밤
　　그대와 그대 남편이 영원한 치욕을 겪게 되리라,
　　그대가 내 사랑의 욕망을 거역한다면.'

"그리고 말하기를, '그대가 나의 뜻을 따르지 않으면,
그대의 하찮은 노예를 죽이고
그대마저도 죽인 뒤에,
나는 그대가 음탕한 짓을 하는 것을 보고
그 자리에서 그 둘을 죽였노라고
　　맹세하리라. 그러면 이 행동은 나에게는 명예가 되고,
　　그대에게는 영원한 치욕이 되리라.'

"이 말을 듣고 놀라서 제가 울기 시작하자
그는 이 가슴에 칼을 들이대고,
모든 걸 참고 받아들이지 않는다면
말 한마디 하지 못하게 죽여버리겠다 맹세하더이다.
그리하면 저의 치욕은 영원히 기록에 남아,
　　루크레티아와 그 하인의 뜻하지 않은 죽음은
　　대로마 제국에서 언제까지나 잊히지 않으리라고.

"저의 적은 힘이 세고, 저는 약한 여자이니,
이루 헤아릴 수 없는 공포로 더욱 나약해졌습니다.
잔혹한 재판관은 제 혀가 하는 말을 받아들이지 않았으니,
정의를 내세워 정당한 소원을 말해도 소용이 없었나이다.
그러자 붉은 음욕이 증인으로 나타나 선서하기를,
　　가엾게도 저의 미모가 그 재판관의 눈을 어지럽혔으니

재판관의 눈을 훔친 죄로 그 죄인은 죽어 마땅하다고 했습니다.

"아, 제가 어찌 변명하면 좋을지 가르쳐 주소서!
아니면 적어도 이 몸이 피할 곳이라도 찾게 하소서.
저의 천한 피는 추행으로 더럽혀졌으나,
제 마음은 티 하나 없이 순결하나이다.
마음은 능욕당하지 않았으며 죄에 굴복하지 않았습니다.
　　독으로 더럽혀진 작은 방이오나
　　변함없이 순결하나이다."

보라, 이때, 이 손실로 절망에 빠진 상인(콜라티누스)은
고개를 떨구고, 슬픔에 목이 매어,
멍한 눈빛으로, 애처롭게 팔짱을 끼고 있노라.
그는 새 밀초처럼 창백한 그 입술로부터
큰 한숨으로 자신의 슬픔을 몰아내고 그녀의 말에 대답하려 하나,
　　슬픔에 마음이 젖어 그 노력은 헛된 것이 되니,
　　크게 숨을 내쉬고 다시 크게 들이마시노라.

다리 아래 둥근 수문을 호령하며 지나는 사나운 물결이
눈으로 헤아릴 수 없을 만큼 빨리 흐른다 해도,
소용돌이에 부딪쳐 어느새,
쏜살같이 물결을 내보낸 그 좁은 다리 밑 수로로 되돌아가듯이,
매섭게 밀려 나간 물살이 세차게 되밀려 오니,
　　그의 한숨은 밀려오고 슬픔도 톱질하듯,
　　고뇌를 밀어내고 다시 같은 고뇌를 불러들이네.

가엾은 아내는 그의 말 없는 고뇌를 바라보며,
때아니게 그의 광증을 일깨워 이렇게 말하노니,
"사랑하는 당신, 당신의 슬픔이 저의 슬픔을 보태나이다.
비가 오면 강물이 불어나듯

비통해하시는 당신을 보고 저의 슬픔이 더욱 날카로워지니,
　　이는 살을 저미는 아픔입니다. 그러하오니 홀로 슬피 울며
　　저의 두 눈 가득 눈물이 넘쳐흐르게 하소서.

"그리고 저를 위해서이니, 제가 당신의 마음을 움직일 수 있다면,
청하노니 당신의 아내가 하는 이 말에 귀 기울여 주소서.
곧바로 저의 원수에게 복수해 주소서,
당신의 적이고 저의 적이며, 또 그 자신의 적이기도 한 그에게.
지나간 그 일로부터 당신이 저를 지켜주시는 거라 생각하소서.
　　그 구원의 손길은 이미 늦었으나 그 배반자는 죽어 마땅하니,
　　정의가 눈감아 주면 악이 자라나기 때문입니다.

"그러나 그자의 이름을 말하기 전에, 여러분" 그녀는 말하네,
콜라티누스와 함께 온 여러 귀족들에게.
"여러분의 명예를 걸고 저를 위해 맹세해 주소서,
제가 당한 치욕을 되갚기 위해 곧바로 그를 뒤쫓겠노라고.
복수의 칼로써 불의를 몰아내는 것은
　　칭찬할 만한 정의로운 행동이니까요. 기사들은 맹세로써
　　가엾은 여인이 당한 해악을 바로잡아야 합니다."

이 요청을 듣자, 그 자리에 있던 모든 귀족들이
저마다 고귀한 뜻을 드러내어 도와주겠노라 약속하니,
그녀가 바라는 대로 기사도 정신을 발휘하기 위해,
그 증오스런 원수의 이름을 어서 듣고 싶어하노라.
그러나 그녀는 아직 그 슬픈 일을 말하지 않고
　　그들의 주장을 가로막으며 말하네.
　　"어떻게 하면 제가 당한 치욕을 닦아낼 수 있을까요?

두려운 상황 아래 강요되어 어쩔 수 없이
저지르게 된 이 죄의 본질은 무엇일까요?

저의 깨끗한 마음으로, 그 더러운 행위를 용서받고
땅에 떨어진 저의 명예를 되돌릴 수 있을까요?
어떻게 하면 이 불행으로부터 벗어날 수 있을까요?
　독약이 뿌려진 샘물도 스스로 정화되어 깨끗해지거늘,
　강압으로 더럽혀진 이 몸도 씻어낼 방법이 있을까요?"

이 말을 듣고 그들이 한목소리로, 그녀의 더럽혀진 몸은
깨끗한 마음으로 얼마든지 정화될 수 있노라 말하자,
그녀는 애처롭게 미소 지으며 얼굴을 돌리네.
무서운 불행의 깊은 상처를 눈물로 아로새긴,
그림 같은 그 얼굴을 돌리고서 말하노니,
　"아니, 안 됩니다. 후세 여인들이
　저를 핑계로 변명거리를 찾아서는 안 됩니다."

이리하여 그녀는 가슴이 터질 듯이 깊은 한숨을 내쉬며
타르퀴니우스의 이름을 내뱉듯이 말하고는 "그가, 그가" 할 뿐,
그 가엾은 혀로부터 그 이상의 말들은 나오지 않네.
그녀는 여러 차례 말을 더듬고 머뭇거리다가
갑자기 괴로운 듯 숨을 이어가며 짧게 말하노라.
　"그는, 그는, 정중한 영주, 바로 그가
　제 손을 잡아끌어 저에게 이 상처를 주었습니다."

바로 그 순간 그녀는 죄 없는 가슴에 무서운 칼을 꽂으니,
영혼이 육체에서 빠져나갔다네.
이 일격으로, 더러운 감옥에 갇혀
깊은 고뇌에 휩싸이던 그녀의 영혼은 마침내 자유를 찾노라.
그녀가 흘리는 참회의 한숨은 그 날개 돋친 영혼을
　멀리 구름 위로 넘겨주고, 육체의 상처 사이로
　영원한 생명이 날아가니, 숙명도 이로써 끝이구나.

루크레티아의 능욕과 그녀의 자살 타르퀴니우스의 강간 시도에 저항하는 루크레티아(위), 그녀의 아버지, 남편에게 이를 알리고 자살하려는 장면(아래). 화가 미상. 1561.

이 무서운 행동에 깜짝 놀란 콜라티누스와

그 동료 귀족들은 돌같이 굳어져 서 있노라.

루크레티아의 아버지는 딸의 몸에서 흐르는 피를 보고,

스스로 목숨을 끊은 그녀의 몸 위에 자신의 몸을 던지네.

브루투스가 그 진홍빛 샘으로부터

그녀의 목숨을 끊은 칼을 뽑아내니, 칼이 빠져나오자
　피는 원수를 찾아 복수를 하려는 듯 솟구치노라.

피는 가슴으로부터 방울방울 솟아나와
서서히 흐르며 두 강물을 이루니,
선명한 피가 그녀의 몸을 사방에서 에워싸네.
이 시신은 방금 빼앗긴 섬처럼 황량하게, 삶을 이어가는 영혼도 없이,
그대로 자신을 드러낸 채 무서운 피바다 속에 누워 있도다.
　그 피의 일부는 아직 맑고 붉으며, 일부는 검으니,
　사악한 타르퀴니우스의 더러운 핏자국이런가.

그 검은 피로 슬프게 엉겨붙은 얼굴 주위로
물방울이 돋아나니,
그 오염된 곳을 보고 눈물을 흘리는 듯하구나.
이때부터 루크레티아의 불행을 동정하듯
썩은 피가 있는 곳마다 물방울을 보여주노니,
　더럽혀지지 않은 피는 그대로 붉게 남아
　그처럼 타락한 피를 부끄러워하노라.

늙은 루크레티우스가 외치네, "딸아, 사랑스런 딸아,
네가 스스로 빼앗은 그 목숨은 나의 것이었단다.
아비의 모습이 그 자식에게 깃들이는 것이라면, 루크레티아,
네가 가고 없으니, 나는 그 어디에서 살아야 하느냐?
이렇게 되려고 나에게서 태어났던 것은 아니리라.
　자식들이 어버이를 앞서간다면,
　우리가 그들의 자손이며, 그들은 우리 자손이 아니다.

"아, 가엾게도 깨어져 버린 거울아, 네 어여쁜 자태를 보면
이 늙은 몸이 새로 태어나는 듯했노라.
그러나 지금 그 아름답고 싱그럽던 거울은

오랜 세월에 닳아버린 주검 같은 모습을 비추어 주노니.
아, 너는 그 두 뺨에서 나의 모습을 빼앗아 가고
　내 거울의 아름다움을 산산조각 내었으니,
　지난날 나의 모습을 더는 찾아볼 수 없구나.

"아, 시간이여, 이제 그만 가는 길을 멈추어라,
살아야 할 사람을 이토록 죽게 하려면.
썩게 하는 죽음이 힘센 이를 쓰러뜨리고,
비틀거리는 나약한 영혼들은 살게 내버려 두려느냐?
늙은 벌들은 죽게 하고, 젊은 벌들이 그 집에 머무르게 하라.
　그러니 눈을 떠서 보아라, 나의 사랑하는 딸 루크레티아.
　다시 살아나 네 아비의 죽음을 보아라, 네 죽음을 내게 보이지 말고!"

이때 콜라티누스가 꿈에서 깬 듯 일어나, 루크레티우스에게 말하기를,
그의 슬픈 자리를 자신의 비탄에 넘겨주라 하네.
쇠처럼 식어가는 루크레티아의 핏물에 쓰러져
공포에 질린 창백한 그의 얼굴을 적시니,
얼마 동안은 그녀와 함께 죽어 있는 듯했노라.
　그러나 사내의 수치심이 숨을 되돌려
　살아서 반드시 그녀의 죽음에 복수하라고 명령하네.

마음속 영혼의 깊은 고뇌가
혀를 묶어, 말이 나오질 않는구나.
슬픔에 짓눌려 혀를 움직일 수 없으니,
위로의 말들을 그토록 오래 간직하노라.
미친 듯이 말을 시작하나, 가냘픈 소리만
　입술 사이로 흘러나와 그 슬픔 달래줄 뿐
　아무도 그의 말을 알아들을 수 없네.

그러나 때로 "타르퀴니우스"란 이름만은 뚜렷이,

마치 그 이름을 이로 물어뜯듯이 부르나니.
이 폭풍 같은 숨결은 눈물의 비를 몰고 오더라.
그 슬픔의 물결을 가로막으려 하나, 더욱 힘을 얻어
마침내 비를 몰아오니, 한숨은 잦아든다네.
　　사위와 아버지가 함께 우니, 딸을 위해 그리고 아내를 위해
　　누가 더 슬피 우는가를 다투는 듯하구나.

한 사람이 그녀를 자기 것이라 하고, 또 한 사람도 자기 것이라 하며,
서로 자기 주장을 내세우지만 누구인들 소유할 수 있으랴.
아버지가 "루크레티아는 나의 것"이라 말하니, 그녀의 남편이 대답하네.
"아, 그녀는 저의 것이니 제 슬픔의 소유물을 빼앗지 마소서.
그녀를 애도하는 이는 그녀를 위해 운다는 말을 하지 못하리다.
　　그녀는 오직 나의 것,
　　그녀를 위해 이 콜라티누스가 통곡해야 하니."

루크레티우스가 말하네, "내가 그 아이에게 준 생명을
그 아이는 너무도 빨리, 말릴 틈도 주지 않고 스스로 버리고 말았지."
콜라티누스는 말하네, "슬프군요, 그녀는 제 아내입니다.
저의 소유였습니다. 그녀는 저의 것을 죽이고 말았습니다."
"내 딸아", "내 아내여" 외치는 소리가
　　루크레티아의 몸을 에워싼 대기 속에 울려 퍼져
　　"내 딸아", "내 아내여" 하고 되돌아오노라.

루크레티아의 가슴에서 칼을 빼낸 브루투스는
그들이 슬픔으로 경쟁하는 것을 보고
바보처럼 보이는 그의 가면을 루크레티아의 상처에 묻노니,
위엄 있고 당당한 지혜로 자신을 치장한다네.
이제까지 로마인들은, 그를
　　국왕의 어리석은 광대로 여겨왔으니,
　　농담이나 어리석은 일들을 말해 왔기 때문이다.

루크레티아와 브루투스 상   비엔나 쇤브룬 궁전의 정원

그러나 오늘 그는 깊은 계략으로 위장해 오던
그 얕은 가면을 던져 버리노라.
수년간 감추어 둔 지혜로 신중히 무장하고서,
콜라티누스에게 그 눈에서 눈물을 그치라고 말하며,
"일어나오, 그대, 치욕을 당한 로마 귀족이여,
　　어리석은 자로 자신을 감추어 온 내가,
　　오랜 경험으로 다져진 그대의 지혜에 가르치노니.

"콜라티누스, 그대는 비탄이 비탄을 치유한다고 생각하오?
상처로 상처를 고칠 수 있으며, 슬퍼한다고 그 슬픔이 사라지겠소?
당신의 아름다운 아내를 죽게 한 악행을 보고
당신 자신을 찌르는 것이 복수인가요?
그런 어른답지 못한 생각은 약한 마음의 산물일 뿐이오.
　　당신의 불행한 아내는 판단을 잘못하여,
　　적을 죽였어야 함에도 스스로 목숨을 끊은 것이오.

"로마의 용사여, 그대 마음을
그토록 허약한 비탄의 이슬에 젖게 해서는 안 되오.
나와 함께 무릎을 꿇고, 그대의 일에 힘을 실어주시기를
기도드리며 로마의 신들을 일깨워, 어찌하여 신들이
이런 추악한 행동을 용서하시느냐고 호소해야 하오.
　　로마가 그들에게 치욕을 당했으니,
　　이 아름다운 거리에서 우리의 힘으로 몰아내야 하오.

"자, 우리가 숭배하는 카피톨리움 신전에 맹세하여,
부당하게 더럽혀진 순결한 피에 맹세하여,
대지 위에 풍요한 오곡을 기르는 하늘의 찬란한 해에 맹세하여,
로마에서 지켜 온 우리 모두의 권리에 맹세하여,
지금 우리에게 원한을 호소하고 죽은 루크레티아의
　　깨끗한 영혼에 맹세하여, 그리고 이 피 묻은 칼에 맹세하여,

우리는 이 순결한 아내의 죽음에 복수하리라."

이렇게 말하고 그는 손으로 자기 가슴을 치며,
그 숙명의 칼에 입 맞추어 맹세를 하고,
자기의 주장에 동의해 줄 것을 모두에게 촉구하노라.
그의 행동에 놀라면서도 사람들은 그 말에 찬성하여,
모두가 땅에 무릎을 꿇는다네.
　　브루투스가 앞서 한 엄숙한 맹세를 되풀이하노니,
　　모두가 그를 따라 함께 맹세하노라.

그들은 이 신중한 결정에 맹세하고 나면,
죽은 루크레티아를 메고 시내로 나아가
그 피 흘리는 시신을 모든 시민들에게 보이며,
타르퀴니우스의 악행을 세상에 알리기로 했도다.
그 일은 곧 실행에 옮겨지니,
　　로마 시민들 모두가 한목소리로 찬성했다네,
　　타르퀴니우스를 영원히 국외로 추방하기로.

The Sonnets
소네트

소네트

소네트 1

더없이 아름다운 생명에게서 열매를 바람은,
아름다움이라는 장미를 결코 지지 않게 하려 함이니.
시간이 흘러 죽음에 이르게 되어도,
그의 어린 후계자는 그 기억을 간직하리라.
그러나 그대는 자신의 빛나는 눈과 맺어져,
스스로 타오르며 불꽃을 피우려는가.
풍요로움이 있는 곳에 굶주림이 깃들고,
스스로 그대의 적이 되어, 향기로운 자신에게 너무도 가혹하여라.
그대는 지금 이 세상의 싱그러운 장식,
찬란한 봄을 알리는 하나의 전령임에도,
자신의 꽃봉오리에 열매를 묻어 두고 있으니,
상냥한 고집쟁이여, 그토록 아끼느라 버리고 마려는가.
　세상을 가엾이 여기어라, 그렇지 않으면 그대의 탐욕은
　세상에 돌려줄 소명을 그대 무덤가에서 삼키고 말리라.

소네트 2

마흔 번의 겨울이 그대 이마를 드리우고
그대의 어여쁜 얼굴에 깊은 도랑을 파기 시작하면
오늘 뭇시선을 받는 자랑스런 그대 젊음의 옷자락도
아무런 가치 없는 누더기가 되어버리리.

그때, 그대의 아름다움은 어디로 가고
그대 젊은 나날의 보물은 다 어디 있느냐는 물음에,
움푹 들어간 그대 눈 속에 있다고 대답함은
제 입만 아는 부끄러운 일, 낭비를 뽐내는 것이다.
그때 그대가 "내 사랑스런 아이는 내가 받은 아름다움의 값을 치르고,
나의 늙음을 보상해 주지요" 이렇게 말할 수 있다면
아이의 아름다움이 그대에게서 온 것임을 증명하리니,
그대 아름다움의 쓰임새가 얼마나 칭찬받을 것인가.
　　이 아이야말로 그대가 늙었을 때 새로운 삶을 주고,
　　그대 몸속 피가 차갑게 느껴질 때 따뜻함을 전해 주리라.

소네트 3

거울을 들여다보고, 그대 얼굴에게 말해 보라,
이 얼굴이 또 하나의 얼굴을 빚어 놓을 때라고.
그대가 지금 새로 태어나게 하지 않으면,
세상을 속이고 한 어머니를 축복하지 않는 것이니.
그대에게 첫 가래질 받는 것을
거부할 자궁을 지닌 여성이 어디 있겠는가?
남자로서 그 누가 이기심의 무덤에 묻혀
자손의 대를 끊으려 하겠는가?
그대는 어머니의 거울, 어머니는 그대를 바라보며
아름다운 사월의 젊음을 되찾으리니.
그대 또한 나이로 흐려진 두 창(窓) 사이로
그대의 황금시대를 보게 되리라.
　　그러나 그대가 기억되지 못할 삶을 홀로 살다 간다면,
　　그대의 모습 또한 그대와 함께 사라져 버리리.

셰익스피어의 런던 브리지 1600년 무렵

소네트 4

어여쁨을 헛되이 쓰는 그대여,
아름다움의 유산을 어이하여 혼자 써버리려 하는가?
자연의 선물은 아주 주는 것이 아니라 빌려주는 것일 뿐,
자연은 너그러우므로 관대한 사람에게만 빌려주노라.
아름답지만 인색한 이여, 그대는 왜 물려주도록 주어진
넘치는 선물을 함부로 써서 없애려 하는가?
잇속 없는 고리대금업자여, 왜 그대는
그 많은 밑천을 가지고도 영원히 살려 하지 않는가?
그대는 오직 자기하고만 거래를 하여,
그대의 아름다움을 스스로 저버리는구나.
그렇다면 자연이 그대에게 떠날 것을 명령하는 날,

어떤 마땅한 계산서를 남겨 놓으려는가?
그대가 미처 쓰지 못한 아름다움은 그대와 함께 무덤에 묻히리,
올바로 사용했더라면 그대의 유언 집행자가 되어 살아갈 것을.

소네트 5

뭇사람들 눈길이 머무는 그대의 아름다운 모습을
섬세한 솜씨로 빚어 놓은 시간은,
머잖아 그 모습에 폭군 노릇을 하여
빼어난 아름다움을 더는 아름답지 않게 하리.
시간은 쉼없이 흘러흘러 여름을
지루한 겨울로 이끌어 소멸에 이르노니,
나무에 서리가 얼어붙고 싱싱한 잎새가 사라져
아름다움은 어느덧 눈에 덮이고 모든 곳이 벌거벗으리라.
그때에 여름의 향기가 걸러져
유리병 속 증류수로 담기지 않는다면,
아름다움의 효과도 아름다움과 함께 흩어져 버리고
아름다운 지난 기억마저 잊히리라.
그러나 증류된 꽃들은 겨울이 와도
사라지는 것은 한낱 모습일 뿐, 여전히 향기로우리.

소네트 6

겨울의 거친 손이 그대 여름을 상하지 못하게 하라,
그대가 향기로 증류되어 남기 전에는.
고운 유리병을 만들어, 아름다움의 보물을 고이 간직하라,
그것이 스스로 빛을 잃어버리기 전에.
그 쓰임은 금지된 대금업이 아니니,

즐거이 빚지고 갚는 이에게 행복을 주리.
또 하나의 그대를 길러냄은 그대 자신을 위한 일.
하나에서 열이 되면 세상은 열 배 더 행복해지고,
그 열 배가 열 번 다시 그대를 만들어 내면,
지금 그대보다 열 배 더 행복하리.
그러면 죽음인들 어찌하겠는가?
자손 속에 그대를 남기고 떠난다면.
　고집 부리지 말라, 죽음에게 정복당하고
　벌레들을 후계자로 삼기에는 그대가 너무 아름다우니까.

소네트 7

보라! 동녘 하늘에 눈부신 해가
타오르는 머리를 쳐들면 이 세상 온 무리들은,
새로이 떠오르는 정경을 우러러보며
그 숭고한 존엄성에 경의를 표하네.
한창 시절의 피 끓는 젊음인 듯
해가 준엄한 천국의 마루턱에 오르면
사람들은 그 황금빛 순례를 따르며
그의 아름다움을 끝없이 찬미하네.
그러나 절정의 그루터기로부터 지친 수레를 타고
허약한 노인처럼 한낮을 벗어나면,
찬미하던 무리들도 그의 내리막길에서
눈을 돌려 다른 곳을 바라보리니.
　그대 또한 자손 없이 삶의 한낮을 지나간다면,
　바라보는 눈길도 없이 죽게 되리라.

소네트 8

듣기 좋은 음악, 어찌하여 그대는 슬픈 음악을 듣는가?
달콤함은 달콤함과 다투지 않고, 기쁨은 기쁨 안에서 즐거워하거늘.
그대는 어찌 들어서 기쁘지 아니한 것을 사랑하는가,
또는 어찌하여 괴로움이 되는 것을 들으려 하는가?
잘 어우러진 화음이 그대 귀에 거슬린다면,
이는 그대를 아름다운 소리로 꾸짖는 것이다,
홀로 있기를 고집하며
자기가 맡은 소명을 깨뜨리는 그대를.
하나의 현(絃)이 다른 현의 고운 짝이 되어
함께 어울려 내는 조화로운 소리를 들어보라.
아버지와 아이와 행복한 어머니처럼,
모두가 하나 되어 즐거이 부르는 노래를.
　　그 말 없는 노래는 여럿이지만 한목소리로 전하네,
　　"그대 홀로 이 생애를 마치면 아무것도 남기지 못하리."

소네트 9

그대 홀로 살다가 삶을 마치려 함은
과부의 눈을 적실까 두려워서인가?
아! 그대가 자손도 없이 죽는다면,
홀로 남은 아내처럼 온 세상이 흐느끼리.
세상은 그대의 과부가 되어,
그대 모습을 남기지 않았음을 길이 슬퍼하리.
세상의 과부들은 남편의 모습을
아이들의 눈에서 찾아 가슴속에 간직하노라.
보라, 이 세상의 어떤 낭비꾼도 오직 그 재물의 자리만을 바꿀 뿐,
세상은 언제나 그것을 지니고 있다.

소네트 8, 성가대
매슈 피터스 그림, J.R. 스미스 점묘판화. 1787.

그러나 아름다움의 낭비는 그것으로 마지막이라,
쓰지 않고 두면 아름다움을 소멸시켜 버린다.
　자신에게 그토록 잔인한 살인죄를 저지르는 이여,
　그대 가슴속에는 남을 사랑하는 마음이 없구나.

소네트 10

부끄럽지 않느냐! 자신의 앞날을 소홀히 하는 그대,

누구든지 그에 대한 사랑도 부정하라.
그대는 많은 이들의 사랑을 받는다고 생각하려거든 하라,
그러나 그대가 아무도 사랑하지 않음은 틀림없는 사실이다.
무서운 증오에 사로잡혀
자신에 대한 모반을 무릅쓰려는가,
언젠가 무너질 그 아름다운 집을 다시 세움이
그대의 주요한 바람이어야 하리.
아, 생각을 바꾸어라, 그대 향한 나의 견해를 바뀌게 하라!
고운 사랑이 깃들 아름다운 집에 미움이 깃들어야 할까?
그대 모습처럼 우아하고 친절하라,
자신에게라도 따뜻한 마음을 베풀어라.
　　그대 자신을 사랑하기 위해 또 하나의 자신을 만들라,
　　아름다움이 그대 안에, 또 그대 자손들 안에 영원히 살도록.

소네트 11

그대가 시드는 만큼 빨리,
그대는 남기고 떠나는 자신 안에서 자라리라.
젊어서 준 건강한 피를
늙어서도 자기 것이라 부를 수 있으리.
여기에 지혜와 아름다움과 번영이 있으니,
그렇지 않으면 어리석음과 늙음과 차가운 쇠락만 있을 뿐.
모든 사람이 이와 같다면 이 세상은 끝나고 말리니,
60년이 지나면 인류는 멸망하리라.
자연 안에 영원히 존속할 필요가 없는
거칠고 추하고 무례한 것들은 씨앗을 맺지 못하고 죽게 하라.
자연은 가장 잘 받은 이에게 더 크게 주리니,
그대는 그 풍요로운 선물을 소중히 키워야 한다.
　　자연이 그대를 아로새겨 그의 인장(印章)으로 삼았으니,

그대 모습을 더 많이 찍어내어 사라지지 않게 하라.

소네트 12

시간을 알리는 시계 소리를 세면서,
화려한 낮이 무서운 밤 속으로 묻혀감을 볼 때,
또 제비꽃이 한창 시절을 지나감을 보고,
검은 곱슬머리가 은빛으로 덮임을 볼 때,
한때는 가축들을 무더위로부터 가려주던
큰 나무 잎새들이 떨어지는 것을 볼 때,
여름의 푸르름이 모두 다발로 묶이어
희고 억센 수염을 달고 영구차로 실려감을 볼 때,
나도 그대의 아름다움을 생각하리,
그대 또한 시간의 흐름 속에 가야 한다고.
향기도 아름다움도 스스로 사라지며,
다른 존재들이 자라나는 만큼 빠르게 죽어가리니.
    시간이 휘두르는 낫을 막아낼 길 없으나,
    그대가 떠나도 자손이 남아 시간과 맞서리라.

소네트 13

아, 그대가 언제나 그대로라면! 그러나 사랑하는 이여,
이 지상에 사는 동안, 언제나 그 모습일 수는 없으리.
다가오는 종말에 대비해야 하리니,
그대의 아름다움을 다른 이에게 주어야 한다.
그리하면 그대가 잠시 빌려 가진 아름다움은
결코 다함이 없으며,
그대가 죽은 뒤에도 다시 그대 자신이 되리니,

아름다운 자손이 그대 향기를 간직하리라.
누가 그 아름다운 집을 퇴락하게 버려두겠는가?
훌륭하게 가꾸어 간다면
겨울날 혹독한 칼바람을 이겨내고,
영원히 차가운 죽음의 분노 또한 물리치리니.
　아, 낭비하는 이 아니라면! 사랑하는 이여,
　그대에게도 아버지가 있었으니, 그대 아들도 그렇게 말하도록 하라.

소네트 14

나는 별을 보고 미리 알 수 있으나
스스로 판단하여 말하지는 않으리.
운수의 길흉을 이야기하지 않으며
질병과 굶주림, 계절을 말하지도 않으리.
천둥이나 비바람을 당하리라고
그때마다 예측할 수는 없는 일,
하늘에 자주 나타나는 전조를 보고
그 경사로움을 왕후에게 말하지도 않으리.
그러나 그대 눈 속에 영원히 반짝이는 별을
바라보며 나는 지혜를 읽으리,
그대가 마음을 바꾸어 자손을 키운다면
진리와 아름다움이 함께 번영하리라고.
　그렇지 않다면 이렇게 예언하리라,
　그대의 죽음은 진리와 아름다움의 종말이라고.

소네트 15

내가 성장하는 모든 것이 완전성을 유지함은

오직 한순간에 지나지 않는다고 여길 때,
이 드넓은 인생 무대 또한
별들의 은밀한 영향 아래 꾸며지는 구경거리에 지나지 않네.
생각하건대, 인간도 식물과 같이 번식하여
하늘의 도움과 방해를 받으며 젊은 피를 자랑해도
절정에 이르고 나면 곧 시들고 말아,
그 아름다움도 언젠가는 기억에서 사라지리.
이 덧없음을 생각할 때 오늘 나의 눈앞에는
찬란한 젊음, 바로 그대 모습이 떠오르니,
거기서는 덧없는 시간이 쇠퇴와 공모하여
그대 젊은 날을 헛된 밤으로 바꾸려 하네.
　　또한 그대 사랑을 위한 시간과의 싸움에서
　　그대에게서 뺏으려 할 때, 그대에게 새로운 것을 접붙이리.

소네트 16

그런데 그대는 왜 보다 강한 방법으로
저 잔혹한 폭군인 시간에 맞서려 하지 않는가?
내 불모의 시(詩)보다 더 축복받은 방법으로
어찌 그대의 파멸을 막아내려 하지 않는가?
지금 그대는 행복의 정상에 서 있으니,
아직 씨를 뿌리지 않은 원시림들이 고결한 염원으로,
초상화보다도 그대를 닮은
그대의 생명들을 꽃 피우려 하리.
시간을 그려내는 붓이나 서투른 나의 펜으로는
그대에게 감춰진 미덕과 드러난 아름다움을 그려낼 수 없네.
그러나 그대 생명을 되살리는 자손들은
그대를, 사람들 눈앞에 그대 모습으로 살아가게 할 수 있네.
　　자신을 주는 것으로 비로소 자신을 존재케 하리니,

그대는 스스로의 솜씨로 자신을 그려 영원히 살아가라.

소네트 17

먼 훗날 그 누가 진실하다고 믿어줄까?
시구마다 그대의 미덕을 노래한 나의 시(詩)를.
그러나 오직 하늘은 알리니, 이 시는 한낱 무덤이라,
그대의 참된 생명을 가리고, 그대의 천재성 절반도 보이지 못하리.
내가 그대 눈의 아름다움을 모두 써내려가며
새로운 운율로 그대의 우아함을 헤아려도,
후세 사람들은 이렇게 말하리, "이 시인은 거짓을 말한다.
이런 천국의 필치로 인간의 모습이 그려진 적은 없어."
나의 시집은 낡고 누렇게 빛바래, 시인은
진실하지 못한 수다스런 늙은이로 비춰지리니.
그리하여 그대의 참다운 가치는 어느 시인의 망상,
옛 시에서 보는 과장된 표현이 되리라.
　　하지만 그때 그대의 자식이 살아 있다면,
　　그대는 두 번 살리라, 자식 속에서 그리고 나의 시에서도.

소네트 18

그대를 어느 여름날에 비교해 볼까?
그대가 더 사랑스럽고 부드러워라.
거친 바람이 오월의 고운 꽃봉오리를 흔드니,
여름은 너무도 짧아라.
하늘의 눈, 저 해가 뜨겁게 비추다가도
그 금빛 얼굴이 때로는 구름으로 어두워지네.
어떤 아름다운 것도 언젠가는 기울어,

소네트 18, 사우샘프턴 백작 헨리 라이오테슬리 경 셰익스피어의 후원자 가운데 한 사람. 셰익스피어는 '소네트 집'을 그에게 헌정했다.

우연이나 자연의 변화로 그 고운 모습을 잃게 되노라.
그러나 그대의 영원한 여름은 시들지 않으리니,
그대가 지닌 아름다움 또한 사라지지 않으리.
죽음마저 뽐내지 못하리, 자기 그늘 아래 그대가 방황한다고,
시간이 흘러도 그대가 영원한 시행 속에 존재한다면.

소네트 411

인간이 숨을 쉬거나 눈으로 볼 수 있는 한,
이 시도 살아남아 그대에게 생명을 주리라.

소네트 19

모든 걸 집어삼키는 시간이여, 사자의 발톱이나 무디게 하라,
대지로 하여금 사랑스러운 제 자식들이나 삼키게 하라.
그 턱에서 호랑이의 날카로운 이빨을 뽑아내며,
오래 사는 불사조를 한창때 불태워라.
발 빠른 시간이여, 스쳐가듯 기쁘거나 슬프게
계절을 만들고, 이 넓은 세계와 곧 스러질 아름다운 것들을
네 마음대로 거두어들여라.
그러나 한 가지 극악한 죄만은 저질러서는 안 된다.
아, 내 사랑하는 벗의 귀여운 이마에 너의 시간을 새기지 말라.
너의 오래된 붓으로 그 얼굴에 주름을 긋지 말라.
후손들에게 아름다움의 본보기가 되도록,
너의 길 위에 그를 흠 없이 두어라.
　　그러나 늙어버린 시간이여, 네 못된 짓에도
　　나의 벗은 내 시(詩) 안에서 언제나 젊게 살리라.

소네트 20

내 열정을 지배하는 여성 같은 남성 그대는,
자연의 손으로 화장한 여인의 얼굴을 지녔구나.
여자의 고운 마음씨를 가진 그대는,
부정한 여자와는 다르니, 변덕을 부릴 줄 모르네.
여자의 눈보다 빛나는 그대 눈망울은 거짓이 없어,
그 눈길 닿는 곳마다 금빛으로 물드는 듯하네.

이에 모든 빛깔 다 갖추어 사람들을 매혹하니,
남자의 눈을 훔치며 여자의 영혼을 놀라게 하네.
그대는 본디 여자로 태어날 것이나
자연의 여신이 그대를 만들다가 사랑을 느껴,
하나를 덧붙여서 그대를 앗아가 버리니,
나에게는 아무런 쓸모없는 하나를 지니고 말았네.
　자연은 그대를 여자의 기쁨을 위해 만들었으니
　그대의 사랑만이 나의 것, 그것은 그녀들의 보배라네.

소네트 21

나의 시는 다른 시인들의 시와는 다르다네.
그들은 화장한 미인에게서 영감을 얻어 시를 쓰고,
저 하늘까지 끌어들여 그 여인을 꾸미는 데 사용하려고
온갖 아름다운 것들을 늘어놓으니,
오만하게도 자신의 연인을
해와 달, 대지와 바다의 풍요로운 보물들,
사월에 갓 피어난 꽃들과 드넓은 우주의 하늘에 둘러싸인
온갖 가치 있는 것들에 비교하네.
아, 사랑에 진실한 나는 오직 진실만을 쓰리라.
그러니 믿어달라, 나의 사랑은
저 하늘의 황금 촛불들처럼 밝게 빛나지는 않으나,
여느 어머니의 아들만큼은 아름답다는 것을.
　허튼소리를 잘하는 이들은 더 크게 떠벌리게 하라.
　내 사랑은 팔려는 것이 아니므로 과찬은 하지 않으리라.

소네트 22

그대가 젊음과 함께 머무는 동안은,
거울은 그대의 늙어감을 알리지 못하리.
그러나 시간이 그대 얼굴 위에 남긴 주름을 볼 때,
죽음의 사자가 다가왔음을 비로소 알게 되리라.
그대를 감싸는 온갖 아름다움은
내 마음의 고운 옷이며,
그대 가슴에 내 마음이 살고, 내 가슴에 그대 마음이 살고 있으니,
어찌 내가 그대보다 늙을 수 있을까?
그러니 사랑하는 그대여, 그대 자신을 돌보기를,
나 자신이 아니라 오직 그대 위해 이 마음을 다하노니.
상냥한 유모가 아기가 병이 날까 염려하듯,
나도 그대의 마음을 조심스럽게 간직하리.
　　내가 죽어도 그대 마음을 찾아가면 아니 된다네,
　　돌려받으려 그대 마음을 나에게 준 것이 아니니.

소네트 23

무대 위 서투른 배우가
두려움으로 제 역할을 잊듯이,
또는 화가 난 맹수가
지나친 흥분으로 제 심장을 약하게 하듯이,
나는 자신감을 잃고서
사랑의 예식을 위한 완벽한 찬사도 잊고,
내 사랑의 무게를 감당치 못하여,
그 힘에 눌려 스스로 작아지고 말았다네.
아, 나의 글이 웅변이 되어서
내 가슴의 말 없는 예언자가 되게 하소서.

소네트 23, 바쿠스 여사제 부게로. 1894.

일찍이 내 혀가 해온 말보다 더 많이 표현하여,
나의 사랑을 호소하고 보상받게 하소서!
　오, 침묵하는 사랑이 쓴 시를 읽는 법을 배우라,
　눈으로 듣는 것은 사랑의 세련된 기술이니.

소네트 24

나의 눈은 화가가 되어 그대 아름다운 모습을,
나의 마음속 도화지에 담아 그렸네.
나의 몸은 그 그림을 담은 틀,
일류 화가의 기술인 원근법을 썼다네.
그대 참모습을 그렸는지는 화가의 솜씨를 보고 알게 되리.
그림은 내 가슴속 화실에 언제나 걸려 있고,
그대의 눈은 화실의 창문이라네.
자, 보라, 눈과 눈이 서로 어떻게 도와주었는지를.
나의 눈이 그대 모습을 그려내니,
그대 눈은 내 가슴의 창이 되었네.
그 창으로 해가 살짝 고개를 들이밀어,
그 안에 담긴 그대 모습을 황홀한 듯 바라보네.
　그러나 나의 눈은 우아한 작품을 만들 솜씨가 없어
　보이는 것은 그려도 그 마음이야 알 수 없네.

소네트 25

별자리의 은총을 받은 이들에게
영예와 훌륭한 지위를 자랑하게 하라.
나에게는 이러한 승리의 길이 막혔으나,
내가 가장 숭배하는 것에서 뜻하지 않은 기쁨을 얻었으니.

왕후의 총애를 받은 이들이 자신의 푸른 잎새를 펼쳐 보여도
해의 눈길을 따르는 금잔화같이
그들의 자부심도 언젠가는 자신 속에 묻혀버리고,
군주가 한번 찌푸리면 영광스럽게 죽음의 땅으로 가리니.
전공으로 명성을 얻은 역전의 용사도
천 번 승리하고도 한 번 패하면
영광스러운 명부에서 가차없이 사라지게 되고
애써 쌓아올린 공로도 모두 잊히리라.
　　그렇다면 나는 사랑하고 사랑받으며
　　이별하지도 이별당하지도 않으니, 행복하도다.

소네트 26

존경하는 공(公)이여, 그대의 덕으로
나의 충성을 맹세하게 한 그대에게,
이 글을 사절(使節)로서 바치니
충성을 밝히려 함이요, 재주를 보이려 함은 아니라.
충성의 마음은 깊으나, 나 같은 둔재는
말이 모자라서 헐벗은 것 같으리.
헐벗은 나의 표현들을 그대의 상상으로
그대의 마음속에 간직해 주오.
언젠가 내 삶의 길을 이끄는 어떤 별이
나에게 행운을 안겨주어
그대의 은혜받을 만하게 보이도록,
내 해어진 사랑에 찬란한 옷을 입혀줄 때까지.
　　그때 나는 그대를 얼마나 사랑하는지 자랑하리라.
　　그때까지는 나를 시험하려 해도 드러내지 않으리.

소네트 27

수고로 지쳐서 서둘러 잠자리에 드네,
여행으로 시달린 팔다리에 더없이 소중한 안식이라.
그러나 그때 머릿속에서는 또 다른 여행이 시작되어,
육체의 활동은 그치고 마음이 일을 하리니.
여러 생각들이 내가 머문 곳에서 멀리 떠나
그대에게로 열정의 순례를 하리니,
졸음으로 감기는 두 눈을 부릅뜨고
눈먼 이처럼 어둠을 들여다보리라.
그리하면 내 영혼 속 상상의 눈으로
그대 그림자를 보게 되네.
그것은 유령 같은 밤에 매달린 보석처럼
어두운 밤을 아름답게, 나이 든 얼굴을 새롭게 하리니.
　보라! 낮에는 내 팔다리가, 밤에는 내 마음이
　그대와 나의 쉴 곳을 찾지 못하리.

소네트 28

안식의 은혜를 거부당한 내가,
어찌 다시 행복한 순간으로 돌아갈 수 있을까?
낮의 고뇌를 밤이 풀어주지 못하니,
밤은 낮을, 낮은 밤을 무겁게 짓누르네.
서로의 영역에 적대적인 낮과 밤은
나를 괴롭히는 일에는 함께 손을 잡았다네.
하나는 노고를 줌으로, 또 하나는 불평으로,
아무리 애를 써도 그대에게서 점점 더 멀어져 가네.
낮에게 말하리, 낮을 기쁘게 해주려 그대가 밝게 비추고 있다고,
구름이 하늘을 가릴 때는 그대가 낮을 부드럽게 비추어 준다고.

소네트 28, 헨리 호어 초상 조슈아 레이놀즈 그림, C. 월킨스 판화.

그리고 어두운 밤에게 아첨하여 말하리, 별들의 반짝임이
희미해진 곳에서는 그대가 금빛으로 저녁을 물들인다고.
그러나 낮은 날마다 나의 슬픔을 더욱 늘리고,
밤은 밤마다 나의 슬픔을 더욱 깊게 하네.

소네트 29

운명과 뭇사람들 눈 밖에 나서
홀로 버림받은 신세를 슬퍼하는 나는,
헛된 외침으로 귀머거리 하늘을 괴롭히고,
자신을 돌아보며 운명을 저주하네.
미래가 밝기로는 저 사람 같았으면,
외모가 수려하기는 저 사람, 친구가 많기로는 그 사람,
재주는 이 사람, 능력은 저 사람 같았으면.
그러나 내 바람들은 끝내 이루어지지 않네.
이런 생각으로 나 자신을 거의 경멸해도
문득 그대 모습이 떠오르면, 나의 마음은
첫새벽 고요한 대지로부터 날아올라
천국의 문 앞에서 노래하는 종달새.
    그대의 달콤한 사랑을 생각하면 나는 부자가 되니,
    내 운명을 제왕과도 바꾸지 않으리라.

소네트 30

감미롭고도 고요한 생각에 잠기어
지난 기억들을 불러일으킬 때면,
꿈꾸던 많은 것들을 얻지 못함에 한숨짓고
귀중한 시간을 헛되이 보냈음에 새삼 슬퍼지네.
죽음이라는 기약 없는 밤 속에 숨어버린
소중한 벗들을 생각하니
좀처럼 젖지 않는 눈에도 어느새 눈물이 고이고,
오랫동안 잊었던 사랑에 또다시 탄식하며
사라진 수많은 상실들을 애통해하네.
그러면 지나간 슬픔들을 떠올리지 않을 수 없으니,

애처로운 많은 이야기들을 하나하나 헤아려,
이미 치른 슬픔들을 갚지 못한 빚처럼 다시 치르네.
　　그러나 친구여, 그때 문득 그대 모습이 떠오르면
　　모든 상실은 보상되고 슬픔은 끝이 나네.

소네트 31

그대 가슴은 그토록 소중하여라,
죽고 없다 여겼던 마음들이 그 안에 모여 있으니.
그곳은 사랑이 지배하며 모든 사랑의 다정한 부분들이 있으니,
땅속에 묻었다 생각한 내 모든 벗들도 있네.
신앙과도 같은 내 사랑은 나의 눈에서
성스러운 애도의 눈물을 그 얼마나 많이 흘리게 했던가.
떠나간 이에 대한 보상인가, 이제는 자리를 옮겨
그대 안에 숨어 있다 다시 나타나니!
그대는 묻어버린 사랑이 되살아나 숨 쉬는 무덤,
떠나간 벗들의 기념품도 걸려 있네.
그들의 요구가 나로부터 그대에게로 가니,
많은 이의 권리가 이제는 오직 그대 것이 되었다네.
　　내가 사랑한 이들의 모습이 그대 안에 보이니,
　　그들 전체인 그대는 또한 내 모든 것을 가졌도다.

소네트 32

내가 기꺼이 마음의 평화로움을 맞이하는 날,
심술궂은 죽음이 나의 뼈를 흙으로 덮는 날,
그날보다 오래 살아남아
그대가 이 죽은 연인의 서투른 시를 다시 읽고,

시대와 더불어 앞서 나아간 다른 시들과 비교하게 되거든,
나의 시들이 여느 시들만 못하더라도,
더 행복한 다른 시인들보다 뒤떨어진 것이라도,
나의 시가 아니라 나의 사랑을 위해 간직해 주오.
오, 이토록 애정 어린 생각으로 나를 아껴주기를,
'내 벗의 시상(詩想)이 시대와 더불어 자랐더라면,
그의 사랑은 이보다 더 뛰어난 시를 담아내어
더 눈부신 시인의 대열에 들었으리라.

　　그러나 그는 이미 죽고 더 훌륭한 시인들이 나왔으니,
　　그들의 시에서는 기교를, 벗의 시에서는 사랑을 읽으리라.'

소네트 33

나는 정말 많이 보았네, 눈부신 아침 해가
제왕의 눈길로 산봉우리를 즐거이 비추고,
금빛 얼굴로 푸르른 초원에 입 맞추며
창백한 시냇물을 천국의 연금술로 반짝이게 하는 것을.
그러나 어느덧 심술궂은 구름이 다가와
그 천상의 얼굴을 보기 흉한 조각들로 가려버리니,
치욕스럽게도 해는 서녘 하늘로 서서히 가라앉으며
이 황량한 세계에서 그 얼굴을 감추어 버리네.
모두 그러하노니, 나의 해도 어느 이른 아침에는
내 이마에 찬란한 빛을 비춰 주었다네.
그렇지만 아! 그는 오직 한순간 나의 것이었으니,
하늘의 구름이 나의 해를 가리고 말았네.

　　그래도 내 사랑은 조금도 그를 비웃지 않으리.
　　하늘의 해도 흐려지거늘, 이 땅의 해임에랴.

소네트 34

그대는 어찌 내게 화려한 봄날을 약속하여
외투도 없이 여행을 떠나게 하고,
그 길에 검은 구름을 만나게 하여
짙은 운무로 그대의 눈부신 모습을 가리게 했는가?
구름 사이로 그대가 나타나, 비바람에 젖은 내 얼굴을 말려준대도,
그것으로는 부족하기만 하여라.
상처는 고쳐도 그 오욕은 고치지 못하는 처방을
그 누가 칭찬하겠는가.
그대 부끄러움은 나의 슬픔을 고치지 못하니,
그대가 뉘우쳐도 나의 상실은 여전하리라.
무거운 죄의 십자가를 진 자에게는
가해자의 비통함도 그저 초라한 위안이구나.
    아! 그러나 그대 사랑이 흘리는 눈물은 진주이니,
    그 값진 눈물이 모든 악행의 대가를 치르리라.

소네트 35

그대가 저지른 일에 대해 더는 슬퍼하지 말라.
장미에도 가시가 있고, 은빛 샘에도 진흙이 있으며,
구름과 일식과 월식은 해와 달을 얼룩지게 하고
아름다운 꽃봉오리에도 징그러운 벌레가 산다네.
사람도 실수를 저지르며, 나 또한 그러하리.
이렇게 헤아려 그대의 잘못을 모르는 척하며
그대 죄를 감싸줌은 나를 타락시키는 것이라,
그대 죄를 변호함은 그 죄보다 더하다네.
그대의 관능죄에 논리를 끌어들여―
그대의 적은 바로 그대를 변호하는 이라―

나 자신을 위해 항변을 시작하려니,
나의 사랑과 미움이 서로 다투네.
　　나는 어쩔 수 없이 공범이 되고 마는구나,
　　심술궂게 나의 것을 빼앗은 귀여운 도둑에게.

소네트 36

우리의 사랑은 나눌 수 없는 하나이지만,
우리 둘은 두 사람이어야 함을 인정하노라.
사랑의 허물은 나에게만 남기고,
그대의 도움 없이 나 홀로 감당하리.
우리 둘의 사랑은 오직 하나,
우리 삶에 심술궂은 이별이 있어도
사랑은 변함없으니,
사랑의 기쁨에서 달콤한 시간만을 훔쳐가네.
나의 원한이 그대를 욕되게 하지 않으려,
다시는 그대를 아는 척하지 않겠노라.
그대, 내게 숨김없이 친절을 베풀지 마오,
그래야 그대의 명예가 사라지지 않으리.
　　그러나 그러지 마오, 나는 그대를 이토록 사랑하니
　　그대가 내 것이듯, 그대 명예 또한 내 것이라네.

소네트 37

늙은 아버지가 한창때인 아들의
젊은이다운 행동을 보고 기뻐하듯,
운명의 저주로 절름발이가 된 나도
그대의 가치와 진실에서 위안을 얻는다네.

그대의 가장 뛰어난 미덕이라 인정받는 것이
아름다움, 가문, 재산, 지혜 가운데 어느 것이든
그 모두이든, 그 이상의 것이든
나의 사랑을 그곳에 불어넣으리.
그리하면 절름발이도 아니고, 가난하지도 멸시받지도 않네.
날마다 이러한 상상으로 가득 차서
나는 그대의 이 풍요로움으로 만족하며,
그대 모든 영광의 일부로 살게 되리.
　　바라노니, 가장 좋은 것은 무엇이든 그대의 것이 되기를.
　　이런 바람을 품은 나는 열 배 더 행복하여라!

소네트 38

어찌 나의 시상(詩想)이 창작의 주제로서 부족하겠는가?
그대가 숨 쉬는 동안,
그대라는 아름다운 주제를
나의 시(詩)에 부어주고 있으니.
오, 나의 시에 그 눈길이 머무를 수만 있다면,
그대에게 감사드리리.
그대 자신이 창작에 밝은 길을 열어주노니,
그대에게 시를 바치지 못할 벙어리가 어디 있을까?
지난날 시인들이 기도드리는 아홉 뮤즈*1들보다
열 배나 훌륭한 열 번째 뮤즈가 되어주오.
그리하면 그대에게 기원하는 시인은
긴긴 세월을 뛰어넘는 불멸의 시를 쓰게 되리.

＊1 Muse. 그리스 신화에 나오는 예술과 학문의 여신인 무사(Mousa)의 영어식 표기. ① 칼리오페
　　[서사시]. ② 클레이오[역사]. ③ 에우테르페[음악과 노래]. ④ 에라토[서정시]. ⑤ 메르포메네
　　[비극]. ⑥ 폴리힘니아[찬가]. ⑦ 테르프시코레[춤]. ⑧ 탈리아[목가와 희극]. ⑨ 우라니아[천
　　문(天文)가 있다.

나의 미약한 시재(詩才)가 까다로운 이 시대를 즐겁게 한다면,
그 수고로움은 나의 몫이요, 그 찬미는 그대의 몫이리.

소네트 39

오, 그대는 내 좋은 부분의 모두이거늘,
내 어찌 그대의 가치를 품위 있게 노래할 수 있을까?
내가 나를 칭찬한들 무슨 보람이 있을까?
그대를 칭찬함이 나를 칭찬하는 것이 아니고 무엇이겠는가?
이러하니 우리 삶은 서로 거리를 두어야 하리.
우리의 소중한 사랑은 하나라고 말할 수 없음에
이렇게 헤어져 그대가 가질 수 있는 것을
그대가 홀로 누릴 수 있게 하리라.
아, 이별은 얼마나 고통스러운가.
그러나 쓰디쓴 여가는 달콤함을 허락하리.
사랑의 상념으로 시간을 달래며,
그토록 달콤하게 시간과 상념을 속이리.
　그대와 떨어져 지내도 이곳에서는
　둘이 하나가 되는 길을 알려주는구나!

소네트 40

사랑하는 이여, 내 연인을 모두 빼앗아 가요, 그들 모두를.
그리한들 그대는 이미 가진 것 말고 무엇을 더 얻게 될까요?
사랑하는 이여, 그대가 참된 사랑이라 부를 것은 더 없으니,
더 가져가기 전에 이미 나의 모든 것은 그대 것이었다오.
그래도 그대가 나를 사랑하기 위하여 나의 연인을 받아들인다면
그대를 탓하지 않으리, 그대는 나의 사랑을 이용하는 것뿐이니.

그러나 그대가 사랑하지 않는 이를 일부러 희롱하려 든다면
나를 속이는 것이므로 비난받아 마땅하리.
어쩌다 그대가 내 초라한 재산을 모두 훔친다 해도
점잖은 도둑이여, 나는 그대의 도둑질을 용서하리.
그래도 사랑은 알게 되리라, 증오가 주는 상처보다
사랑의 배반을 견디는 일이 더 큰 고통임을.
　　모든 못된 것을 아름답게 보는 음탕한 우아함이여,
　　앙심으로 나를 죽인들 우리가 어찌 적이 되랴.

소네트 41

내가 때로 그대 마음에서 떠나 있을 때
자유가 저지르는 그대의 자잘한 잘못들은
그대의 아름다움과 젊음에는 마땅하리,
그대가 어느 곳에 있어도 유혹이 따를 테니까.
그 상냥한 마음씨 때문에 어려움을 겪고
그 아름다움 때문에 공격을 받으리.
한 여인이 사랑을 구할 때, 여인의 몸에서 나온 남자가
어찌 그 사랑을 매정하게 저버릴 수 있겠는가?
아! 하지만 그대의 아름다움과 방황하는 젊음을 꾸짖어,
감히 나의 자리를 함부로 욕심내지 못하게 하라.
이 둘은 그대를 방탕으로 이끌어,
그대의 신의를 이중으로 깨뜨리게 하노니.
　　그대의 아름다움으로 여인을 유혹하여, 여인의 신의를.
　　그대의 아름다움으로 나를 저버리니, 그대의 신의를.

소네트 42

그대가 그녀의 사랑을 얻는 것은 나의 슬픔만은 아니나,
나 또한 그녀를 사랑했다 말하리.
그녀가 그대의 사랑을 얻음은 나에게는 통탄할 슬픔,
사랑을 잃음은 나를 이토록 뼈아프게 하네.
사랑하는 죄인들아, 내가 이렇게 그대들을 용서해 주리.
그대는 내가 그녀를 사랑함을 알기에 그녀를 사랑하고,
그녀는 나를 위하여 나를 저버리기도 하니,
나의 벗이 나를 위하여 그녀를 허락하였네.
내가 그대를 잃으면, 내가 잃은 것은 내 사랑이 얻는 것,
내가 그녀를 잃으면, 내 친구가 잃은 것을 찾는 것.
두 사람은 서로를 얻고 나는 둘 다 잃게 되니,
둘은 나에게 이 십자가를 짊어지게 하네.
　　그러나 기뻐할 일은, 나와 내 벗은 하나라네.
　　이것은 달콤한 아첨! 그녀는 오직 나만을 사랑하리.

소네트 43

나의 눈은 낮에는 흐릿하게 보이고,
눈을 감으면 가장 잘 보이네.
잠들면 꿈속에 보이는 그대 모습,
어둠 속에서 빛나며 그 빛을 보라 하네.
그대 그림자는 다른 그림자마저 빛나게 하니
그 밝은 빛이 낮에도 비추어 준다면
그대의 모습은 얼마나 돋보일까,
보이지 않아도 그처럼 빛나노니!
한밤에도 그대의 어렴풋한 아름다운 그림자,
깊은 잠결 속 보이지 않는 눈에 보이네,

한낮에도 그대를 보게 된다면,
내 눈은 또 얼마나 축복받을까!
  그대를 보기까지는 낮도 모두 밤이요,
  꿈에 그대를 본다면 밤도 언제나 밝은 낮이리.

소네트 44

나의 둔한 육체가 상념(想念)처럼 가볍다면
나를 괴롭히는 거리도 나의 길을 막지 못하리.
그 어디라도, 나를 데려가리니,
아주 먼 끝으로부터 그대가 머무는 그곳으로.
나의 발이 그대와 가장 먼 땅을
밟고 있다 한들 어떠하리.
가고픈 생각이 들기만 하면
발 빠른 마음은 어느새 바다와 뭍을 뛰어넘으리니.
그러나 아! 생각하면 괴로워라, 지금 그대가 머무는 곳,
내가 단숨에 뛰어넘을 수 있는 상념의 거리가 아니라네.
나는 그토록 많은 흙과 물로 빚어졌으니,
한숨 속에 나에게 남겨진 시간을 기다릴 수밖에 없네.
  이렇게 느린 성분들로부터 내가 받은 것은
  오직 슬픔의 상징인 이 뜨거운 눈물뿐.

소네트 45

내 몸의 다른 두 원소, 가벼운 공기와 정화하는 불은
내가 어디에 머무르더라도 그대와 함께하리.
그 하나는 나의 생각, 또 하나는 나의 욕망,
이들은 있는 듯 없는 듯 빠르게 오가리.

다정한 사랑의 전령인 이 재빠른 원소들이
그대에게로 가버리고 나면,
네 원소로 이루어진 나의 생명은 두 원소만 남아
우울함에 눌려, 죽음으로 가라앉는다네.
그대에게 발 빠른 두 전령이 달려와
내 생명이 기운을 되찾을 때까지는.
이들은 방금 돌아와 확신에 찬 모습으로
그대가 잘 있음을 나에게 이야기해 주네.
　　이 말을 듣고 기뻤는데, 그러나 그것도 잠시,
　　나는 전령들을 다시 떠나보내고 곧 슬픔에 잠기네.

소네트 46

나의 눈과 마음은 서로 맹렬히 다투네,
그대의 모습이라는 전리품을 어떻게 나눌까 하고.
나의 눈은 내 마음에게 그대 초상화를 보지 말라 하고,
내 마음은 내 눈이 자유로운 권리를 누리도록 인정하지 않네.
내 마음은 이 마음속에 그대가 있다고 우기는데—
수정 같은 눈으로도 들여다보지 못하는 밀실—
그러나 눈은 그 주장을 부정하여 말하니,
그대의 아름다운 모습은 눈 속에 있다 하네.
이 권리를 판결하려 온갖 상념들로 배심원을 선출하나,
상념들은 모두 마음의 소작인들이라,
이들의 판결에 따라 결정되니
맑은 눈에게 반, 깊은 마음에게 반의 몫이라 하네.
　　이로써 그대 모습은 나의 눈의 몫이요,
　　그대 마음속 사랑은 내 마음의 차지라네.

소네트 47

나의 눈과 마음은 동맹을 맺어
서로에게 호의를 베풀어 주네.
내 눈이 그대가 보고 싶어 간절히 바라며
내 심장이 사랑에 빠져 한숨을 몰아쉴 때,
눈은 내가 사랑하는 이의 초상으로 잔치를 베풀며
그림으로 그려진 잔치에 그 마음을 초대하네.
때로 눈은 손님처럼 마음에 닿아
그리움의 눈길을 보내리.
그대의 초상으로, 내 사랑하는 마음으로
그대가 멀리 있어도 언제나 나와 함께 있으니.
그대는 나의 상념이 가는 곳에서 멀리 있지 않고
나는 늘 나의 상념과 함께 있고 상념도 그대와 함께 머문다네.
　　상념이 잠들면 눈에 들어오는 그대의 초상
　　나를 깨워 마음과 눈에 기쁨을 주네.

소네트 48

길을 떠날 때면 나는 얼마나 조심했는지,
사소한 것도 챙겨 단단히 빗장을 지르고,
사악한 이의 손이 닿지 않게 두었다가
돌아와 나 혼자만 사용하도록 확실히 간직하노라!
그러나 나의 보석들도 그대에 비하면 대수롭지 않은 것.
그대는 내 가장 소중한 위안이며, 가장 큰 슬픔,
가장 귀한 연인이며, 오직 하나의 근심거리,
모든 저속한 도둑들의 먹잇감이라네.
그대를 가두어 놓지 못했으되
내 가슴의 보드라운 울타리 안에

있는 줄 알았으나, 지금 내게 없으니
그대 마음대로 드나들 수 있으리.
　거기서도 그대를 도둑맞을까 걱정이라네,
　그토록 귀한 보물에 진심도 도둑이 되리니.

소네트 49

그러한 때를 대비하리라,
그대가 나의 흠을 보고 눈살 찌푸릴 때,
그대의 사랑이 총결산을 하고
깊고도 오래 헤아려 청산을 요구할 때,
그대가 쌀쌀맞게 내 곁을 지나고
해 같은 그대 눈이 내게 인사조차 않을 때,
사랑이 이전과는 달리 단호하고
엄숙하게 판단하리니, 그때를 대비하리라.
그대가 나 자신의 쓸모없음을 알기 전에,
오늘 이곳에서 나 자신을 방어하리니.
그대의 마땅한 자유를 지지하고자
나 자신에 반대하여 손을 들어 증언하겠노라.
　그대는 나를 불쌍하게 저버릴 법의 힘을 가지며,
　나는 사랑받으려 주장할 자격이 없도다.

소네트 50

나는 얼마나 우울하게 떠도는가,
나의 바람은 이 피곤한 여정이 끝나는 것.
편안함과 휴식이 이렇게 말하게 하라,
"너는 벗에게서 이토록 멀리 떨어져 있구나!"

비애로 지친 나를 태운 말도
내 고뇌의 무게에 눌려 무거운 걸음을 옮기네.
마치 제 주인이 그대에게서 멀어짐을 꺼린다는 걸
본능적으로 알아차린 듯이.
이따금 분노로 자신의 옆구리에
무참히 박차를 가해도 노여워하지 않고
그저 괴로운 신음 소리로 응답하니,
내가 준 박차보다 더 날카롭게 들리네.
　　그 신음 소리가 내 마음속을 파고드니,
　　슬픔은 앞서가고 기쁨은 뒤에 머무네.

소네트 51

그러하니 나의 사랑이 그대에게서 떠날 때
어리석은 말의 느린 죄를 용서하리라.
그대가 머무는 곳에서 내가 어찌 급히 떠날까?
그대에게 돌아올 때 아니면 서두를 필요 없으니.
아, 그때는 아무리 빨라도 느리게만 여겨질 텐데
불쌍한 말은 뭐라 핑계를 댈 것인가?
그때는 바람을 타고 달려도 박차를 가하게 되리니
날개를 단 속력에서도 움직임을 느끼지 못하리.
그때는 어떤 말도 나의 욕망에 맞추어 달리지 못하니
사랑의 절정에서 움튼 욕망은
우둔하지 않아, 불같이 달리며 울어대리라.
그러나 사랑은 사랑으로, 야윈 말도 용서할 것이다.
　　그대를 떠날 때 이 말은 일부러 느리게 갔으니
　　그대에게 갈 때는 내가 달리며 말을 걷게 하리라.

소네트 52

나는 부자처럼 축복받은 열쇠를 가지고,
감춰둔 보물 창고를 볼 수 있지만
보물을 시간마다 살피지는 않으리니,
섬세한 즐거움을 무디게 할까 염려함이라.
잔치도 오랜 세월에 이따금 베풀어야
장엄하고 귀한 것이리.
이는 더없이 드물어 가치 있는 돌과 같고,
목걸이 사이사이에 반짝이는 보석과도 같네.
그리하여 그대를 내 가슴에 간직하는 시간도
옷을 숨겨둔 장롱과 같으니
가두어 놓았던 자랑거리를 새로 꺼내어
특별한 날에 남다른 기쁨을 맛보리라.
　　축복받은 그대여, 그대의 귀함은 끝이 없으니,
　　그대가 있으면 기쁨을, 그대가 없으면 희망을 간직하겠노라.

소네트 53

그대의 실체는 무엇이고, 그대는 무엇으로 이루어졌을까?
알 수 없는 수많은 그림자들이 그대를 따르네.
누구에게나 오직 하나의 그림자만 있는데
그대는 홀로이 여러 그림자를 보여주노니.
아도니스*2를 그려보라, 그 초상은
그대를 서투르게 본뜬 것이로다.
헬레네*3의 뺨에 온갖 아름다움을 예술로 다 그려낸들,

＊2 Adonis. 그리스 신화에 나오는 미소년. 여신 아프로디테의 사랑을 받았다.
＊3 Helene. 그리스 신화에 나오는 미녀. 제우스와 레다의 딸이며 스파르타 왕 메넬라오스의 아
　　내로, 트로이 왕자 파리스에게 납치되면서 트로이 전쟁이 일어나게 된다.

소네트 53, 아도니스의 죽음 세바스티아노 델 피옴보. 1512.

그대를 그리스 옷차림으로 새로이 그린 것뿐.
봄을 말하고 가을의 풍요로움을 말하라.
봄은 그대의 아름다운 그림자를 보여주며,
가을은 그대의 넘치는 너그러움을 드러내노니,
그대는 우리가 아는 모든 축복받은 이의 모습.
　그대의 온갖 외적 우아함은 조금씩 닮았어도
　한결같은 마음은 아무도 그대 같은 이 없네.

소네트 54

아, 진실이 주는 그 달콤한 장식은
아름다움을 얼마나 더 아름답게 하는지!
아름다운 꽃잎 속 달콤한 향기가
장미를 더욱 아름답게 하는구나.

들장미의 짙게 물든 꽃잎도
장미의 향기로운 빛깔과 같이
가시 있는 가지에 매달려 한들거리노니,
여름 숨결이 꽃봉오리의 가면을 벗길 때까지.
그러나 그 아름다움은 겉보기에 그러할 뿐,
사랑도 존경도 받지 못하고 보람 없이 시들고 마네.
향기 품은 장미는 그렇지 않으리니,
그 아름다운 죽음은 더없이 아름다운 향기로 남으리라.
　　그대도 그러하리, 아름답고 사랑스런 젊은이여,
　　그 젊음이 시들지라도, 그대 진실은 나의 시로 농축되리니.

소네트 55

대리석도, 왕후의 금으로 만든 기념비도
이 강력한 시(詩)만큼 오래 살지 못하리.
오욕의 세월에 더럽혀진 먼지 쌓인 비석보다
그대는 이 시에서 더욱 밝게 빛나리라.
파괴적인 전쟁으로 조각상이 무너지고
분쟁으로 정교한 건물이 뿌리째 뽑혀도,
군신 마르스의 칼도, 급하게 번져가는 불도
그대를 기념하는 이 생생한 기록을 태우지는 못하리.
죽음과, 모든 것을 망각 속에 던져버리는 증오에 맞서서
그대는 앞으로 나아가리니, 그대에 대한 예찬은
자손들의 눈에서 눈으로 이어져
마지막 운명의 날까지 이 세상에 살아남으리라.
　　그리하여 다시 깨어나 심판받을 그날까지,
　　그대는 이 시 안에 살며, 사랑하는 이들의 눈 속에 머무르리.

소네트 56

다정한 내 사랑, 그대 힘을 새롭게 하라,
그대의 칼날이 욕망보다 무디단 말을 듣지 않도록.
식욕이란, 채워지면 오늘은 무뎌지지만
내일이면 다시 어제의 힘을 되찾아 날카로워지리.
그러니 사랑이여, 너 또한 그러하리라.
오늘은 너의 굶주린 두 눈이 포만감으로 감기어도
내일은 다시 보게 되리니,
사랑의 정기를 죽이는 일이 없게 하라.
이 슬픈 간격을 두 해안을 갈라놓는 저 넓은 바다와 같게 하라.
이제 막 앞날을 약속한 두 연인이 바다를 사이에 두고
날마다 바닷가에 와서 그들의 사랑이 되돌아옴을 보게 된다면,
그 모습 더더욱 축복되어 보이리.
　또는 근심으로 가득한 이때를 겨울이라고 부르면,
　다가올 여름을 세 배나 더 간절히 바라게 되고 더욱 소중히 여기리라.

소네트 57

나는 그대의 노예, 그대가 부르는 시간에
어느 때나 따르는 것 말고 무엇을 하겠는가?
그대가 부르기까지 나에게는
소중히 지낼 시간도, 할 일도 없어라.
나의 군주여, 내가 그대를 위해 시계를 감시하여도
끝없이 흐르는 시간을 나무랄 수 없노라.
그대가 이 노예에게 작별을 이야기하면
그대 없는 괴로움을 아프게 생각지도 않으리.
그대가 어디에 있든, 무엇을 하든
나는 질투하는 마음으로 감히 묻지도 않으리라.

그저 서글픈 노예처럼 가만히 앉아서,
그대가 가는 곳마다 사람들을 기쁘게 하리라 생각하리.
　　사랑은 그대를 섬기는 충실한 바보인 까닭에,
　　그대가 무엇을 하든 나쁘게 생각지 않네.

소네트 58

처음에 나를 그대의 노예로 삼은 신이여,
그대의 즐거운 시간, 내 마음으로라도 억제치 못하게 하고,
그대가 보낸 시간에 대한 설명, 그대에게 요구하지 못하게 하소서.
이 몸은 그대의 신하이니, 그대 뜻대로 받들어야 하리!
아, 그대가 시키는 대로 따라야 하는 이 몸은 그대 곁에서
자유로움 없는 감옥살이의 고통을 참으며
고난을 겪는 데 길든 참을성이 모든 견제를 견디어,
그대에게 비난을 돌리는 일은 없게 하소서.
그대는 어디 있어도 그대의 특권은 크고도 강하니
그대의 시간을 그대 뜻대로 쓸 권리가 있으며
그대가 저지른 잘못을 용서함도
그대 자신에게 속해 있노라.
　　비록 기다림이 지옥 같아도 기다려야 하니,
　　그대가 하는 일을 두고 좋다 나쁘다 탓하지 않으리.

소네트 59

이 세상에 새로운 것은 하나 없고 전에 있던 것들뿐이라면,
우리 머리는 얼마나 속임을 당하겠는가.
새것을 창작하려 애쓰나, 이미 낳은 자식을
다시 낳으려 헛된 수고를 하는 것이니!

아, 태양의 5백 년 주기*4까지
거슬러 올라가 기록을 살펴어,
사람의 마음을 가장 처음 문자로 기록한
어느 낡고 오래된 책에서 그대 모습을 보게 된다면!
그대의 놀라울 만큼 조화로운 모습을
옛사람들이 뭐라고 말했는지 알 수 있으련만.
우리가 더 뛰어난지, 아니면 그들이 더 훌륭한지,
또는 세월이 바뀌어도 같은지.
　아, 나는 확신하건대 그 옛날 지혜로운 이들은
　더 못한 이에게도 칭찬을 아끼지 않았으리라.

소네트 60

파도가 조약돌 깔린 해변으로 몰아치듯
우리의 순간순간도 종말을 향해 달음질치네.
앞서거나 뒤서거니 자리를 다투며
앞으로 모두 나아가려 하노니.
인간이 한번 빛의 중심에 태어나
성숙하게 자라 전성기에 이르면,
짓궂은 일식(日蝕)이 그 영광을 서서히 잠식하리니,
이제 시간은 자신이 준 선물을 파괴하리.
시간은 젊음에게 주었던 꽃의 생김새를 바꾸고
그 아름다운 이마에 주름살을 그어놓으며,
자연의 기이한 진실을 먹이로 삼노니,
시간의 낫이 베어내면 아무것도 없으리.
　그러나 나의 시는 시간의 잔인함에 맞서서
　그대의 가치를 영원토록 찬미하리라.

---

*4 고대 그리스인들은 역사가 500년 주기로 반복한다고 믿었다.

소네트 61

그대의 뜻인지요, 지친 밤까지 그대 모습을 찾아
이 무거운 눈꺼풀을 뜨게 함은?
그대의 바람인지요, 그대를 닮은 그림자가
이 눈을 속이어 선잠을 깨게 함은?
그대의 질투 때문인지요,
먼 곳으로 그대의 정령을 보내어
나의 행동을 살피고
내 한가한 때의 부끄러운 일을 찾고 있음은?
아, 아니지! 그대의 사랑은 많으나 그리 크지는 않으니
이 눈을 깨어 있게 하는 것은 나의 사랑 탓이네.
나의 진실한 사랑은 내 안식을 뿌리치며
그대를 위해 언제나 불침번을 서네.
　　나는 그대를 지켜보리라, 그대가 먼 곳에서
　　다른 이들과 가까이 지내며 깨어 있을 때.

소네트 62

자기도취의 죄가 나의 눈과 영혼,
그리고 나의 몸을 온통 점령했네.
이 죄악에는 치료법이 없으니,
내 마음속 깊이 뿌리박혀 있도다.
내 생각에 나의 얼굴만큼 우아한 것은 없으며,
이처럼 이상적인 모습도, 진실한 마음도 없으리.
그리하여 스스로 나의 가치를 정의하건대,
나는 모든 점에서 누구보다 뛰어나노라.
그러나 거울이 나 자신을 실제로 비추어 주면
늙고 찌들고, 트고 주름진 모습이네.

소네트 61, 필립 요크 초상 조슈아 레이놀즈. 18세기

나의 자기도취는 거꾸로 읽어야 하리니,
그토록 자기도취에 빠짐은 정당하지 못하네.
    스스로 나를 찬미함은 바로 나 자신인 그대를 위함이니,
    그대의 아름다운 젊음으로 나의 늙음을 덧칠한다네.

소네트 63

내가 사랑하는 이가 오늘의 나처럼 되지 않게,
시간이 할퀴는 손에 구겨지고 거칠어질 때를 대비하리.
세월이 그의 젊은 피를 마셔버려
그의 이마를 굵거나 가는 주름으로 뒤덮고
그 젊음의 아침이 가파른 노년의 밤에 다다를 때,
지금은 그가 왕으로서 지닌 모든 아름다움인
그의 한창때 보물들을 훔쳐서는
사라져 가거나 그 자취마저 보이지 않게 하리니,
그런 때를 대비하여 나는 오늘
노년의 잔인한 칼날을 막아낼 철옹성을 쌓아,
내가 사랑하는 이의 생명이 다한다 해도
그 아름다움을 기억에서 끊이지 않게 하리라.
　　그대의 아름다움은 이 시의 검은 글자들이 보여줄 것이며,
　　나의 시가 살아남아, 그대 또한 언제나 푸르리라.

소네트 64

나는 시간의 잔인한 손길에 상하여,
지난날 화려한 영광이 낡아 황폐해짐을 보네.
한때 하늘 높이 솟은 탑도 무너지고,
영원히 기억될 청동상이 죽음의 폭력에 굴욕당했다네.
굶주린 대양이 침범하여
바닷가 왕국을 차지하였으나,
이번에는 견고한 땅이 바다에서 승리하니,
얻음으로 잃고, 잃음으로 얻는다네.
그러한 천재지변이나 온갖 부귀영화가
쇠퇴하여 황폐해짐을 볼 때에

파멸은 내게 이렇게 가르쳐 주노니,
시간은 마침내 와서 내 사랑하는 이를 앗아가리라.
　　이 생각은 죽음과도 같아서, 잃을까 근심하는
　　보물을 가졌으므로 그저 울 수밖에 없구나.

소네트 65

놋쇠도, 돌도, 대지도, 끝없는 바다도,
가혹한 사멸이 그들의 힘을 지배하니,
한 떨기 꽃보다도 강하지 못한 아름다움이
어찌 이 폭력에 맞서서 항변할 수 있을까?
시간이 파괴적인 힘으로 거침없이 곳곳에서 포위해 올 때
아, 어찌 여름의 달콤한 숨결을 유지할 수 있을까?
단단한 바위도 강철로 된 성문도
시간을 막아낼 만큼 튼튼하지는 못하네.
아, 두려운 생각이여! 시간이라는 상자에서
가장 귀한 보석을 꺼내 어디에 감출 수 있을까?
어떤 강한 손이 시간의 날쌘 걸음을 붙잡을 것이며
그 누가, 아름다움을 파멸시키는 이 시간을 막을 수 있을까?
　　아, 그럴 수 없노라, 기적이 일어나지 않는다면.
　　그래도 내 사랑은 검은 잉크 위에서 언제나 빛나리.

소네트 66

이 모든 것에 지쳐 이제는 편안한 죽음을 바라네.
덕 있는 자가 거지로 태어남을 보고,
천한 자가 화려하게 치장함을 보고,
순수한 믿음이 불행하게 버려짐을 보고,

빛나는 명예가 부끄럽게도 하찮은 이에게 주어짐을 보고,
처녀의 정조가 무참히 짓밟힘을 보고,
더없이 정당한 것이 사악하게 모욕당함을 보고,
강한 힘이 부당하게 억압되어 무력해짐을 보고,
예술이 권력에 의해 자기를 표현하지 못함을 보고,
바보가 학자인 양 기능을 통제함을 보고,
순수한 진실이 무지하다 오해받음을 보고,
선한 포로가 악한 적장에게 시중듦을 보고,
　　이 모든 것에 지쳐 저세상으로 가고 싶어지네,
　　나의 사랑, 홀로 두고 가는 것이 아니라면.

소네트 67

아! 어이하여 그는 타락한 세계에 빠져
그런 사악한 이를 명예롭게 하고,
그의 죄가 이득을 얻게 하며,
그와 사귀어 돋보이게 하려는가?
어이하여 거짓의 화장으로 그의 뺨을 본떠
살아 있는 얼굴에서 죽은 빛을 훔치려 하는가?
어이하여 보잘것없는 아름다움은 자신의 장미가 참이라 말하며
장미의 그림자만을 좇는가?
그는 왜 살아야 하는가? 자연은 파산하여 이제는
살아 있는 혈관 속에서 붉게 흐를 젊은 피조차 없는데.
오늘 자연이 가진 자원은 이것밖에 없으니
많은 것을 자랑하나 있는 것만으로 살아야 하네.
　　아, 자연이 자원을 간직함은 이 퇴락한 시대 이전에 누렸던
　　과거의 풍요로움를 자랑하여 보이려 함이니라.

소네트 66, 로비네타　조슈아 레이놀즈 그림, 존 존스 판화. 1787.

소네트 68

그러니 그의 뺨은 지나온 날들의 지도이다.
그때도 오늘의 꽃들처럼 아름다움이 살고 죽고 했으나
아름다움의 사생아 같은 부당한 자국이 감히
살아 있는 이마에 터를 잡기 전이었네.

무덤 소유권자인 죽은 이의
금빛 머리카락이 잘리어 다른 머리 위에서
두 번째 삶을 누리기 전,
미인의 죽은 머리카락이 다른 사람을 치장하기 전이었네.
그에게서 옛날 저 거룩한 시절을 보려니
아무런 꾸밈도 없이, 오직 본디 참모습이구나.
다른 이의 초록빛으로 여름을 만들지도 않으며
새롭게 치장하려 죽은 이의 것을 훔치지도 않네.
　거짓 예술에게 지난날 아름다움이 어떠한 것이었는지 보여주려
　자연은 그를 본보기로 삼아 간직하네.

소네트 69

세상의 눈이 바라보는 그대의 각 부분들은
마음만으로 바꿀 수 있는 것은 아니네.
모두가 입을 모아 영혼의 소리로 그대에게
거짓 없는 찬사를 보내니, 그대의 적 또한 그러하리라.
이처럼 겉으로는 그대의 모습이 영예로운 찬사를 받아도
그대에게 마땅히 그대의 것을 준 그 혀들이,
눈에 비친 것보다 깊이 들여다보고는
다른 말투로 이 칭찬을 도로 거두어들이네.
그들은 그대의 마음속 아름다움을 들여다보고도
그대의 행동만으로 그대를 판단하려 하네.
눈으로는 친절해도 그 생각은 인색하게
그대의 아름다운 꽃에 잡초 같은 악취가 난다 하네.
　어찌하여 그대 향기는 그대의 모습과 어울리지 않을까.
　이는 그대가 세속 안에 살기 때문이라네.

소네트 69, 에식스 백작 로버트 데버루 니콜라스 힐리어드. 1587.
《소네트집》의 '미남'으로 추정

소네트 70

그대가 비난받는 것이 그대의 흠은 아니리,
아름다움은 언제나 비난의 대상이기에.
아름다움을 장식하는 것은 의심이므로,
저 맑은 하늘에 까마귀가 나는 것과 같도다.
그대가 선하다면 시대의 유혹을 받게 되며,
비난은 그대의 가치가 더 위대함을 증명하리라.
사악한 벌레는 감미로운 꽃봉오리를 사랑하나,
그대는 순결하고 흠 없는 젊음을 보여주네.
그대는 젊은 날의 복병들을 무사히도 지나왔노라,
공격을 당하지도 않았고, 당했어도 마침내 이겨냈으니.
그러나 이렇게 받은 칭찬은 언제나 늘어가는
인간의 질투심을 묶어두지는 못하네.
　　나쁜 의심이 그대의 모습을 가리지 않는다면,
　　그대는 마음의 왕국들을 홀로 차지하리라.

소네트 71

내가 죽을 때, 이 속된 세상을 떠나
천한 구더기와 살게 됐다고,
음침하고 퉁명한 종소리가 세상에 알려도
나의 죽음을 너무 슬퍼하지 말기를.
아니, 그대가 이 시를 읽더라도, 시를 쓴 이는
기억하지 말기를. 나는 그대를 그토록 사랑하기에,
그대가 나를 생각하며 슬퍼하는 것보다,
차라리 그대의 정겨운 생각에서 잊히기를 바라노니.
아, 언젠가 내가 흙과 하나로 섞여 있을 때
그대가 이 시를 읽게 되더라도,

나의 하찮은 이름은 입 밖에 내지 말고
그대의 사랑도 내 숨결과 더불어 사라지게 하기를.
　영악한 세상이 슬픔에 잠긴 그대 모습을 보고,
　나 죽은 뒤에 그대를 비웃지 않도록.

소네트 72

아! 내가 죽은 뒤에도 그대가 나를 사랑한다면,
어떤 큰 덕이 나에게 있었느냐고 세상 사람들은 물으리.
사랑하는 이여, 나를 아주 잊으오.
나에게는 가치 있다고 증명할 것이 하나 없도다.
어쩌다 그대가 선의의 거짓말로
내가 가진 이상으로 나를 평가하거나,
인색한 진실이 기꺼이 주려는 것 이상으로
세상 떠난 나에게 지나친 칭찬을 하지 말기를.
아, 그대가 사랑을 위해 부당하게 나를 칭찬하여
그대의 진실한 사랑이 거짓으로 보여서는 안 되네.
나의 이름도 이 몸이 있는 곳에 묻혀서,
나에게도 그대에게도 더는 부끄럽지 않아야 하리.
　내가 쓴 시를 나 스스로 부끄러워하듯,
　그대도 가치 없는 것을 사랑해서 부끄러우리라.

소네트 73

그대는 나에게서 이러한 계절을 보리라,
누런 잎들이 몇 잎, 또는 하나도 없이
차가운 바람에 흔들리는 나뭇가지에서
고운 새들이 노래하던 이 폐허가 된 성가대 자리를.

그대는 나에게서 이런 황혼을 보리라,
저녁놀이 서녘 하늘로 넘어가고
곧 칠흑 같은 밤이 그 아름다운 자리를 차지하리니,
모든 것에 안식을 줄 두 번째 죽음이다.
그대는 나에게서 이런 불빛을 보리라,
모두 타버린 젊음의 재, 임종의 침대 위에
불을 붙게 하는 연료가 다하여
꺼져가는 불빛을.
　　이 깨달음으로 그대의 사랑은 더욱 강렬해져서
　　오래지 않아 두고 갈 것들을 더욱더 사랑하리라.

소네트 74

하지만 그대 안심하기를. 죽음의 사자가
어떠한 보석(保釋)도 허락지 않고 나를 데려가더라도
나의 생명은 이 시(詩) 안에 얼마의 몫으로 살아 숨 쉬리니,
이 시가 나를 기억하며 언제나 그대와 함께 있으리라.
그대에게 이 시를 바치리니
그대가 다시 읽고 그 시절로 돌아가리라.
대지로 돌아가는 것은 흙뿐, 시인의 몸이 돌아갈 자리라네.
내 영혼만은 그대의 것, 그것은 나의 더 좋은 부분이라네.
이 몸이 죽어 구더기 밥이 되어도
그대는 오직 생명의 찌꺼기만 잃는 것이로다.
죽음의 칼이 비열하게 정복하여도
그대가 기억하기에는 너무나 속된 것이로다.
　　육체의 가치는 그 안에 담긴 영혼에 있으니
　　그것은 바로 시이며, 그대와 함께 남으리라.

소네트 75

그러하니 그대는 내 생각에 생명의 양식,
또는 때맞춰 대지를 적셔 주는 단비.
그대가 주는 평안함으로 그토록 갈등이 일어나니,
구두쇠가 재산 때문에 늘 고뇌하고 다투는 것과 같네.
가진 이로서 오늘은 자랑스러우나,
곧 도둑질하는 세월이 그 보물을 훔칠까 불안해하네.
그대와 단둘이 있음을 지금은 가장 큰 기쁨으로 여기지만,
세상 사람들에게 나의 기쁨을 보여줄 수 있다면 더욱 기쁘리.
때로는 그대 모습을 바라보며 가슴 가득 만끽하고도,
어느새 보고픔에 굶주려 다시 안절부절못하게 되네.
그대가 주었거나 그대에게 받을 것 말고는
그 어떤 기쁨도 소유하거나 추구하지 않노니.
　이렇게 나날이 애타게 굶주리고 포식도 하며,
　모든 것을 먹어 치우거나 모두 물리치게 되네.

소네트 76

왜 나의 시는 새로운 자랑거리가 없으며,
다양성이나 재빠른 전환과는 거리가 먼가?
왜 나는 세월을 따라서, 새로운 작법이나
기이한 시어의 조합에도 곁눈질하지 않는가?
왜 나는 한결같이 한 가지만을 쓰고
널리 알려진 옷만을 새 작품에 입혀서는,
글자 하나하나가 내 이름을 떠올리게 하며
그 이름이 태어나고 이어진 과정까지 알게 하는가?
아, 사랑하는 이여, 나는 그대 이야기만 쓰고,
그대와 사랑이 언제나 내 시의 주제인 까닭이라네.

내게 최선의 작법은 옛글에 새 옷을 입혀,
이미 말한 것을 다시 말하는 것뿐.
　해가 날마다 새롭고도 오래되었듯이,
　내 사랑도 이미 말한 것을 여전히 말하고 있노라.

소네트 77

그대의 거울은 그대 아름다움이 어떻게 시드는지 비추어 주고,
그대의 시계는 그대 소중한 시간이 어떻게 사라지는지 보여주네.
이 빈 종이의 공간은 그대 마음의 자취를 간직하리니,
그대는 이 책에서 이러한 가르침을 배우게 되리라.
그대의 거울이 진실하게 비추어 주는 주름살은
입을 크게 벌린 무덤을 떠오르게 하리.
살그머니 지나는 시곗바늘의 그림자로 또한 그대는 알게 되리,
시간이 도둑처럼 어김없이 영원으로 가고 있음을.
보라, 그대의 기억 속에 담아둘 수 없는 것들을
이 쓸모없는 빈 종이에 맡겨둔다면,
그대의 머리에서 태어나 자라나는 아이들을 발견하고,
그대의 마음은 새로운 것들을 알게 되리라.
　그대가 이처럼 거울과 시계를 들여다볼 때마다,
　그대 영혼은 새로운 것을 얻고 그대의 글도 풍부해지리라.

소네트 78

그대는 나의 뮤즈, 그토록 자주 불러
나의 시에 아름다운 도움을 받았노라.
다른 낯모르는 시인들도 나처럼
그대 영혼의 숨결 아래 시를 발표하였네.

그대의 눈은 벙어리를 가르쳐 소리 높여 노래하게 하고,
어리석은 무지도 하늘 높이 날게 하며,
지혜로운 날개에 깃털을 더해 주고,
우아함에는 존엄성을 두 배로 주었노라.
그러나 내가 지은 시를 가장 높이 자랑해 주기 바라노니,
그대의 영감(靈感)을 받아 그대에게서 태어난 것이로다.
다른 시인의 작품에서 그대가 문체만 손을 대어도
예술은 그대의 품위를 갖추어 한결 우아해지노니.
    하지만 그대는 내 예술의 모든 것,
    나의 무딘 무지를 깨우쳐 드높이 끌어올리노라.

소네트 79

나 혼자만이 그대의 도움을 구하여
내 시만이 그대의 자비로운 은혜를 입었으나
이제 나의 우아한 시는 쇠퇴하리니,
병든 나의 뮤즈는 다른 곳으로 가버렸다네.
내 사랑 그대의 사랑스러움을 주제로,
더욱 훌륭한 시인이 산고의 아픔을 누리리.
그러나 그대의 시인은 그대가 가진 것을 창작하리니
그대에게서 훔쳐내어 그대에게 다시 돌려주는 것이라네.
시인이 그대에게 미덕을 주었으나, 그 말들은
그대 몸짓에서 찾아낸 것. 시인이 그대에게 아름다움을 주었으나
모두 그대 뺨에서 훔쳐낸 것. 그대를 노래함은
모두가 그대 안에 가지고 있는 것뿐이로다.
    그렇다면 그 시인이 하는 말에 감사할 필요 없으니,
    그가 그대에게 빚진 것을 그대가 갚는 거라네.

소네트 80

아, 그대에 관한 글을 쓸 때면 나는 한없이 작아지네.
나보다 나은 이가 그대 이름을 쓰고 있음을 알게 되니,
온 힘을 다하여 그대를 찬미하며
그대의 명성을 말하니 내 말문이 막히네.
그러나 그대 인품은 드넓은 바다와도 같아서
하찮은 범선이나 웅대한 선박도 다 함께 떠 있으니
그의 배보다 훨씬 못한 나의 불손한 조각배도
그대의 넓디넓은 바다에 멋대로 나타나네.
그대의 한없이 깊은 바다 위를 그가 항해할 때,
그대의 얄팍한 도움만 있어도 나는 떠 있게 되노라.
나는 부서져 가는 하찮은 조각배였을 뿐,
그 시인은 높게 지은 늠름한 선박이라네.
　　그가 행운을 얻고 나는 버림을 받아도
　　가장 나쁜 것은 이것이니, 사랑으로 나는 소멸되어 가리.

소네트 81

내가 그대의 비문을 쓰도록 오래 살거나,
아니면 내 몸이 썩어 흙이 되도록 그대가 살고
나의 모든 것이 잊혀도,
그대의 기억은 죽음도 빼앗지 못하리라.
내가 죽으면 이 세상에서 모든 것이 끝나도
그대 이름은 나의 시에서 영원토록 살아 숨 쉬리니.
이 땅은 나에게 흔한 무덤 하나를 줄 뿐,
그러나 그대는 세상 사람들 눈 속에 담겨 그렇게 안식을 취하리.
그대의 기념비에는 나의 정겨운 시가 노래하리니
아직 창조되지 않은 눈들이 눈여겨보리라.

지금 살아 있는 이들이 모두 떠난 뒤에도,
앞으로 태어날 혀들이 그대의 존재를 이야기하리라.
　　그대는 영원토록 살아 있으리—나의 펜에 그런 미덕 있으니—
　　크게 숨 쉬며, 사람들의 입가에 머무르리.

소네트 82

그대는 나의 뮤즈와 결혼하지 않았으니,
뭇 시인들이 아름다운 그대를 주제로 노래해도
그대에게 욕되지 않으며,
온갖 시마다 그대를 찬미하네.
그대는 아름다움도 학식도 더없이 뛰어나,
그대의 가치를 나의 찬미로는 다하지 못하네.
그리하여 그대는 발전하는 시대의 참신한
문체를 찾게 되었도다.
그렇다면 사랑하는 이여, 그렇게 하라. 그러나 이들은
수사법이 할 수 있는 과장된 필치로 시를 쓸 뿐,
그대의 참된 아름다움은 그대를 참되게 말하는
참된 벗의 언어 안에서 찾게 되리.
　　이들의 거친 화장은 핏기 없는 뺨에나 어울리는 것,
　　그대에게는 욕이 되노라.

소네트 83

나는 그대가 화장을 필요로 한다고 여긴 적 없으니
그대의 아름다움 또한 화장하지 않았노라.
나는 알거니와, 안다고 생각하노니, 그대의 은혜 입은 시인이
보답하려고 쓴 하찮은 헌시보다 그대가 한층 뛰어남을.

그래서 그대를 찬미하는 일을 소홀히 하였으나
그대 자신이, 살아서 그대로 보여주고 있으므로
오늘의 문체는 커져가는 그대의 가치를
다 그려내지 못했다네.
이 침묵을 그대는 내가 죄짓는 일이라 여길지도 모르나
벙어리인 것이 내게는 가장 영광스럽도다.
침묵함으로 나는 그대의 아름다움을 손상하지 않으나
다른 이들은 생명을 주고는 다시 무덤을 가져온다네.
 그대의 두 시인이 찬미하는 것보다
 그대 아름다운 두 눈에 더 많은 생명이 깃들어 있으니.

소네트 84

오직 그대만이 그대라네—이 지극한 찬미의 말보다
더 훌륭하게 그대를 찬미할 수 있을까? 누가 가장 잘할까?
그대의 몸만이 그대와 같은 존재가 있음을
보여주는 아름다움의 저장소.
그의 주제에 작은 영광이나마 주지 못하면
그 문체는 여위고 빈약한 것이 되리.
그러나 그대에 대해서, 그대만이 그대라고
말할 수 있다면, 시인의 말을 더욱 품위 있게 하리.
그가 자기 안에 쓰여 있는 것을 베끼기만 하면
자연이 말끔히 만들어 놓은 것을 잘못 표현하는 것이 아니니,
이러한 모방은 그의 재주를 널리 알려서
그의 문체는 어디서나 칭찬받으리라.
 그대가 찬미받기 좋아하면, 축복받은 그대의
 아름다움은 저주받아, 그 찬미를 악하게 만드노라.

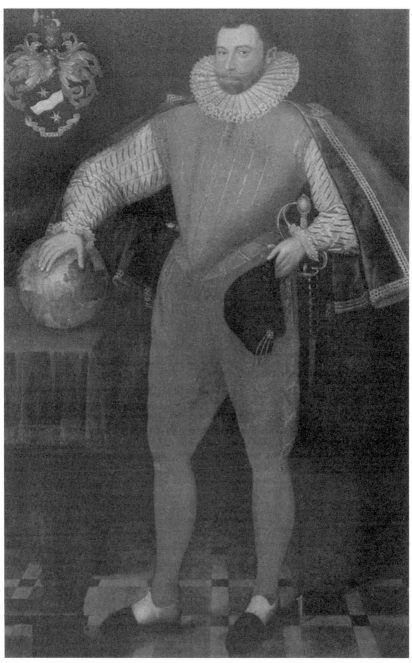

소네트 83, 프랜시스 드레이크 경 작자 미상. 1580.

소네트 85

말문 막힌 나의 뮤즈가 예절을 지켜 침묵할 때,
그대를 찬미하는 글이 풍요롭게 쓰여져
황금의 필치로 그대 성품을 간직하니,
온갖 뮤즈들이 다듬은 귀중한 구절이로다.
다른 시인들이 좋은 말을 쓰는 동안 나는 좋은 사색을 하고,
유능한 자가 세련된 붓으로 화려하게
써놓은 모든 찬미의 노래에도
나는 늘 무식한 사제처럼 "아멘" 하고 외치나니.
그대를 찬미하는 소리를 들으면 "그렇소, 사실이오"라고
최고의 찬사에 또 무언가를 덧붙이노라.
그러나 그것은 내 생각속에 있으니, 그대를 향한 내 사랑은,
나의 입으로는 가장 늦게 나와도 마음만은 앞서 있다네.
    그대여, 다른 시인들에게서는 말의 숨결을 존중하고,
    나에게서는 실제로는 말하고 있으나 침묵하는 생각에 귀 기울여 주길.

소네트 86

그의 위대한 시가 내 머리의 관 속에서 죽어
시상(詩想)이 자라난 자궁은 시상의 무덤이 되었으니,
이는 더없이 소중한 그대에게 칭찬과 상을 바라고
위대한 시구의 돛을 자랑스럽게 활짝 폈기 때문일까?
나를 죽게 한 것은 초인적인 시의 작법을
악마에게서 배운 그 시인의 영혼이었을까?
아니, 나의 시를 놀라게 한 것은 그도 아니고
밤에 그를 도와준 동료도 아니라네.
그 시인도, 또 밤마다 지혜로 홀리는
정답고 친근한 유령도 아니니,

나를 침묵하게 한 승리자로 자랑하지 못하리라.
나는 그런 일로 괴로워한 적도 없었다네.
　그러나 그대가 그의 시에 호의를 베풀면
　나는 시제(詩題)를 잃고, 나의 시도 의기소침해진다네.

소네트 87

안녕히! 그대는 내가 소유하기에는 너무도 귀한 사람.
아마도 그대는 자기의 가치를 잘 알고 있으리.
그대 가치의 특권은 그대를 자유롭게 하리니,
그대에게 갖는 나의 권리는 모두 끝나버렸네.
그대 허락 없이 내가 어찌 그대를 붙잡으리?
그러한 부를 누릴 자격이 내게 어디 있으리?
나는 이 아름다운 선물을 받을 자격 없으니,
나의 특권은 그대에게 돌아가리라.
그대는 그대의 가치를 모르거나
나를 잘못 보아서 준 것이리.
그대의 위대한 선물은 오해로 준 것이니,
이제 바른 판단으로 다시 그대에게 돌아가리라.
　그대를 가진 것은 황홀한 꿈처럼,
　잠들면 왕이지만 깨어나면 아니라네.

소네트 88

그대가 나를 가벼이 여겨
나의 가치를 깔보아도,
나는 그대의 편이 되어 나 자신과 싸우리니
그대가 사랑을 배반해도, 그대의 고결함을 밝히리.

나의 약점을 가장 잘 아는 그대가,
이제까지 내가 저지르고 숨겨두었던
허물을 이야기로 만들어 낼 수 있으리니,
그대는 나를 버림으로써 영예를 얻으리.
이렇게 하면 나도 얻음이 있으리니,
내 모든 사랑을 그대에게 줄 수 있으리.
나 자신에게 상처가 되어도
그대를 이롭게 하는 것이, 나에게는 두 배의 이익이도다.
　이것이 나의 사랑, 나는 그대의 것,
　그대를 위해 어떤 그릇됨도 참아내리라.

소네트 89

내게 허물이 있어 그대가 나를 저버린다 말하오.
그러면 나는 그 죄를 하나하나 증명해 보이리다.
나를 절름발이라 말하면 절름발이가 되리다,
그대의 이치에 반항하지 않으려니.
사랑하는 이여, 우리 관계를 바꾸려 핑계를 대어
나를 욕되게 하여도 별것 아니라네,
그대의 뜻을 알고 나는 스스로 나를 욕되게 하며,
우리 사이를 서로 모르는 것처럼 보이리라.
그대가 가는 곳에 가지 않으며,
내 입에 그대의 아름다운 이름마저 담지 않으리라.
너무도 못난 나는, 우리의 오랜 우정을 내세워
그대 이름을 욕되게 하지는 않겠노라.
　그대를 위해 나 자신과 맞서 싸우리라,
　그대가 미워하는 자를 나도 사랑할 수 없기에.

소네트 88, 〈최후의 만찬〉 속의 예수   레오나르도 다 빈치

소네트 90

그대, 나를 미워하려거든 지금 미워하오.
세상 사람들이 나의 행동을 가로막는 지금,

심술궂은 운명과 짜고 나를 굴복시켜서
그 뒤에는 다시 이런 불운을 만나게 하지 마오.
아, 내 마음은 이 슬픔에서 벗어나려 하니,
비탄의 뒤안길에서 서성이게 하지 마오.
예정된 파멸이나마 지체하며, 바람 부는
밤에 이어 아침까지 그 비를 맞지는 않으리.
나를 떠나려거든, 지금 떠나주오.
다른 하찮은 비탄들도 나에게 원한을 품으리니,
처음에 그렇게 해주면 나는 일찍이
그 최악의 운명을 맛보게 되리라.
　　지금 슬픔으로 보이는 다른 슬픔들은,
　　그대를 잃는 데 비하면 슬픔도 아니로다.

소네트 91

어떤 자는 가문을, 어떤 자는 재주를
어떤 자는 재산을, 어떤 자는 체력을
어떤 자는 새로운 유행에 어울리지도 않는 옷을
어떤 자는 매나 사냥개를, 어떤 자는 말(馬)을 자랑하네.
모든 사람에게는 그 기질에 맞는 즐거움이 있으니
그 가운데서도 더 나은 기쁨을 찾아다니네.
그러나 이런 것들은 내 삶의 기준이 되지 않으니,
나에게는 오직 하나 가장 좋은 것이 있어 이 모든 것을 뛰어넘네.
고귀한 가문보다 귀하고
재산보다 값지며, 비싼 옷보다 자랑스럽고
매나 말보다 더욱 큰 기쁨인 나의 사랑,
그대를 가졌으니 모든 남자의 긍지를 나는 자랑하노라.
　　오직 한 가지 비참한 일은, 그대가 이 모든 것을
　　내게서 가져감이라, 이는 나를 가장 슬프게 하리.

소네트 92

그대가 나에게서 몰래 떠나는 가장 악한 일을 하여도,
내가 살아 있는 동안은 그대는 분명 나의 것이리.
나의 목숨은 그대의 사랑보다 오래 살지 못하려니,
내 삶은 그대 사랑에 기대어 살기 때문이라네.
나는 가장 악한 일도 두려워할 필요 없으며,
가장 작은 악에도 나의 생명은 이미 끝나버리리.
그대의 기분에 매달려 살기보다는
스스로 더 좋은 마음의 상태를 구하여
그대의 변덕으로 나를 괴롭히지 못하게 해야 하리,
내 목숨은 그대의 마음에 달려 있으니까.
행복하게 그대의 사랑을 받고, 행복하게 죽는다면
아, 이 얼마나 행복한 특권인가!
　　그러나 오점을 두려워 않는 축복받은 아름다움이란 무엇인가?
　　그대가 잘못을 저지른다 해도 나는 모른다네.

소네트 93

그리하여 나는 속는 남편과 같이,
그대가 진실함을 믿으며 살리라.
사랑의 얼굴이 바뀌어도 사랑으로 보이려니.
그대 마음이 다른 곳에 있어도 그대의 모습은 나와 함께 있으리.
그대 눈에는 미움이 깃들지 않으니
그대의 마음이 변했음을 알 수 없기 때문이라네.
수많은 이의 얼굴에는 거짓된 마음의 역사가
표정이나 찌푸린 얼굴과 야릇한 주름살로 쓰여 있네.
하지만 그대를 창조한 하늘이 명령하였으니
그대 얼굴에는 아름다운 사랑만이 언제나 머무르리.

그대의 생각이나 마음가짐이 어떠하든지
그대 얼굴은 아름다운 것만 말하리.
　그대가 지닌 미덕이 그대 모습과 일치하지 않아도
　그대의 아름다움은 하와의 사과와 함께 자라나리라!

소네트 94

남을 해칠 힘이 있어도 해치지 않는 이들,
잘할 것 같아 보이는 일을 하지도 않는 이들,
남을 감동시켜도 자신은 돌처럼 아무런 동요 없이
냉정하여 유혹에 잘 빠지지 않는 이들,
그들은 참으로 하늘의 은총을 이어받고도
자연의 부를 아끼는 이들이라.
그들이야말로 자신들 얼굴의 주인이라 할 수 있으니,
다른 이들은 그들의 빼어남을 돋보이게 할 뿐이네.
여름 꽃은 자기의 삶을 살다가 갈 뿐이나,
여름철을 아름답게 꾸미노라.
그러나 꽃이 몹쓸 병에 걸리게 되면,
가장 낮은 잡초마저 이 꽃의 품위를 뛰어넘으리.
　아무리 달콤한 것도 그 행위로 시큼해지니,
　썩어가는 백합이 잡초보다 더한 악취를 풍기네.

소네트 95

그대는 치욕을 얼마나 달콤하고 사랑스럽게 만드는지!
향기로운 장미꽃 속 벌레처럼
피어나는 그대의 아름다운 이름에 오점을 찍는 치욕을.
아, 얼마나 달콤한 향기 속에 그대는 죄악을 감싸는지!

그대의 젊은 날을 이야기하는 혀도
그대의 향락에 음란한 평을 하지만
비난의 말도 찬사가 되어버리고,
그대의 이름을 말하면 나쁜 평도 축복받노니.
아, 얼마나 훌륭한 집인데,
악덕이 머무르려 그대를 택하다니,
그곳에서는 아름다운 베일이 모든 오점을 덮어
눈에 보이는 모든 것이 아름답게 바뀌네!
　　사랑하는 이여, 이 특권을 조심하오,
　　더없이 강한 칼도 잘못 쓰면 날이 상하느니.

소네트 96

어떤 이는 그대의 허물을 젊은 탓이라, 어떤 이는 방탕이라 말하며
어떤 이는 그대의 우아함을 젊음이라, 점잖은 놀이라 말하네.
우아함과 허물 둘 다 누구에게나 사랑받으니
그대는 온갖 허물을 우아하게 만드네.
왕관을 쓴 여왕의 손가락에 끼면
하찮은 보석도 값진 대우를 받듯이,
그대 내면의 잘못도 그러하여
참모습으로 보이고 참된 것으로 생각되노라.
사나운 늑대가 양처럼 모습을 바꿔 보이면
얼마나 많은 양들이 속아 넘어갈까!
그대 또한 그대 신분이 누리는 모든 힘을 쓴다면
바라보는 이들을 얼마나 많이 유혹할 것인가!
　　그러나 그러지 마오. 내가 그대를 이토록 사랑하니
　　그대는 나의 것, 그대의 명성 또한 나의 것이라네.

소네트 97

덧없이 흐르는 세월의 즐거움인 그대가 없으니,
이 겨울을 나는 어찌 보내야 할까!
얼마나 시리고 얼마나 어두운 나날이 될까!
어디를 둘러보아도 노쇠한 섣달은 황량하기만 하리!
그래도 우리가 헤어진 때는 여름이었지.
조잘대는 봄의 씨앗을 틔워낸
값진 수확으로 풍요로워진 가을도
남편을 여읜 과부의 자궁과 같으니,
이 충만한 결실도
내게는 고아의 희망이나 아비 없는 자식으로 보이네.
여름과 그 향락도 그대를 섬기노니,
그대가 떠나고 없음에 여름새들도 침묵하네.
　　때때로 들려오는 새들의 노랫소리가 음울하기만 하니,
　　다가오는 겨울이 두려워 잎사귀도 창백해지네.

소네트 98

봄에 그대와 나는 떨어져 있었네,
알록달록 화사하게 한껏 차려입은 사월은
만물에 젊음의 활기를 불어넣으니
침울하던 사투르누스*5도 웃으며 춤을 추었네.
그러나 새들의 노랫소리도
향기와 빛깔이 다른 온갖 달콤한 꽃들도
내가 여름 이야기를 하거나
산골짜기에서 바람에 흩날리는 꽃을 따게 하지는 못하네.

---

*5 로마 신화에 나오는 농경과 계절의 신. 그리스 신화의 크로노스.

나는 백합의 새하얀 빛깔에 놀라지도
장미의 짙은 붉은빛을 노래하지도 않네.
꽃들은 아름다우나 그대의 모습을 그려낸 것일 뿐,
그대가 온갖 꽃들의 아름다움의 근원이었노라.
　　하지만 그대가 가고 없으니 내게는 여전히 겨울,
　　그대의 그림자로 알고 꽃들과 놀아주었네.

소네트 99[*6]

나는 일찍 핀 제비꽃을 이리 꾸짖었노라.
"상냥한 도둑, 내 사랑하는 이의 입김에서가 아니라면,
너의 달콤한 향기는 어디서 훔쳐왔지?
너의 보드라운 뺨 위로 화사한 보랏빛은, 내 사랑하는 이의
혈관을 타고 흐르는 붉은빛을 너무나 진하게 물들인 것이다."
백합에게 새하얀 그대 손을 훔쳐왔다 죄를 선고하고 보니,
마저럼 꽃봉오리도 그대의 머리칼을 훔쳤네.
가시 위 장미들은 겁먹고 서 있으니, 한 송이는 부끄러워
낯을 붉히고, 또 한 송이는 절망으로 창백해졌네.
세 번째, 붉지도 희지도 않은 장미는, 두 빛을 모두 훔쳐내고
그대의 입김까지 훔쳤다네.
그러나 도둑질한 벌로, 장미가 한창 화려함을 자랑할 때
복수심에 찬 벌레는 갉아먹어 죽게 하였노니.
　　이 꽃 저 꽃을 눈여겨보았지만
　　향기도 빛깔도 그대에게서 훔쳐온 것뿐이구나.

[*6] 다른 소네트(14행)와 달리 15행으로 되어 있다.

소네트 100

뮤즈여, 어디 있는가? 그토록 오랫동안
그대의 온갖 전지전능함을 찬미하는 이를 잊었으니.
그대는 하찮은 노래에 그대의 열정을 쏟아부으려는가?
비천한 주제에 빛을 주려 그대의 힘을 희미하게 하니.
돌아오라, 쉽게 잊어버리는 뮤즈여,
헛되이 써버린 세월을 고아한 시구(詩句)로 바로 보듬어라.
그대의 시를 소중히 여기고, 그대의 붓 끝에
기교와 주제를 안겨주는 그 귀에다 노래하라.
일어나라, 게으른 뮤즈여,
시간이 내가 사랑하는 이의 고운 얼굴에 주름을 새겨 놓았는지 보라.
만일 하나라도 있다면, 쇠퇴를 풍자하는 시인이 되어
시간의 겁탈을 어디서나 경멸받게 하라.
　　시간이 생명을 낭비하기 전에 나의 사랑에게 명성을 안겨주어라.
　　그리하여 그 얼굴에서 큰 낫과 굽은 칼을 그대가 막아내어라.

소네트 101

오, 게으른 뮤즈여, 아름다움에 물든 진실을
소홀히 한 죄, 무엇으로 배상하려는가?
진실과 아름다움도 내가 사랑하는 이에게 기대나니,
그대도 그리하여 위엄이 생기노라.
대답하라, 뮤즈여, 그대는 이렇게 말하리라,
"진실은 그 정해진 빛깔이 있으니 채색이 필요 없으며
아름다움은 그 아름다움에 더할 붓이 필요치 않노라.
가장 훌륭한 것은 아무것도 섞이지 않았을 때이다."
찬사가 필요치 않다면, 벙어리로 있으려는가?
그대 침묵을 그렇게 변명하지 말라.

그가 황금의 무덤보다도 길이 살게 하여
후세에 찬미받게 함은 그대의 책임이노라.
　뮤즈여, 그대의 일을 하라. 내가 알려주리니,
　오늘 보이는 그대로 미래에도 보여지게 하리라.

소네트 102

나의 사랑은 겉으로는 약하게 보이지만 강해졌다네.
나의 사랑은 보기에는 줄어들었으나 줄지 않았다네.
사랑을 지닌 자가 아무데서나 그 가치를 떠들면
사랑은 상품이 되고 마는 법.
우리들 사랑은 봄에 새싹처럼 돋아났으니,
나의 노래로 우리 사랑을 맞이했네.
나이팅게일이 여름이 시작되면 노래를 부르다가
가을이 되면 그치는 것과 같으리.
새의 슬픈 노래가 잦아드는 밤보다
지금 이 여름철이 즐겁지 않다는 것은 아니니,
나뭇가지마다 거친 음악으로 시끄러우면
그 고운 소리도 흔해지고 소중한 기쁨도 사라지리.
　그러므로 나도 때로는 새처럼 침묵하리니,
　그래야 나의 노래로 그대가 지루하지 않을 테니까.

소네트 103

아, 나의 뮤즈는 얼마나 빈약한 시(詩)를 만들어 내는지!
그 화려한 재주를 마음껏 펼칠 수 있음에도,
그 주제는 나의 찬사를 따로 더하기보다
사실 그대로인 것이 더욱 가치 있으려니.

아, 이제 더는 쓰지 못하여도 나를 나무라지 마오!
그대여, 거울을 들여다보오, 거기에 한 얼굴 드러나려니
그것은 나의 무딘 창작시보다 아주 뛰어나며
나의 시구를 무색케 하고 나에게 모멸감을 주노라.
그러니 훌륭했던 주제를 다시 고치려다가
도리어 못쓰게 하면, 어찌 죄스럽지 않겠는가?
나의 시는 그대의 우아함과 재능을
노래하려고 쓴 것에 지나지 않노라.
　　나의 시가 보여주는 것보다 더 많은 것들을 보여주리,
　　그대가 바라보는 거울 속 그대 얼굴은.

소네트 104

아름다운 벗이여, 나에게 그대는 늙지 않는 듯하여라.
내가 처음 그대 눈을 바라보았을 때와 같이
오늘도 그렇게 아름다워라. 세 번의 추운 겨울이
나무숲에서 여름의 화려함을 세 번 흔들고,
아름다운 봄이 세 번 황금빛 가을로 바뀌는
계절의 변화를 나는 보았네.
사월의 향기가 세 번이나 무더운 유월에 타오르니,
푸르고 싱싱한 그대를 처음 본 뒤의 일이었네.
아, 그러나 아름다움은 시계 문자판 바늘처럼
그 눈금에서 살며시 달아나 발자국도 남기지 않았네.
아름다운 그대의 자태는 그대로인 듯 보이지만
실은 움직였으니 아마도 내 눈이 속은 것이라.
　　이를 걱정하노니, 아직 태어나지 않은 세대여, 들어보라,
　　너희가 태어나기 전에 아름다운 여름은 이미 죽었노라.

소네트 105

나의 사랑을 우상 숭배라 부르지 말라.
내가 사랑하는 이를 우상처럼 본다고 말하지 마라.
나의 노래와 찬사는 언제나
오직 한 사람에게, 오직 하나를 위해 하는 것이니.
내가 사랑하는 이는 오늘도 다정하고 내일도 다정하여
한결같으니 감탄하고도 남으리.
나의 시도 한결같이 정해져 있으니
하나만을 표현하고 다른 것은 버리리.
'아름답고, 친절하고, 진실함'은 내 주제의 전부라,
'아름답고, 친절하고, 진실함'은 다른 말로 바꿀 수 있으니
이런 변화에 나의 창작이 쓰이네.
주제의 삼위일체, 이는 놀라운 세계이니라.
　'아름답고, 친절하고, 진실함'은 흔히 홀로 지내왔으며,
　이 셋이 함께 자리한 적은 아직 없다네.

소네트 106

지나간 세월의 기록에서
가장 아름다운 인물들을 그리고
세상을 떠난 귀부인들이나
멋진 기사들을 찬미할 때,
사랑스러운 여인들 가운데서 가장 아름다운 여인의
손, 발, 입술, 눈, 이마를 그려낸
옛 시인의 펜촉은
바로 오늘 그대가 지닌 아름다움을 말하고 있네.
그래서 그들의 모든 찬사는 우리 시대를
예언한 것에 지나지 않으니, 모두 그대를 예상한 것이라,

그들은 오직 상상하는 눈으로 보았기에,
그대의 미덕을 충분히 노래하지는 못했네.
　지금 이 세상을 바라보는 우리에게는
　경탄할 눈은 있어도, 찬미할 혀는 없어라.

소네트 107

나 자신이 지닌 두려움도,
다가올 일들을 꿈꾸며 넓은 세계를 예언하는 영혼도
내 참된 사랑의 기간만은 마음대로 못하리,
그 종말이 정해져 있는 듯이 보여도.
인간계의 달*7은 월식을 견뎌내어
우울한 점쟁이들은 자신의 예언을 비웃으니,
불안도 이제는 확신의 왕관을 쓰고,
평화는 올리브 나뭇가지의 영원한 미래를 선언하네.
지금은 가장 향기로운 계절의 이슬에 젖어
내가 사랑하는 이는 힘이 넘치고, 죽음은 나에게 무릎을 꿇네.
죽음이 어리석고 말 못하는 이들을 멸시한대도,
나는 죽음을 당할지언정 이 서툰 노래 속에 살리라.
　그대는 이 노래에서 그대의 기념비를 찾으리,
　폭군의 문장(紋章)과 청동 무덤이 사라진 때에도.

소네트 108

그대에게 나의 참된 영혼을 보여주지 못했다면,
내 머릿속에서 무엇을 꺼내어 그대에게 글로 보여줄 수 있을까?

---

*7 영국의 여왕 엘리자베스 1세를 일컫는다.

소네트 107, 엘리자베스 1세 여왕(1533~1603, 재위 1558~1603)

새로이 말하고 새로이 기록할 그 무엇이 남아 있어,
내 사랑이나 그대의 소중한 덕을 표현하겠는가?

그러한 건 없느니, 사랑하는 이여,
신성한 기도처럼 날마다 같은 것을 되풀이해야만 하리.
오래된 것을 낡았다 여기지 않으려니 그대는 나의 것, 나는 그대의 것.
그대의 어여쁜 이름을 내가 처음 거룩하게 여긴 때와 같으리.
영원한 사랑은 새로운 집에서
세월의 먼지와 상처를 무시하고
꼭 오고야 마는 주름살도 막으며,
노년을 영원한 들러리로 삼으리.
　시간도 외모도 죽은 듯이 보여도
　사랑의 싹이 움튼 그곳을 기억하리라.

소네트 109

아, 떠나 있어서 나의 열정이 식은 것처럼 보여도
나의 사랑이 부족하다고는 말하지 말기를.
그대 가슴에 깃든 나의 영혼에서 떠남보다
나 자신에게서 떠남이 더 쉬우리니.
그대 가슴은 내 사랑의 집, 헤매어 다녀도
여행자처럼 다시 돌아가리.
세월이 지나도 변함없이 때가 되면 찾아와
나의 오점을 씻어낼 눈물을 흘리리라.
모든 기질을 괴롭히는 온갖 약점이
나의 천성을 지배한다 해도,
아무런 까닭 없이 그대의 모든 미덕을 저버릴 만큼
터무니없이 타락했다고는 믿지 말기를.
　그대가 없으면 이 넓은 우주는 허무한 것,
　나의 장미여, 그대는 이 우주 안에서 나의 전부라네.

소네트 110

아, 슬프게도 사실인즉, 이 몸은 이곳저곳을 다니며
세상 사람들 눈에 광대짓을 하였으니
그대 자부심에 상처를 주고, 가장 귀한 것을 헐값에 팔아,
새로운 사랑으로 지난날 사랑에게 죄를 저질렀다네.
확실히 나는 진실을 곁눈질로 낯설게 보았노라.
그러나 무엇보다도 이 곁눈질이
나의 마음에 또 다른 젊음을 주었으니,
나쁜 경험은 그대가 내게는 최고의 사랑임을 증명한다네.
모든 것이 끝난 지금, 끝없는 나의 사랑을 받아주오.
이제 다시는 옛 친구를 시험하지 않으리,
새로운 대상을 찾아 내 욕망을 갈고닦지 않으리니,
나를 얽어매는 그대, 사랑의 신이여.
　　나를 받아주오, 천국 다음으로 소중한 그대,
　　그대의 순수하고 가장 사랑 깊은 가슴으로.

소네트 111

아, 나를 위하여, 그대가 운명의 여신을 꾸짖어 주오,
내게 못된 짓을 하게 한 죄지은 여신이니.
나의 삶을 위해 베푼 것은 기껏해야 세상의 예의범절을
가르치는 처세술 이상은 아니었네.
내 이름에 오점이 찍히고
나의 천성이 과업에 얽매여
염색공의 손같이 엉망이 된 것도 이 때문이오.
그러니 불쌍히 여겨, 내가 새사람이 되도록 빌어주오.
그리하면 나는 독한 병을 고치려
스스로 환자가 되어 어떤 극약이라도 마시리.

쓴 것도 쓰다 여기지 않으려니,
벌에 벌을 이중으로 받는 고행도 아니리.
　　사랑하는 벗, 나를 불쌍히 여겨주오. 그대에게 보증하니,
　　그대 동정으로도 나의 병을 고치기에 충분하리.

소네트 112

그대의 사랑과 동정은
속된 추문이 내 이마에 찍어놓은 낙인을 없애주리.
나를 선하다, 악하다 하는 이를 뉘라서 상관하리오?
그대가 내 악을 푸르게 덮어 선함을 인정해 주니.
그대는 나의 온 세상이라, 그대 입에서
나의 부끄러움과 미덕을 들으려 힘써야 하리.
나에게는 아무도 없으며 나도 남을 위해 살지 않으니,
나의 강철 같은 마음을 선이나 악으로 바꾸지 않으리.
다른 사람이 하는 말에 대한 온갖 관심을
깊은 연못에 던져버리고,
살무사 같은 마음으로 비평이나 아부도 듣지 않으려니.
내가 얼마나 무관심하게 되었는지 살펴보오.
　　그대는 이토록 강하게 내 마음에 자리 잡았으니,
　　다른 세상은 모두 죽은 것이라 여기리라.

소네트 113

그대를 떠난 뒤, 내 눈은 내 마음속에 있나니
내가 가는 곳을 이끌어 주어야 할 눈이
그 기능을 떠나버려 거의 보이지 않아,
보는 것 같지만 사실은 보지 못하네.

눈이 보는 것, 새나 꽃이나 다른 것들의 모습
하나하나 마음에 전하지 못하고,
빨리 지나쳐 본 것도 마음에 남기지 못하니
나의 눈은 자기가 본 것을 알아차리지 못하네.
가장 무례하거나 가장 친절한 것을 보아도
가장 아름답거나 가장 혐오스러운 것을 보아도
산이나 바다, 낮이나 밤, 까마귀나 비둘기를 보아도
눈은 이 모든 것을 그대 모습으로 만들어 버리네.
　　그대만으로 가득 차서 더 담을 수 없으니,
　　진실한 내 마음은 이렇게 나의 눈을 속이네.

소네트 114

내 마음이 그대와 더불어 왕좌에 올랐으니
제왕을 괴롭히는 이 아첨을 마셔야 할까?
아니면 내 눈이 진실을 말하노니
그대의 사랑이 내 눈에 연금술을 가르쳐,
괴물이나 추악한 존재들도
그대의 수려한 모습을 닮은 천사같이 만들어,
물체들이 그 빛 아래로 모여들면
모든 악도 가장 높은 선으로 창조된다고 말할까?
아, 처음이라, 이 눈에 아첨을 하니
내 위대한 마음이 제왕과 같이 그것을 마시네.
이 눈은 마음이 좋아하는 것을 잘 아노니,
그 입김에 맞게 잔을 준비하노라.
　　잔 속에 독을 넣었다 해도 그 죄는 가벼우리,
　　내 눈이 그 독을 사랑하여 먼저 마셔버렸으니.

소네트 115

내가 전에 쓴 시구는 거짓이노라,
내가 그대를 더없이 사랑한다고 말한 것까지도.
그때 가장 밝게 타오른 나의 불길이
훗날 더 밝게 타오르리라고는 생각지 못했으니.
시간이 가져오는 백만 가지 사건이
서약들 사이에 끼어들면 국왕의 칙령을 바꾸어 놓고
신성한 아름다움을 추하게, 예민한 속셈을 둔하게 하며,
강한 신념도 변화의 흐름에 따라 바뀐다고 알게 되었으니.
아, 슬프구나. 시간의 난폭함을 두려워했다면, 어찌
"지금 나는 그대를 가장 사랑한다"고 말하지 못했을까?
내가 현재를 찬미하고, 과거와 미래를 의심하며,
불확실한 것을 확신할 때였기에?
　　사랑은 아기*8와 같으니, 그때는 그렇게 말하지 못했으리라,
　　　오늘도 자라고 있으며, 더 자라 완전한 어른이 되어야 하니.

소네트 116

진실한 마음을 가진 이들의 결혼에
훼방꾼은 허용되지 않으리.
상황이 바뀜에 따라 변하고,
상대가 떠났다고 돌아서는 사랑은 사랑이 아니니.
오, 그것은 사랑이 아니리! 사랑은 영원히 변치 않는 목표,
비바람을 맞아도 흔들리지 않으리.
사랑은 방황하는 조각배들을 이끄는 별,
그 높이는 잴 수 있으나 그 가치는 헤아릴 수 없네.

─────────

*8 로마 신화에서 사랑의 신 큐피드(그리스 신화의 에로스)는 날개가 달린, 활과 화살을 가지고
　　다니는 알몸의 어린아이.

소네트 116, 시의 영감을 지닌 예술가의 초상　안젤리카 카우프만. 1782.

사랑은 세월의 어릿광대가 아니니,
장밋빛 입술과 뺨은 시간이라는 낫으로 상처낼 수 있으나
사랑은 짧은 시간에도 변함 없으리니,
마지막 심판일까지 견디어 내리라.
　　이 생각이 잘못된 것이라 증명된다면, 나는
　　더는 글을 쓰지 않으리, 또 누구도 사랑하지 않으리.

소네트 117

나를 이렇게 꾸짖어 주오.
그대의 큰 은혜에 보답해야 하는 나, 그대에게 너무 소홀했다고.
날마다 모든 의무를 다하여야 함에도,
가장 소중한 그대의 사랑을 찬미하는 일을 잊었네.
나는 모르는 사람들과 자주 어울리다
귀하게 얻은 그대를 사랑할 권리를 시간에게 주어버렸네.
온갖 바람에 돛을 달아
그대 시야에서 저 멀리 떠나갔다네.
일부러 하였건, 실수였건 모두 기록하여
바른 증거 위에 의혹들을 모아두었다가
그대의 찌푸린 눈앞에 나를 데려다주오.
그러나 증오에 가득 차서 나를 쏘아보지는 마오.
　　그대 사랑의 정조와 미덕을 증명하려
　　　노력하였음을 나의 호소가 말해 주리니.

소네트 118

우리의 입맛을 더욱 돋우려
갖은 양념으로 혀를 자극하듯이,
병이 드러나기 전에
약을 써서 미리 막으려다 병을 얻듯이,
바로 그렇게, 물릴 줄 모르는 그대의 달콤함을 가득 채우려고
나의 음식에 쓴 양념을 넣었다네.
편안함에 싫증 나 다른 방법을 찾아냈으니
병이 오기 전에 미리 앓아보는 것이라.
이처럼 사랑의 방책은 오지도 않은 불행에 대비하려다
정말로 과오를 저지르게 되느니,

생기지도 않은 병을 고친다고, 건강한 몸에
약을 주어 몸을 상하게 하는 것과 같네.
　　그래도 나는 참된 교훈을 배워 알게 되었으니,
　　그대에게 싫증 난 이에게는 약도 독이 되리.

소네트 119

지옥같이 잔혹하게 걸러낸, 세이렌*9
눈물로 만든 독주를 얼마나 마셨는가!
희망에 두려움을, 두려움에 희망을 주노니,
나 스스로 얻었다고 여겼음에도 언제나 잃었다네!
더없는 축복을 받았다고 생각하는 동안에도
내 마음은 얼마나 형편없는 실수를 저질렀는가!
이 미친 열병의 혼돈 속에 나의 눈망울은
제자리를 잃고서 얼마나 헤매었던가!
오, 악에도 얻는 것이 있음을 이제야 깨달았으니
선한 것은 악으로써 더욱 선한 것이 되리.
무너진 사랑이라도 새로이 쌓아올리면
처음보다 더 아름답고 굳건하며 위대해지리.
　　그러므로 나는 비난받아도 만족스러우니,
　　악에 의해 잃은 것의 세 배는 더 얻었음이라.

소네트 120

그대는 한때 내게 무정했으나 이제는 친구가 되었으니
그때 내가 느낀 슬픔으로 말미암아,

---

*9 Seiren. 그리스 신화에 나오는 바다의 요정. 여자의 얼굴에다 몸은 새처럼 생긴 괴물로, 이탈
리아 근해에 나타나 아름다운 노랫소리로 뱃사람들을 홀려 죽게 했다고 한다.

내가 지은 죄를 허리 굽혀 사죄할 수밖에 없노라,
내 신경이 구리이거나 두드려 만든 강철이 아니라면.
내가 그대로 말미암아 고통받았듯 그대가 나의 무정함으로
고통받았다면, 그대는 지옥과 같은 시간을 보냈으리.
나 또한 폭군과도 같이 헤아려볼 여유조차 없었다네,
한때 내가 그대 때문에 얼마나 고통스러운 나날을 보냈는지를.
아, 비통한 밤이, 내 마음 깊이 기억을 되살리네.
얼마나 커다란 슬픔이 나를 쓰러뜨렸던가.
그대가 그때 내게 그랬듯이,
상처받은 그대 마음에 참회의 고약을 발라주어야 하리!
　　그러니 그대의 잘못은 이제 보상이 되리라.
　　나의 죄는 그대 죗값을, 그대의 죄는 내 죗값을 치러주리.

소네트 121

악하다고 여겨지느니 차라리 악한 것이 나으리,
그러한 비난받을 까닭이 없을 때에는.
나의 느낌이 아니라 남들 눈에 의해 평가되어
정당한 것으로 인정받아야 할 즐거움을 잃게 되느니.
어찌하여 남들의 허위에 찬 음탕한 눈들이
나의 열정에 돌을 던지는가?
또는 나보다 약점 많은 이들이 나의 약점을 찾아내어
내가 선이라고 여기는 것을 제멋대로 악하다 말하는가?
아니, 나는 나일 뿐, 나를 비난하는 이들은
그들 자신을 비난하는 것이리.
그들은 빗겨나, 나는 바로 가는 것이니.
그 타락한 생각으로 나의 행위를 보아서는 아니 되리.
　　인간은 모두 악하고 그 악이 세상을 지배한다는
　　그런 일반적인 성악설(性惡說)을 지지하지 않는 한.

소네트 122

그대가 준 선물, 그 수첩은 지금
나의 머릿속에 잊지 못할 기억으로
보잘것없는 지면(紙面)들을 넘어
모든 시대를 지나 영원히 남으리.
아니면 적어도 자연의 원리대로
뇌와 심장이 살아서 제 기능을 하는 한,
그대 기억이 하나하나 망각 속으로 사라지기까지
그대의 기록은 결코 잊히지 않으리.
그 초라한 수첩이 수많은 것을 모두 간직하지는 못하리니,
나 또한 그대 사랑을 기록할 나뭇조각 하나도 필요치 않네.
나는 대담하게 그 기록들을 버리고
그대를 더 많이 담아둘 나만의 기록을 믿으리.
　　그대를 기억할 부속물을 간직함은
　　나에게 망각 증상이 있음을 뜻하는 것이니.

소네트 123

아니, 세월이여, 나를 변화시켰다고 자랑하지 마라.
더 새롭게 세워졌다는 너의 건축물도
나에게는 새로운 것도 색다른 것도 아니니,
그것들은 지난날 본 것에 옷을 입혔을 뿐이로다.
우리의 삶은 짧은 것, 우리는 네가 오래된 것을
새로운 듯 얼버무려도 찬미하리니,
전에 들은 바 있다고 생각지 않으며
오히려 우리 욕망에 맞게 태어난 것이라 믿으리.
오늘에 와서도 지난날 그랬듯이 놀라지 않으니
너와 너의 기록을 무시해 버리리.

너는 서두르며 크게도 작게도 만드니,
너의 기록이나 우리가 보고 있는 것은 거짓이라네.
　　내가 맹세하건대 영원히 이러하리니.
　　너와 너의 낫이 예리하여도, 나는 진실만을 말하리라.

소네트 124

나의 소중한 사랑이 우연히 얻은 자식일 뿐이라면
운명의 사생아로 아비가 없으니,
시간의 사랑이나 시간의 미움에 지배되어
잡초들은 잡초들 속에서, 꽃들은 꽃들과 함께 따온 것이리.
아니, 나의 사랑은 우연과는 먼 곳에 세워져
우리 시대의 풍습에 따라 웃음을 짓게 하는
화려한 의식이나, 속박에 대한 불만에도
흔들리지 않으리라.
나의 사랑은 짧은 기간에만 효력이 있는
이단자의 책략도 겁내지 않으며,
홀로 지혜롭게 초연히 서서,
더위에도 자라지 않고 소나기에도 익사하지 않으리.
　　나는 사악하게 살다가 선을 위하여 죽는
　　세월의 어릿광대들을 불러 증인으로 세우리라.

소네트 125

내가 양산을 받쳐준다고 무슨 소용이 있을까,
겉으로만 존경의 마음을 표현하는 것일뿐.
영원히 남을 위대한 명성을 닦아 놓아도 어느 한순간
허망하게 사라져 가리니, 내게 무슨 의미가 있을까?

겉치레와 이익만을 추구하는 이들이 너무 많은 값을 치르고도
모두를 잃거나, 더 많이 잃는 것을 보지 않았던가?
소박한 것을 버리고 달콤한 혼합 향료를 택하는
가련한 부자들은 보이는 것에만 헛되이 힘을 쓰노니.
아니, 나는 그대 마음에 정성을 다하리라.
초라하지만 자유로운 나의 마음을 받아주오.
다른 목적이 섞이지 않으며, 기교도 모르는 채
오직 나와 그대, 둘 사이에 서로 주고받으려니
　　물러나라, 위증하는 고발자여! 진실한 영혼은
　　가장 비난을 받아도 너의 통제는 받지 않겠노라.

소네트 126*10

오, 사랑스런 소년이여, 그대는 세월이라는 변덕스러운 거울과
시간이라는 낫을 손에 쥐고 있으니,
시간이 기울어짐에 성숙해지고 시들어 가는 그대의 연인들에게,
그대의 원숙해진 고운 자태를 보여주리.
파멸을 지배하는 여왕인 자연이
그대가 앞으로 가는데도 그대를 뒤로 당기며,
그대를 붙잡는 까닭은 자신의 솜씨로
세월을 욕되게 하고, 불쌍한 시간들을 죽이려 함이라.
그러니 자연을 두려워하라. 아, 그대는 그의 마음에 든 총아,
오늘은 보배를 지니고 있어도 영원한 것은 아니로다!
　　자연의 청산은 늦어질 수 있어도 아니할 수는 없느니,
　　그 결산은 그대를 내어주는 것이라네.

---

*10 이 시는 6개의 연구(聯句, couplet)로서, 12행으로 이루어져 있다.

소네트 127*11

옛날에는 검은빛을 아름답게 여기지 않았으므로
아름다움을 갖추어도 감히 아름답다고 하지 않았노라.
그러나 이제는 검은 것이 아름다움의 계승자가 되고,
아름다움은 서자라는 오명을 쓰고 말았네.
인간의 손이 자연의 힘을 가장하고는,
화장술로 추한 것을 아름답게 한 뒤로
순수한 아름다움은 이름도 성역도 갖지 못한 채,
치욕 속에 살지는 않아도 모독을 당하고 더럽혀졌네.
내 연인의 눈 또한 까마귀처럼 검으니
그녀의 두 눈은 그토록 애수에 잘 어울린다네.
어여쁘게 태어나지 않은 사람이, 아름답지도 못하면서
자연의 창조물을 모욕하노라.
　　그러나 그 눈은 너무나 슬프다고 하니,
　　미인은 그렇게 보여야 한다고들 말하네.

소네트 128

나의 음악인 그대가 고운 손가락으로
축복받은 건반을 두드릴 때,
나의 귀를 사로잡는 금속성 화음을
그대가 부드럽게 낼 때,
부드러운 그대 손바닥에 입 맞추려
빠르게 뛰는 건반들을 나는 얼마나 자주 부러워했던가!
그런 수확을 기다리는 가련한 내 입술이
그대 옆에서 그 대담한 나무 건반들에게 낯을 붉히고 있을 때

---

*11 셰익스피어의 소네트 작품들 가운데 127번부터 152번까지는 정체가 분명하지 않은 흑부인
(黑婦人, 살갗이 검은 여인)에 대한 내용이다.

소네트 127, 예리자베스 1세의 시녀 마리 피튼   소네트에 등장하는 '흑부인'으로 여겨진다.

간지럽혀진 내 입술은 그 춤추는 나뭇조각들과
자리를 바꾸고자 하네.
이들 위로 그대의 손가락이 부드럽게 걸어가니
살아 있는 입술보다는 죽은 나뭇조각이 더욱 축복받았네.
　우쭐대는 건반들은 이렇게도 행복하여라.
　건반들에게는 손가락을, 나에게는 입맞춤할 그대 입술을 주오.

소네트 129

음욕을 행하는 것은 수치스럽게 영혼을 소모함이니
행하기까지 음욕은 맹세를 저버리며,
살인적이고 잔인하며 비난받아 마땅한 야만 행위,
극단적이며 무례하고, 고통을 안겨주는 불신거리라.
향락이 끝나면 바로 모멸을 당하며
분별없이 뒤좇아 구하다가, 얻자마자
분별없이 증오하는 대상이 되니,
마치 미치게 하려고 일부러 놓아둔 미끼를 삼킨 듯하네.
미친 듯이 뒤좇아 구하니, 얻은 뒤에도 그러하네.
가졌던 것도, 갖는 것도, 갖고자 함도 지나친 거라네.
경험하는 동안은 축복이나, 그다음은 비애가 따르리니
전에는 예고된 기쁨이던 것이 뒤에는 악몽으로 바뀌리.
　이 모두를 세상은 잘 알고 있으나, 아무도 아는 이가 없노니,
　자신들을 지옥으로 이끄는 이런 천국*12을 피하는 법을.

＊12 육체의 황홀경(恍惚境)을 뜻한다.

소네트 129, 바다에서 올라온 베누스 티치아노. 1520.

소네트 130

내가 사랑하는 이의 눈은 조금도 해를 닮지 않았네.

산호는 그녀의 붉은 입술보다 붉고,
눈(雪)은 새하얗지만 그녀 가슴에는 검은빛이 감돌며,
그녀의 머리에는 금사 아닌 검은 철사가 자란다네.
붉고 하얀 빛깔이 어우러진 장미를 보았으나,
그녀의 뺨에는 그런 장미가 보이지 않네.
어떤 향수는 내가 사랑하는 이의 입김보다
더욱 향기롭다네.
그녀의 목소리는 더없이 사랑스러우나
음악은 더 아름다운 소리를 지녔다네.
여신이 걷는 것을 본 적 없으나
나의 여신이 걸을 때는 땅을 밟노라.
　　그러나 내가 사랑하는 이는 맹세코,
　　거짓 비유된 그 어느 대상보다 귀하네.

소네트 131

그대는 그 빛깔처럼 가혹하니,
아름다움을 뽐내는 잔인한 여인들과 같네.
사랑에 빠진 내 가슴에는
그대가 가장 아름답고 귀한 보석임을 그대는 잘 알기에.
그러나 그대를 본 이들은 자신이 옳다고 생각하여 말하기를,
그대 얼굴은 연인을 신음하게 하지는 못할 거라네.
그들이 틀렸다고는 감히 말하지 않으나,
나 자신에게는 그대가 미인이라고 맹세하리.
나의 맹세가 거짓이 아님은
그대 얼굴 떠올리기만 해도 천 번의 신음을 하고
바로 증언을 하노니,
그대의 검은빛이 나에게는 가장 아름답다네.
　　아, 그대의 행실 말고는 그대에게 검은 곳이 없으니,
　　이런 비난은, 생각건대, 그대의 행실 때문이리.

소네트 132

내가 사랑하는 그대의 두 눈은, 나를 동정하여 바라보네.
그대 마음이 나를 멸시하여 괴롭히는 줄 알기 때문이리.
검은 옷을 입고 슬픈 애도자가 되어,
어여쁜 슬픔의 눈길로 나의 고통을 바라보네.
실은 저 천국의 아침 해도
동녘 하늘의 잿빛 뺨에는 어울리지 않으며,
저녁의 길잡이 샛별도 고요하게 가라앉은
서녘 하늘에 그 영광의 절반도 주지 못하네,
그대의 슬픈 두 눈이 그대 얼굴에 어울리는 데 비한다면.
아, 그러면 그대 마음도 나를 위한 슬픔에 어울리게 해주오.
슬픔은 그대를 우아하게 하노니,
모든 곳에 똑같이 연민의 검은 옷을 입혀주오.
　　그때 맹세하리니, 아름다움의 본바탕은 검은빛이라고,
　　그리고 그대의 빛깔이 아닌 것은 모두 아름답지 못하다고.

소네트 133

나의 벗과 나에게 깊은 상처를 주어
내 마음을 번민에 빠뜨렸으니, 그대의 마음을 저주하리!
나를 괴롭히는 것으로도 모자라
내 소중한 벗까지 그대의 노예로 만들어야 하는가?
잔인한 그대의 두 눈은 나 자신에게서 나를 앗아가더니,
또 다른 나를 더 호되게 사로잡았네.
나는 벗과 나 자신과 그대에게서 버림받았으니,
세 번의 아픔으로 세 배나 되는 고통을 겪게 되네.
내 마음은 그대의 강철 같은 가슴속에 가두더라도,
내 불쌍한 마음을 담보로 벗의 마음만은 자유롭게 해주오.

누가 나를 가두어도 내 마음은 그를 보호하리니,
나 자신의 감옥 안에서는 가혹하지 못하리.
　　그러나 그대가 가혹하게 하리라, 나는 그대의 울 안에 갇혀 있으니,
　　어쩔 수 없이 나와 나에게 있는 모든 것은 그대의 것이라네.

소네트 134

이렇게 나는, 그가 그대의 것이고
나 자신도 그대의 뜻에 볼모로 잡힌 몸임을 고백하니,
나 자신을 빼앗기고 나서 또 하나의 나를
그대가 되찾아 주어 내게 변함없는 위안이 되네.
그러나 그대는 그렇지 않으려니, 그도 자유롭지 못하리라.
그대는 탐욕스럽고 그는 착하기 때문이로다.
그 친구는 나를 위해 보증인이 된 줄로만 알았는데,
그 증서로 그대에게 단단히 묶여버렸다네.
그대의 아름다움으로 저당을 잡아 놓았으니
그대는 고리대금업자*¹³라, 모든 것에 이자를 붙이고
나 때문에 빚쟁이가 된 그를 고소하니,
나는 그대의 부당한 대우로 그를 잃었네.
　　나는 그를 잃었고, 그대는 그와 나를 얻었노라.
　　그가 모두 갚더라도 나는 자유롭지 못하리.

소네트 135

소망을 품은 여인이여, 그대에게는 '욕정'*¹⁴이 있으니,
그 위에 '욕정'을 더하고 또 더하여 '욕정'을 얻으리.

_____

*13 고리대금업자는 성적으로 문란한 사람. '고소하니'는 '구애하니'의 뜻으로 볼 수 있다.
*14 여기서 will은 '욕정, 의지' 등의 뜻 외에 William Shakespeare 자신을 암시한다.

나는 그대를 너무나 괴롭히며
그대의 욕정에 또 욕정을 더하네.
크고도 광활한 욕정을 품은 그대여, 한번은
그대 욕정 속에 나의 것을 감춰주지 않으려는가?
바르고 우아해 보이는 이들의 사랑처럼
나의 사랑도 즐겁게 받아들여 빛나게 하지 않으려는가?
드넓은 바다는 물로 가득하여도 늘 비를
받아들여 더욱 풍부해지듯이,
'욕정' 많은 그대여, 그 '욕정'에 나의 '욕정' 하나를 더하여
그대의 큰 '욕정'을 더욱 풍요롭게 하오.
　　차갑게 거절하여 이 정중한 탄원자를 죽이지 말고,
　　모두를 하나로 보아, 나도 그 하나의 '욕정'으로 받아주오.

소네트 136

그대의 영혼이 내가 다가오는 것을 꾸짖으려거든
그대의 눈먼 영혼에게, 내가 그대의 '욕정'이었음을 맹세해 주오.
그대의 영혼도 알리니, 그곳에서 나의 욕정이 허락되리.
사랑하는 이여, 사랑을 위한 나의 바람, 그렇게 채워주오.
그대 사랑의 보물 창고에는 '욕정'이 가득하리니,
아, 가득 채우려거든 나도 그 하나가 되기를.
큰 물건은 많은 것을 담을 수 있으므로
많은 것 가운데 하나는 없는 것과 같으니,
그 숫자 속에 말없이 들어가
나도 하나가 되기를 바라네.
그대에게 아무것도 아닌 나도,
그대에게 어떤 즐거움이 되리라.
　　내 이름만이라도 언제까지나 사랑해 주오,
　　내 이름은 '욕정'이니, 그대는 나를 사랑하리라.

소네트 137

눈먼 바보인 그대, 사랑이여, 내 눈에 무슨 짓을 했기에,
이 눈은 보면서도 바로 보지를 못하는가?
아름다움이 무엇인지, 어디에 있는지 알면서도
가장 나쁜 것을 가장 훌륭한 것으로 받아들이네.
사랑의 편견에 매혹된 눈은
모든 남자가 드나드는 항구에 닻을 내리면서도,
어이하여 그대의 눈을 허위로 가려
마음을 얽어매려 하는가?
넓은 세상의 공동 광장으로 알고 있는 그곳을
왜 눈은 아니라 말하며,
내 마음의 사유지로 여기는가?
왜 그 추한 얼굴에 참된 아름다움을 주려 하는가?
　　나의 마음과 눈이 사물을 바로 볼 수 없으니,
　　　이 허위라는 유행병에 걸렸음이라.

소네트 138

내가 사랑하는 이가 진실을 맹세할 때
거짓인 줄 알면서도 나는 믿어주리.
이 세상의 거짓과 교활함을 모르는
순박한 젊은이로 나를 생각하게 하리.
나의 한창 시절 지나갔음을 그녀도 알고 있으나
그녀가 나를 젊게 여긴다는 헛된 생각을 하면서,
어리석게도 나는 그녀의 거짓말을 믿으려 하니.
이리하여 온전한 진실은 양쪽에서 억압되고 말았네.
하지만 왜 그녀는 자신이 옳지 않음을 말하지 않는가?
그리고 왜 나는 자신이 늙었음을 말하지 않는가?

아, 가장 자주 나타나는 사랑의 버릇은 믿는 척하는 것이며,
사랑할 때 나이 든 이는 나이를 말하기 꺼리노라.
　　그래서 나는 그녀에게, 그녀는 나에게 거짓말하며
　　허물을 거짓으로 꾸미고 우쭐댄다네.

소네트 139

아, 그대의 무정한 마음이 나를 무겁게 짓누르니,
그대의 잘못을, 내가 옳다고 말하기를 바라지 마오.
그대의 눈이 아니라, 그대 혀로 상처를 주고,
그대의 힘으로 위력을 보이며, 간교한 꾀로 나를 죽이지 마오.
다른 곳에 그대가 사랑하는 이가 있다고 말하라.
그러나 사랑하는 이여, 내 앞에서 곁눈질은 하지 마오.
그대의 매력을 나의 저항으로는 막을 수 없는데,
어찌 그대는 간교한 꾀로 내게 상처주려 하는가?
그대를 위해 변명하리. 아, 내 사랑은 잘 아노라,
그대의 아름다운 모습이 나의 적임을.
그러므로 그 적을 내 얼굴에서 돌려,
다른 사람들에게 상처를 주려는 것이라네.
　　그러나 그리하지는 마오, 나는 죽은 목숨과 같으니.
　　그 눈길로 나를 죽여, 이 고통에서 벗어나게 하든지.

소네트 140

그대는 잔인할 만큼 지혜로워야 하리,
그러나 지나친 경멸로 말없이 억누르지 말길.
슬픔이 내게 말을 걸어와,
동정받지 못하는 그대의 아픔을 이야기하지 않도록.

내가 그대에게 지혜를 말해 주노니,
사랑하지 않아도 사랑한다고 말하면 좋으리라.
초조한 환자는 임종이 다가올 때
회복되리라는 의사의 말만을 듣고자 하리니.
만일 내가 절망한다면
미친 듯이 사나워져서 그대를 나쁘게 말하리.
이 사악한 세상은 그토록 나빠졌기에,
미친 이들의 악담이 미친 귀에게는 진실처럼 들리리.
　　나는 나쁘게 말하지 않으리니, 그대도 비난받지 말고,
　　오만한 그 마음이 다른 곳에 있어도, 그 눈길만은 바로 하기를.

소네트 141

진실로 나는 눈으로는 그대를 사랑하지 않으니,
눈이 그대의 천 가지 허물을 보기 때문이라네.
그러나 내 마음은 눈이 멸시하는 것을 사랑하니,
보는 것과 관계없이 그대를 너무나 사랑하네.
나의 귀도 그대 혀가 말하는 소리를 즐거워하지 않고,
섬세한 촉감도 속된 접촉에 기울어지지 않으며,
미각도 후각도 그대와 나, 둘만의
감각의 향연에는 초대받기를 바라지 않노니.
하지만 나의 다섯 가지 지성과 다섯 가지 감각도
바보 같은 한마음으로 그대를 섬기는 것을 막지는 못하니,
그 마음은 허수아비인 나를 다루지 못하여
그대 오만한 마음의 노예이자 비천한 종이 되고 말았네.
　　다만 이런 나의 역병을 이롭게 여기리니,
　　내게 죄짓게 한 그녀가 베풀어 주는 고통이기에.

소네트 141, 플로라 바톨로메오 베네토. 1525.

소네트 142

사랑은 나의 죄이고 미움은 그대의 소중한 미덕이니,
나의 죄를 미워함은 죄 많은 사랑 탓이라네.

아, 그러나 그대와 나의 처지를 비교해 보면,
나를 비난하지 않음이 옳다고 알게 되리라.
어쩌다 비난하더라도 그대의 입술로는 안 되네.
그 입술의 붉은 무늬를 오염시켜
나의 입술처럼 자주 사랑의 거짓 계약에 날인하며
다른 이의 침대 수익을 가로챈 그 입술로는.
내가 그대를 사랑하는 것은 정당하네, 그대가 그들을 사랑하듯이.
내 눈이 그대에게 하듯 그대도 그들에게 사랑을 구하네.
그대 가슴에 연민이 뿌리내리게 하라. 그것이 자라면
그대의 연민 또한 동정을 받으리니.
　　그대가 감춘 것을 차지하려 든다면
　　그대가 하던 대로, 거절당하리라!

소네트 143

아! 어느 얌전한 여인네가
달아나는 병아리 한 마리를 잡으려,
어린아이를 내려놓고 재빨리 병아리를
쫓아 온 힘을 다해 달려가네.
내버려진 아이는 엄마 뒤를 따라가며
울면서 붙잡으려 애쓰지만, 엄마의 바쁜 마음은
자기 앞에서 달아나는 병아리를 쫓는 데만 있다네,
가련한 아이가 보채어도 내버려 두고.
이렇게 달아나는 것을 지금 그대는 쫓고 있다네.
나 또한 그대의 아이라, 뒤에서 그대를 쫓고 있으니,
그대가 바라는 것을 붙잡거든 내게 돌아와서
어머니가 하듯 입맞춤하고, 보살펴 주오.
　　그대가 되돌아와 우는 나를 달래준다면,
　　그대 '욕정(Will)' 이루어지도록 나도 빌어주리라.

소네트 144

내가 사랑하는 이는 둘이니, 위안과 절망이라,
둘은 두 천사처럼 언제나 내 귓가에 소근거리네.
선한 천사는 미남이며,
악한 천사는 피부 색깔이 우중충한 여인.
이 마녀는 나를 바로 지옥으로 밀어넣으려
나의 천사를 유혹해서 나를 떠나게 하고,
그의 순결을 그녀의 더러운 교만으로 꾀어서,
나의 성자를 악마로 타락시키려 하네.
나의 천사가 악마가 되었는지는
의심만 할 뿐, 바로 말할 수는 없구나.
그러나 둘은 나를 떠나 정답게 지내니,
한쪽 천사가 다른 한쪽 지옥에 빠졌으리라.
　　아직 이를 알 수는 없으나, 의심하며 살게 되니,
　　악한 천사가 나의 선한 천사를 뜨거운 불길로 쫓아낼 때까지.

소네트 145*15

사랑의 신이 빚어놓은 그 입술은
그녀를 그리워하며 초췌해진 내게 말하네,
"나는 싫어."
그러나 내 비통한 모습을 보고
곧 그녀의 마음속에는 자비심이 움트니,
언제나 온화한 판결로
좋은 말만 하는 자기 혀를 나무라며
새로이 인사말을 가르치네.

---

* 15 145번은 각 행이 8음절로 되어 있는데, 셰익스피어의 작품이 아니라고 말하기도 한다.

"나는 싫어" 이 끝말 대신,
화창한 낮이 밤을 뒤따르듯
다른 끝말이 그 뒤를 이으니,
그 밤은 악마같이 천국에서 지옥으로 날아가네.
　　그녀는 "나는 싫어" 이 미움의 말을 던져버리고,
　　"그대가 아니고"라 말하며 내 목숨을 구해 주었네.

소네트 146

이 죄 많은 땅의 주인이며,
너를 감싼 이 육체의 반란에 사로잡힌, 가련한 영혼이여,
어이해 바깥벽은 그토록 화려하게 꾸미면서
안에서는 번민과 결핍을 겪는가?
어이해 빌린 기간도 짧은 빛바랜 저택에
그토록 많은 돈을 쓰는가?
이 사치스러운 몸의 상속자인 구더기들이
너를 온통 먹어 삼키게 하려는가? 이것이 너의 끝이란 말인가?
그러면 영혼이여, 하인인 육체의 손실을 딛고 네가 살아야 하리라.
너의 영역을 넓히려 육체를 소진(消盡)하고
찌꺼기 시간을 팔아 영원한 생명을 사들여야 하리.
속은 살이 찌고 밖은 더는 부유하지 못하게 하라.
　　그리하면 죽음을 먹고 살아가게 되리니,
　　한번 죽으면 더는 죽음은 없으리라.

소네트 147

나의 사랑은 열병과도 같으니,
언제나 그 병이 더 오래가기를 바라며

소네트 147, 바쿠스 여사제 조지 롬니 그림, C. 나이트 판화. 1797.

더 오래도록 끌고 가면서
변덕스럽고 잘못된 맛을 즐거이 먹으려 하네.
내 사랑병을 고쳐야 할 의사인 나의 이성은,
처방전을 지키지 않는다고 화를 내며 나를 떠나고
나는 이제 절망 끝에 알게 되었네,

치료받지 않은 욕망은 죽음을 뜻함을.
이제 이성의 보살핌에서 벗어나
언제나 불안으로 광증에 사로잡혀
나의 생각과 말씨도 미친 사람처럼
엉뚱하기만 하고 진실과는 다르다네.
　　나는 그대를 아름답다고 말하며 빛난다고 여기리,
　　그대가 지옥같이 검고 밤처럼 어둡다 해도.

소네트 148

아, 사랑은 나의 머리에 어떤 눈을 달아놓았기에,
진실의 모습과 일치하지 않을까!
아니, 바로 보았다면 내 판단력은 어디로 가버렸기에,
바르게 본 것을 잘못 보았다 말하는 걸까?
나의 눈이 아름답다고 하는 것을
세상은 왜 그렇지 않다고 말할까?
아름답지 않다면, 사랑은 증명하리라,
사랑하는 눈은 모든 이들이 "아니다" 말하듯 진실하지 않다고.
그러하리니, 어찌 사랑의 눈이 진실할 수 있을까?
눈물로 밤을 지새며 이토록 괴로워하는데
이 눈이 잘못 보는 것도 이상하지 않네.
해조차 하늘이 맑아야 보인다네.
　　아, 교활한 사랑이여! 그대의 허물을 찾을까 두려워
　　나의 눈을 눈물로 보이지 않게 하려는가.

소네트 149

오, 가혹한 이여! 내가 자신을 저버리고 그대 편이 되었는데,

그대를 사랑하지 않는다고 말할 수 있을까?
그대만을 위해 폭군이 되어 나 자신도 잊었는데
어찌 그대 생각을 하지 않겠는가?
그대를 미워하는 사람을 내가 벗이라고 부를 수 있을까?
그대가 눈살을 찌푸리는 이에게 내가 아첨할 수 있을까?
아, 그대가 낯을 찌푸리면 나는 한숨을 쉬며
어찌 나 자신에게 한을 품지 않을 수 있을까?
교만하여 그대 섬기기를 거부할 만큼,
무슨 공적이 있어 나 자신을 존중하겠는가?
나는 오직 그대의 눈이 움직이는 곳을 따르며,
내 모든 장점으로 그대의 단점을 찬미하지 않는가?
　　그러나 그대, 나를 미워해도 좋으리, 이제 그대 마음을 알았으니.
　　그대는 볼 수 있는 이들을 사랑하며, 나는 앞 못 보는 장님이어라.

소네트 150

아, 부족함을 가지고 내 마음을 흔들어 놓는
이 무한한 힘을 그대는 어느 전능하신 신에게서 얻었을까?
나의 눈이 진실하게 본 것을 거짓이라 말하며,
밝은 빛이 낮을 검게 한다고 맹세케 할 것인가?
어떻게 그대는 추한 것을 아름답게 하는가?
그대 행위의 쓰레기 속에서
그대는 그런 확실한 힘과 재주가 있으니,
내 마음은 그대의 가장 나쁜 것도 온갖 훌륭함보다 뛰어나다 말하고,
미워해야 할 정당한 이유를 더 듣거나 보아도
그대를 더욱 사랑하게 되니, 누가 그 법을 가르쳐 주었는가?
아, 남들이 혐오하는 것을 내가 사랑한다고,
그대는 그들처럼 나를 미워하지는 마오.
　　그대의 하찮음이 나의 사랑을 키운다면,

나는 그대의 사랑을 받을 자격이 더욱 있느니.

소네트 151

사랑은 풋내기여서 분별을 알지 못하지만,
분별이 사랑에서 태어남을 그 누가 모를까?
그러니 냉정한 배반자여, 나의 잘못을 탓하지 마오,
나의 허물과 죄, 그대의 것이 되지 않아야 하니.
그대가 나의 믿음을 저버리면, 나도 그렇게 하여
숭고한 마음을 미천한 육체의 반란에 가담케 하리라.
나의 영혼은 내 육체에게 말하네,
자기가 사랑에 승리하리라고.
그러나 육체는 이치를 더 따지지도 않고,
그대 이름을 듣고 일어나 그대를 자기의 전리품이라 하네.
이 명예를 자랑하며 육체는 기꺼이 그대의 천한 종이 되어
그대 옆에서 일어서고 쓰러지며 만족하리라.
　　그녀를 사랑이라고 부름은 분별이 없어서가 아니며
　　그 '사랑'을 위해 내가 일어서고 쓰러지노라.

소네트 152

그대는 알리라, 내가 그대에게 사랑의 맹세를 저버린 것을.
그러나 그대는 내게 그 사랑을 다짐해 놓고 두 번 맹세를 저버렸네,
베갯머리 서약과 새로운 신의도 저버림으로써,
새로 사랑한 뒤에 새 증오를 맹세함으로써.
두 가지 맹세를 깨었다고 내가 어찌 그대를 나무랄까?
스무 번이나 맹세를 깨뜨린 나는 최고의 위선자라.
나는 그대를 잘못 알고 내 모든 맹세와 서약을 했으니,

이제는 나의 신의도 그대로 말미암아 모두 잃어버렸네.
나는 그대의 깊은 친절, 사랑의 서약,
순결한 사랑에 대해 온 마음으로 깊은 맹세를 하며
내 눈을 맹목으로 만들어 눈이 보는 바를
거꾸로 말하여 그대를 빛나게 했네.
　　나는 그대가 아름답다고 맹세했으니, 더 큰 위증을 한 눈이라,
　　진실에 반하여 그토록 사악한 거짓말로 서약했도다!

소네트 153

큐피드가 횃불을 내려놓고 잠들었네.
디아나*16의 한 시녀가 이 기회를 틈타
사랑의 횃불을 재빨리
골짜기 차가운 샘물에 담갔다네.
이 샘물은 거룩한 사랑의 불에서
영원히 식지 않는 열을 얻어
물이 끓어오르는 온천이 되었네. 사람들은 이 온천이
난치병을 고치는 영약이라고 아직도 말한다네.
그러나 내 연인의 눈에서 사랑의 횃불은 새로 불타고,
큐피드는 시험삼아 그것을 내 가슴에 갖다 대었으니,
나는 곧 병이 들어 온천의 도움을 받고자
서둘러 그곳으로 달려갔네, 우울한 병자가 되어.
　　그러나 효험이 없었으니, 나를 낫게 해줄 온천은
　　큐피드가 새로 불붙인 내 연인의 눈 속에 있네.

---

*16 Diana. 로마 신화에 나오는 여신. 사냥·다산(多産)·순결·달의 여신이기도 하다. 그리스 신화
　의 아르테미스에 해당한다.

소네트 154

언젠가 작은 사랑의 신이,
마음을 타오르게 하는 횃불을 곁에 놓고 잠들었네.
그때 순결을 약속한 여러 요정들이
춤을 추며 다가왔네.
가장 아름다운 처녀가 횃불을 들었노라,
수많은 진실한 가슴을 달군 그 불을.
뜨거운 욕망을 가진 장군은 잠을 자다가
한 처녀의 순결한 손에 무장해제를 당했네.
그녀가 횃불을 근처의 차가운 샘에서 꺼버리니,
그 샘은 사랑의 횃불에서 영원한 열기를 얻어
온천이 되었으며, 병자를 치료하게 되었네.
그러나 연인의 노예가 되어버린 나는
　　치료를 위해 그곳에 갔으나 경험으로 알게 되었으니,
　　사랑의 불은 물을 데워도 물은 사랑을 식히지 못함을.

A Lover's Complaint
연인의 탄식

연인의 탄식

산속 동굴이 그 옆 골짜기의
슬픈 이야기 메아리로 알릴 때
이 둘의 소리에 내 영혼은 답하여
한맺힌 이야기 들으려 앉았으니,
이름 모를, 파리한 얼굴의 처녀는
편지를 찢고 반지를 깨뜨려 조각내며
한숨과 눈물로 세상을 뒤흔드네.

머리 위에 쓴 밀짚모자
그 얼굴 햇볕으로부터 가려주네.
이제는 가버린 어여쁨의 자취
보일 듯 말 듯 하지만 그래도 시간은
그 젊음 다 가져가지는 않았네.
하늘의 노여움에도 엿보이는 건,
나이의 창문으로 보이는 그대 아름다움.

손수건 자주 들어 눈에 가져가
정교한 무늬 그곳에 박혀 있네.
짠물에 비단 무늬 적시노니
해묵은 슬픔 방울방울 흐르네.
무슨 이야기인지, 자꾸 읽으며
알 수 없는 소리로 부르짖고
높고 낮은 목소리로 울부짖었다.

때로는 포차에서 두 눈 겨냥하노니
별들에게 포격을 할 듯하여라,
때로는 힘없이 두 눈 땅에 떨구고
때로는 뚫을 듯이 먼 데 바라보네.
다시 이리저리 눈을 보내어도
보이는 것은 아무것도 없는 듯
마음과 눈길이 얼빠진 듯 뒤섞이네.

머리는 땋지도, 풀어 헤치지도 않아
멋 부릴 마음도 없는 듯하여라.
몇 가닥은 모자에서 벗어나
창백한 뺨가에 흘러내리고,
몇 가닥은 댕기에 묶이었다.
되는 대로 땋아 버려두었으나
'속박'에 충실한 듯 풀리지 않았다.

해맑은 호박과 수정, 까만 구슬들—
그 많은 보물들을 상자에서 꺼내다가
흐느끼는 물가에 그녀는 주저앉아
하나 하나 물에 던지며
물에 물을 더해 이자를 갚듯 하노니,
없는 자의 한 푼에는 왕의 손이 외면하고
온갖 것 달라 하는 부자에게 가듯 하네.

꼭꼭 접은 쪽지들도 여럿 있노니
읽어 보고 한숨 쉬고 찢어 던지고
글귀 새긴 상아반지, 금반지 깨뜨려
흙 속에 무덤 찾아 누우라 하네.
서럽게 피로 쓴 편지도 있노니,
명주실로 정성껏 어여삐 감아

정교한 비밀을 꼭꼭 봉인했다.

흐르는 두 눈에 편지들을 적시며
여기저기 입맞추고 찢으며 외치노니.
"아아, 가증한 피, 거짓말의 기록아!
너희들의 증언은 믿을 수 없어!
저주에는 검은 먹이 어울리겠지!"
처녀는 분이 치밀어 편지를 찢고
원한의 응어리로 글줄을 뭉갰으니.

가까이서 소를 치던 늙은 목자는
한때 궁정과 도시에서 떠들썩하게
온갖 일들 겪으며, 흘러가는 세월에
젊음을 보내고 깨달음 얻었으니,
사랑병에 시달리는 처녀에게 다가와
노인의 특권으로 그녀가 슬퍼하는
까닭을 알고자 했네.

노인은 갈라진 지팡이 짚고 내려와
그녀 옆에 조용히 앉아
자리 청하고 다시금 청하더니,
더불어 슬픔을 나누겠노라 하네.
노인이 하는 말이, 그 숱한 괴로움
덜어줄 수 있다면, 참으로 그것은
선한 노인에게 기대해도 좋으리라.

"어르신, 폭풍우 같은 시간 지나
상처 입은 저의 모습 보고,
늙었다곤 하지 마세요.
이 몸은

세월 아닌 슬픔이 지배하지요.
오직 저만을 사랑하고,
저에게만 사랑을 주었다면,
저도 갓 피어오른 꽃이었을 테지요."

"불행히 너무 일찍 한 젊은이에게
기울었지만, 호감만 사려했지요.
아아, 타고난 그 모습 너무 잘 생겨
처녀들의 눈길은 그 얼굴 떠나지 못하고,
집이 없던 사랑은 그를 집으로 삼아
그 빼어난 이목구비에 머무르니,
그녀들의 새 신전이요, 새 신이었어요."

"갈색 머리털 굽실굽실 늘어져,
바람이 조금만 불어도
입술 위에 비단결 흩뿌렸지요.
달콤한 짓은 곧 길을 찾게 되니,
낙원의 실물을 빚은 그 모습이라.
그이 얼굴에 천국이 깃들어
그를 보는 눈마다 황홀하지요."

"아직 턱에는 어른 티가 적었으니,
영원한 그 살결 위에 깎지 않은 벨벳처럼
불사조의 깃털 돋아나기 시작하니
매끈한 턱은 돋을 듯 수염보다 고와,
그이 얼굴 더욱 귀여웠어요.
까다로운 사람들도,
그냥 두면 좋을까, 없애면 좋을까."

"몸가짐도 그 모습처럼 아름다웠죠.

말씨도 처녀처럼 조용하고 꾸밈없고
남이 화를 돋우면 화를 내어도,
사월과 오월에 불어오는 바람처럼
부드러운 그 숨결 막을 수 없으나,
야성적인 매력과 거침없는 젊음은
간사함을 정직 속에 감췄어요."

"말타기도 잘했는데, 사람들에 따르면
말이 가진 기운은 주인에게서 받는대요.
회전, 도약, 주행, 정지, 무엇이든
기운차게 누르고 고귀히 부리니,
그의 뛰어난 기술이 말을 움직였는가,
뛰어난 말을 그가 조종했는가.
논쟁이 일어났지요."

"그러나 곧 그 편으로 결론이 나서,
그의 귀한 모습으로 소유물과 장식에
생기와 멋스러움 주었느니,
옷 때문이 아니라 타고난 풍모라.
장식들은 그의 옆에 있는 것만으로
멋이 생겨 더하려 했으나 목적을 살려
멋을 더하지 않고도 멋스럽게 느껴졌어요."

"그래서 그이 능숙한 혀끝에는
온갖 주제와 깊은 논쟁과
재빠른 답변과 강력한 이유가
그의 관심 여부에 달렸었고.
말투와 말씨에 변화를 주면
우는 자는 웃기고 웃는 자는 울리고
온갖 감정도 그의 뜻에 달렸어요."

"젊은이, 늙은이, 남자, 여자
 그이는 모든 이의 가슴을 지배하니,
 생각 안에서 함께 있고 몸으로 도우며
 그가 가는 곳마다 칭송하며 따랐어요.
 매혹된 자들은 묻기도 전에 허락하고
 그가 하려는 말을 그쪽에서 스스로 해 버리니,
 스스로 물어 보고 스스로 따른 거죠."

"많은 이들이 그의 초상화를 손에 넣고는,
 자신의 눈도 마음도 그이에게 주었어요.
 멋진 들판과 저택을 밖에서 보고
 자기 소유라고 상상으로 믿고,
 통풍으로 고생하는
 실제 주인보다 더 기꺼운 마음으로
 재산을 물려주려 애쓰는 바보처럼."

"그의 손을 만진 적 없는 많은 여자들이
 그 마음의 주인이라고 달콤하게 믿었어요.
 부분이 아니라 온전히 나만의 것.
 지금 슬픔에 잠겼으나 그때는 자유로워,
 그이 젊음의 기교, 기교의 젊음 때문에
 그 매혹적인 힘에 내 마음 던져,
 줄기는 남기고 꽃은 모두 주었어요."

"하지만 저는 다른 경쟁자들처럼
 요청을 받아 바로 따르지는 않았어요.
 정조를 엄히 지킬 줄 알았기에
 안전한 거리에서 저의 몸 지켰어요.
 새로이 피 흘리는 여러 성곽들이
 증명해 주었어요. 번쩍이는 광채 속에

교활한 '보석'과 연애짓이 숨어 있다고."

"하지만 피할 길 없는 아이, 그 누가 피할 수 있었나요,
아픈 운명을?
지나간 파멸의 이야기를 선례로 삼아
자신의 욕망을 억누른 예가 있나요,
충고는 잠깐 멈추게 할 뿐, 머무르게 할 순 없어요.
감정이 솟구칠 때 충고를 들으면,
잠깐 무뎠다가 더욱 날카롭게 돼요."

"그 누가 다른 이들을 본보기로
자신의 욕망 누를 수 있을까요!
누가 손해가 겁이 나 경계심이 생기지만
그리 달콤한 걸 마다할까요!
오오, 욕망아, 섣불리 판단하지 마라!
이성은 흐느끼면서 '너의 최후'를 외치나,
나의 입은 기어이 맛을 보아야 하리."

"이 남자의 거짓을 더 말하겠어요,
못된 속임수를 알고 있어요.
그의 나무가 다른 과수원에서 자라거늘,
그 미소로 진실을 가리고 있음을.
맹세란 언제나 정조를 빼앗는 뚜쟁이,
편지와 말씨는 사탕발림일 뿐
그 더러운 심장의 더러운 사생아에요."

"이렇게 오랫동안 성을 지켜왔으나
포위전을 개시하며 '착한 아가씨,
괴로운 젊음에 동정을 베풀어,
나의 신성한 맹세를 의심치 마오.'

이 맹세 누구에게도 해본 적 없어요.
지금껏 초대받은 사랑의 향연에서
여인을 끌었거나 구애를 한 적 없어요."

"세간에 떠도는 나의 온갖 잘못은
마음이 아니라 혈기의 잘못이고
사랑이 아니라 단순한 행동이며
진실도 사랑도 아니었소.
저들은 부끄러운 일을 구했고 얻었소.
저들이 내 부끄러운 일을 욕하면 욕할수록
나에게는 부끄러움이 줄어들기 마련이오."

"내가 보아온 수많은 여인 가운데
나의 심장을 따뜻하게 한 이도,
아주 조그마한 아픔도 준 이도 없고
한가로운 시간을 빼앗아 간 적도 없소.
해는 내가 끼쳤으나, 나는 해를 입지 않았소.
마음들을 부렸으나, 내 마음은 자유로워
나 자신의 왕국에서 호령하며 다스렸다오."

"여기를 보오, 상처받은 영혼들이 내게 바친 제물을,
새하얀 진주들과 핏빛으로 물든 루비들을.
핏기 없는 얼굴과 불타는 마음에서
그것들도 똑같은 아픔과 부끄러움을
가지고 있음을 알 수 있으니,
가슴에 숨기고 겉으로 저항하며
두려움과 부끄러움 드러낸다오."

"그리고 보오, 이 소중한 머리 타래를.
사랑의 마음 담아 금실로 엮었어요.

여러 처자들이 보내 주었어요.
어여쁜 보석들로 화려하게 꾸미며
사랑을 받아주길 눈물로 호소하며,
보석들의 성질과 가치와 질을
그윽하고 오묘하게 시로 썼어요."

"다이아몬드? 아름답고 단단하여 내면에
어떤 성질이 감추어져 있음을 뜻하지요.
청색 에메랄드는 그것을 바라보는
허약한 시력을 밝게 고쳐 주며,
하늘빛 사파이어와 오팔은 갖가지
사물들과 잘 어울리니, 갖가지 보석들은
재치로 표현된 시와 함께 웃고 울었다오."

"아, 열렬한 사랑의 전리품들이요.
겸허한 욕망과 우울의 선물인데,
자연은 그것들을 모아 두지 말라고
나 자신을 바칠 데에 주라고 하는데,
내 삶이요 죽음, 바로 당신에게 바치겠소.
당신의 수호성인 나는 그들의 제단이니
오직 당신에게 드려야 할 제물이라오."

"자아, 이제 말없는 당신 손을 건네 주오.
새하얀 그 빛은 찬미로도 부족하리다.
뜨겁게 타오르는 폐부의 거룩한 한숨이니,
이 모든 비유들을 마음껏 받아 주오.
당신의 종인 내게 복종하는 자들은
당신께 복종하고 일하며
저마다 뜻을 합해 당신께 바치리다."

"아, 이 무늬는 한 수녀가 보내 준 거라오.
 드높이 존경 받는 거룩한 수녀로서
 그 놀라운 품성은 궁정의 꽃들도
 매혹시켰으나, 귀족들의 구애에 고개 돌렸고
 부유한 이들도 선망하였으나, 그녀는
 차가운 거리를 두면서 그들을 떠나오,
 영원한 사랑에 온 삶을 바치기로."

"그러나, 오, 내 사랑, 있지도 않은 것과
 저항도 없는 일을 멀리하고 거절하여
 형체도 없는 곳에 울타리를 두르니,
 속박 없는 족쇄가 얼마나 고역이오?
 그처럼 자신의 명성을 이루어 가며
 그리 회피함으로 상처를 피했으니,
 힘 아닌 '부재'로 용감하게 된 거라오."

"오, 용서하고 들어요, 나의 말은 진실이요.
 우연히 나의 모습 그녀 눈에 들어왔으니,
 그 순간 그녀는 온 힘이 빠지고
 새장 같은 수녀원 벗어나려 했으니
 신앙 안의 사랑이 신앙의 눈을 껐소.
 유혹을 피하려고 갇히길 바랐으나
 이제는 유혹하려 자유를 바라오."

"그런 즉 당신은 얼마나 위대한가!
 오, 나의 말 들어보오, 나의 부서진 가슴은
 몸속의 샘물을 남김없이 비워
 당신이란 바다 속에 쏟아붓고 있어요.
 저들을 이긴 나를 당신이 이겼으니,
 차가운 두 가슴 고칠 약 그곳에 있다오."

당신의 승리를 위해 둘은 뭉쳐야 하리.

"내게 속한 것이 거룩한 수녀를 매혹시켰다니
은총 안에서 수행하고 금욕하던 여인은
눈이 공격해 오자, 눈의 편이 되었으니
온갖 맹세와 헌신도 물러갔다오.
위대한 사랑이여! 서원도, 서약도, 장소도
어떠한 가책도, 구속도 될 수 없으니
당신은 전부이며, 나머지도 당신의 것이요.

"당신의 요구라면 낡아빠진 가르침이
무슨 의미 있을까! 당신이 불을 지르면
재산과 효도, 법률, 가문, 명성들이
쓸모없는 장애물이 되는 것 아니요!
사랑의 무기는 평화라, 규율과 이치와
부끄러움에 맞서, 뼈아픈 강제와
충격과 두려움의 쓴맛도 달게 한다오."

"나의 마음에서 행하는 저들의 마음들도
나의 마음 부서질세라, 피 흘리는 아픔으로
애원 섞인 한숨을 당신에게 보내오니,
이 마음 겨냥한 포격을 멈추고
부드러운 나의 말 상냥하게 들어 주오.
이 마음 속 진실 내세우고 보증하는
강렬한 나의 맹세 부디 믿어 주오."

"그때 나의 얼굴 바라보던 두 눈이
고였던 눈물을 떨구었다오.
두 뺨 위로 쉬지 않고 샘물이 흐르니,
짠 눈물은 강물되어 흘러넘쳤다오.

그대 어여쁜 눈물이여!
그 눈물 통해 보는 붉게 타는 장미들,
장미를 살포시 덮은 수정처럼 맑은 막!"

"오오, 어르신, 눈물 한 방울 속에
마법의 지옥이라도 들어 있나요?
아무리 돌 같은 심장이라도
눈물의 홍수로 잠기지 않을까요?
차가운 가슴도 더워지지 않을까요?
오, 갈등이여! 차가운 정조, 뜨거운 분노!
더운 불과 찬물이 함께 있어요."

"그의 열정은 교활한 속임수이나,
거기서도 나는 이성을 눈물로 녹였어요.
정조의 흰 베일 벗어 던지고
신중한 방비와 두려움 떨쳐내고
눈물의 바다를 함께 만들었으되,
두 사람의 눈물은 서로 달랐으니
그이는 내게 독약을, 나는 그에게 생명을 주었어요."

"그이 안에는 교묘한 술수가 끝이 없어
온갖 모습 취하여 속이고 또 속이니,
얼굴을 붉히며 흐느껴 울고
파리해져 기절하고, 적당한 속임수를
취했다 말았다 하며, 더러운 말에는
부끄러워하고 슬픈 일엔 눈물 흘리며
가여운 일을 보면 하얗게 질렸으니까."

"그가 겨냥한 어떤 심장도
퍼붓는 화살을 피할 순 없었어요.

고운 성격은 상냥하고 부드러워
망가질 여인은 그에게 넘어갔어요.
그는 속마음과는 반대로 외쳤는데,
끝없는 욕정으로 타오를 때면
순결한 처녀와 차가운 정조를 말했어요."

"이처럼 우아한 겉옷만으로
숨어 있는 참된 악마를 가렸으니,
순진한 여자들이 천사처럼 머리 위를
맴도는 유혹자에게 빈틈을 주고 말았어요.
순박한 처녀가 어디, 그런 사랑을 싫어할까요?
아아, 저도 쓰러졌어요. 그래서 묻겠어요,
그런 자에겐, 어떻게 복수할까요?"

"오, 독이 퍼져 있는 그의 눈물,
오, 그토록 달아오른 그 뺨의 거짓된 불길,
오, 가슴에서 억지로 끌어낸 큰소리,
오, 스폰지처럼 슬픔을 짜내는 허파의 한숨,
오, 그의 모든 꾸민 감정, 꾸며 온 그럴 듯한 표정이
한 번 속은 여인을 다시 속이고
뉘우치는 처녀를 또다시 쓰러뜨리죠."

The Passionate Pilgrim
열정의 순례자

열정의 순례자

1[*1]

내가 사랑하는 이가 진실을 맹세할 때
거짓인 줄 알면서도 나는 믿어 주며,
세상의 속임수 따위에는 서투른
순진한 젊은이로 나를 생각하게 한다.
나는 한창때가 지나갔음을 알지만
나를 젊은이로 봐주길 헛되이 기대한다.
그녀의 거짓말을 믿으며 웃고
어설픈 사랑으로 거짓을 받아들인다.
어째서 그녀는 자기가 젊다고 하며
내가 늙었다고 말하지 않을까?
달콤한 혀는 사랑의 가장 좋은 버릇이라,
연인의 나이를 말하길 싫어한다.
　　그래서 사랑은 서로에게 거짓을 말하며
　　사랑의 결함을 사랑 속에 숨긴다.

2[*2]

내 연인은 위안과 절망의 두 가지여서,
언제나 내 귀에 두 천사처럼 속삭인다.
선한 천사는 흰 살결의 잘 생긴 남자이고
악한 천사는 거무스름한 못된 여자이다.
이 마녀는 나를 바로 지옥에 밀어 넣으려고

---

*1 《소네트》 138과 비슷하다.
*2 《소네트》 144와 거의 같다.

선한 천사를 내 곁에서 떠나게 만들고
순진한 그를 더러운 교만으로 꾀어,
내 천사를 악마로 타락시키려 한다.
내 천사가 악마로 변했는지
의심만 할 뿐 바로 말할 수는 없으나
둘 다 나를 떠나 서로 정다우니
한 천사가 다른 천사의 지옥에 빠졌으리라.
　　아직 그건 알 수 없으니 의심하며 살아야지.
　　악한 천사가 선한 천사를 뜨거운 불 질러 쫓아낼 때까지.

3*³
내 마음을 구슬리며 맹세를 깨뜨리게 한 것은
온 세상이 거스르려 해도 거스를 수 없는
그대 눈의 거룩한 속삭임이 아니었던가?
그대 때문에 깨뜨렸다고 맹세가 어찌 죄가 되겠소.
나의 맹세는 여자를 멀리하는 것,
그대는 여신이니 어찌 여신을 멀리 하리.
나의 맹세는 세속적인 것, 그대는 하늘의 사랑,
그대의 은총 입으면 내 모든 치욕도 이슬처럼 사라지리.
내 맹세는 입김이고, 입김은 수증기와 같은 것,
그대는 땅에 빛을 내려주는 아름다운 햇님,
그대 가슴 속 수증기 같은 맹세를 내뿜어 주오.
맹세를 깨뜨린다 해도 내 죄는 아니오.
　　비록 맹세를 어긴다 해도 천국을 얻는다면
　　맹세를 어기지 않을 바보 어디 있소?

4*⁴
예쁜 베누스가 젊은 아도니스와 함께

---

*3 《사랑의 헛수고》 제4막 제3장에 나오는 롱거빌의 소네트와 거의 같다.
*4 《베누스와 아도니스》 참조.

냇가에 앉았는데, 소년은 사랑스러운 풋내기라,
온갖 매력적인 눈빛으로 소년을 바라보니
아름다움의 여왕 아니면 아무도 낼 수 없는 눈빛.
그의 귀를 즐겁게 할 이야기를 들려 주고
그의 눈을 유혹하느라 온갖 것을 보여 주며
그의 마음을 얻느라고 여기저기 만져 주어
부드러운 접촉은 정조를 정복한다.
그런데 덜 익은 나이는 이해가 부족한지
모든 걸 주겠다는 몸짓을 거부하고,
어린 물고기처럼 미끼를 건드리지 않으며
이런저런 부드러운 암시를 웃음과 농담으로 넘겼다.
　　그래서 여왕은 뒤로 드러누웠으나
　　소년은 일어나 도망쳤다. 아! 바보처럼 너무 서둘렀다.

5*⁵

사랑의 맹세를 스스로 깨뜨린다면 어찌 사랑을 맹세하겠는가?
아, 아름다운 사랑의 맹세 믿지 못한다면 이 세상에 믿을 건 없다!
나 자신과의 서약은 깨뜨릴망정, 어찌 그대와의 맹세를 깨뜨릴까.
이런 생각이 나에게는 참나무지만 그대 앞에서는 버들이다.
공부는 바른길을 버리고 그대의 두 눈을 책으로 삼으니
학문이 누릴 수 있는 모든 즐거움이 그곳에 있다.
아는 것이 학문의 목적이라면 그대를 아는 것으로 충분하리라.
그대를 찬미할 수 있는 혀는 이미 학문이 넉넉하고,
그대를 보고 경탄치 않는 자는 무지하며,
그대의 재능을 찬양할 수 있음은 나에게 영광이요.
그대의 눈은 유피테르의 번갯불, 그대의 목소리는 천둥소리.
노여움을 사지만 않으면 그것은 음악이며 아름다운 불꽃.
　　천사 같은 그대, 오! 이 무례한 자의 사랑을 용서하오,

---

*5 《사랑의 헛수고》 제4막 제2장에 나오는 소네트와 거의 같다..

속세의 혀끝으로 하늘의 그대를 찬미하니.

6
아침 이슬이 햇볕에 마르기 전,
소 떼가 산울타리 그늘로 가기 전,
허망한 사랑에 빠진 베누스 여신은
시냇가에 자라는 버드나무 아래에서
아도니스를 애타게 기다리니
그곳은 소년이 땀을 식힌 곳이었다.
그가 평소처럼 그리로 오는 것을 보고
더운 날이었지만 그녀는 더욱 달아올랐다.
소년은 다가 와 망토를 벗어 던지고
푸른 냇가에 벌거벗은 몸으로 섰다.
해는 찬란한 눈으로 세상을 내려다보지만
이 여왕처럼 소년을 탐하지 않았다.
    그녀를 보자 소년은 물에 뛰어들었다.
    "오 신이여, 어째서 내가 물이 아닙니까!"

7
내 사랑은 예쁘지만 변덕스러워.
비둘기처럼 온화하지만 진실하지도 믿을 수도 없어.
유리보다 맑지만 유리처럼 잘 깨져.
밀랍보다 부드럽지만 철판처럼 녹슬었어.
    창백한 백합, 그녀를 꾸며주는 빛깔,
    더 예쁠 수도 없지만 더 착할 수도 없지.

그녀의 입술은 내 입술에 자주 닿았어.
키스할 때마다 그녀는 진실한 사랑을 맹세했어!
내 사랑을 잃을까 늘 두려워하면서
나를 즐겁게 해 줄 이야기를 얼마나 많이 했는지!

하지만 순진한 맹세 한가운데에서도
그녀의 믿음, 맹세, 눈물, 그리고 모두가 장난이었어.

그녀는 지푸라기 불붙듯 사랑으로 불붙더니
지푸라기 타버리듯 사랑을 불태웠어.
사랑을 짓더니 사랑을 허물고
영원토록 사랑한다더니 마음이 바뀌기 시작했어.
　　이것이 연인일까, 아니면 탕녀일까?
　　어느 쪽이든 시시하고, 가장 나쁘지.

8*6
달콤한 시와 음악이 어울린다면
누이와 오빠이니 마땅히 그렇지만
너와 나의 사랑도 커질 수밖에 없지.
너는 음악을, 나는 시를 사랑하니까.
다울런드*7가 너에게는 소중하겠지.
천국 같은 류트 소리에 사람 귀가 황홀해져.
내게는 스펜서*8인데, 상상을 뛰어 넘는
그의 깊은 마음은 변명할 필요가 없어.
태양신의 류트는 음악의 여왕인데
아름다운 연주 소리를 너는 즐기고,
스펜서가 노래를 말로 읊을 때
나는 깊은 환희에 잠기곤 한다.
　　시인들이 꾸미듯, 둘의 신은 한 분이니
　　우리 둘을 사랑하고 둘은 네 안에 남아 있어.

---

*6 리처드 반필드(1574~1627)의 작품.
*7 영국 작곡가·류트(lute)연주자(1563?~1626?)
*8 《선녀왕(The Faerie Queene)》을 지은 영국 시인 에드먼드 스펜서(1552~1599)를 말한다.

9

상쾌한 아침에 아름다운 사랑의 여왕은
[…]*9
거만하고 거친 아도니스 때문에
우윳빛 비둘기보다 더 핼쑥한 얼굴로
가파른 언덕 위에 자리 잡고 서 있다가
뿔피리 들고 개를 데리고 아도니스가 나타나자
그쪽으로 다가가지 말라고 애원했다.
"조금 전에 잘생기고 다정한 젊은이가
이 숲에서 멧돼지한테 허벅지를 물려
깊은 상처를 입었는데, 얼마나 끔찍하던지!
내 허벅지를 봐봐. 그의 상처가 이쯤 되었어."
　　그녀가 말하면서 보여 주니, 상처는 하나보다 많았어.*10
　　얼굴이 빨개진 소년은 그녀를 두고 달아났다.

10

향긋한 장미와 예쁜 꽃이 때 이르게 꺾여서 진다.
봉오리를 꺾으니까 봄인데도 진다.
반짝거리는 진주가 아! 너무 일찍 시들었어.
날카로운 죽음의 침에 찔린 어여쁜 생명체,
　　나무에 매달린 푸른 매실처럼
　　가을도 오기 전에 바람에 떨어졌구나.

나는 너 때문에 울지만 아직 그 이유는 몰라.
너는 내게 아무 유언도 남기지 않았어.
하지만 너에게 바란 것이 없어도
내가 바란 것보다 너는 더 많이 남겨 주었지.
　　오 아니야, 내 친구여, 내 바람을 용서해 줘.

---

*9 이 행은 빠져 있다.
*10 베누스는 옛 애인의 상처와 자신의 성기를 보여주었다.

나에게는 너의 불만을 남겨 주었으니.

11

도금양 그늘 아래 베누스가 앉아
아도니스에게 사랑을 애원하기 시작했다.
군신 마르스가 자기를 어떻게 꼬였는지 말하며,
그가 달려들자 그녀도 넘어졌다고 했다.
"군신이 내 몸을 이렇게 껴안았지."
그러면서 아도니스를 팔에 끌어안고
"내 입술을 이렇게 깨물었어."
말하면서 그의 입술을 꼼짝 못하게 덮쳤다.
그녀가 숨을 내뱉을 때 소년은 달아나
그녀의 마음도 즐거움도 볼 수 없었다.
　　아! 내가 내뺄 때까지 여자가 그처럼
　　꼼짝달싹하지 않고 입 맞춰 주었으면.

12

심술궂은 늙음과 젊음은 함께 살 수 없다.
젊음은 기쁨으로 가득하고 늙음은 걱정으로 가득하다.
젊음은 여름 아침과 같고 늙음은 겨울 날씨 같으며,
젊음은 여름처럼 우거지고 늙음은 겨울처럼 헐벗었다.
젊은이는 기운차고 늙은이는 숨이 짧다.
젊음은 재빠르고 늙음은 절뚝이며
젊음은 뜨겁고 용감하며 늙음은 쇠약하고 차갑다.
젊음은 사납고 늙음은 힘이 없다.
늙음아, 나는 네가 싫다. 젊음아, 나는 너를 사랑한다.
　　오, 내 사랑, 내 사랑은 젊다!
늙음아, 나는 네게 맞선다. 오 다정한 양치기, 빨리 와.
　　너는 너무 오래 머뭇거리는 것 같아!

13

아름다움이란 헛되고 의심스러운 재산이라,
갑자기 사라지는 빛나는 덧칠이며
봉오리를 틔우자마자 시드는 꽃송이고
금방 깨지는 약한 유리와 같으며
　수상한 재산, 덧칠, 유리, 꽃,
　한꺼번에 잃어버리고, 가버리고, 깨지고, 시든다.

잃어버린 재산은 팔거나 다시 찾지 못하며
바래버린 덧칠은 문질러도 다시 윤이 안 나고
내다 버린 죽은 꽃은 땅에서 시들며
깨어진 유리는 접착제로 고칠 수 없듯이,
　한 번 흠집이 난 아름다움은 영원이 사라지니,
　약도 물감도 수고도 비용도 소용없다.

14

잘 자고 잘 쉬는 것. 아! 이는 내 몫이 아니다.
내 휴식을 앗아간 그녀가 안녕하면서,
근심 많은 좁은 방에 나를 밀어 넣어
골똘히 죽음을 생각하게 되었다.
　"잘 있어요. 내일 다시 올게요."
　슬픔을 함께 주었으니, 나는 안녕할 수 없다.

헤어질 때 그녀는 다정하게 미소지었지만
경멸이든 애정이든, 어느 쪽이든 상관없어.
그녀는 나의 추방을 기뻐할지도 모르고
나를 다시 방황케 만드는 것일지도 몰라.
　보답은 받지 못한 채 고통만 얻는 나,
　방황은 나 같은 허깨비에 어울리는 단어다.

맙소사! 내 눈은 동쪽만 바라 봐.
내 가슴은 눈을 탓하고, 아침은 밝아 와.
게으른 휴식에서 저마다 감각들을 일으키며
밤을 밝힌 내 눈을 감히 믿지 못하거든.
　　필로멜라가 앉아서 노래하는 동안, 나는 앉아서 듣고
　　종달새 노래처럼 즐겁길 기대해.

종달새는 짤막한 노래로 새날을 맞이하고
어두운 몽상에 젖은 밤을 몰아낸다.
나는 그 밤을 쫓아내고 내 연인에게 달려가,
가슴에는 희망을 품고 두 눈은 바라던 걸 보며
　　슬픔은 위로가 되고 위로는 슬픔에 섞여.
　　그녀는 한숨을 내쉬며 내일 다시 오라고 말하네.

내가 그녀와 함께라면 밤은 너무 빠르지만.
그러나 지금은 일 분 일 분 시간만 더해.
지금은 일 분이 한 달만큼 길어
해가 꽃 위에 빛을 뿌리지도 않는다.
　　밤은 가고. 낮아 와라, 지금 밤에서 얌전한 낮을 빌리자.
　　오늘은 밤이 짧고 내일은 길어져라.

15
영주의 세 딸 가운데 가장 예쁜 딸이라
가정교사가 더할 나위 없이 사랑했건만,
지금껏 보던 사람 중 가장 잘 생긴 잉글랜드 군인을 보자
　　그녀의 마음이 한순간에 돌아섰다.
싸움은 오랫동안 승부를 내지 못한 채 이어져
교사를 떠나게 하거나 기사를 죽일 지경이네.
두 가지 다 실행하는 것은 순박한 소녀에게
　　얼마나 불행한 일인지 모른다.

한 사람을 거절하려니 더욱더 괴로워
두 사람을 좋게 만들어줄 방법이 없어
믿음직한 기사에게 상처를 입혔다.
　아, 그녀는 어쩔 수 없었어!
학문이 무기를 이긴 것이니까.
학식의 재능이 처녀를 데려갔다.
그럼 안녕히, 학자가 아가씨를 얻었네.
　내 노래는 이것으로 끝이다.

16*11
어느 날, 아, 운명의 그날!
사랑이여, 언제나 5월 같은 사랑이
하늘대는 바람에 노닐고 있는
어여쁜 꽃을 탐스럽게 보았다.
벨벳 같은 이파리 사이로
남의 눈을 피해 그녀를 찾기 시작해
상사병으로 죽어 가는 연인도
천국의 숨이 되고 싶어서 말하기를,
"바람아, 너는 마음껏 불어도 돼.
바람아, 그렇게 이기고 싶구나.
그렇지만 아! 나는 너의 줄기부터
따지 않을 거라고 맹세했는데,
젊음에 맞지 않는 맹세였지.
젊음은 달콤한 것을 뽑기 쉬운 나이이지.
너 때문에 맹세를 저버린다 해도
나를 죄인이라고 부르지 마라.
유피테르가 너를 위해 유노한테는
검둥이 같다고 그 자신을 부인하고

---

*11 《사랑의 헛수고》 제4막 제3장에 나오는 뒤멘의 노래. 조금 다른 곳이 있다.

너의 사랑을 위해 목숨 바쳐
유피테르의 이름을 내버릴 거야."

17
내 양 떼는 먹지 않고 내 암양들은 낳지 않고
내 수양들은 자라지 않아 모두 잘못되었다.
사랑은 죽어 가고 진심은 줄어들며,
마음이 거절하니 그것이 불행의 씨다.
즐거운 춤사위는 잊어버리고
아가씨의 사랑은 사라졌으며
진심이 뿌리박힌 사랑 속에는
"아니"라는 말이 박혀 빠질 수 없다.
　어리석은 실수 하나로 모든 걸 잃었다.
　찌푸린 운명아, 저주받은 변덕쟁이 여신아!*¹²
　남자보다 여자가 변덕이 더 심한 것을
　이제야 확실히 알겠노라.

나는 상복 입고 울지만 모든 두려움을 경멸한다.
사랑한테 버림받아 사는 게 노예와 같다.
피 흘리는 내 마음은 모든 도움이 필요한데
오, 잔인한 시간아, 울분이 가득 찼다.
내 양치기의 뿔피리는 곡조를 잊어버리고
내 숫양의 방울은 애절한 종만 울려댄다.
즐겁게 뛰놀던 꼬리 짧은 내 개는
전혀 놀지 못한 채 겁에 질린 듯
　비참한 내 모습을 보면서 울부짖으며
　한숨을 깊이 쉬며 울음을 북돋는다.
　무정한 땅 위에 한숨들이 울려서

---

*12 느닷없이 변하는 '운수(Fortuna)'는 변덕스러운 여신으로 표현되었다.

피비린내 나도록 싸우다 쓰러진 천 명의 병사 같다.

맑은 샘도 솟지 않고 예쁜 새도 노래하지 않으며
어린 풀도 초록빛을 띠지 못한다.
소 떼는 울며 서 있고 양 떼는 잠자며
님프들도 물러서서 두려워한다.
우리 같은 가난한 젊은이들의 모든 즐거움도,
들판에서 만나는 모든 놀이의 기쁨도
저녁마다 즐기던 놀이가 없어져서
사랑이 죽으니까 우리 모든 사랑도 잃어버렸다.
　　잘 가라, 다정한 사랑아. 너는 절대로
　　만족을 줄 수 없으며 내 슬픔의 근원이다.
　　가엾은 코리돈*13은 혼자서 살아야만 한다네.
　　그 밖에는 도움이 전혀 안 될 테니.

18
너의 눈이 그 여인을 선택했을 때,
그리고 사냥해야 할 사슴을 궁지에 몰았을 때
사랑처럼 변덕스러운 마음처럼, 옳고 그름을 따져야 할 일들은
이성(理性)에게 다스리도록 해 주어라.
　　지나치게 젊지 않은 나이에 결혼한
　　좀더 현명한 사람의 조언을 받아라.

그리고 이야기를 들려주러 갔을 때에는
너의 혀를 긴말로 매끄럽게 갈지 마라.
그녀가 어떤 낌새를 챌지도 모른다.
장애인은 장애인을 금방 알아보거든.
　　그 여자를 사랑한다고 꾸밈없이 말하고는

---

*13 고대 로마 시에 나오는, 친구를 잃고 슬퍼하는 목동의 이름.

그 여자를 팔아야 할 물건처럼 칭찬해라.

너의 모든 태도를 여자의 뜻에 맞춰라.
아끼지 말고 돈을 쓰며 여자 귀에 울려서
네 장점이 그 여자한테 칭찬받게 만들어라.
　　가장 튼튼한 성채도, 성탑도, 도시도
　　금을 입힌 총알이면 파괴된다.

언제나 확실한 신뢰를 받들며
구애를 한다면 겸손하고 진실해라.
네 여인이 부당하다는 게 밝혀지지 않는 한
절대로 새 여인을 고르지 마라.
　　그녀가 너를 물리친대도
　　시간이 알맞으면 게으름 피우지 말고 요구해.

그녀의 찌푸린 눈썹을 걱정할 게 뭐야?
밤이 되기 전에 구름은 걷힐 거야.
기쁨을 숨겼던 일을
후회할 테지만, 때는 너무 늦었어.
　　날이 채 밝기 전에 자기가 물리친 걸
　　곱절이나 애타게 바라마지 않겠지.

비록 그녀가 자기 힘을 보여 주려 애쓰며
저주하고 욕하면서 거절한대도
그녀의 약한 힘이 끝내 항복할 테니
그때 그녀는 교묘하게 말을 할 거야.
　　"여자가 남자만큼 힘이 세다면
　　당신은 내 마음을 얻을 수 없었겠죠."

여자가 부리는 속임수와 술책은

겉으로 보기에는 그럴 듯해도
그 안에 숨어 있는 속임수와 장난은
그들이 밟아대는 수탉은 알지 못한다.
　　너는 자주 내뱉는 그 말을 들어본 적 없어?
　　여자의 "안 돼"는 "괜찮다"는 뜻이야.

여자는 남자를 결코 성자가 아닌 죄악으로
이끌기 위해 여전히 분투한다고 생각해.
천국은 없으니, 나이 들어서 그것들이
나타날 때에나 거룩하게 굴면 돼.*14
　　침대 속 즐거움이 키스의 모든 것이라면
　　여자는 다른 남자를 상대하리라.

하지만 이제 그만. 말이 너무 길어지면
내 여자가 내 노래를 들을지 몰라 두려워.
그녀는 참지 못하고서 내 귀에 대고
혓바닥이 너무나 길다고 욕질할 거야.
　　솔직히 말하면, 그녀는 얼굴을 붉힐걸.
　　제 비밀을 폭로해 버렸다고 말이지.

19*15
나와 함께 살면서 내 연인이 되어
저 언덕과 골짜기와 계곡과 들판,
가파른 바위 투성이 산들이 우리에게 보여 주는
그 모든 즐거움을 누리도록 하자.

우리가 그 바위 위에 걸터앉아

---

*14 여자가 늙어서 흉해지기 전에는 정절을 지키려 애쓰지 말라는 뜻이다.
*15 크리스토퍼 말로(1564~1593)의 〈연가〉로 알려져 있다. 끝에 붙은 〈사랑의 답변〉은 월터 롤리 경(1554?~1616)이 지었다고 전해진다.

얕은 강가에서 목동들이 양 떼를 먹이는 것을
바라보고 있으면, 흐르는 물에 맞추어
새들은 다 같이 멋있는 연가를 부른다.

나는 장미꽃으로 침대를 만들 것이고
천 가지 향기로운 꽃다발과 함께
꽃들의 모자와 도금양 이파리로
온통 수놓은 치마를 만들어 주리라.

볏짚과 담쟁이 꽃망울의 허리띠에다
산호 버클과 호박 단추를 달아줄 테니,
이런 즐거움에 마음이 솔깃하다면
나하고 함께 살면서 나의 연인이 되렴.

사랑의 답변

세상과 사랑이 언제나 젊다면
양치기들 혀에 담긴 말이 진실이라면
그런 작은 즐거움들이 솔깃해 나를 변하게 하니
그대와 함께 살며 연인이 되리라.

20*16
기쁨 넘치는 달 오월
날이 저물고
푸른 떨기나무들이 던지는
한가한 그늘에 앉았노라니
짐승들 뛰놀고 새들은 노래한다.
나무는 자라고 풀은 봄을 맞이한다.

---

*16 리처드 반필드(1574~1627)의 작품으로 알려진다.

외로운 나이팅게일*¹⁷ 외따로 남겨 두고
모두가 한숨을 내쫓는다.
그 가련한 새 버려진 채 쓸쓸하지만
가시가 돋을 때까지 가슴을 젖히고
구슬픈 노래를 불러대는데
듣노니 한없이 마음을 울리는구나.
"피, 피, 피" 우짖는 소리
이윽고 "테루, 테루" 우는구나.
애끓는 그 소리 듣노라면
흐르는 눈물 참을 수 없노니.
그토록 생생한 슬픔 따라
내 슬픔도 새록새록 떠오르는구나.
"아무리 울어도 소용없다고.
누구도 네 고통 가여워하지 않는다고."
분별없는 나무들은 듣지 못하고
무정한 곰들은 위로되지 못하니.
판디온 왕*¹⁸도 세상을 떠났고
그대 모든 벗들도 관 속에 있노니.
그대의 벗 새들은 노래하지만
슬픔에는 잠기지 말지어니.
변덕스러운 운수가 미소 짓는 동안
그대와 나 함께 슬픔을 달래자꾸나.
그대에게 아첨 떠는 모든 이들은
불행에 빠진 벗이 될 수 없노니.
말이란 바람처럼 쉽고

＊17 그리스 신화의 폭군 테레우스는 처제를 강간하고 그 사실을 말하지 못하도록 혀를 자른다.
   그러나 그녀가 그 일과 관련한 수를 놓자, 언니가 알아듣고 자매는 테레우스의 어린 아들
   을 죽여서 그에게 먹인다. 자매는 죽어서 언니는 제비가 되고, 동생은 필로멜라(Philomela)라
   는 새가 되어 밤마다 "피, 피, 피" "테루, 테루"하고 슬피 운다. 필로멜라는 나이팅게일
   (Nightingale)이다.
＊18 필로멜라의 아버지로, 딸이 강간당한 뒤 세상을 떠났다..

믿음직한 친구는 찾기 어렵구나.
그대 어디에서고 돈을 쓰기만하면
모든 이들이 그대 친구가 되고자 하리
그러나 모아 놓은 금화가 많지 않으면
누구도 그대의 가난함을 도우려 하지 않으리.
만일 그대 누구에게나 아낌없이 쓴다면
그들은 그대를 한껏 치켜세우며
'왕이 되지 못해 안타깝다'고
그러한 아첨을 부르짖으리라.
만일 그가 악덕에 중독된다면
그들은 재빨리 그를 유혹하리라.
만일 그가 여자를 좋아하면
그들은 마음대로 여자에게 명령하리라.
그러나 운명이 한번 눈살을 찌푸린다면
그의 명성도 곧 끝나고 말리니.
그 앞에서 아첨하던 이들마다
다시는 그를 이용할 수 없으리라.
진실로 그대 친구가 될 만한 이는
필요할 때 그대를 돕는 사람이노니.
그대 슬퍼하면 함께 눈물 흘리고
그대 잠들지 못하면 그 또한 잠 못 이루노니.
이처럼 마음 속 모든 슬픔을
그 사람은 그대와 함께 나눠지리니.
이것이 바로 진실한 벗과
아첨하는 적을 구별해 주는
확실한 표시가 되리라.

The Phoenix and the Turtle
불사조와 산비둘기

불사조와 산비둘기*1

한 그루 아라비아 나무 위에 앉아
가장 크게 노래하는 새로 하여금
슬픔을 알리고 나팔을 불게 하라.
그 소리에 모든 순결한 새들이 오도록.

그러나 악마의 잔혹한 앞잡이이며
열병의 종말을 알리고
재난을 예언하는 그대 올빼미여,
이 새들 무리에 가까이 오지 말라.

모든 사나운 날갯짓 새들은
이 모임 밖으로 쫓아 버리고
새들의 왕 독수리만 남겨 두어라.
장례식을 엄숙히 집행하려니.

장송곡을 잘 아는 사제 노릇은
하얀 성직자 옷 입은 백조에게 맡겨라.
너는 너의 죽음을 예언하노니*2
진혼가는 마땅히 너의 임무 될지어다.

사람보다 세 배 더 사는 갈까마귀여,
그대가 들이쉬고 내쉬는 그 기운으로

---

*1 그즈음 여러 시인이 합작한 작품집에 들어 있던 시로, 셰익스피어 서명이 적혀 있다..
*2 백조는 죽기 전에 단 한 번만 운다고 한다.

검은 빛 새끼들을 낳아 기르노니*3
그대는 조문객들 사이에 섞여 있어라.

이윽고, 성가가 시작된다.
사랑과 정절은 모두 죽었다.
불사조와 산비둘기*4는 날아갔으며
서로의 불꽃 속에서 타오르며 사라졌다.

둘로 나뉘어져 서로 사랑했지만
그 본질은 하나에 담겨 있으니
분명한 둘이면서 나누어지지 않았으니
사랑의 숫자는 죽어 버렸다.

두 마음 떨어져 있어도 흩어지지 않았고
산비둘기와 그의 여왕 사이에
거리는 있어도 공간은 볼 수 없네,
그러니 그 둘의 모습은 기적 같은 일.

그들의 사랑 그토록 빛났으므로
산비둘기는 불사조가 보는 앞에서
불타오르는 사랑의 보답을 받았으니
서로가 서로의 사랑이었다.

스스로 전과 같지 않음에
본질이 소스라치게 놀라니
하나의 본질에 붙여진 두 개의 이름

---

*3 갈까마귀는 인간 수명의 세 배를 살며, 부리를 맞춰 호흡을 나눔으로써 알을 품어 새끼를
  낳는다는 전설이 있다.
*4 불사조와 산비둘기는 용맹과 순결을 상징하는 새들로, 불사조는 아라비아에서 살다가 죽을
  때는 자신을 불태워 다시 태어난다는 전설이 있다..

둘이라고도 하나라고도 불린 적 없으니.

이성(理性), 그 스스로도 혼란스러워하며
나누어진 것이 자라서 하나가 되는 것을 보았네.
그들 자신에게는 저마다 아무 것도 아니고
완전히 섞여 하나가 되었다.

그리하여 이성이 외치노니,
한 쌍의 두 사람이 참으로 진실한 결합이니
둘로 갈라져 그렇게 남아 있다면
사랑은 이성이 있으나 이성은 아무 것도 없다.

그래서 사랑의 으뜸 지배자이자 별들인
불사조와 산비둘기를 위해
이렇게 만가를 지었노라,
그들의 비극적인 장면을 맞이하는 합창으로.

만가

아름다움과 진실, 그리고 진귀함,
모든 소박함 속에서 우아한 것이
이곳에 재가 되어 누워 있다.

죽음은 이제 불사조의 안식처이며
산비둘기의 충성스러운 마음은
이제 영원히 잠들었다.

후손을 남기지 않음은
그들의 나약함 때문이 아니라
순결한 결혼이었기 때문이었다.

진실은 보이는 듯하나 있을 수 없고,
아름다움을 자랑하지만 그것은 그녀가 아니니
진실과 아름다움은 여기 흙에 묻혀 있다.

진실한 이와 아름다운 이 모두로 하여금
이 유골단지 앞으로 모이게 하라
죽은 새들을 위해 탄식의 기도를 올리도록.

셰익스피어의 희비극·시 세계

《말은 말로 되는 되로》

"클라우디오는 안젤로로, 죽음은 죽음으로 갚아야 하리라" 크게 외치오.
급한 것은 늘 급한 것으로 보상해야 하며, 느린 것은 느린 것으로, 비슷한
것은 비슷한 것으로, 되는 언제나 되로 갚아야 하는 것이오. (제5막 제1장)

위 내용은 비엔나 공작 빈센티오의 대사 가운데 한 부분으로, '말은 말로
되는 되로(Measure for Measure)'라는 극의 제목은 여기서 중요한 구절을 그대로
따와서 쓴 것이다. 이 작품은 다른 희극들처럼 흥겹고 재미있다기보다는 어둡
고 신랄한 것이 특색인 문제극이라고 할 수 있다. 1604년 크리스마스 다음 날
에 제임스 1세 궁정에서 상연된 기록이 남아 있어, 집필 연도를 1603~04년으
로 추정한다. 처음으로 인쇄되어 나온 것은 1623년 제1이절판 전집(퍼스트 폴
리오)에서인데, 이 인쇄본은 아주 나쁘게 바뀐 원전(텍스트)으로 알려진다.

이 극의 줄거리인 안젤로의 정의롭지 못한 이야기는 셰익스피어 이전 유
럽 문학에서 때때로 다루어진 소재이다. 그러나 직접적인 소재는 조지 웨트
스톤(George Whetstone 1544?~1587)의 희곡 《프로모스와 카산드라 *Promos and
Cassandra*》(1578)이다. 웨트스톤은 같은 이야기의 줄거리를 산문으로 써서 《헵
타메론 *Heptamerone*》이란 자기 책에 실었다. 그러나 이 웨트스톤의 이야기도
이탈리아 시인이자 극작가인 지랄디 친티오(Giraldi Cinthio 1504~1574)의 《100
가지 이야기 *Gli Hecatommithi*》 가운데 한 편이다.

친티오를 시작으로 웨트스톤을 거쳐 셰익스피어의 《말은 말로 되는 되로》
가 이루어졌다고 보고 있으나, 공작이 수사로 변장하고 감찰사 노릇을 하는
장면이라든가, 이사벨라가 안젤로에게 정조를 빼앗길 뻔한 것을 안젤로의 약
혼녀인 마리아나와 바꿔치기하는 장면 등은 셰익스피어가 새로 만든 내용이
다. 이야기 줄거리는 앞의 책들에서 빌려왔다고 하더라도, 그 구성(플롯) 기법

〈마리아나〉 발렌틴 카메론 프린셉. 1888.

은 셰익스피어만이 할 수 있는 절묘한 재주로 가득하다.

이 극의 줄거리는 다음 세 개 삽화로 나눌 수 있다. 첫째, 공작이 자리를 비운 동안에 그를 대리하는 안젤로가 이사벨라의 아름다움에 사로잡히는 이야기. 둘째, 안젤로가 이사벨라의 정조를 그녀의 오빠 클라우디오 목숨과 맞바꾸자고 제안하는 이야기. 셋째, 공작이 클라우디오의 목이라 속여 열병으로 죽은 죄수의 목을 안젤로에게 보내는 이야기.

셰익스피어 작품은 예전 이야기나 일반 대중이 잘 아는 이야기 줄거리를 일부러 가져와서는 나름대로 다듬어 낸 것이 대부분이다. 다시 말해 그는 줄거리를 창조하는 작가가 아니라, 이미 존재하는 이야기를 희곡으로 만드는 데 빼어난 능력이 있는 작가이다. 《말은 말로 되는 되로》도 줄거리는 웨트스톤의 작품과 비슷하지만 그 구성은 아주 색다르다.

웨트스톤의 《프로모스와 카산드라》는 정숙한 여인 카산드라와 악한이자 위선자인 프로모스의 갈등과 대결을 왕이 해결하는 구성이다. 《말은 말로 되는 되로》에서도 정숙한 여인 이사벨라와 악한이자 위선자인 안젤로의 갈등과 대결을 공작이 해결하지만 그 구성은 뿌리부터 다르다. 한결 더 복잡하고 강력하며, 게다가 무대 위에서 보여줄 수 있는 효과를 노려 원숙한 기교가 넘쳐흐른다. 그리고 《프로모스와 카산드라》에서는 해결을 위해 왕이 뒷부분에만 나오지만, 《말은 말로 되는 되로》에서는 공작이 처음부터 나와서 상승─절정─해결에 이르기까지 사건 행동의 중요한 힘을 발휘하여 사실상 연극의 주인

공 역할을 맡고 있다.

《프로모스와 카산드라》에서는 프로모스와 카산드라가 확실한 주인공인데 비해 《말은 말로 되는 되로》에서는 공작과 이사벨라가 주인공이다. 그러니까 셰익스피어는 안젤로의 약혼녀 마리아나를 등장시켜 안젤로를 조연급의 흐릿한 존재로 만들어 놓고 마지막에는 공작과 이사벨라가 행복한 결말을 맞이하도록 하는데, 이러한 구성 기법은 웨트스톤과는 전혀 다른 방법이다. 셰익스피어의 위대함은 바로

존 리스톤(폼페이 역) 19세기 배우 사무엘 드 와일드. 1812.

이 희곡 구성 기법에서 여지없이 드러난다.

그런데 교만한 인간은 잠시 조그만 권력을 쥐고 있기만 해도, 인간이란 유리알처럼 부서지기 쉬운 하찮은 존재라는 사실도 모른 채, 성난 원숭이처럼 드높은 하늘을 향해 온갖 이상한 농간을 다 부려 천사들을 울려 놓고야 마는군요. 분노하는 인간을 보면 죽어라 배꼽을 잡고 웃는다는 그 천사들을요. (제2막 제2장 이사벨라의 대사)

이 극은 비록 약점을 지니고 있기는 하지만 가장 눈여겨보아야 할 셰익스피어 창작극들 가운데 하나이다. 이 작품의 문제는 낭만희극 형식으로는 도저히 이루지 못할 것을 시도한 점, 그리고 어떠한 연극적 기교로도 완성할 수 없는 주제를 다룬 점이다. 이제까지 성공한 낭만희극들은 대자연의 일부인 숲을 배경으로 펼쳐졌으며, 이 대자연은 위험한 죽음을 담는 경우도 있었지만

3막 1장, 안젤로에게 클라우디오를 비난하는 이사벨라　제임스
피틀러의 판화. 1794.

결국은 너그럽고 어진 자연이었다. 그러나 《말은 말로 되는 되로》 배경은 비엔나(빈)의 추악한 거리이며, 자연의 모습 또한 예전과는 완전히 다르다. 요정의 발자국은 말굽에 짓밟히고, 사창가의 코를 찌르는 악취는 들꽃 향기를 죽인다.

　사랑의 어리석음을 모르는 바 아니나 행복의 절정을 서정적인 사랑에서 발견해 왔던 셰익스피어가 문득 사랑과 음욕이 다르기는커녕 오히려 둘은 거의 구별될 수 없다는 사실을 깨달은 듯하다. 뿐만 아니라 지금까지 여러 희극에서 어렴풋이나마 제시되고 《베니스의 상인》에서는 거의 주제로까지 강조된 정의 문제는 이 극에서 음산하고도 복잡한 양상으로 전체를 뒤덮는다. 여태껏 엄격한 부모의 명령이나 사회 규율에 대한 젊은이들 사랑의 반항 및 방종은 명랑하고 천진난만하기만 했다. 하지만 이제 개인적 차원이든 사회적 차원이든 간에 모든 인간이 제시하는 영구한 문제이며, 낱낱의 인간이 요구하는 자유와 사회적인 셰익스피어는 참으로 냉혹해 보인다.

　작가는 이 극을 통해서 삶의 이상적인 모습을 창조해 내고 있는 것이다. 하지만 생동감 넘치고 개성적인 등장인물들을 그런 판단이나 도덕률로는 쉽게 해석할 수가 없다. 이를테면 "이사벨라는 순결의 상징"이라고, 한마디만으로 넘겨 버릴 수 없다. 물론 그녀는 틀림없이 순결하며 그 행동을 나무랄 수는 없지만, 그녀의 표현이 조금 달랐어야 하는 게 아니었나 하는 아쉬움이 남는다. 수녀복을 입었을 때 그녀 모습에는 어떤 우월감과 《십이야》의 말볼리오와 같은 이기적 위선이 엿보이는 듯하다. 그렇지만 작가는 이사벨라를 우리의 도덕률로 규정지을 수 있는 틀 안에서 만든 것은 아니리라.

안젤로 또한 마찬가지 문제점을 안고 있다. 작가는 안젤로를 음욕에 고민하는 인간으로 그렸다. 어떤 유혹이나 아름다운 여인 앞에서도 절대 흔들림 없던 그의 철두철미한 도덕률이, 오로지 이사벨라의 순결을 마주하자 한순간에 무너져 내렸다. 이는 《베로나의 두 신사》에서 우정을 배신하는 행위와 같은 것이다. 그래서 그는 세속적 인물, 그 이상이 된다. 그는 이사벨라의 순결에 도전하는 악마이자 위선자이면서도 한편으로는 비엔나의 부패상을 진심으로 증오하는 이상주의자이지만, 그의 이상주의는 균형을 잃은 탓에 자기에게 주어진 시련을 이겨내지 못한다. 이 극의 근본적인 문제점은 희비극으로서는 담아내기 힘든, 이사벨라와 안젤로 같은 성격의 인물을 등장시켜 너무나도 엄청난 주제를 다루는 데 있다.

《트로일로스와 크레시다》

《트로일로스와 크레시다》는 비극도 아니며 희극도 아닌, 이해되지 않는 이상한 극이라고 말하는 사람도 있다. 실제로 이 극을 읽다 보면 지은이가 말하려는 주제가 '사랑'인지, '전쟁'인지 헷갈린다. 이렇듯 비극도 희극도 아니며, 그렇다고 사랑 이야기도 전쟁 이야기도 아닌 작품이지만 읽으면 읽을수록 마음이 끌린다.

셰익스피어가 근대적 로맨스 세계를 건설하고 희극이 완성기에 이르렀을 때, 이윽고 그 안에 깃든 모순들이 어두운 그림자를 펼쳐 비극기로 나아가게 된다. 《트로일로스와 크레시다》는 1601~02에 쓰였다는 것이 대체적인 의견이다. 다시 말하면 셰익스피어가 4대 비극을 발표하던 무렵으로, 작가의 극작술과 인생관이 가장 무르익었을 때였다. 그래서 이 작품에는 셰익스피어의 세계관과 인생관이 뚜렷이 드러난다.

1609년에 나온 열악한 인쇄본으로 처음 출판되었는데, 그 표지 제목이 《트로일로스와 크레시다의 비극》임에도 머리말에는 '희극'이라고 적혀 있다. 그리고 1623년 제1이절판 전집에서는 《트로일로스와 크레시다의 비극》이라는 제목으로, 역사극과 비극 사이에 실려 있다. 어떤 종류의 극인지는 처음부터 결정짓기 어려웠던 모양이다. 작가의 비극기에 쓰인 이 작품은 어두운 희극 또는는

문제극이라고도 불릴 만
큼 뒷맛이 씁쓸하다.

이 작품의 소재로는
고대 그리스 시인 호메
로스(Homeros)의 《일리
아드 *Iliad*》와, 영국 시
인 초서(Geoffrey Chaucer
1343~1400)의 서사시 《트
로일로스와 크리세이데
Troilus and Criseyde》, 그리
고 스코틀랜드 시인 헨
리슨(Robert Henryson
1425?~1506)의 《크리세이
드의 유언 *The Testament of
Cresseid*》 등을 들 수 있다.
헨리슨의 작품은 초서 시
의 속편처럼 쓰인 것이지

비극의 주인공 〈크레시다〉(1602)　스트랫퍼드 셰익스피어 갤러리

만 더욱 엄격한 도덕적 잣대를 가지고 크리세이드의 불행한 마지막을 그리려
했다. 크리세이드가 디오메데스의 버림을 받는 데다 비웃음거리가 되어 베누
스와 큐피드를 저주하는 장면, 이어 한센병에 걸려 구걸하는 장면 등이 특징
적이다.

극의 배경은 트로이 전쟁 중의 트로이와 그리스 진영이다. 트로이 왕국의
막내 왕자인 트로일로스는 트로이를 배반하고 그리스군으로 넘어간 신관(神
官)의 딸 크레시다에게 연정을 품고, 그녀의 숙부 판다로스의 주선으로 크레
시다와 사랑에 빠진다. 그렇지만 그리스군에게 산 채로 잡힌 트로이군의 지휘
관 안테노르와 맞바꾸기 위해 트로이는 크레시다를 그리스군에 있는 그녀의
아버지에게 보낸다. 크레시다를 데리러 온 그리스 장군 디오메데스는 크레시
다의 아름다움에 반해 크레시다를 유혹한다. 한편 휴전을 계기로 트로일로스
는 그리스군 진영으로 가서 오디세우스의 안내로 크레시다가 머무는 군막을
찾아간다. 트로일로스는 그토록 그리던 애인이 디오메데스와 사랑을 속삭이

5막 2장, 〈군막 안에서 크레시다와 디오메데스가 속삭이는 장면을 엿보는 트로일로스〉 앙겔리카 카우
프만 그림(1780), 루이지 스키아보네티 판화(1795)

는 광경을 보고 환멸과 분노를 느낀다. 곧 전쟁이 시작되자 트로일로스는 디
오메데스를 만나 싸운다. 그러나 트로일로스의 형인 헥토르가 아킬레우스의
작전에 말려들어 죽게 된다. 트로일로스는 군대를 이끌고 자기 진영으로 되돌
아간다.

이처럼 전체 줄거리는 불쾌하고 스산한 분위기에 휩싸여 있으며, 《트로일로
스와 크레시다》라는 제목과도 조금 거리가 있는 듯한 인상을 준다. 작품 앞부
분에서는 트로일로스와 크레시다의 사랑이 맺어지고 무르익지만, 뒷부분에
들어서면 사랑에서 벗어나 전투 자체에만 집중한다. 두 진영의 장군들 사이에
서 벌어지는 토론과 연설이 많은 부분을 차지한다. 이 부분에 이르면, 우리는
셰익스피어가 몇몇 장군들의 입을 빌려 그 무렵 영국 국민들에게 자신의 생
각과 앞날에 대한 경구를 들려준다는 사실을 쉽게 깨달을 수 있다. 그리스 장
군들 회의에서 오디세우스의 긴 이야기, 트로이성에서 벌어진 전쟁의 대의명
분에 대한 토론은 사실상 셰익스피어 자신의 믿음이라고 할 수 있다.

어떤 비평가는 셰익스피어가 이 작품을 쓰게 된 동기로, 극 속에서 영웅

들을 우스꽝스럽게 풍자하듯이 그때의 건방진 작가들을 비꼬기 위해서였다고 말한다. 장군 아이아스는 벤 존슨(Ben Jonson 1572~1637), 독설가 테르시테스는 마스턴(John Marston 1576~1634)이나 데커(Thomas Dekker 1572~1632)의 분신이라는 것이다. 즉 극장 독점을 둘러싸고 벌어진 이들 사이의 갈등을 셰익스피어가 전설에 빗대어 비웃었다는 주장이다.

이러한 풍자를 위한 지나친 냉소주의와 몇몇 인물들의 입에서 나오는 야비한 대사로 말미암아, 작품 시작 부분의 아름다운 사랑 장면마저 빛

5막 3장 〈헥토르에게 출전을 만류하는 카산드라와 안드로마케〉 토머스 커크 그림, 제임스 피틀러 판화. 1795.

이 바랬을지도 모른다. 마지막 부분에서도 주인공 트로일로스와 크레시다에 대한 결론이 없다. 이처럼 문제가 해결되지 않은 사실을 가리켜 셰익스피어가 큰 실수를 저질렀다고 비판하는 사람도 있으나, 달리 생각하면 오히려 그것이 바로 셰익스피어가 노린 점이자 관객이 매력을 느끼는 점일 수도 있다.

시종을 불러주오. 다시 갑옷을 벗어야겠소. 왜 내가 트로이성 밖에 나가 싸워야 하죠? 이 마음속에서도 이토록 참혹한 전투가 일어나고 있는데. (제1막 제1장 트로일로스의 대사)

남자란 아직 손에 넣지 못한 것에 대해서는 그 가치보다 더 높이 평가하는 법이니까. 상대에게서 열정적인 구애를 받을 때 사랑이 달콤해진다는 사실을 아는 여자는 절대로 쉽게 넘어가지는 않아. (제1막 제2장 크레시다의

대사)

트로일로스는 지조 없는 여인을 사랑했다는 뼈아픈 후회와 반성을 안은 채 자기 생활로 돌아가며, 크레시다는 모든 사람의 비웃음을 받으며 불안한 하루하루를 살아가리라는 인상이 관객의 머릿속에 떠오른다. 그러니까 우리는 이 두 사람의 앞날을 마음대로 상상할 수 있고, 그 안에서 가르침을 얻을 수 있다. 이것이 《트로일로스와 크레시다》가 갖는 참다운 가치일지도 모른다. 사실과 문제만 내보였을 뿐, 그 해결은 관객(독자)들에게 오롯이 맡기고 있다.

이 작품에서 중요한 전쟁 장면도 마찬가지이다. 어느 쪽도 결정적인 승리를 거두지 못한 채 끝난다. 작가는 이 전쟁의 대의명분을 의심한다. 이 극에서는 사랑도, 전쟁도 어떤 결실이나 명예를 얻지 못한다. 이런 특성은 셰익스피어가 초기 작품에서 시도하던 정열적이고 맹목적인 사랑과 영웅적인 전쟁이, 삶의 원숙기에 들어서면서 차츰 달라져 가고 있다는 증거일 수도 있다.

셰익스피어의 크레시다는 중세기 로맨스 작가들의 여주인공과는 달리 음란하고 충동적인 성격을 지녔으며, 결혼의 행복을 믿지 않는다. 지금까지 그의 희극에서처럼 연애와 이성(理性)의 조화는 도저히 기대할 수 없다. 이 극에 등장하는 호메로스의 영웅들은 명예나 기사도에 신경 쓰지 않는 희극적 모습이면서도, 오디세우스의 질서론은 셰익스피어 역사극에서 다루어진 바 있는 질서관과 더불어 시대적 사상이기도 하다.

트로이인은 인간의 아름다움과 가치를 대표하고, 그리스인은 인간의 야비함과 어리석음을 대표한다고 말하는 비평가도 있다. 그렇지만 트로이 진영의 용사들 또한 작가의 매서운 풍자를 피하지 못한다. 트로이인도 그리스인과 마찬가지로, 자기 욕정과 체면만을 챙기고 있는 것이다. 그리스 쪽의 현실주의와 트로이 쪽의 이상주의는 신구(新舊) 두 사조가 소용돌이치던 르네상스 시대 영국의 현실을 보여주는 듯하다.

셰익스피어 시작품

영문학에서는 영시(英詩)가 다른 분야보다 앞서 발전하기 시작하여, 14세기 끝 무렵에는 '영시의 아버지'라 불리는 제프리 초서에 의해 근대적인 표준 언어와 내용 및 형식으로 정립되었다. 영국 르네상스 시대 문학의 전통은 시(詩)

로 말미암아 유지되어 왔는데, 엘리자베스 여왕 때 문화인들은 시를 이해하거나 쓰는 것을 자랑으로 여겼으며 또한 극작품 대부분이 무운시(無韻詩) 형식이었다. 무운시란 압운이 없는 약강오보격(弱强五步格) 시로, 운의 구속이 없어 산문에 가까운 서술적 시와 시극에 많이 쓰이는 전통적 시형이다. 그러므로 시적 재능과 뛰어난 상상력을 타고난 셰익스피어가 시대 흐름에 맞추어 시 쓰기를 실험한 것은 당연한 일이었다.

흔히 셰익스피어 작품집에는 그의 희곡 39편 말고도 독립된 시편(詩篇)으로서 《베누스와 아도니스》, 《루크레티아의 능욕》, 《소네트》, 《연인의 탄식》, 《열정의 순례자》, 《불사조와 산비둘기》 등 6편이 함께 실려 있다. 이 6편 모두가 셰익스피어 작품인지는 학자들 사이에서도 의견 차이가 크기 때문에 여기에서 결론 내리기는 어렵다. 그러나 여기에서는 이 작품들 모두를 옮겨 실었다.

〈베누스와 아도니스〉, 〈루크레티아의 능욕〉, 〈소네트〉 세 작품 모두 1592~95년에 집필된 것으로 보인다. 1592년부터 94년 사이 여름철마다 런던에 전염병이 돌아서 극장들이 여러 번 문을 닫는 바람에 극단은 어쩔 수 없이 지방으로 순회공연을 떠나야 했다. 이때 셰익스피어는 런던에 남아서 시 쓰기에 전념할 수 있었다.

《베누스와 아도니스》

셰익스피어의 《베누스와 아도니스》는 비극 요소와 희극 요소가 섞인 매력적인 작품이다. 아도니스의 죽음을 이야기하면서, 욕망에는 끝이 없으며 시간은 무정하다는 데에 초점을 맞춘다. 한편으로 이런 비극적인 주제와 함께 슬랩스틱 코미디, 상스러운 익살, 나아가 무엇보다 욕망을 채우지 못한 여신 베누스의 괴로운 처지를 우스꽝스럽게 그려냈다.

이 시는 셰익스피어 자신의 이름으로 출판한 첫 작품(이것이 그가 이 작품을 "제가 낳은 제 생각의 첫아들"이라고 부르는 까닭이다)이며, 그가 드물게 헌사를 붙인 두 작품 가운데 하나이다. 이 작품은 전염병 때문에 극장 문을 닫았을 때 썼는데, 아마도 셰익스피어는 경제적으로 어려워져서 귀족에게 후원을 받으려고 했는지도 모른다. 《베누스와 아도니스》와 《루크레티아의 능욕》은 모두 제3대 사우샘프턴 백작 헨리 라이오테슬리(Henry Wriothesley, 3rd Earl of Southampton 1573~1624)에게 바친 작품이다. 헨리 라이오테슬리는 연극 애호

가로 이름난 젊은 귀족으로, 적어도 첫 소네트 17개는 그에게 보냈을 가능성이 높다고 생각하는 비평가도 있다. 그렇지만 셰익스피어는 더 널리 읽히리라 기대했던 것으로 보인다.

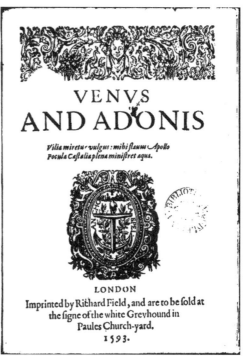

《베누스와 아도니스》(1593)　사절판 속표지

1580~90년대 에필리온 (Epyllion)이라는 작은 서사시가 대학생, 멋쟁이, 궁정 사람들 사이에서 엄청난 인기를 끌었다. 이 작은 서사시는 의도적으로 재치 있는 표현을 사용하고, 보통 대화나 독백이 포함되며, 신화 속 영웅과 아름다운 여인의 연애 이야기를 바탕으로 한다. 그 이야기들은 거의 다 로마 시인 오비디우스(Publius Naso Ovidius B.C.43~A.D.17)의 《변신 이야기 Metamorphoses》(베누스와 아도니스에 대한 이야기는 제10권에 등장)에서 가져왔다. 오비디우스 책을 번역한 아서 골딩(Arthur Golding 1536~1606)이 제10권에 대해 "억제하지 못한 정욕을 비난했다"고 평가했듯이 오비디우스 이야기를 도덕적 관점에서 판단하는 오랜 전통이 있었지만, 에필리온 작가들은 이 이야기와 언어 자체가 가지는 관능적인 쾌락을 강조했다.

《베누스와 아도니스》는 1640년 제16판이 나왔는데, 그 비할 데 없는 성공은 이 작품이 가진 매력적인 힘 덕분이라고 생각한다. 토머스 미들턴(Thomas Middleton 1580~1627)의 희극 《미친 세상, 나의 주인 A Mad World, My Masters》에서 질투심 많은 남자 헤어브레인은 이렇게 말한다. "나는 그녀가 가진 외설스러운 작은 책 《베누스와 아도니스》를 몰래 없앴다. 오, 그 책은 젊은 아내들의 욕망을 부채질하는 최음제이다."

《베누스와 아도니스》 줄거리는 다음과 같다. 사랑의 여신 베누스는 젊고 아

〈베누스와 아도니스〉 셰익스피어의 시 3연 13행 부분　헨리 코보 울드. 1825~40. 메트로폴리탄 박물관 소장

름다운 인간 아도니스에게 반한다. 그녀는 온갖 방법으로 그를 유혹하지만 아도니스는 거부하면서, 누군가를 사랑하기에는 자신이 아직 너무 어리며 그보다는 사냥을 하고 싶다고 말한다. 그런데 아도니스가 베누스 곁을 떠나려 할 때, 그가 나무에 묶어 놓았던 수말이 발정난 암말을 쫓아가 버렸기 때문에 아도니스는 도망치지 못하고 베누스 손안으로 떨어진다. 다음 날 베누스의 경고를 무시하고 아도니스는 멧돼지 사냥을 나갔다가 목숨을 잃는다. 그의 피가 떨어진 곳에는 붉은 꽃이 피어났으며 베누스는 이 꽃을 꺾어 가슴에 품는다. 그녀는 앞으로 사랑에는 반드시 슬픔이 따르도록 하겠다고 맹세한다.

주요 등장인물은 사랑의 여신 베누스와 아름다운 젊은이 아도니스이다. 이들의 이야기를 말하는 사람은 비교적 소극적으로 드러난다. 이 시에 나오는 다른 존재는 모두 동물이다. 숲속에서 암말을 쫓아다니는 아도니스의 수말, 사냥 대상으로 상상하는 토끼, 그리고 아도니스를 죽이는 멧돼지 등이다. 이 전설의 다른 작품에는 등장하지만 이 시에는 나오지 않는 인물이 바로 큐피드이다. 셰익스피어는 사랑의 상징으로 여신 베누스에게 주목하며 그녀가 어떻게 사랑에 빠졌는지는 설명을 생략했다.

《베누스와 아도니스》의 주제는 '신도 인간도 한 번에 바꿔 버리는 힘이 사랑에 있다'는 것이다. 베누스는 우스꽝스러우면서도 아주 인간적으로 보인다. 그녀는 아도니스를 사랑하며 눈물을 흘리고, 상대의 마음을 얻으려 애쓰며

〈베누스와 아도니스〉 헨드릭 골치우스. 1614. 알테 피나코테크(뮌헨) 소장

발버둥치고 땀을 흘린다. 그러나 자신의 초자연적인 힘을 모두 쏟고도 끝내 아도니스와 사랑을 나누지 못한다. 그녀는 더욱 추락하며 정욕과 이어진 짐승의 본능을 드러내고 자신을 멧돼지와 동일시하기까지 한다. "내게도 멧돼지처럼 송곳니가 있다면, 고백하건대 그에게 입맞추려다, 그를 죽이고 말았으리라."

아도니스 또한 과도기에 있다. 그는 나이 어린 탓에 어색하다고 말하며, 내일은 어떤 친구와 멧돼지 사냥을 나갈 거라고 말한다. 사랑으로 변신하기보다는 사냥(의식이 된 싸움)을 통해 어른 남자가 되기를 바란다. 이 소망에 서술자는 공감을 내보인다. 베누스를, 아도니스가 어른이 되는 일을 방해하는 어머니처럼 묘사하기 때문이다. 역설적이게도 사랑을 피하려는 아도니스의 노력이 마침내 이 시 속에서 글자 그대로 변신하게 만드는 원인이 된다. 그의 피는 새로이 피어난 붉은 꽃(아네모네)으로 변신한다.

이와 관련해 성별이 뒤바뀐다는 주제가 있다. 권위를 지닌 베누스는 마땅히 엘리자베스 시대 문화에서 남성과 같다고 볼 수 있다(더욱이 이것은 그녀가 신이기에 정당하다). 이는 마치 엘리자베스 여왕의 권력이 그 통치권을 바탕으로 설명되는 것과 같은 맥락이다. 그리고 이 둘 사이에는 몇 가지 닮은 점이 있

〈아도니스의 죽음〉 주세페 마추올리. 1708.

다. 아울러 이 시는 욕망이 얼마나 성별을 불안정한 상태로 만드는지도 강조한다. 예를 들어 그녀는 말로써 적극적으로 구애할 뿐만 아니라, 아도니스를 말에서 끌어내리며 신체적으로 공격적인 역할까지 맡는다. 베누스에게서 남성성을 엿볼 수 있는 부분이다. 이처럼 베누스가 차츰 남성적인 빛깔을 띠어 가는 동안 아도니스는 순수함과 수동성, 그리고 생김새로 점점 더 여성화되어 간다.

셰익스피어가 오비디우스의 《변신 이야기》에서 줄거리를 가져올 때 가장 크게 바꾼 점은, 아도니스가 자신에게 접근하는 베누스를 거절한 것이다. 이 접근은 티치아노(Vecellio Tiziano 1490?~1576)의 그림 〈베누스와 아도니스〉(1554)에서 자극을 받았기 때문일지도 모른다. "이렇게 말하고, 그를 꼭 껴안은 아름다운 두 팔의 달콤한 포옹에서 벗어나"―이 시행이 보여주는 인상은 특히 티치아노 작품을 떠오르게 한다.

나보다 세 배나 아름다운 이여,
들에 핀 꽃의 왕이여, 견줄 이가 없나이다.
모든 님프들을 하찮게 만들고, 남자라기에는 너무도 사랑스러운,
비둘기보다 희고 장미보다 붉은 그대.

〈아도니스의 죽음을 슬퍼하는 베누스〉 피터 폴 루벤스. 1614.

죽는 모습까지 아도니스는 여성스럽다. 다시 말해 그는 멧돼지 송곳니에 찔려 피를 흘리며 꽃으로 변한다('flowers'라는 말은 여성의 월경을 묘사하는 데자주 쓰인다).

이 시는 시간 효과에 심취했다고 말해도 좋다. 1632년에 출판한《변신 이야기》주석에서 조지 샌디스(George Sandys 1578~1644)는 아도니스 이야기가 주는 교훈 가운데 하나가 "아름다움은 약하고 오래가지 못한다"는 것이라고 말했다. 베누스가 아도니스를 유혹할 때 주로 하는 말은 아름다운 꽃도 순식간에 사라지므로 시간을 유익하게 써야 하며, 찾아온 사랑의 기회를 놓쳐서는안 된다는 것이다. 그러나 만일 이 시가 아도니스의 죽음을 통해 시간의 파괴력을 보여준다고 한다면, 그와 함께 어떤 위로도 준다고 할 수 있다. 이 시의구조 자체가 순환적 성격을 지녔다. 첫째 날 베누스는 아도니스를 유혹하지만실패한다. 둘째 날 베누스는 아도니스가 멧돼지 사냥을 떠나는 것을 막지 못하고 아도니스는 목숨을 잃는다. 둘째 날 마지막에 아도니스는 붉은 꽃으로모습이 변하는데, 이는 곧 그의 영원한 생명을 뜻한다.

땅 위에 뿌려진 그의 피에서는
　　흰 무늬 있는 한 송이 붉은 꽃이 피어나네.
　　창백한 그의 뺨과 그 흰 빛깔 위에
　　방울방울 맺힌 그의 피와 닮은 꽃이로다.

　꽃은 언젠가 시들지만 그 꽃의 씨는 계속 살아남는다. 이 시가 그랬듯이 말이다. 《베누스와 아도니스》에서 가장 흥미로운 이미지 형식은 붉은색과 흰색의 반복이다. 셰익스피어가 살았던 시대에 이 두 가지 색은 이상적인 아름다움의 조건이었다(특히 붉은 뺨과 입술을 가진 하얀 얼굴). 그러나 이 시에서 붉은색과 흰색은 주로 아도니스를 그릴 때 쓰인다. 아도니스는 분명 동성애 욕망의 대상이며, 이는 아마도 셰익스피어 자신의 성적인 관심(셰익스피어의 소네트는 거의 다 아름다운 소년에게 관심을 기울였다)뿐만 아니라 이 작은 서사시가 인연에서 만들어 낸 욕망까지 담아낸다. 아도니스의 붉은색과 흰색은 그가 베누스와는 다르다는 사실("그녀는 타오르는 숯처럼 붉고 뜨거우나, 그는 부끄러움에 얼굴 붉히니 싸늘한 욕망뿐")과 열정적인 (그리고 선정적인 가능성도 지닌) 감정의 높낮이도 암시한다.

　앞에서 말했듯이 동물 이미지는 이 시의 핵심을 이룬다. 한 삽화에서 아도니스의 말이 다른 말을 쫓아간다. 말은 어떻게 사랑을 해야 하는지를 주인에게 보여준다. 그리고 베누스가 자신을 동물에 비유하는 것으로써 이 시는 사랑을 갈구하는 일 또한 하나의 사냥임을 내비친다. 이를테면 베누스는 아도니스를 사슴에 빗대어 "나는 사슴 동산, 그대는 그 안의 사슴. 뜻대로 어디서든 풀을 뜯어요"라고 말한다. 또한 베누스의 입맞춤은 굶주린 독수리로 비유된다.

　　굶주림에 사나워진 독수리가
　　부리로 깃털과 살과 뼈를 쪼아 삼키어
　　목구멍까지 가득 차도록, 아니 먹이가 다 사라질 때까지
　　날개를 퍼덕이며 허겁지겁 게걸스레 먹어치우듯,

　마지막으로 가장 칭찬받는 셰익스피어의 자연 묘사 몇 가지를 《베누스와

아도니스》에서 볼 수 있다. 사냥개에게 쫓기는 토끼의 모습을 감동적으로 표현하고("샘바른 들장미에게 다리를 긁히고, 그림자 앞에서 발을 멈추고, 소리 나는 곳마다 머물며, 비참한 신세라, 마구 짓밟히리니") 또 아도니스의 죽음을 마주하고 베누스가 좌절하는 모습을 달팽이에 빗대어 설명했다. "달팽이가 그 연한 뿔을 얻어맞아 아파하며 껍데기 속에 몸을 움츠리고, (…) 머릿속 깊고 어두운 동굴로 숨어 버리네." 이 시에서는 성공을 꿈꾸며 런던에 온 셰익스피어가 고향 스트랫퍼드어폰에이번을 그리워하는 모습을 볼 수 있다고 주석을 단 비평가도 있다.

> 할 수 있는 일은 다 해보았기에,
> 그녀의 애원은 이 큰 보답을 받을 만한데,
> 사랑의 신이라, 사랑했으나, 사랑받지 못하노라.

18세기부터 차츰 잊히고 때때로 혹평을 받다가, 20세기 끝 무렵 《베누스와 아도니스》에 다시 관심이 쏠렸다. 그 원인 가운데 하나로 이 시가 페미니즘이나 퀴어 이론(동성애자와 이성애자를 구별 짓는 관점에 맞서 동일성을 강조하는 이론)에 걸맞다는 점을 들 수 있다. 그러나 더욱 보편적 원인은 이 시가 무대에서 상연되었다는 점이다. 2004년과 2007년 런던에서 이 시는 특유의 연극성과 인위적 성격을 바탕으로 무대에 올랐다. 이는 그레고리 도란(Gregory Doran) 감독이 연출했으며 커다란 꼭두각시 인형을 사용했다. 2008년 오스트레일리아 멜버른에서 상연한 매리언 포츠(Marion Potts) 연출의 뮤지컬에서는 이 시를 엘리자베스 시대 음악을 붙인 가면극으로 각색했다.

《루크레티아의 능욕》

《베누스와 아도니스》 헌사에서 셰익스피어는 "더욱 진지한 노력을 기울여 더 나은 작품"을 쓸 것을 맹세했다. 그것이 바로 《루크레티아의 능욕》이다. 이 시는 선정적이며 고전적인 주제와 수사(修辭)의 모험을 통해 이전 시편과 연결된다. 하지만 요즘은 오히려 욕망의 충족이 가져오는 비극적 결말과 언어의 한계를 강조하는 것으로 여겨지고 있다.

셰익스피어가 이 시의 소재로 삼은 이야기는 고대 로마 역사, 그 가운데에

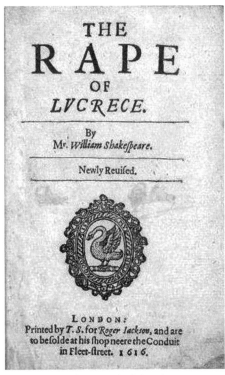

《루크레티아의 능욕》(1616) 제6판 속표지

서도 역사가 리비우스(Titus Livius B.C.59~A.D.17)의 《로마 건국사 *Ab Urbe Condita*》와 시인 오비디우스의 《축제 달력 *Fasti*》이다. 이 두 작품은 모두 엘리자베스 시대 중등학교에서 배울 수 있었다. 그렇지만 루크레티아의 비극은 셰익스피어와 가까운 시대에 예술적으로 받아들여졌다. 예를 들어 14세기 영국 시인 제프리 초서와 존 가워(John Gower 1330~1408)에게 이 비극은 시의 주제가 되었고, 루카스 크라나흐(Lucas Cranach 1472~1553)와 티치아노를 비롯한 르네상스 화가들이 좋아하는 소재였다. 그들은 흥분한 타르퀴니우스가 루크레티아의 침실에 숨어드는 장면이나, 루크레티아가 자기 가슴을 단검으로 찌르는 장면을 그렸다.

이 시를 씀으로써 셰익스피어는 몇 세기나 이어진 루크레티아 자결의 정당성을 둘러싼 논쟁에 끼어들었다. 이 시의 유명한 정치적 결말(군주제에서 공화제로 변화)은 리비우스와 오비디우스가 강조하고 있으며, 루크레티아는 로마에 대한 충성으로 칭송되었다. 그러나 그리스도교도 주석자들은 그녀가 스스로 목숨을 끊은 일을 비난했다. 가톨릭 신학자 아우구스티누스(Aurelius Augustinus 354~430)는 루크레티아가 자존심을 앞세워 행동했으며, 정절을 사랑하는 마음이 아니라 자신의 치욕에 의해 움직인 것이라고 설명했다.

셰익스피어는 이런 두 가지 해석을 이 시에 담았다. 루크레티아를 통해 자결을 둘러싼 비(非)그리스도교도와 그리스도교도 사이의 논쟁을 생각하게 했으며, 만일 그녀의 위반 행위가 다른 사람의 강요에 따른 것이라면 그녀 자신에게 정신적 죄가 있는지를 되묻게 했다. 그렇지만 이 시에서 능욕을 다루는

《루크레티아의 능욕》 아르테미시아 젠틸레스키. 1645.

방식을 읽고, 같은 시대 사람들은 놀랄 만큼 새롭게 여겼을지도 모른다. 이 시에서는 능욕이 성적 충동과 함께 권력에 의해 동기가 부여된다고 주장한다. 또한 이를 막아내기 위해 충분한 행동을 하지 않았다고 괴로워하는 루크레티아의 죄의식에는 몸뿐만 아니라 정신까지 짓밟혔다는 생각이 들어 있음을 알려준다.

이 서사시의 줄거리는 다음과 같다. 아르데아를 포위했을 때, 로마 귀족들은 서로 자기 아내의 정절을 겨룬다. 콜라티누스는 아내 루크레티아의 비할 데 없는 정절을 칭찬한다. 이 말은 왕의 아들 섹스투스 타르퀴니우스에게 불을 붙였고, 그는 콜라티누스의 아내를 향한 욕정에 사로잡힌다. 타르퀴니우스는 로마 진영에서 몰래 빠져나와 루크레티아 집으로 찾아가 손님으로 맞아들

〈루크레티아의 자살〉 대 루카스 크라나흐. 1503.

여진다. 밤이 되자 그는 그녀 침실에 들어가 능욕하려 한다. 그녀는 서로의 명예를 지킬 것을 그에게 애원하지만, 타르퀴니우스는 그녀와 하인을 죽인 뒤 그들이 함께 침실에 있었던 것처럼 꾸미겠다고 그녀를 협박한다. 그 때문에 루크레티아는 그의 요구에 굴복한다.

다음 날 아침 그녀는 남편과 아버지에게 저마다 하인들을 보낸다. 곧 콜라티누스는 푸블리우스 발레리우스와 함께, 그녀 아버지는 유니우스 브루투스와 같이 집으로 달려온다. 그녀는 자신의 불행을 그들에게 전하며 복수를 맹세하게 한 뒤, 스스로 칼을 찔러 죽는다. 남자들은 그녀의 시신을 사람들이 볼 수 있도록 거리로 옮겨 타르퀴니우스의 죄를 밝힌다. 그 결과 타르퀴니우스 집안은 로마에서 추방당한다.

주요 등장인물은 로마인의 아내이자 아름다움과 정숙함으로 이름이 높았던 루크레티아, 로마 왕 루키우스 타르퀴니우스의 아들 섹스투스 타르퀴니우스, 그리고 루크레티아의 남편 콜라티누스이다. 그 밖에 브루투스를 포함한 로마 귀족들, 타르퀴니우스의 지배에 오랫동안 불만을 품었던 로마인들, 루크레티아의 아버지 루크레티우스 등이 있다. 그리고 실제로 나오지는 않지만 트로이 함락을 그린 그림에 등장하는 사람들도 중요하다. 특히 그리스의 첩자 시논은 타르퀴니우스의 원형이며, 트로이 왕비 헤카베는 고뇌하는 루크레티아의 모델이다.

이 시에서 가장 넓게 볼 수 있는 주제 가운데 하나는 치욕에 파멸적인 효과가 있다는 점이다. 루크레티아는 타르퀴니우스에게, 만일 그가 이 죄를 저지른다면 자신을 배신할 뿐 아니라 영원히 '타르퀴니우스'로 있을 수 없게 되리라 경고한다. 이를 타르퀴니우스는 능욕하고 있을 때도 뼈저리게 느끼고 있으므로, 그를 맥베스의 대략적 설계도로 보는 비평가도 있다.

> 나는 마음속으로 따져보기도 했는데,
> 어떤 잘못을, 어떤 수치를, 어떤 슬픔을 불러올 것인가 하고.
> 그러나 어떠한 것도 정욕의 길목을 다스려
> 무모하게 달려가는 격정을 가로막지 못했노라.
> 이 행동에는 후회의 눈물과 비난과
> 멸시와 무서운 적개심이 뒤따르겠지만,
> 나는 내가 입게 될 오명을 받아들이리라.

루크레티아에게 자기 상실은 훨씬 심각한 일이었다. 그녀는 자기 정체성을 만들어 낸 모든 사회적 역할로부터 떨어져 나갔기 때문이다. 그녀는 부부의 약속을 더럽혔으므로 이미 콜라티누스의 아내가 될 수 없고, 부정한 아이를 가졌을지도 모르므로 이제 이상적인 어머니도 될 수 없다. 또한 그녀는 로마인들이 가장 가치를 두는, 그녀가 예전에 몸소 나타내던 정절, 충성심, 명예를 배신하도록 강요받았으므로 긍지 높은 로마인조차 될 수 없다. 의심할 바 없이 그녀의 자결은 부서진 자의식을 남편과 아버지 눈앞에서 되찾으려는 시도였다. 역설적이게도 그녀는 자기 파멸이라는 행위로써 '결혼과 로마'에 속해 있음을 다시 긍정한 것이다.

이렇게 말할 수 있는 까닭은, 이 시가 가혹하게도 능욕에 정치색을 입히고 있다는 점이다. 타르퀴니우스 행위는 그의 아버지가 정통한 왕을 살해하고 왕위를 빼앗았을 때 로마에 저지른 죄를 떠올리게 한다. 아울러 이 시는 헬레네를 능욕한 결과로 일어난 트로이 몰락을 겹쳐 보고 있다. 다만 여기서 말하는 '능욕'이란 그녀가 받은 신체적 폭행보다, 오히려 파리스 왕자에 의한 납치를 뜻할지도 모른다. 루크레티아가 지적했듯이, "어느 한 사람의 비밀스런 향락"으로 말미암아 온 도시가 불타는 것은 불합리한 일이고 "혼자 저지른 죄는,

그 죄를 지은 한 사람의 머리 위에 떨어"져야 한다.

그러나 개인적인 것이 공적인 것에 종속된다는 의식이 더욱 박진감 있을 것이다. 루크레티아 한 사람의 죽음은, 그것이 갖는 로마적 (그리고 남성적) 의미에 완전히 포함된다. 그녀의 비극을 계기로 남편과 아버지 사이에 '누가 루크레티아에게 우선권을 갖고 있는지'를 둘러싼 말다툼이 일어난다. 그 뒤 브루투스는 이 비극을, 타르퀴니우스 집안을 추방하는 기회로 이용하기로 한다. 루크레티아조차 자기 행동은 자신보다 남편을 생각하여 이루어졌고, 그 복수는 남자들에 의해 완성되어야 한다고 믿었다.

이 시에서 볼 수 있는 또 하나의 주제는 읽기와 해석이다. 루크레티아가 타르퀴니우스에게 유혹당하는 원인 가운데 하나는 그저 남편이 그녀를 자랑했기 때문이 아니라(다만 이 점도 비난받는 일이기는 하다), 그녀가 타르퀴니우스의 모습과 행동에서 사악한 조짐을 알아차리지 못했기 때문이다. 그녀는 이런 나쁜 계략을 꾸미는 사람이 있다고는 상상조차 하지 못했고, "알지 못하는 미끼를 건드린 일 없으니" "낚싯바늘을 두려워할" 까닭도 없었던 것이다. 이렇듯 그녀에게 그 일을 눈치챌 만한 능력이 없는 데에서 그녀 생활이 얼마나 제한되어 있었는지를 알 수 있다.

능욕을 당한 뒤, 루크레티아는 사물을 예전보다 더 잘 꿰뚫어 볼 수 있게 된다. 그녀는 그리스군이 트로이성을 포위한 모습을 그린 그림을 주의 깊게 바라본다. 절망에 빠진 헤카베의 얼굴에서 그녀는 조금 평온을 얻지만, 루크레티아에게 이 모든 일을 바로잡을 기회를 주는 듯이 보이는 것은 시논이다. 처음 루크레티아는 시논의 순박한 얼굴과, 시논의 음흉스러운 계책이 도사린 마음을 일치시키지 못한다. 그러다가 그녀는 마침내 빼어난 자태에 사악한 마음이 깃들 수 있음을, 그것이 진실한 표현임을 깨닫는다.

> 여기에 그려진 교활한 시논과도 같이,
> 그토록 진지하고, 그토록 지친 듯한, 그토록 온화한 얼굴로,
> 슬픔으로 또는 오랜 여행에 시달린 모습으로,
> 온갖 거짓으로 무장한 채 타르퀴니우스는 내게 왔다오.

사물을 잘못 해석할 수 있다는 걸 새로이 이해한 루크레티아는 나아가 자

〈루크레티아 이야기〉 산드로 보티첼리. 1500.

결을 하게 되고, 이야기와 몸짓으로 그녀의 비극이 가진 의미를 목표로 삼은 방향으로 돌리려 한다.

> 내가 바라는 것을 얻는다 하여 무슨 이득이 있을까?
> 하나의 꿈, 하나의 숨결, 순간적인 기쁨의 거품일 뿐.
> 누가 한 주일을 한숨으로 보내려 한순간의 환락을 살까?
> 누가 장난감을 하나 얻으려고 영원을 팔려 할까?

타르퀴니우스 욕망과 루크레티아 정절의 대비는 뜨거움과 차가움의 이미지들을 통해 또렷이 그려진다. 이 시는 타르퀴니우스를 "속으로 타오르는 어두운 불을" 싣고 오는, 닳아 없어지는 이미지로 이야기하며 시작한다. 나중에 이 이미지는 집 안으로 그를 이끄는 타오르는 촛불로 실현된다. 그렇지만 불길이 사라졌을 때도 욕망이 채워지지 않는 한 타르퀴니우스의 열은 식지 않는다. 한편 루크레티아는 상아와 같은 차갑고 단단한 물질뿐 아니라 생명 없는 시체로 묘사된다. 잠이 든 그녀를 타르퀴니우스가 처음 보았을 때 베개에 놓인 "그녀 머리가 두 언덕 사이에 파묻혀" 있는 것만 같았고, 온몸은 "고결한 기념비처럼 누워" 있었다. 이런 점에서 이미 그녀가 자기 장례식 조각상이 되어 있음을 알 수 있다. 이 일련의 이미지들은 시의 결말을 미리 알려주는데, 정절과 죽음이 (여성을 낮추어 보는 사람들 시선에서) 더욱 깊은 곳에서 일치되고 있음을 볼 수 있다. 다시 말해 정절이 본질적으로 정적(靜的)일 뿐 아니라, 그것을 확실하고 완전하게 지키는 방법은 죽음밖에 없음도 암시되고 있다.

또 하나, 자주 나타나는 이미지는 포위이다. 포위는 이야기가 시작되는 장소 아르데아를 떠올리게 하며, 나아가 능욕의 결과에도 사용된다. 타르퀴니우스와 루크레티아의 영혼은 모두 폐허로 그려진다.

> 내 영혼의 집은 약탈당하고, 평화가 깨어지고,
> 그 저택은 적의 손에 무너지고,
> 성스런 제단은 더럽혀지고, 망가지고, 썩게 되었지,
> 어이없이 더러워진 이름에 겹겹이 둘러싸여.

타르퀴니우스가 루크레티아의 침실을 향해 나아가는 모습은 침략에 비유된다. "그녀의 침실과 그의 욕정을 가로막는 자물쇠로부터 그는 억지로 그 나사못들을 하나하나 빼내"고, "그녀 왕국의 한가운데에 진지를 만들려고" 그의 손은 그녀 가슴 위에서 "그 거친 망치로 상앗빛 성벽"을 친다. 루크레티아의 자해 행위는 두 줄기 피의 흐름을 만들어 내어 그녀 몸을 "방금 빼앗긴 섬"으로 바꾼다. 이제 그녀가 타르퀴니우스의 역할을 넘겨받아 스스로를 에워싸게 되었다.

마지막에 타르퀴니우스와 루크레티아는 그 폭력적인 만남으로 인해 인간보다 못한 무언가가 되어 버린다. 타르퀴니우스는 포식 동물 이미지에 비유된다. 그는 탐욕스러운 "늑대"이며 "숨어드는 뱀"이고, 밤의 "올빼미"이자 "밤중에 쏘다니는 고양이"이다. 이 야행성 동물들은 모두 그에게 죄가 있음을 알려준다. 이에 대해 루크레티아는 "가엾은 어린 양"과 "비둘기" 및 "힘없는 생쥐"로 의인화되어서, 그녀가 죄를 저지르지 않았고 육체적으로 뒤떨어져 있다는 점이 강조된다.

아, 위안을 죽이는 밤, 지옥의 영상!
어두운 치욕의 공증인과 기록자!
잔인한 살인을 보여주는 무시무시한 비극의 무대!
죄악을 감추는 거대한 혼돈! 저주의 유모!
눈 가린 포주! 오욕을 품은 검은 항구여!

처음 발표했을 때는 인기가 있었고(1616년까지 6번 재판), 토머스 미들턴이
극으로 만드는 계기가 되었음에도 《루크레티아의 능욕》은 셰익스피어가 가장
소홀히 대한 작품이기도 하다. 이 작품의 옹호자인 영국 시인 테드 휴스(Ted
Hughes 1930~1998)는 《셰익스피어와 완전한 존재의 여신 *Shakespeare and the
Goddess of Complete Being*》(1992)에서 이 작품이 "지은이의 이상적인 비극상의 중
심을 이루고 있다"고 말했다. 그 뒤로 이 시는 낭독되면서 조금씩 청중을 늘려
가고 있다.

《소네트》

셰익스피어 시집 《소네트》는 1609년 런던에서 토머스 소프(Thomas Thorpe
1569~1625)에 의해 사절판 한 권으로 처음 출판되었다. 이 책은 154개 소네트
(14행시)로 이루어진 연시(連詩)와 《연인의 탄식》이라는 제목의 장시(長時)로
구성된다. 시집 《소네트》로 묶어 책을 펴내는 과정에서 셰익스피어에게 허락
을 받았는지는 확실치 않다. 학자들 대부분이 부정적으로 보듯이, 1609년 출
판본은 셰익스피어 뜻과는 관계없이 인쇄되었을 가능성도 있다.

영국에서는 소네트가 늦게 등장해 1590년대 크게 유행했다. 그럼에도 몇 가
지 결정적인 점에서 셰익스피어 《소네트》는 파생적이거나 시대에 뒤떨어졌다
기보다 획기적이고 새로운 것이었다. 가장 뚜렷한 특징은 이 소네트 연시들이
하나로 연결되어 있지 않다는 점이다. 이 시집에 실린 것들은 짜임새가 분명
한 소네트(1~17번)이며, 이름이 밝혀지지 않은 아름다운 젊은이에게 결혼하여
자손을 남기도록 설득하는 내용이다. 더 나아가 많은 연애시가 포함되어 있는
데, 틀림없이 같은 젊은이에게 보내는 글일 것이다(18~126번). 또한 누구인지
알 수 없는 맞수 시인과 그 젊은이에게서 사랑과 보호를 바라는 밀고 당기기
에 초점이 맞추어진 몇몇 시(78~80번 및 82~86번), 그리고 소네트의 결말, 시

인과 이름을 모르는 흑부인(검은 여인)과의 야릇한 정사를 내용으로 하는 시 (127~154번)도 있다.

셰익스피어 시대 전형적인 소네트는 어느 이상화된, 절대 손닿지 않는 사랑하는 여인에게 보내졌으며 끝까지 채워지지 않는 욕망을 주로 다루었다. 이와 달리 셰익스피어의 소네트는 근본적으로 본줄기에서 벗어나 있었다. 시를 보내는 대상은 남녀 연인이며, 그 연인 둘 다 불완전한 존재임이 밝혀지고 변덕스러운 사랑이 나타나면서 이성애자와 동성애자의 욕망이 추구되었다.

소네트의 전통적 형태를 갖춘 페트라르카(Francesco Petrarca 1304~1374)의 《칸초니에레 Canzoniere》는 14세기 중반에 쓰였는데, 연인 라우라가 죽은 뒤에도 계속되는 사랑의 마음을 그려냈다. 이와는 대조적으로 셰익스피어는 사랑이 어떻게 움직이는지, 또 얼마나 인간의 고귀함과 됨됨이를 더럽히는지를 파고든다. 고상하고 아름다웠던 연인은 행실이 나쁘고 허영심 가득한 권력을 가진 남성으로 바뀌어 버린다. 한편 시인의 연인은 금발이 아닌 검은 머리털이며, 라우라의 패러디로서(소네트 130번이 가장 유명하다) 등장한다.

> 내가 사랑하는 이의 눈은 조금도 해를 닮지 않았네.
> 산호는 그녀의 붉은 입술보다 붉고,
> 눈(雪)은 새하얗지만 그녀 가슴에는 검은빛이 감돌며,
> 그녀의 머리에는 금사 아닌 검은 철사가 자란다네.

이 검은 여인은 전통적인 생김새를 갖추고 있지만 라우라의 아름다운 얼굴빛(붉은 입술, 창백한 살빛, 황금색 머리칼)이 빠져 있음은 물론, 이 특징들과 전혀 반대되는 특징을 갖고 있다. 아울러 그녀는 시인의 욕구 불만을 일으키는데, 이는 그녀가 그와의 성적 관계를 거부하기 때문이 아니라 오히려 (그와 잠자리를 할 때) 시인에게 성욕을 옮겼기 때문이다(소네트 129번에서 비밀스레 성욕을 내비치듯).

셰익스피어의 《소네트》가 처음 출판된 것은 1609년이지만 이 시들이 정확히 언제 쓰였는지는 모르며, 또한 이 시들이 구조적·주제적으로 어떤 관계에 있는지도 확실하지 않다. 몇 가지 증거에 따라 1590년대 소네트 융성기가 끝난 뒤 여러 해에 걸쳐 만들어졌으리라 짐작할 뿐이다.

이 소네트 가운데 몇 편은 1598년에 이르러 널리 퍼졌으며, 목사 프랜시스 메레스(Francis Meres 1565/6~1647)가 그의 비망록 《지혜의 보고 *Palladis Tamia*》에서 "가까운 벗들 사이에서 셰익스피어의 소네트가 읽히고 있다"고 언급한 바 있다.

소네트 138번과 144번(이후 조금 고쳐졌다)은 《열정의 순례자》(1599)에 포함되었는데, 아마도 다른 소네트들 또한 같은 시기에 여러 편 쓰였으리라 여겨진다. 이 무렵 런던에 극심한 전염병이 돌아서 극장들이 문을 닫았기 때문에 셰익스피어는 사우샘프턴 백작

《소네트》(1609) 사절판 속표지

헨리 라이오테슬리 경을 위해 시를 쓰기 시작했을 것이다.

소네트에서는 드문 일이지만, 셰익스피어 시집 《소네트》는 특별하게도 그 형식과 모습이 다양하다. 그 작품들 가운데는(폭넓게 높은 평가를 받고 있는 소네트 18번 "그대를 어느 여름날에 비교해 볼까?"도 포함하여) 엘리자베스 시대 작품들에서 보이는 양식과 이상주의적 주제를 떠올리게 하는 것도 있다. '사랑하는 사람'이 남성이라는 문제가 있긴 하지만, 아주 엄격할 정도로 여성혐오가 드러난 소네트 135번 "소망을 품은 여인이여, 그대에게는 '욕정'이 있으니"와 같이 얄궂은 표현도 있다. 이러한 시들에서는 시인이 경험한 배신과 실망이 강렬하게 초점화되어 깊은 환멸을 불러일으킨다. 질병 및 경제와 관련된 말들로 가득하며 사랑과 시의 타락에 대한 관심을 내비치는 이 소네트들은 페트라르카풍 소네트의 관용과는 멀리 떨어진 것이다. 실제로 그것들은 같은 시대의 풍자를 많이 담고 있다. 소네트 137번 "눈먼 바보인 그대, 사랑이여, 내

눈에 무슨 짓을 했기에"에서 시인은 연인의 몸을 "모든 남자가 드나드는 항구"로 이미지화하여 행실이 나쁜 여성임을 나타내고, 전염병 비유를 통해서 근대 도시의 타락한 욕망을 또렷하게 표현했다.

시집 《소네트》의 암호 같은 표지에는 하나의 수수께끼가 있어 몇 세기에 걸쳐 사람들의 호기심을 끌어왔다. 헌사는 비문처럼 보이고, 수신인에는 "이 소네트의 유일한 부모 W. H. 씨에게"로 되어 있으며, "이 작품의 영원한 영광은 우리의 영원히 살아가는 시인에 의해 약속되었다"는 말이 적혀 있다. 그렇다면 W. H. 씨는 도대체 누구일까?

오늘날 편집자들은 'W. H. 씨'의 가장 유력한 후보로서 펨브룩 백작 윌리엄 허버트(William Herbert, 3rd Earl of Pembroke 1580~1630)를 뽑는다. 그는 셰익스피어 후원자로서 셰익스피어 전집이 1623년 처음 이절판으로 출판되었을 때 헌사를 받은 인물이기도 하다. 달리 가능성 있는 인물은 서사시 《베누스와 아도니스》와 《루크레티아의 능욕》을 헌사받은 헨리 라이오테슬리이다. 또한 'W. H.'는 그저 잘못 인쇄한 것이거나 셰익스피어 이름을 꾸며 'William Himself(윌리엄 자신)'를 나타낸다는 주장도 나왔다.

이 책에 실린 헌사는 모순된다고 해도 좋으리라. 이 헌사는 그 시들이 태어난 요람이라 할 수 있는 남성에게 영원한 생명을 주겠다고 약속하지만 그가 누구인지는 밝히지 않는다. 이 헌사로 말미암아 약속된 "영원한 영광"을 받는 단 한 명의 남성은 "영원히 살아가는 시인" 바로 그인 것이다. 그러니까 이 소네트는 셰익스피어 그 자체라 할 수 있다.

윌리엄 워즈워스(William Wordsworth 1770~1850)는 1827년 펴낸 《시집 *Poetical Works*》에서 비평가들에게 "소네트를 무시하지 말라(Scorn not the Sonnet)"고 경고했다. 특히 그는 페트라르카가 "사랑의 상처를 누그러뜨리기" 위해, 셰익스피어가 "마음의 문을 닫기" 위해서 쓴 시 형식의 가치를 비평가들이 잘 모른다고 비난했다. 워즈워스는 물론, 같은 시대 독자들에게도 마찬가지겠지만 《소네트》는 절실한 심리적 고군분투로부터 탄생한, 너무도 개인적인 심정을 그리고 있다. 하지만 그렇다고 해서 《소네트》를 자전적인 성질의 것으로, 셰익스피어 인생을 해명하는 열쇠로만 읽어야 할까? 그런 방법의 옳고 그름은 따로 두고라도 셰익스피어 인생을 《소네트》라 생각하고 읽겠다는, 거부할 수 없는 유혹에 독자들은 휘말려 왔다. 'W. H. 씨'의 정체를 특정 지으려는 시도처럼 사

〈라우라와 페트라르카〉 14세기에 쓰여진 페트라르카의 《칸초니에레》는 소네트의 전통적 형태를 갖춘 시작품이다.

람들은 《소네트》 속 등장인물과 관련된 억측을 여전히 포기하지 않고 있다.

이 시집의 주요 인물 가운데 첫 번째는 아름다운 젊은이로 앞부분에 등장하며, 두 번째는 검은 여인으로 소네트 127번부터 나온다. 마지막이 맞수 시인으로 소네트 78번에서 소개된다. 아름다운 젊은이는 시인한테서 어서 결혼하여 자손을 남겨야 한다는 요구를 소네트 1번~17번까지 받는데, 그는 귀족 출신이면서 W. H. 씨일지도 모른다는 의심을 자주 받았다. 이 젊은이는 소네트 20번에서 시인의 "열정을 지배하는 여성 같은 남성"이라 불렸고, 소네트 112번에서는 시인에게 있어 "그대는 나의 온 세상"이라 칭송을 받기에 동성애적 욕망의 대상이기도 하다. 소네트 87번에서 시인이 "소유하기에는 너무도 귀한 사람"이라 단언하는 것을 보면 분명 그를 포기할 수 없었으리라.

그럼에도 시인은 검은 여인과도 관계가 있는데, 그녀는 소네트 129번에서 성적 시선 아래 그려진다. 소네트 134번에서는 탐욕스러운 연인이 아름다운 젊은이를 자신에게서 빼앗아 가지 않을까 하는 불안을 시인은 드러낸다. 시인이 탄식하는 까닭은 그 젊은이가 시인의 연인과 잠자리를 하기 때문으로, 이 연시에 자주 등장하는 경제와 관련된 비유를 활용하며 "그가 모두 갚더라도" (시인 자신이) "볼모로 잡힌 몸"이 되어서라도 헌신하는 연인의 의지로부터 그를 "자유"롭게 해주려고 한다. 연인은 둘 가운데 어느 한쪽을 버릴 수 없었으며 오히려 둘 다 손안에 넣고 즐기는 것이다. "그대는 그와 나를 얻었노라." 이렇듯 시인은 꽤나 절망한 모습으로 한탄하는데, 그 뒤 소네트 135번에서는 그녀의 "크고도 광활한" 욕정을 둘러싸고 노골적인 마음을 드러내기 시작한다.

아름다운 젊은이의 경우와 마찬가지로 검은 여인이 누구인지를 밝혀내려는 시도는 오늘날에도 이어지고 있다. 엘리자베스 1세의 시녀 마리 피튼(Mary Fitton)이나 시인 에밀리아 러니어(Emilia Lanier)가 많은 사람들 사이에서 가장 믿을 만한 후보로 거론된다. 그러나 검은 여인은 결국 육체적인 욕망을 추상적으로 표현한 존재이며, 시인이 스스로 성적 욕구에 의해 이끌려 가는 지옥으로 그려졌다.

맞수 시인에 대해 학자들은 크리스토퍼 말로(Christopher Marlowe 1564~1593)나 조지 채프먼(George Chapman 1559~1634), 그리고 새뮤얼 다니엘(Samuel Daniel 1562~1619)을 상상해 왔지만 소네트 76번에 나온 칭찬 "새로운 작법"을 활용하여 젊은 남자의 사랑을 떠올리게 하는(소네트 78~86번) 그 인물은 결국 분명치 않다. 실제로는 영향력 있는 지지자의 보호를 바라는, 모든 경쟁자인 시인들의 전형을 보여주고 있을 가능성이 있다.

셰익스피어의 등장인물들이 궁극적으로는 추상개념으로서 기능한다 하더라도, 시 속에서 일컬어지는 시적 '자신'과 셰익스피어 '자신'을 떨어뜨려 생각하기란 어렵다. 이는 시인이 때때로 'Will'이라는 단어를 어딘가에 빗대어 쓰기 때문이다. 예를 들어 소네트 135번에서 시인은 이 말의 다양한 뜻을 이용하여 연인의 성욕을 둘러싼 짓궂은 농담을 내뱉는다. 또 《소네트》의 "유일한 부모"와 이 작품의 아름다운 젊은이 사이에 뚜렷한 연결고리가 있기 때문이다. 이런 점들을 보면 《소네트》가 셰익스피어의 실제 인생 경험을 심리학적으로 탐구한 것이라는 결론에 이른다.

물론 셰익스피어 시집 《소네트》는 이처럼 자전적으로 읽어서는 안 된다고 주장하는 이들도 있다. 하지만 그런 사람도 시인의 페르소나(시적 화자)는, 셰익스피어가 사랑이란 무엇인가를 둘러싸고 자신이 진정으로 느끼는 것을 명확하게 표현하기 위한 수단이라는 사실에는 동의한다. 이를테면 소네트 147번에서 시인은 연애에서 분명하게 심리적 분열을 일으키며 아주 심각한 고민에 빠져 있다. 가련하게도 그의 사랑은 "언제나 불안으로 광증에 사로잡"힌 "열병"이다.

소네트와 셰익스피어의 삶이 어떤 관계로 이어져 있었는지는 알 방법이 없다. 그렇지만 거기에는 성적인 사랑의 강제력과 모순이 설득력 있게 탐구된다. 중요한 예를 하나 들면 소네트 20번에서 아름다운 젊은이가 남녀추니(양성 소유)로 그려지고, 우스갯말 하

TO. THE. ONLIE. BEGETTER. OF.
THESE. INSVING. SONNETS.
Mr. W. H. ALL. HAPPINESSE.
AND. THAT. ETERNITIE.
PROMISED.

BY.

OVR. EVER. LIVING. POET.

WISHETH.

THE. WELL-WISHING.
ADVENTVRER. IN.
SETTING.
FORTH.

T. T.

《소네트》 헌사 페이지

나가 나온다. 그 젊은이는 "모든 빛깔 다 갖추어" 완전하다고 해도, 시인에게는 자연이 덧붙인 "쓸모없는 하나" 때문에 엉망이 되어 버린다.

> 그대는 본디 여자로 태어날 것이나
> 자연의 여신이 그대를 만들다가 사랑을 느껴,
> 하나를 덧붙여서 그대를 앗아가 버리니,
> 나에게는 아무런 쓸모없는 하나를 지니고 말았네.

이러한 소네트의 교묘함에 독자는 웃음을 참을 수 없을 테지만 그것이 실제로 말하는 바는, 욕망이란 변덕스럽다는 점이다. 자신의 사랑이 "여자의 기쁨을 위해" 만들어졌다고 한탄하는 시인은 "그대의 사랑만이 나의 것"이라고 생각하며 스스로를 위로하려고 하는데, 이런 시도로 말미암아 독자는 시인과

함께 욕망이 어떤 파괴력을 가지고 있는지 들여다보게 된다.

소네트 144번은 시인이 사랑하는 연인 "둘"을 천사와 악마로 이미지화한 널리 알려진 시이다. "선한 천사는 미남이며, 악한 천사는 피부 색깔이 우중충한 여인"이다. 이 둘을 중세 도덕극에 등장하는 '미덕'과 '악덕'을 지닌 인물로 나누어 비교한다. 시인은 자기 영혼의 지배권을 놓고 두 사람이 다투고 있다고 노래한다.

> 이 마녀는 나를 바로 지옥으로 밀어넣으려
> 나의 천사를 유혹해서 나를 떠나게 하고,
> 그의 순결을 그녀의 더러운 교만으로 꾀어서,
> 나의 성자를 악마로 타락시키려 하네.

그렇지만 시인이 두 사람을 극단적인 것으로 보려고 해도 잘 되지 않는다. 왜냐하면 천사는 악마의 유혹에 저항할 수 있을 만큼 충분히 미덕을 갖추었더라도 실제로 존재하지 않기 때문이다. 시인은 자신의 두 연인이 정사를 나눈 게 아닐까 의심하며, 이 정사는 젊은이에게 매독 징후가 나타났을 때—"악한 천사가 나의 선한 천사를 뜨거운 불길로 쫓아낼 때"—만 확실하리라 말한다.

이 소네트가 독특한 이유는 아름다운 젊은이와 검은 여인을 직접적으로 대비시켜 시인이 느끼는 욕망과 정의한 사랑의 삼각관계가 어떠한 것인지를 해명하기 때문이다. 자신은 아름다움·착함·진실 그리고 추악함·악함·거짓을 구별하지 못할 수도 있다고, 그는 강한 의심을 품고 있다. 또한 이 의심은 시 전체에서 볼 수 있는 진실이 무엇인지를 둘러싼 더욱 큰 불안과 서로 얽혀 있기도 하다.

소네트 17번에서 시인은 후세 사람들이 시인을 거짓말쟁이라고 말할 거라고 상상하며, 소네트 18번에서는 아름다운 젊은이를 안타깝게 여기고 언어는 끝내 진실—"그대가 더 사랑스럽고 부드러워라"—을 전하기에는 부족하다고 이야기한다. 소네트 144번에 이르면 아름다움·착함·진실 그리고 추악함·악함·거짓 사이의 경계선이 흐릿해져 완전히 무너져 버린 게 아닌지, 시인은 걱정한다. 아름다운 젊은이가 검은 부인과 하나가 되는 이미지를 통해 자신의 꿈과 환상이 깨지고 혼란스럽다는 사실을 솔직히 드러낸다. "그러나 둘은 나를 떠나 정답게 지내니, 한쪽 천사가 다른 한쪽 지옥에 빠졌으리라."

시인은 진실인지 아닌지를 걱정하기 때문에 늘 고문처럼 자기를 분석한다. 그럴 때 그가 어김없이 눈여겨보는 것은 자기 욕망이 가지는 두 개의 파괴적인 측면이다. 즉 이 욕망은 결코 채워질 수 없으며, 자신의 판단을 왜곡하고 날카로운 통찰력을 빼앗는다는 것이다. 둘이 한 쌍이

3대 펨브룩 백작 윌리엄 허버트(1580~1630)

되었을지 모른다는 걱정으로 말미암아, 시인이 간직했던 진실한 사랑에 대한 믿음, 또 그 시의 완전함에 대한 신뢰가 흔들리게 된다. 이 시집 끝부분 몇 개의 소네트에서 시인은 "맹세를 저버린" 사랑 때문에 자신이 이성을 잃어버렸다고 탄식한다. 사랑에 눈이 먼 그는 "그대를 잘못 알고 내 모든 맹세와 서약"을 했다고 부르짖는다.

시인의 새빨간 거짓말은 그가 검은 여인을 칭찬하는 것과 관련되어 있는 듯하다. 하지만 아름다운 젊은이에게는 시인의 칭찬도 똑같이 의심스럽게 느껴진다. 이를테면 소네트 40번부터 42번까지는 젊은이가 시인을 배신하고 시인의 애인을 빼앗아 버린 일을 나타내고 있으며, 78번부터 86번까지는 시인이 젊은이의 애정과 비호에 대해 맞수 시인에게 지고 만 게 아닌가 하는 불안감을 드러낸다. 시인은 자신을 "늙고 찌들고, 트고 주름진 모습"(소네트 62번)으로 그린다. 특히 이런 이유에서 그는 이따금 자신의 칭찬이 아첨이 되어 버릴까 봐 걱정한다. 그래서 소네트 72번에서 "내가 쓴 시를 나 스스로 부끄러워

하듯"이라고 말한다. 이어서 84번에서는 젊은이가 자만하고 있음을 벌한다. 그가 자만하고 있기 때문에 시인의 진심 어린 칭찬이 사탕발림처럼 여겨진다는 것이다.

시인은 자기 시의 큰 장점은 성실하고 충실하며 진실만을 말하는 데에 있다고 호소한다. 특히 소네트 82번에서는 이러한 자질을 통해 그의 시는 다른 시인의 "거친 화장"과는 구별된다고 말한다. 수사적으로 시인은 아름다운 젊은이가 "시대의 참신한 문체"를 요구하는 일도 어쩔 수 없다고 받아들인다. 이는 자신이 누군가를 칭찬하는 재주가 그 사람의 미덕을 충분히 전하지 못하기 때문이라고 한다. 물론 말은 이렇게 하지만 그 젊은이를 충실히 그려낼 수 있는 사람은 자신뿐임을 강조하는 것이다.

> 그대의 참된 아름다움은 그대를 참되게 말하는
> 참된 벗의 언어 안에서 찾게 되리.
> 이들의 거친 화장은 핏기 없는 뺨에나 어울리는 것,
> 그대에게는 욕이 되노라.

표현 불가능한 사상이나 주제를 이용해서 시인은 자신이 칭찬을 삼감으로써―"침묵하는 생각"(소네트 85)―자신의 진정한 사랑이 더욱 명확해진다고 주장한다. 그런데 105번에서 시인은 아름다운 젊은이를 다시 칭찬한다. 이 소네트에서 시인은 자기 사랑은 우상 숭배가 아니며, 한 번 더 그의 시는 진실하다고 말한다.

> 내가 사랑하는 이는 오늘도 다정하고 내일도 다정하여
> 한결같으니 감탄하고도 남으리.
> 나의 시도 한결같이 정해져 있으니
> 하나만을 표현하고 다른 것은 버리리.
> '아름답고, 친절하고, 진실함'은 내 주제의 전부라,
> '아름답고, 친절하고, 진실함'은 다른 말로 바꿀 수 있으니
> 이런 변화에 나의 창작이 쓰이네.
> 주제의 삼위일체, 이는 놀라운 세계이니라.

마리 피튼(1578~1647) 엘리자베스 1세의 시녀. 그즈음 스캔들로 유명했으며 소네트에서 암시하는 검은 여인으로 여겨진다.

시인은 몇몇 소네트에서 자신의 감정을 되풀이한다. 젊은이는 아름답고 다정하며 성실하다는 것, 곧 찬양하는 말밖에 자신은 쓸 수 없다고 일부러 주장하는 것인데, 여기에서 22편 뒤에 그의 관심 대상은 정부(情婦)로 바뀐다.

이러한 일관성 없음이 《소네트》에서 하나의 중요한 주제로 서로 이어져 있다. 바로 시간과 사랑이 지속되는 힘이다. 《소네트》 첫머리에서 시인은 시간의 파괴적 힘으로부터 아름다운 젊은이 및 그의 사랑을 "영원한 시행"(소네트 18번) 속에서 지키겠다고 약속한다. 소네트 116번에서는 진실한 사랑이 무엇인지를 변덕스러운 사랑에 빗대어 정의하며 "상황이 바뀜에 따라 변하고, 상대가 떠났다고 돌아서는 사랑은 사랑이 아니"라고 단정한다. 다시 소네트 123번에서 시인은 자기 사랑이 변할 수도 있으나 세월은 "자랑하지 마라" 반박한다. 왜냐하면 시간은 "서두르며 크게도 작게도 만드니" 사물의 변모는 결국 불가피한 일이기 때문이다. 시인은 세월에게 이렇게 말한다. "너와 너의 낫이 예리하여도, 나는 진실만을 말하리라."

이 시집에서는 대체로 특수한 상황을 다루는 일은 피하고 있지만 소네트 104번에는 아름다운 젊은이가 나이 듦에 대한 예사롭지 않은 이야기가 담겨 있다. "세 번의 추운 겨울"이 지났으나 3년 전 처음 만났을 때 "푸르고 싱싱한 그대"는 "오늘도 그렇게 아름다워라" 경탄하며, 시인은 "내 눈이 속은 것"일지도 모른다고 결론짓는다. "아름다운 그대의 자태는 그대로인 듯 보이지만 실은 움직였으니" 말이다.

비슷한 역설로서 소네트 107번에서는 엘리자베스 1세가 "달"로 상징된다. 흔히 이 소네트는 1603년 엘리자베스 1세의 죽음과 스튜어트 왕조의 첫 번째 왕 제임스 1세의 지배 아래 "평화"의 시작(이는 헛된 꿈이었음이 판명되었다)을 나타내는 시로 이해된다. 엘리자베스 여왕은 계속해서 모습을 바꾸지만 영원히 순환하는 달로 이미지화되어, 죽더라도 변하지 않는다고 여겨진다. 이 처녀 여왕(The Virgin Queen)이 "월식을 견뎌내어" 지속된다는 점에서, 시간에 맞서 인간의 위대함을 지탱해 주는 예술의 힘 또는 끊임없이 변화를 받아들이며 발전하는 세계가 상상되기도 한다.

셰익스피어의 《소네트》는 출판된 무렵에 널리 읽혔던 작품은 아니다. 실제로 출판업자 존 벤슨(John Benson ?~1667)이 1640년에 《소네트》의 대부분을 단행본 형태로 다시 펴내면서, 셰익스피어와 같은 시대 사람들의 다른 시도 집어넣어 "이전에도 없었고 앞으로도 없을 책"이라고 당당하게 내세운 것은 유명한 이야기이다. 18세기 끝 무렵 셰익스피어 연구자 에드먼드 말론(Edmond Malone 1741~1812)이 1609년에 나왔던 첫 사절판을 가지고 독자를 다시 불러들였는데, 그때까지는 (오늘날은 신뢰를 얻지 못하는) 벤슨 간행본이 표준이었다.

벤슨 간행본은 말론의 사절판과 비교하면 그 배열이 매우 다르다. 이를테면 뛰어난 작품인 소네트 18번은 삭제되고, 처음 순서와 다른 부분도 있으며, 남성 대명사 몇 개는 여성 대명사로 바뀌었다. '소네트'라는 분야에 사람들이 기대하는 바에 들어맞도록 조작한 것이다. 따라서 그것이 얼마나 미흡한 책이었는지를 짐작할 수 있다. 학술적인 절차에 따라 더욱 신중하게 편집된 말론 간행본이 1780년에 출판된 것은 시집 《소네트》의 역사와 인기에 전환점이 되었다.

18세기에 《소네트》는 셰익스피어 작품 가운데에서 거의 잊힌 것이었다. 권위 있는 원전이 없었기 때문이기도 하지만, 소네트 형식이 유행하지 않다가 18세기 끝부터 19세기 첫 무렵이 되어서야 낭만파 시인들에 의해 가까스로 되살아났고, 또 셰익스피어 소네트 자체가 연애시 형식에 충실하지 않았던 점도 이유 가운데 하나였다.

존 밀턴(John Milton 1608~1674)이 죽은 뒤 한 세기가 넘도록, 소네트에 뛰어난 시인이 등장하지 않았던 것도 또 다른 이유라고 할 수 있다. 윌리엄 워즈워스조차 처음에는 소네트를 시대에 뒤떨어진 형식이라고 깎아내렸다. 예스러우며 흐리터분하다는 것이다. 그러나 1827년 워즈워스는 소네트를 적극 옹호하면서 소네트야말로 "셰익스피어의 '마음의 문을 연' 열쇠"라고 주장했다. 이는 말론이 정리하여 새롭게 펴낸 사절판 원전과 함께, 셰익스피어의 《소네트》 역사에서 분수령과도 같은 일이다.

워즈워스가 일으킨 이 흐름을 이어받은 사람은 존 키츠(John Keats 1795~1821)였다. 그는 셰익스피어의 소네트를 "지루한 음률"이라고 비판하면서도 소네트 몇 편을 썼는데, 그것은 오늘날 그의 가장 뛰어난 작품으로 손꼽힌다. 〈죽을지도 모른다는 두려움이 생길 때〉(1816)에서 그는 덧없는 삶과 사랑에 대한 아름다운 생각을 펼쳤으며, 이는 셰익스피어풍이라고 할 수 있다. 단순히 형식뿐만 아니라 주제와 강렬한 서정성도 마찬가지이다. 세상을 떠나기 직전에 키츠는 〈빛나는 별〉을 썼다. 사랑이 별처럼 영원하기를 바라는 이 시에는 셰익스피어의 우주적 은유인 "하늘의 황금 촛불"(소네트 21번)이 다뤄졌다.

셰익스피어의 영향은 헨리 롱펠로(Henry Wadsworth Longfellow 1807~1882), 오스카 와일드(Oscar Wilde 1854~1900), 엘리자베스 브라우닝(Elizabeth Barrett Browning 1806~1861), 그리고 크리스티나 로세티(Christina Georgina Rossetti 1830~1894) 등 수많은 시인들의 소네트에서 찾아볼 수 있다. 특히 로세티의 감성적인 〈내가 죽거든〉에서는 소네트 71번의 흔적을 엿볼 수 있다. 이 소네트는 아름다운 젊은이에게, 시인의 죽음을 슬퍼하지 말고 "정겨운 생각"을 함으로써 자신을 잊어 달라는 복잡한 마음을 이야기한 것이다. 로세티의 시가 증명하듯이, 또 매슈 아널드(Matthew Arnold 1822~1888)가 1849년에 펴낸 《길 잃은 난봉꾼 및 그 밖의 시 *The Strayed Reveller and Other Poems*》에서 주장했듯이 셰익스피어 시는 보편적인 괴로움을 뚜렷하게 표현하고 있는 것으로 받아들

여겼다. '불멸의 영혼이 견뎌야 하는 고통'을 그린 셰익스피어의 소네트는 시대에 따라 여러 모습으로 적응해 오고 있는 것이다.

조지 스티븐스(George Steevens 1736~1800)는 자신이 편집한 셰익스피어 전집(1793)에 《소네트》를 넣지 않았다. 아마도 많은 연구가들이 말하듯이, 동성애에 대한 반대 의견을 실제로 보여준 첫 사례이리라. 빅토리아 왕조 시대에는 모호한 사랑 표현이 담긴 소네트를 건전하지 못한 것으로 여겨, 로버트 브라우닝(Robert Browning 1812~1889) 같은 시인들을 더 높이 평가하고 존경했다. 그런 까닭에 셰익스피어는 극작가로서만 환영받았을 뿐이었다.

1889년 오스카 와일드가 《W. H. 씨의 초상》을 펴냈는데, 여기에는 셰익스피어 시에서 볼 수 있는 동성애가 직접 다루어진다. 《소네트》 시집을 둘러싼 인물의 특정 문제를 자기 소설로 끌어들인 와일드는 하나의 주장을 둘러싸고 이야기가 펼쳐지도록 했다. 'W. H.'라는 젊은 배우는 윌리 휴즈(Willie Hughes)를 가리키며, 셰익스피어는 그와 육체적인 관계를 맺었다는 것이었다. 셰익스피어의 《소네트》가 동성애적 취향과 관심을 가지고 있는 것은 틀림없지만, 와일드의 이 작품이야말로 직접적으로 《소네트》 지은이가 동성애적 관계성에 있었다는 점과 《소네트》 시집은 이른바 동성애 연인에 의해 태어났다고 처음으로 단언한 것이다. 그렇지만 와일드는 6년 뒤인 1895년 미성년자와의 동성애 혐의로 재판에 넘겨졌을 때 그러한 해석을 교묘하게 부정했다. 그는 셰익스피어 《소네트》를 그리스 전통에서 비롯한 남자끼리의 플라토닉러브(platonic love)의 한 예라고 하면서, 그 생각을 다른 남성들과의 관계를 옹호하는 수단으로 삼았다.

1967년 영국에서 동성애가 합법화된 뒤로, 셰익스피어 시집 《소네트》를 받아들이는 태도에도 큰 변화가 일어났다. 현대 문화에서는 이 시들이 품고 있는 동성애를 긍정적으로 해석하는 경향이 있고, 때때로 노골적인 여성 혐오를 이해하려는 노력이 이루어지고 있다.

셰익스피어 연보

1557년	아버지 존 셰익스피어, 메리 아든과 결혼하여 영국 중부 워릭셔 주(州)의 스트랫퍼드어폰에이번에서 살다.
1558	존의 맏딸 조앤 태어나다(9월 15일에 세례를 받았으나 어렸을 때 죽음). 존, 마을 보안관에 선출되다(다음 해에도 선출).
1561	존, 마을 재무관에 임명되다(2기 동안 근무).
1562	존의 둘째 딸 마거릿 태어나다(12월 20일 세례를 받고 다음 해에 죽음).
1564	존의 맏아들 윌리엄 셰익스피어 태어나다(4월 26일 세례).
1565(1세)	존, 마을 참사회 의원에 선출되다.
1566(2세)	존의 둘째 아들 길버트 태어나다(10월 13일 세례).
1568(4세)	존, 촌장에 선출되다.
1569(5세)	존의 셋째 딸 조앤 태어나다(4월 5일 세례).
1571(7세)	존, 참사회 의장 및 촌장 대리에 선출되다. 존의 넷째딸 앤 태어나다(9월 28일 세례를 받았으나 1579년 죽음).
1574(10세)	존의 셋째 아들 리처드 태어나다(3월 11일 세례).
1576(12세)	존, 문장(文章) 사용의 허가원을 내다.
1578(14세)	존, 집을 담보로 40파운드를 빚내다.
1579(15세)	존, 아내의 소유지를 팔다.
1580(16세)	존의 넷째 아들 에드먼드 태어나다(5월 3일 세례).
1582(18세)	윌리엄 셰익스피어, 여덟 살 위인 앤 해서웨이와 결혼하다(11월 27일 결혼 허가증 발행).
1583(19세)	맏딸 수잔나 태어나다(5월 26일 세례).
1585(21세)	쌍둥이 햄닛(남)과 주디스(여) 태어나다(2월 2일 세례).
1594(30세)	궁내장관 극단의 단원이 되다.

1596(32세) 맏아들 햄넷 죽다(8월 11일 장례). 10월 20일 존에게 문장 사용이 허락되다.

1597(33세) 스트랫퍼드에서 가장 좋은 집을 60파운드에 사들이다.

1598(34세) 벤 존슨의 희곡 무대에 출연하다.

1599(35세) 글로브 극장 개관되다. 글로브 극장 공동 경영자의 한 사람이 되다.

1601(37세) 2월 7일 글로브 극장에서 《리처드 2세》를 상연하다. 아버지 존, 죽다(9월 8일 장례).

1602(38세) 스트랫퍼드 가까운 곳 107에이커를 320파운드에 사들이다.

1603(39세) 5월 19일 궁내장관 극장을 국왕 극장이라 고쳐 부르다. 《햄릿》 첫 공연되다.

1605(41세) 스트랫퍼드 및 그 부근 토지의 권리를 440파운드에 사다.

1607(43세) 6월 5일 맏딸 수잔나를 의사인 존 홀과 결혼시키다. 동생 에드먼드, 런던에서 죽다.

1608(44세) 수잔나의 첫딸 엘리자베스 태어나다(2월 3일 세례). 어머니 메리 죽다(9월 5일 장례).

1609(45세) 셰익스피어 극단 블랙플라이어즈 극장을 흡수, 글로브 극장과 함께 두 개 극장을 소유하게 되다.

1610(46세) 은퇴하여 고향으로 돌아가다.

1613(49세) 3월 런던에 140파운드를 주고 집을 사다. 6월 29일 《헨리 8세》 공연 도중 글로브 극장이 불에 타버리다. 동생 리처드 죽다.

1616(52세) 2월 10일 둘째 딸 주디스가 토머스 퀴니와 결혼하다. 3월 15일 유서를 작성하다. 4월 23일 셰익스피어 세상을 떠나다. 4월 25일에 묻히다.

1623(59세) 8월 6일 아내 앤 헤서웨이 죽다.

셰익스피어 작품 연대 일람표*

1590~91   《헨리 6세 제2부》
           《헨리 6세 제3부》
1591~92   《헨리 6세 제1부》
1592   《베누스와 아도니스》
1592~93   《리처드 3세》
           《실수 연발》
1593~94   《티투스 안드로니쿠스》
           《말괄량이 길들이기》
           《루크레티아의 능욕(凌辱)》
1593~96   《소네트》
1594~95   《베로나의 두 신사》
           《사랑의 헛수고》
           《로미오와 줄리엣》
           《에드워드 3세》
1595~96   《리처드 2세》
           《한여름 밤의 꿈》
1596~97   《존 왕》
           《베니스의 상인》
1597~98   《헨리 4세 제1부》
           《헨리 4세 제2부》
1598~99   《헛소동》
           《헨리 5세》

---

* E.K. 체임버스의 추정임.

신상웅(辛相雄)

일본 교토에서 태어나 경북 의성에서 성장했으며, 중앙대 영문학과를 졸업 대학원에서 문학박사 학위를 받았다. 1968년 〈세대〉지 신인문학상에 중편 「히포크라테스 흉상」이 당선되어 작품활동을 시작한 뒤, 진중한 역사의식과 날카로운 현실인식이 돋보이는 중량감 있는 작품들을 발표하여 한국현대문학을 대표하는 작가의 한 사람으로 자리잡았다. 시대의 모순과 개인적 갈등을 밀도 있게 조명한 그의 소설들은 시대를 뛰어넘어 강한 흡인력을 행사하고 있다. 장편 「심야의 정담(鼎談)」으로 제6회 한국일보문학상을 수상하였다. 중앙대 교수와 예술대학원장 역임, 현재 명예교수이다. 주요 작품 「히포크라테스 흉상」, 「분노의 일기」, 「쓰지 않은 이야기」, 「돌아온 우리의 친구」, 장편 「배회」, 「일어서는 빛」, 「바람난 도시」, 「심야의 정담」 등이 있다. 셰익스피어30년 연구와 열정을 바친 신상웅 옮김 「셰익스피어전집(총8권)」으로 '춘원문학상'을 수상했다.

World Book 289
셰익스피어전집8 [희비극·시]
William Shakespeare
MEASURE FOR MEASURE/TROILUS AND CRESSIDA
VENUS AND ADONIS/THE RAPE OF LUCRECE/THE SONNETS
말은 말로 되는 되로/트로일로스와 크레시다
베누스와 아도니스/루크레티아의 능욕/소네트
연인의 탄식/열정의 순례자/불사조와 산비둘기
셰익스피어/신상웅 옮김

1판 1쇄 발행/2019. 11. 1
발행인 고정일
발행처 동서문화사
창업 1956. 12. 12. 등록 16-3799
서울 중구 다산로 12길6(신당동 4층)
☎ 02-546-0331~6 Fax. 545-0331
www.dongsuhbook.com

사업자등록번호 211-87-75330
ISBN 978-89-497-1733-3 04080
ISBN 978-89-497-0382-4 (세트)